近代日本
小学校教員検定制度史研究

―地方における試験検定・無試験検定制度運用と受験の実際―

丸山剛史・井上惠美子・釜田史
白石崇人・大谷奬・亀澤朋恵・内田徹 【著】

学文社

まえがき

　本書は，日本教員養成史研究の一環をなすものであり，旧学制下において小学校・国民学校（以下，小学校と略記）の教員資格を認定する小学校教員検定制度に関する歴史的研究である。旧学制下の小学校教員検定制度史研究に関しては，「小学校教員検定制度史は師範学校史と同一ではなく，検定試験制度史を合わせて明らかにしなければその研究は完結しない」，「小学校教員養成史研究を完結させるためには，必ず取り組まなければならない課題である」（船寄俊雄「教員養成史研究の課題と展望」『日本教育史研究』第13号，1994年，等）と指摘されてきた。筆者らは，この課題指摘に促され，共同研究を組織し，研究に取り組んだ。本書はその主な研究成果である。

　文部省師範学校中学校高等女学校教員検定試験，いわゆる「文検」に関しては研究が進展したが，文検の6倍近い人数の受験者が全国各地で受験した小学校教員検定（試験検定のみ）に関しては長らく放置されてきた。同検定はその実施主体が都道府県（以下，府県と略記）であり，府県ごとに検討する必要があり，研究は小学校教育史と教員養成史・師範学校制度史を両脇に置きながら教育会史をも視野に入れ，地方教育史および同史資料群に分け入って検討する必要があった。そのためか上記の指摘後も本格的な検討はなかなか現れなかった。

　2002年以降，日本学術振興会科学研究費補助金（以下，科研費）の交付を受け，井上惠美子を研究代表者として共同研究が開始された（詳細は「あとがき」参照）。一時的な休止をはさんで，丸山剛史を研究代表者としてメンバーを補強し，若手研究者もまきこみ，共同研究が再開された。

　共同研究では史資料収集・整理に取り組みながら事例研究，通史的事例研究，府県比較研究，総合的研究と検討を進めてきた。共同研究にかかわったすべての研究者の論考を収録することはできていないが，足かけ20年にわたる共同

研究の成果をまとめ，一冊の単行本として刊行することにより，研究成果を把握しやすくし，後進の研究者が当該研究に着手しやすくなるようにするため，本書刊行に踏み切った。巻末には，「小学校・国民学校教員検定制度関係文献目録（稿）」も収録した。

　本書では，全国的動向を視野に入れ，特徴を有する府県を取り上げて検討し，未解明であった小学校教員検定制度の全体像解明に努めた。同制度の果たした役割に関しても考察を行うべく，小学校教員検定受験により教員資格を得て教員免許状を取得し，教員となった人物の存在と記録を発掘し，小学校教員検定制度をよりリアルに解明するとともに，小学校教員社会の実状を明らかにすることも試みた。とはいえ，史資料の制約や研究方法論的限界により深め切れない点も少なくない。読者諸賢のご批正を乞う。

執筆者を代表して　丸山剛史

目　次

まえがき　i

序　章　小学校教員検定制度史研究の課題と方法 ……………〔丸山　剛史〕1

  1　研究の目的　1

  2　小学校教員検定制度史研究の先行研究　3

  3　研究の方法　11

    （1）全国的動向を視野に入れた府県事例研究　11
    （2）小学校教員無試験検定認定校に関する検討　13
    （3）試験検定・教育科試験問題の分析　14
    （4）受験者の受験動機・免許状上進の過程　14

  4　本書の限界と課題　15

第1部　小学校教員検定制度の多様性

第1章　小学校教員検定制度の形成とその展開 ………………〔釜田　史〕20

  はじめに　20

  1　創設期（1872〈明治5〉年～1885〈明治18〉年）　23

    （1）小学校教員検定の創設　23
    （2）小学校教員資格取得ルートの多様化　24
    （3）「教員免許状」制度の導入　25

  2　整備期（1886〈明治19〉年～1899〈明治32〉年）　27

    （1）「教員免許状」主義の成立　27
    （2）甲種検定による正教員の供給　28
    （3）小学校教員講習科の設置　30

  3　成立期（1900〈明治33〉年～1912〈明治45〉年）　31

    （1）国家的枠組みの成立　31
    （2）無試験検定の拡充　33

（3）地方教育会による教員養成事業　34
　4　展開期（1913〈大正 2〉年～1940〈昭和 15〉年）　36
　　　（1）小学校教員免許状の全国有効化　36
　　　（2）無試験検定の拡充　37
　　　（3）受験雑誌の創刊　40
　5　終末期（1941〈昭和 16〉年～1949〈昭和 24〉年）　43

第 2 章　小学校教員試験検定制度の成立と実施―明治期鳥取県の場合―
　………………………………………………………………〔白石　崇人〕49

　はじめに　49
　1　鳥取県における試験検定制度の整備と実施　50
　　　（1）学力検定試験による有資格教員の確保　50
　　　（2）簡易科教員・授業生または准教員不足の中での乙種検定制度の整備　52
　　　（3）乙種検定制度の行き詰まりと受験者確保策の展開　54
　　　（4）正教員数確保と准教員の学力・指導力不足への対策　56
　2　試験検定合格と教員免許状授与　59
　　　（1）免許授与全体に対する試験検定の位置づけ　59
　　　（2）1900 年代末以降における試験検定の相対的難化　61
　　　（3）試験検定における男女格差　63
　3　学校における試験検定受験者の養成　64
　　　（1）師範学校小学校教員講習科の試験検定受験者養成　64
　　　（2）県立中等学校と試験検定受験者　65
　4　鳥取県教育会附属講習所の試験検定受験者養成　67
　　　（1）1900 年代後半の試験検定受験者の学習不足対策と准教員養成の必要　67
　　　（2）講習所の拡充と尋准無試験検定・尋本正試験検定受験者養成　69
　　　（3）講習所における課外活動の意義　71
　おわりに　72

第3章　小学校正教員試験検定受験者に求められた教育学的知識
　　──明治末期鳥取県の場合── ……………………………〔白石　崇人〕78

　はじめに　78

　1　1900年前後の鳥取県の小学校本科正教員試験の特徴　79
　　(1) 男女共通科目化と他免許種との違い　79
　　(2) 本科正教員試験の特徴──教育史・心理学・論理学・最近学説・教育方法・学校管理法の出題　83

　2　尋常小学校本科正教員に求めた教育学的知識の背景　86
　　(1) 1911年9月実施の尋常小学校本科正教員試験検定問題　86
　　(2) 小平高明『実用教育学要』・『実用教授法要』・『実用管理法要』　87
　　(3) 教育実践経験の帰納的研究としての教育学──大瀬教育学との相違点　89

　3　尋常小学校本科正教員に求めた教育学的知識の意味するところ　91
　　(1) 日露戦後の教育目的としての国民育成の課題　92
　　(2) 教育的教授論と教材解釈・整理の方法　92
　　(3) 個性に留意した意志訓練の方法　93
　　(4) 尋常小学校の事務に関する法的知識　95
　　(5) 試験検定制度が尋常小学校本科正教員に求めた教育学的知識　95

　おわりに　96

第4章　「小学校教員無試験検定認定校」制度とは
　　──中等教員検定制度との比較を中心として──………〔井上　恵美子〕101

　はじめに　101

　1　試験検定　102
　　(1) 定期的試験検定受験資格の例外を学校単位で認めた中等教員　102
　　(2) 定期的試験検定以外に臨時試験検定を設けた初等教員　107

　2　学校単位の無試験検定　108
　　(1) 「学校単位」での指定・許可・認定　108
　　(2) 文部省によるものと道府県によるものの両者が存在する初等教員無試験検定の学校　108
　　(3) 無試験検定校を定める際の基準となる学校　109

　　　　（4）実際に「認定校」になった学校　111
　　　　（5）「認定校」が取得できる教員免許種　112
　3　無試験検定の学校になるための申請書類　114
　4　無試験検定の学校になるための審査で問われた内容　117
　　　　（1）すでに「認定校」になっている学校との比較から基準となる「標準時
　　　　　　数」の作成へ　118
　　　　（2）授業時間数　119
　　　　（3）担当教員の資格と力量　120
　　　　（4）入学資格と修業年限　121
　　　　（5）学科目「教育」・教育実習　122
　　　　（6）卒業者の実績　123
　　　　（7）生徒の力量　123
　5　初等教員「認定校」の定義とその確定の困難さ　124
　　　　（1）「認定校」の学校名の「内規」への表記のされ方　124
　　　　（2）京都府における「認定校」の定義　126
　　　　（3）「認定校」の定義の困難さ　128

第5章　小学校教員無試験検定に関する事例研究—東京府の場合—
　　　　　　　　　　　　　　　　　　　　　　　　　　〔釜田　史〕　136

　はじめに　136
　1　東京府の無試験検定に関する量的検討　138
　2　東京府における無試験検定制度　142
　　　　（1）時期区分　142
　　　　（2）明治期における無試験検定内規　143
　3　大正期以降の「無試験検定内規」　147
　　　　（1）受験者の学歴重視へ　147
　　　　（2）和洋裁縫女学校における小学校教員養成　151
　おわりに　154

第6章　小学校教員無試験検定に関する事例研究―秋田県の場合―
　　　　　　　　　　　　　　　　　　　　　　　　　　　〔釜田　史〕158

　はじめに　158

　1　無試験検定合格者数の急増　161

　2　秋田県における無試験検定制度　163

　3　秋田県における小学校教員無試験検定認定校　167
　　　（1）私立秋田女子技芸学校の場合　167
　　　（2）私立聖霊高等女学院の場合　170
　　　（3）小学校専科正教員免許状授与の実態　172

　おわりに　175

第7章　高等女学校補習科の小学校教員養成機能―北海道の場合―
　　　　　　　　　　　　　　　　　　　　　　　　　　　〔大谷　奨〕179

　はじめに　179

　1　札幌高等女学校の開校と女子教員養成　181
　　　（1）札幌高等女学校の開校と補習科　181
　　　（2）補習科の教員養成機能　182
　　　（3）初期修了生の赴任先　184

　2　高等女学校の拡充　185
　　　（1）高等女学校の増設と補習科における教師教育　185
　　　（2）地方の高等女学校と補習科修了生の赴任先　187
　　　（3）昭和期に設立された高等女学校と教員養成　187

　3　「小学校教員及幼稚園保姆検定内規」における高等女学校　189
　　　（1）内規の所在について　189
　　　（2）無試験検定規定の変化　190
　　　（3）試験検定規定の変化　191

　4　昭和期北海道会における女子教員養成論議　193
　　　（1）供給過剰期における高等女学校と教員養成　193
　　　（2）道庁の抑制政策　195
　　　（3）札幌高等女学校専攻科の設置　197
　　　（4）教員不足と補習科への再着目　198

おわりに　200

第8章　京都府教育会の夏期・冬期学校と臨時試験検定 ……〔亀澤　朋恵〕204
　はじめに　204
　1　京都府教育会の教員養成事業の概要　205
　2　夏期学校・冬期学校の内容　207
　　　（1）受講区分と講習内容　207
　　　（2）教科書　211
　　　（3）夏期学校・冬期学校の講師　212
　　　（4）臨時試験検定の特典　212
　　　（5）夏期学校・冬期学校の受講者数　212
　3　小学校本科正教員検定の受験者の動態　213
　　　（1）小学校本科正教員試験検定の合格者の全国比較　213
　　　（2）京都府における小学校本科正教員試験検定合格者数の推移　214
　おわりに　217

第2部　小学校教員検定制度利用の実際

第9章　昭和初期女性教員の小学校教員検定制度利用の事例研究
　　　―埼玉・群馬県での受験― ………………………………〔内田　徹〕226
　はじめに　226
　1　小学校教員検定受験に至る経緯：教員志望，家庭の事情で進学できず　227
　2　早稲田大学出版部講義録「高等女学講義」による独学　230
　3　埼玉，群馬2県の小学校教員検定を受験して　235
　4　尋正裁縫合格により，上級学校への進学を試みたことも　238
　5　尋常小学校准教員・試験検定の歴史における位置：最も受験者が少なかった昭和初期　238
　おわりに　239

資料 「実話　苦闘　田口ハル」　242

第10章　静岡県における小学校教員検定制度利用の実際に関する事例研究
　……………………………………………………………〔丸山　剛史〕259

はじめに　259

1　静岡県における正・准教員・無資格教員の割合　261
　　（1）静岡県における正教員 − 准教員 − 代用教員 − 専科教員の関係　261
　　（2）本科正教員在職年数の推移　262

2　師範学校と小学校教員資格取得・教員検定　263

3　小学校教員検定細則以前：形成期　265
　　（1）小学校教員資格取得ないしは小学校教員検定に関する規定　265
　　（2）小学校教員検定制度利用者の例：喜多川平次郎の場合　266

4　小学校令施行規則期・無試験検定制限前（展開期）　271
　　（1）小学校教員検定に関する規定　271
　　（2）小学校教員検定制度の運用に関して　272
　　　　1）郡・郡教育会の教員養成事業と小学校教員検定　272／2）磐田郡教育会開催の小本正資格取得講習会（1923・24年）　273／3）静岡県が県教育会に委託した小本正検定準備講習　273
　　（3）小学校教員検定制度利用者の例：池谷貫一，石山脩平の場合　273
　　　　1）池谷貫一の場合　273／2）石山脩平の場合　279

5　小学校令施行規則期・無試験検定制限後（転換期）　281
　　（1）小学校教員検定に関する規定の改変　281
　　（2）小学校教員検定制度の運用　282
　　　　1）実業補習学校・青年学校教員養成所卒業生の小学校教員免許状取得　282／2）文部省の師範教育改善の取り組みとしての小本正養成講習会　283／3）静岡県，県・県教育会共同主催尋常小学校本科正教員養成講習会　283／4）学校指定の教員検定について　283

6　国民学校令施行規則期（終末期）　284

おわりに　284

補　論　長野県小学校教員検定制度に関する資料と制度利用者の事例
　　　　　　……………………………………………………………〔丸山　剛史〕289

　　はじめに　289
　1　長野県庁文書における小学校教員検定関係文書　291
　2　小学校教員検定制度利用者の事例　291
　　　(1)　小松伝七郎の場合　292
　　　(2)　三澤勝衛の場合　294
　　　(3)　小原福治の場合　295
　　　(4)　務台理作の場合　297
　　おわりに　298

資料　小学校・国民学校教員検定関係文献目録（稿）　306
あとがき　315
索　引　317

序　章
小学校教員検定制度史研究の課題と方法

丸山　剛史

1　研究の目的

　本書は，旧学制下日本の小学校教員養成史研究の一環としての小学校・国民学校教員検定（以下，小学校教員検定と略記）制度史に関する共同研究報告であり，足かけ20年にわたる共同研究の研究成果を確認しつつ，各都道府県（以下，府県と略記）による小学校教員検定制度運用の状況と教員検定受験者による制度利用の実際に関して特徴を明らかにすることを目的としている。

　教員検定制度はこれまで「教員適格者を査定するもの」であり，教員適格者を育成する「教員養成」は，「教員免許制度の一方式として，教員検定制度に対応して把握さるべき性格のもの」と考えられてきた。明治前期に実施され，無試験検定と試験検定の2種に分かれ，小学校，師範学校・中学校・高等女学校，幼稚園，実業学校，高等学校高等科，師範学校専攻科並ニ高等女学校高等科及専攻科の6種の教員検定が行われた。第二次世界大戦後の新学制発足に際し，「教育職員免許法」（以下，教免法と略記）制定により廃止された。

　文部省師範学校中学校高等女学校教員検定試験（以下，文検と略記）に関しては，制度と運用実態に関する研究が進展した。しかし，文検とほぼ同時期に形成された小学校教員検定は小学校尋常科卒業程度の学力で受験が可能であり，同検定の合格が受験要件の一つにあげられるなど，各種検定試験においても最も入門的，基礎的であり，出願者は171万人（記録が残る1895-1940年度，試験検定および無試験検定の受験者数総計は230万人植民地を除く。）を超え，文検の6倍近い人数の受験者が全国各地で受験したにもかかわらず従来の教育学研究で

1

は等閑視されてきた。

　旧学制下の小学校教員は，1881（明治14）年以降制度化が進み，1900（明治33）年以降，次の5種に定まり安定的に運用された。小学校教員はまず小学校の教科を単独で教授することができる正教員と正教員を補助する准教員とに大別され，尋常科および高等科の教授を単独で担当できる小学校本科正教員（以下，小本正と略記），尋常科のみを担当できる尋常小学校本科正教員（以下，尋本正と略記），特定の教科教授を担当できる小学校専科正教員（以下，小専正と略記），尋常科および高等科の教科教授を補助する小学校准教員（以下，小准と略記），尋常科の教科教授を補助する尋常小学校准教員（以下，尋准と略記）の5種に分けられていた。教員免許状は当初，文部大臣が授与する普通免許状と府県知事が授与する府県免許状に分けられ，府県免許状は当該府県のみで有効とされたが，1913（大正2）年に普通免許状制度は廃止され，各府県交付の小学校教員免許状が全国通用化した。師範学校卒業者も「小学校教員検定等ニ関スル規則」制定（1891年）当初は教員検定受験が義務づけられたが，1900年以降，教員検定を経ず小本正の教員免許状が下附されることとなった。

　こうした小学校教員検定制度史に関して，わが国の小学校教員養成史研究においては，「小学校教員養成史は師範学校史と同一ではなく，検定試験制度史を合わせて明らかにしなければその研究は完結しない」，「小学校教員養成史を完結させるためには，必ず取り組まなければならない課題である」（船寄俊雄）と指摘されてきた。船寄は，天野郁夫の指摘にもふれ，「小学校教員社会」は「検定試験による資格取得の世界でもあった」とし，教員社会史研究の観点からも小学校教員検定制度に関する研究が進められる必要性を強調した。

　また，笠間賢二は，「戦前期日本における小学校教員の供給源が師範学校に尽きるものではなかったことは日本教育史の常識に属することであろう」，「単年度当たりの免許状授与者数に占める師範学校卒業者の割合が例年3〜4割に止まっていた事実，そして全教員数に占める師範学校卒業者の割合が昭和10年代前半においてさえ6割強にすぎなかった事実が，そのことを物語っている」と述べ，師範学校以外の小学校教員免許状取得方法，すなわち小学校教員検定

制度に焦点をあてる必要性を指摘している。井上惠美子も「師範学校・中学校・高等女学校の教員（中等教員）免許状取得の方法に関しては，研究の進展によって，高等師範学校・女子高等師範学校の卒業だけでなく，試験検定合格や無試験検定の指定学校・許可学校卒業によるルートについても周知のこと」になっているが，「小学校教員の非師範系の教員免許状取得に関する研究は，近年ようやく進められるようになった段階である」と述べ，中等教員の場合と比較しつつ，「非師範系」の小学校教員免許状取得の方法＝小学校教員検定制度の研究を進展させる必要性を述べた。

2　小学校教員検定制度史研究の先行研究

　小学校教員検定制度史研究は，1960年代から小学校教員養成史研究，教員資格制度史研究の文脈において検討され始めた。

　まずは小学校教員養成史の文脈で注目された。横須賀薫は，師範学校出身教員と対比させるかたちで小学校教員検定出身教員を取り上げた。横須賀は「従来，日本の教師の歴史的研究においては，師範学校出身の教師を中心において考察される傾向が強かった」と述べ，日本の教員史および教員養成史研究が師範学校を中心に考えられてきたことを批判し，「師範学校および師範出身教員についての考察が大きな比重を占めることを否定することはできない」としつつ，「もう一つの歴史的事実として，公権力の意図，構想とは別に日本の教師のきわめて多くが師範学校以外のところからも供給されてきたという問題がある」とし，「公権力の意図，構想とは別」，「師範学校以外のところからも供給」という点で教員検定出身教員に着目した。

　中島太郎・対村惠祐らは，小学校教員検定制度の中央法令に関して検討した。中島らは「教員養成制度に関する問題も，それだけを切り離して考察することは困難に近く，当然，これと一体的関係をもつ教員任用，教員資格，教員免許，教員検定等の諸制度と一括して攻究さるべき性質のもの」とし，教員養成制度の「基本的な性格を究明」する目的で教員検定制度を検討した。

小学校教員検定制度に関しては，対村が「初等教員の資格制度」として，「学制」から「国民学校令」までの小学校教員資格取得の方法を規定した主要法令を明記している[9]。同書では「小学校教員免許状授与方心得」(1881年)，「小学校教員免許規則」(1886年)，「小学校教員検定等ニ関スル規則」(1890年)，「小学校令施行規則」，「国民学校令施行規則」等の小学校教員検定を規定した中央法令が取り上げられていた。

中島らの共同研究に参加していた牧昌見は自身の著書において，「教育の重要性の強調に比し，教職人の重要性が実際には軽視され，低い社会的・経済的地位を余儀なくされている過去および現在において入職の最低基準を追求すること」が必要だとして教員資格制度に注目し，小学校・国民学校教員資格，中学校・高等女学校・師範学校教員資格を取り上げ，中央の法制史だけでなく，「地方における実践過程」として，中央の法令への地方の対応等を取り上げ検討した[10]。この検討過程において小学校教員検定制度も検討された。そして，教員免許状制度は「まず検定制度の成立を前提」としており，「教員の免許と教員の養成とを別視する資格観[11]」の成立が正教員資格取得の「前提的基礎資格要件として，師範学校における養成教育を位置づけた」が，このことが逆に，「養成方式による有資格教員の供給を消極的なものとなし，検定方式によるそれを積極的に維持する結果を生んだ」こと，「免許制度の実践は，正格教員の慢性的な不足という現実もてつだって，形骸化された制度と化し，この制度の効果は，公権力の教員資質の統制においてのみあらわれた」こと，また教員免許状の種類は下級から上級へ上進させることになっていたが，「その基準は，職能成長を基礎にした専門職的判断ではなく，教育勅語体制下の官僚制型教職への適合如何にあった」ことが指摘され，教員資格法制が「教職の専門職化を促進するよりも戦前官僚制を維持し，これを鞏固ならしめることに寄与した[12]」と結論づけた[13]。

小学校教員検定制度に関しても教員資格の国家管理との関係において中央法令の発達過程＝時期区分が明らかにされた。すなわち，学制下の文部省布達第21号（1874年）により，師範学校卒業を重視する「卒業資格主義の原則に準拠

しつつも，免許資格の理念」が形成され，「検定方式による教員資格授与の方法」も「制度化」されたとする。1879 (明治12) 年の「教育令」および1881 (明治14) 年の「師範学校教則大綱」および「小学校教員免許状授与方心得」により「教員資格制度が一応の体制を整え」，「有資格教員の積極的補充策として教員検定による新しい方式が制度化された」とされる[14][15]。特に「小学校教員免許状授与方心得」では「教員検定による初等教員資格の国家基準がはじめて示された」とされた[16]。1890 (明治23) 年の「小学校令」制定および1891 (明治24) 年の「小学校教員検定等ニ関スル規則」により「初等教員資格制度の基本形態と基本構造が改革され」，初等教員資格制度において「間接検定制度が大幅に採用され」るとともに，教員検定の試験科目と程度を詳細に規定し，「特に正教員の資格について厳しい国家的基準」が設定された[17]。1900 (明治33) 年の「小学校令」改正および「小学校令施行規則」により「教員資格の基本構造に関する主なる事項が勅令において規定される」ようになったことを指摘し，「初等教員の資格制度は，こうして，明治三十三年に至り，代用教員の制度を含み，国家的に整備された」とみた[18]。1907 (明治40) 年には小学校の義務教育年限の延長に伴い，教員検定制度も改革された。1912 (大正元) 年の「小学校令施行規則」改正では「無試験検定制度が整備された」[19]。1913 (大正2) 年の「小学校令」改正により授与権者が府県知事に一本化され，小学校教員免許状が全国通用化するようになり，「この時をもって，戦前的資格制度が確立したとみることができる」とされ，小学校教員検定に関しても「教員検定に責任をもつ小学校教員検定委員会の組織」が府県知事を頂点とする組織構造に改められ，「内務官僚の支配が強められた」とされた[20]。

こうして養成と免許を区別する教員資格観が形成され，資格取得のための教員検定が制度化され，教員検定制度が勅令により規定されるようになると国家管理が深化するという見方が示された。また，それが教職の専門職化を妨げ，官僚型教職を強固なものとしたと考えられた。「地方おける実践過程」として各府県による教員検定実施も取り上げられたが，どちらかといえば中央法令への対応と考えられ，岩手県等の事例が断片的に取り上げられるにとどまり，臨

序　章　小学校教員検定制度史研究の課題と方法　5

時試験検定など，中等教員検定にはみられず，地方で編み出された，小学校教員検定固有の試験検定に関しては把握できていなかった。

　国立教育研究所『日本近代教育百年史』では，有資格・無資格教員問題および教員供給問題を視野に入れた教員養成史の文脈において，小学校教員検定に関する中央法令の形成と展開を叙述しつつ，牧とは異なり，『文部省年報』等の統計を用いながら教員検定が教員供給に果たした役割について言及された。いわゆる第二次小学校令のもとでは，「検定制度の改革および尋常師範学校制度の改革を経て，資格ある教員数は，たしかに増加しつつあった」，「とくに新検定制が施行された九二年以降の増加は著し」く，「それに応じて准教員・雇教員の数も八〇年代に比べて減少した」こと，いわゆる第三次小学校令のもとでは，師範学校卒業による教員免許状取得よりも「検定によって免許状を受得する者が圧倒的に多」く，「検定による有資格教員の造出が重要な役割を果たしていたとみるべきであ」ること，1935（昭和10）年から1940（昭和15）年の「戦時期」においては「教員不足に対処するための具体的な措置としては，教員養成機関を整備・拡充して養成によって教員を造成する措置よりも，検定によって教員を造成する措置の方が教員を量的に確保するために大きく働いていた」こと，等が指摘された。

　近年では，船寄俊雄が教員養成系大学・学部の存在意義が問われる状況において，「大学における教員養成」原則および免許状授与における「開放制」という二つの戦後教員養成改革理念の再把握の必要性を指摘し，その際，岡本洋三の指摘，すなわち「教員養成における国家の関与の内容」を論点とし，改めて教員検定制度が注目された。岡本は戦前の小学校教員には「師範教育によらないで教員になりうる道が『試験検定制度』として用意されていた」と述べた。しかし，同制度の実施主体は府県であり，詳細は未解明のまま課題として残された。

　その後，井上惠美子が代表者となり，船寄も参加し，笠間賢二，坂口謙一・内田徹，疋田祥人らが小学校教員検定制度史の共同研究をスタートさせた。

　井上は，『文部省年報』（各年度）により小学校教員免許状種別ごとに取得方

法を検討するとともに『文部省例規類纂』の小学校教員検定関係通牒を検討した[27]。そして師範学校は「小学校本科正教員輩出においては非常に大きな役割を果たし」ていたが，他の免許状種別に関しては無試験検定あるいは試験検定により教員免許状を取得していたこと，「小学校教員検定等ニ関スル規則」等のような「法令以外については，すべて府県の裁量に任されていたかというとそうではな」く，例えば「無試験検定を受ける資格の一つとして，『府県知事ニ於テ特ニ適任ト認メタル者』という項目が設けられていた」が，これに対して「文部省は『調査標準』を設け，基準を明確にしてい」たこと，等を指摘した。

　船寄は，資格取得方法別小学校教員免許状授与割合を算出し「師範学校を除く無試験検定の方法によって資格を取得した者の割合が恒常的に高かったこと」を明らかにし，無試験検定制度は「多くの有資格教員を供給した点で小学校教員養成史研究の上からは見逃しがたい存在」であると言及しつつ，自身は兵庫県の事例研究，特に試験検定制度を検討した[28]。兵庫県の事例研究に関しては，試験検定の実施回数，小学校教員検定委員会の構成，教員検定用参考図書（教育科）と師範学校教科書との関係，免許状種別ごとの教育科試験問題について検討した。そして臨時試験検定合格者は統計書の数値には含まれていないこと，教員検定用参考図書と師範学校教科書は「必ずしも一致していないこと」，試験問題を分析する場合には「小学校令施行規則で免許種別ごとに出題の範囲と程度が大体決められて」おり，同じ本科正教員でも尋本正と小本正では出題範囲が「大きく異なること」が指摘された。そのほか，「受験動機」など，「受験生の側から見たこの制度の意味」の解明も課題であることが指摘された。

　笠間は，宮城県の事例研究に取り組み，1900（明治33）年から1920年代までを対象化し，『宮城県統計書』の教員供給に関する記述および「小学校教員検定内規」を手がかりにして，無試験検定の対象者および臨時試験検定を伴う教員養成講習会の内容と役割を検討した[29]。そして，小学校教員検定が免許状取得だけでなく，階層化された小学校教員免許状上進のための制度としても運用されていたこと，教員養成講習会に関しては県教育会や郡教育会が「大きな役割

を果たしていた」こと，等を明らかにした。また小学校教員検定において「実質的な役割を担っていたの」は「師範学校関係者」であり，「教員養成講習会とセットになった試験検定というルートは，師範学校による第二の小学校教員養成場面であったということもできる」と洞察に満ちた指摘を行った。

坂口・内田は，当初，小学校教員免許状が，文部大臣により授与され，全国で終身通用する普通免許状と，府県知事により授与され，当該府県内でのみ終身有効な府県免許状の2種に区分され，無試験検定は府県間移動に利用され，東京府は他府県からの異動者の割合が高かったこと等に鑑み，1890（明治23）年前後から1913（大正2）年までの無試験検定に注目し，東京府の事例研究に取り組んだ[30]。そして，無作為抽出で受験者を選び検討し，調査した限りでは7割以上がすでに他府県免許状を所持しており，「すでに他府県の小免を取得している者については，その者の受験出願書の内容に特段の問題がない限り合格となり，多くの場合，事実上の免許状の再交付として機能していた」こと，受験者の中には小本正免許状への上進を果たしたにもかかわらず，教員講習会に積極的に参加している者が複数確認されたこと，他府県の無試験検定により小本正免許状を取得していたにもかかわらず，東京府では尋本正に出願し，いわば「格下げ」の事例が複数存在したことも明らかにされた。

上記の共同研究を契機とし，笠間，山本朗登，釜田史らが府県小学校教員検定制度史の事例研究に継続的に取り組んだ。特に釜田の研究は，秋田県庁文書を駆使して通史を記述しており，画期的であった[31]。また井上は愛知県の事例研究を契機として，文検の指定学校や許可学校に似た，個別の学校単位で無試験検定と「認定」される「小学校教員無試験検定認定校」に関する研究に取り組んだ。

笠間は引き続き宮城県を対象とし，特に無試験検定に注目し事例研究に取り組んだ[32]。笠間は，宮城県庁文書を駆使して，1913（大正2）年度の文書を主たる対象として無試験検定受験者の学習履歴，合否判定過程等を検討し，小准免許状取得者のほとんどが中学校・高等女学校卒業者であり，「尋本正・小本正免許取得者もまた多くが小准・尋本正からの上進出願者だった」ことを明らかに

し，「無試験検定は，制度上も運用上も，おもに中等学校卒業者に向けて開かれた免許上進システムを前提にしたその吸引方策だった」と特徴づけている。また，「第二の小学校教員養成の場面」とみられていた教員養成講習会も1925（大正14）年度以降は開設の事実が確認できず，同年度でもって終了したとみられること，1920年代半ば以降，無試験検定の対象者に「実業系学校卒業者」が加えられるようになり，「無試験検定の対象の漸次的拡大」とでも呼ぶべき現象が出現していたこと，等を明らかにしている。

　山本は明治期に限定しているが，兵庫県の事例研究に取り組んだ。山本の論考では，特に試験検定の教育科試験内容に関する分析が着目される[33]。山本は，「試験問題の分析は，当時，小学校教員として最低限求められた知識や技量など，資質に関する具体的な指標を直接的に指示していると考えることができ」，当時求められた「教師像」を解明することができるとした。そして，小学校教員検定関係法令における試験範囲—兵庫県小学校教員検定関係規則—教員検定用参考図書を比較し，小本正に関しては，教育史，教育原理，学校管理法，教育法令，実地授業と範囲が広く，教育原理も心理学，論理学，教授法・授業法などに分けられていたが，准教員に関しては教授法のみだけであり，尋准に至っては「日常の教育活動がとりあえずこなせる程度」の能力が求められていたこと，県独自の判断もあったと考えられ，特に1900（明治33）年以後，兵庫県では「文部省が示したような，『教授法』だけできればよいとされた准教員像とは明らかに異なる小学校本科准教員像」が「志向」されていたことを明らかにした。

　釜田は「戦前日本における小学校教員の供給ルートであった小学校教員検定試験制度と，これと密接な関係にあった小学校教員講習科および准教員準備場との関連性に着目しながら，小学校教員の供給ルートを明らかにするとともに小学校教員に求められた資質を解明すること」を目的として，秋田県を対象化して，秋田県庁文書，『秋田県報』，『秋田県統計書』，『秋田県議会議事録』，『秋田県教育雑誌』を主な資料として通史的研究に取り組んだ[34]。そして秋田県では1891（明治24）年以降「受験者の『学歴』や『経歴』を審査基準にする無

序　章　小学校教員検定制度史研究の課題と方法　　9

試験検定によって有資格教員が増産された」こと，小学校教員検定制度による資格取得者は「小学校教員検定試験に合格できる『学力』さえ有していればそのまま師範学校卒業者と同等に扱われたのではなく，数年間にわたる教職年数を付加しなければ師範学校卒業者と同等に見なされなかった」こと，「明治後期から大正期における秋田県では，師範学校による正教員の供給ではなく，小学校教員検定試験制度やこれに深く関連した小学校教員講習科，准教員準備場による准教員養成に力を傾注していた」が，これには「県の財政の逼迫から安易に安上がりな准教員養成に着手したのではなく，高等小学校を卒業後准教員準備場で一年間，さらに師範学校本科第一部に進学し四年間という長期にわたり教職に対する強い意志と『教育学』や『心理学』など専門的な教育を受けた小学校教員を供給したいという考えが県当局にあった」こと，等を明らかにしている。

　井上は，小学校教員検定に関する中央法令の検討，文検研究への参加を背景として，愛知県における「小学校教員無試験検定認定校」の検討に進み，その後，同認定校の全国的動向および認定過程に関する事例研究へと検討を進めてきた[35]。学校史・府県教育史，国立公文書館所蔵史料，各府県小学校教員検定内規を対照し，「小学校教員無試験検定認定校」が北は北海道から南は長崎まで80校以上存在したことが明らかにされている。無試験検定による有資格者供給の背景にはこうした認定校の存在があること，等を明らかにした。

　岡山県の私立教員養成所の研究に取り組んだ遠藤健治の事例研究も小学校教員検定制度に言及しており看過できない。遠藤は，「教員養成ルート」と「教員輩出ルート」の違いに注目し，それをつなぐシステムとして，私立教員養成所「修了者への検定受験に係る特典の付与」に注目した[36]。そして岡山県を対象化し，明治から昭和戦前期の期間について，私立教員養成所の全貌解明に取り組み，先行研究で記された26機関以上の養成機関が存在したことを明らかにしつつ，私立教員養成所の事例研究に取り組んだ。小学校教員検定に関しては1904（明治37）年制定の県令第27号「小学校教員養成所規程」において「小学校本科正教員養成所修了者」に対し無試験検定，その他の者にも臨時試験検定

を実施することが認められていたこと，『文部省例規類纂』の検討では1921 (大正10) 年に「小学校令施行規則」が改められ，道府県が文部大臣の認可を経ることなく正教員免許状を授与することが可能になっていたこと，等が明らかにされている。その後，遠藤は事例研究の対象を拡大し，京都府を対象化し，小学校教員検定受験「特典」付与に関する検討を深めている。

以上のように，笠間，釜田により宮城，秋田県を対象とし，県庁文書を駆使した通史的事例研究が進められ，明治から昭和期までの地方通史が見通せるようになるとともに，新たな論点が提示された。二人の研究により，有資格教員の供給という点では無試験検定が一定の役割を果たしていたこと，正教員不足，特に本科正教員不足に関して臨時試験検定をセットにした県教育会・郡教育会による教員養成講習会が開催されていたこと，教育科の学習履歴は必ず問われ，試験検定でも実地授業が課されていたこと，等が明らかになってきた。

明治後期から大正初期の東京府を検討した坂口・内田らの検討によれば，地方免許状有効区域内限定期には，府県間を移動した場合に無試験検定を受験しなければならなかったが，その際，免許状種別の「格下げ」という事態も起きていたことが明らかにされた。

井上，遠藤が注目し検討が進められてきた小学校教員無試験検定認定校，私立の教員養成機関に関しても多かれ少なかれ，全国各地に存在したことが確認されつつあり，特に尋本正，小専正，尋准の有資格者輩出に小さくない役割を果たしていたことが明らかになりつつある。

教育科の試験問題の研究に関しては，船寄，山本が検討に着手し，兵庫県の明治期に限定しているが，「『教授法』だけできればよいという准教員像」等，教育科試験の分析により求められた教員像が明らかにされつつある。

3 研究の方法

(1) 全国的動向を視野に入れた府県事例研究

本書では，船寄らが研究課題として指摘した府県事例研究を，課題の一つと

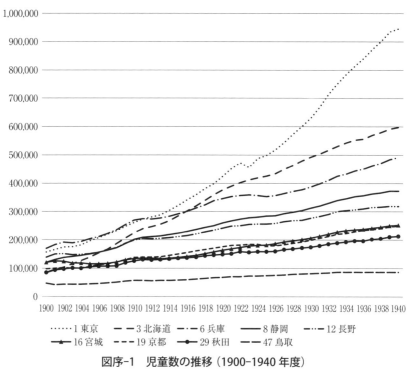

図序-1 児童数の推移（1900-1940年度）

〔出典〕『文部省年報』（各年度）より作成。

して設定し，対象とする府県を可能な限り拡大する。その際，小学校教員検定合格者数，児童数に留意して対象選定を行う。小学校教員検定試験合格者＝有資格者輩出の状況は府県により異なる。合格者数の傾向は試験検定－無試験検定でも異なるが，それらは児童数の増加とも異なっている（児童数に関しては図序-1を参照）。本書では，鳥取，東京，北海道，京都，静岡，長野の7府県を取り上げる。

鳥取県に関しては，戦前期の児童数は他府県ほど増加しなかった。にもかかわらず，師範学校出身教員と小学校教員検定出身教員との関係が問われる事態が生じていたことが知られている（第2章）。

東京府は，師範学校数が全国最多（4校）であったにもかかわらず，小学校教

12

員検定合格者数も全国有数であった（無試験検定：小本正（全国1位），尋本正（全国4位），小専正（全国2位），試験検定：小本正（全国2位），いずれも合格者数は1900年度から1940年度までの各年度の合計）。児童数も全国最多（1940年度）であった。東京府，特に無試験検定制度はぜひ対象化しておきたい（第5章）。

北海道は，東京府などとともに児童数の増加が著しいにもかかわらず，1940（昭和15）年度まで女子師範学校が設置されず，小学校教員検定制度が活用されたことが予想されるため，取り上げる。特に高等女学校補習科の小学校教員養成機能に注目した。なお，北海道の教員検定合格者数も全国有数である（第7章）。

京都府に関しては，明治期について検討されたことがあるが，大正期以降にも京都府教育会により「夏期学校」「冬期学校」が開催され，これが各地の府県教育会雑誌で宣伝されるなどし，ここで臨時試験検定が実施された[38]。そこで，大正期以降の京都府教育会の「夏期学校」「冬期学校」を検討することとした（第8章）。

静岡県は関係規則および制度利用の事例研究が進んできたことから，ここでは小学校教員検定受験により教員免許状を取得し教員となった者の事例を位置づけながら通史的検討を試みる（第10章）。

長野県は，試験検定の小本正（全国1位，東京府とほぼ同数）・小専正（全国1位）・小准（全国1位）・尋准（全国3位）合格者数に特徴があり，史料の残存，公開状況も良好であるため，対象化することとした。しかし，本書刊行までには思うような検討ができなかった。ここでは，小学校教員検定受験者に焦点をあてることとし，制度にも言及することとした（第10章補論）。

上記の府県を検討して事例研究を蓄積し，小学校教員検定制度の全体像解明に接近したい。なお各章に先立ち，全体把握のため時期区分について述べた章を用意した（第1章）。

(2) 小学校教員無試験検定認定校に関する検討

笠間，船寄，井上，坂口・内田，釜田，遠藤らは宮城，東京，秋田，京都等

の各府県の有資格者輩出における無試験検定の果たした役割に注目した。そして，小学校教員無試験検定認定校の存在と審査過程に関する研究が進展した。

　本書では，こうした小学校教員無試験検定認定校の審査過程に関して府県庁文書や各学校所蔵設置申請文書を用いて検討するとともに，中等教員免許制度と比較することにより特質解明に迫る（第4章）。

　また，釜田は自著刊行以後，秋田県における小学校教員無試験検定認定校の事例研究に取り組んだ。本書にはその成果も収めることとした（第6章）。

(3) 試験検定・教育科試験問題の分析

　船寄，山本により明治期の兵庫県の試験検定における教育科試験問題の分析が始められた。これは小学校教員検定史研究として不可欠であり，小学校教員にどのような能力が求められていたか，教員像研究としても重要である。本書では，鳥取県の試験検定教育科試験問題の事例研究にも取り組む（第3章）。

(4) 受験者の受験動機・免許状上進の過程

　船寄および笠間は，小学校教員検定受験生の受験動機を分析する必要性を指摘した。船寄は次のように述べた。[39]

　もう一つ残された課題として，小学校教員養成における試験検定という制度が，受験生にとってどういう意味をもったのかということである。(中略：引用者) いわゆる『立身出世』ということになるのであろうが，正規の学校である師範学校で学ぶことができなかった人たちが，独学でその夢をかなえようとする際に，非常に手頃な制度であったと考えられる。受験生の側から見たこの制度の意味が解明されなければならない。その際，(中略：引用者) この制度の趣旨である小学校教員をめざす場合と，小学校教員資格をステップとしてさらに『立身出世』をめざす場合の二とおりの受験動機があったように思われる。この点に留意した分析が課題となろう。

笠間は次のように述べた[40]。

無試験・試験検定ともに応募者は多かった。彼・彼女らはそもそもいかなる動機から検定に応募し免許状の上進に励んでいたのか。各種講習会の熱心な受講が小学校教員の特性だったとしても，それはただ単に職能向上という動機だけだったのだろうか。これは教員のメンタリティーにかかわる問題である。

本書では，こうした課題の指摘に応えるべく検討を行い，昭和戦前期に尋準，そして小専正の試験検定に挑んでいった田口ハルの事例を取り上げた。田口の場合は，埼玉県在住，勤務も埼玉県でありながら埼玉・群馬２県の小学校教員検定を受験し，資格取得，免許状を上進させていったものであり，教員検定受験の実状を窺い知ることができるように思われる（第９章）。

4　本書の限界と課題

　筆者らは本書において，小学校教員検定制度は中央法令に則りつつも府県により運用が異なること，小学校教員無試験検定認定校のように有資格教員を量的に供給する仕組みが広く存在し，質的にも注意が払われていたこと，そしてこれらが師範学校制度を下支えする面を有していたこと，等を歴史的事実としてより明確に明らかにできたのではないか，と考えているが，第１部第６章「おわりに」において釜田も指摘するように，教員検定出身教員が「一定数供給され続けたこと」による「影響」や「『質』的な変化」についても仮説的，問題提起的に問うておきたい。

　ただ，小学校教員検定出身教員の教職就職に関するデータは断片的にしか存在せず，史資料の面で限界があり，本書では教員検定出身教員の特徴を解明し，総体としての小学校教員検定制度に関して評価することはできていない。「教員養成における国家の関与の内容」に関しても小学校教員検定委員会，府県内

序　章　小学校教員検定制度史研究の課題と方法　　15

務部に関する立ち入った検討が必要であろうが，研究方法論的制約により本書では検討できていない。これらの点は残された課題として，今後の研究（筆者ら自身を含む）へ託すこととしたい[41]。

【附記】序章は本書執筆者による共同討議を踏まえ，丸山が執筆した。

〈注〉
1) 中島太郎編『教員養成の研究』第一法規出版，1961年，1，3頁。
2) 寺﨑昌男・「文検」研究会編『「文検」の研究——文部省教員検定試験と戦前教育学——』（学文社，1997年，3頁）では「受験者総数（実人員）は約26万人以上（推定）」と記されている。
3) 船寄俊雄「教員養成史研究の課題と展望」『日本教育史研究』第13号，1994年，83-84頁。
4) 天野郁夫『学歴の社会史』新潮社，1992年，172-183頁。
5) 笠間賢二「1920年代半ば以降の小学校教員検定——無試験検定の拡充——」『宮城教育大学紀要』第49巻，2015年，221頁。
6) 井上惠美子「『小学校教員無試験検定認定校』認定に関する研究——京都府における審査過程を中心に——」『紀要（フェリス女学院大学文学部）』第55号，2020年，1頁。
7) 横須賀薫「教員養成制度の歴史的検討」『国民教育研究所年報　1965年度』59-62頁。
8) 中島太郎，前掲書，1頁。
9) 同前書，109-119頁。
10) 牧昌見『日本教員資格制度史研究』風間書房，1971年，2頁。
11) 同前書，123頁。
12) 同前書，410頁。
13) 同前書，439頁。
14) 同前書，22頁。
15) 同前書，37，41頁。
16) 同前書，76頁。
17) 同前書，156，168，174頁。
18) 同前書，202，219頁。
19) 同前書，245頁。
20) 同前書，251-253頁。
21) 国立教育研究所編集・発行『日本近代教育百年史　4　学校教育(2)』，1974年，

762-764 頁。
22) 同前書, 1446-1448 頁。
23) 国立教育研究所編集・発行『日本近代教育百年史　5　学校教育 (3)』, 1974 年, 1384-1387 頁。
24) 船寄俊雄『近代日本中等教員養成論争史論』学文社, 1998 年, 11-15 頁。
25) 岡本洋三「教育学部史研究ノート (1)」『鹿児島大学教育学部紀要　人文・社会科学篇』第 32 巻, 1980 年, 163 頁。
26) 井上惠美子 (研究代表者)『平成 14 年度〜平成 17 年度科学研究費補助金基盤研究 (B) 研究成果報告書　戦前日本の初等教員に求められた教職教養と教科専門教養に関する歴史的研究——教員試験検定のその主要教科とその受験者たちの様態の分析——』, 2006 年。筆者も途中から参加した。
27) 井上惠美子「Ⅰ　小学校教員検定をめぐる中央政策と全国的動向」『戦前日本の初等教員に求められた教職教養と教科専門教養に関する歴史的研究』, 2006 年, 11-26 頁。
28) 船寄俊雄「2.　兵庫県の場合」『戦前日本の初等教員に求められた教職教養と教科専門教養に関する歴史的研究』, 2006 年, 47-60 頁。
29) 笠間賢二「1.　宮城県の場合——運用と実際の基礎的検討——」『戦前日本の初等教員に求められた教職教養と教科専門教養に関する歴史的研究』, 2006 年, 27-46 頁。
30) 坂口謙一・内田徹「4.　東京府の場合——20 世紀初頭の無試験検定を中心に——」『戦前日本の初等教員に求められた教職教養と教科専門教養に関する歴史的研究』, 2006 年, 85-124 頁。
31) 釜田史『秋田県小学校教員養成史研究序説』学文社, 2012 年。
32) 笠間賢二「小学校教員無試験検定に関する研究——宮城県を事例として——」『宮城教育大学紀要』第 42 巻, 2007 年, 173-191 頁, ほか。他の論考は本書収録の「資料　小学校・国民学校教員検定関係文献目録 (稿)」を参照。
33) 山本朗登「明治期兵庫県における小学校教員検定『教育科』試験に関する一考察——標準図書からみる出題分析——」『山口芸術短期大学研究紀要』第 49 巻, 2017 年, 79-87 頁, ほか。
34) 釜田, 前掲書, 2012 年。
35) 井上惠美子「小学校教員免許状制度における無試験検定校の一ルート」丸山剛史 (研究代表者)『平成 23 年度〜平成 25 年度科学研究費補助金基盤研究 (C) 研究成果報告書　戦前日本の初等教員養成における初等教員検定の意義と役割に関する通史的事例研究』, 2014 年, 33-38 頁, 井上「『小学校教員無試験検定認定校』の全国的動向」丸山 (研究代表者)『平成 26 年度〜平成 29 年度科学研究費補助金基盤研究 (C) 研究成果報告書　戦前日本の初等教員養成における初等教員検定の果たした役割に関する府県比較研究』, 2018 年, 21-37 頁, ほか。
36) 遠藤健治「岡山県下における小学校教員養成所の展開——設置目的の変遷を

中心として——」『中国四国教育学会　教育学研究紀要』第54巻，2008年，276-281頁，ほか。
37) 小学校教員検定合格者数に関しては，丸山剛史「戦前日本の小学校教員検定合格者数の道府県比較（Ⅰ）」「同（Ⅱ）」（『宇都宮大学教育学部紀要　第1部』第61，62号，2011，2012年）を参照。児童数に関しては「資料2　小学校児童全数（1900-1940年）」（『戦前日本の初等教員養成における初等教員検定の意義と役割に関する通史的事例研究』，2014年）を参照。
38) 丸山剛史「京都府の小学校教員検定——関係規則の変遷と京都府の教員養成講習——」丸山（研究代表者）『平成29年度〜令和3年度科学研究費補助金基盤研究（B）研究成果報告書（中間報告書）　戦前日本の初等教員養成における初等教員検定の果たした役割に関する歴史的研究』，2021年，119-130頁。
39) 船寄俊雄「2. 兵庫県の場合」『戦前日本の初等教員に求められた教職教養と教科専門教養に関する歴史的研究』，2006年，58頁。
40) 笠間賢二「小学校教員検定制度研究の必要性」『日本教育史往来』第165号，2006年，9頁。
41) 筆者（丸山）は一連の検討において，府県レベルで特定の時期に少なくない人数の学力および品行を試験するシステムは一朝一夕に構築できるものではなく，その点で小学校教員検定制度は第二次世界大戦後の公立学校教員採用候補者選考試験，いわゆる教員採用試験創出の下地を形づくったのではないかという仮説をもつようになったことも付言しておきたい。

第1部

小学校教員検定制度の多様性

第1章
小学校教員検定制度の形成とその展開

釜田　史

はじめに

　本書が研究対象とする小学校教員検定の制度史について，師範学校や小学校教員講習科，地方教育会による准教員養成所等も視野に入れつつ，その全体像を整理することが本章の課題である。

　序章でも述べられているとおり，小学校教員検定は「文部省師範学校中学校高等女学校教員検定試験」（文検）よりもはるかに大規模に施行されていた教員資格試験であったにもかかわらず，その実施主体が道府県にあったため，通史的な事例研究の蓄積が少なく，その全体像の解明は必ずしも十分に進んできたとはいえない。本章では，これまでの先行研究に学びながら，全国レベルの小学校教員検定制度の全体像について整理し，第2章以降で展開される事例研究の土台を提示したい。

　まずは，師範学校と小学校教員検定が輩出した有資格教員数の割合について確認しよう。『文部省年報』の各年度から，小学校教員検定合格者と師範学校卒業者の割合を整理したものが図1-1である。これによれば，師範学校卒業者が各年度の小学校教員取得者数に占める割合は平均27％ほどにとどまり，高い年度でも全体の半分にも満たなかったことが確認できる。つまり，師範学校は小学校教員全体の約3割程度を輩出していたに過ぎず，残りの約7割は小学校教員検定の合格者だったのである。

　小学校教員検定は各道府県単位で実施され，方法は試験検定と無試験検定の2種類があった（詳細は後述）。試験検定は毎年1回～2回実施され，受験者の

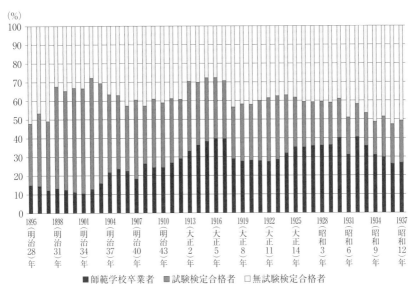

図 1-1　師範学校卒業者・試験検定合格者・無試験検定合格者の比率

学力の有無が試験によって測られ，すべての試験科目に合格すれば小学校教員免許状が取得できた。無試験検定は出願がありしだい随時実施され，受験者の学歴や講習履歴等が書類等で確認され，すべての条件を満たせば小学校教員免許状が取得できた。特に比重が大きかったのは無試験検定の合格者で，毎年度の約半数は無試験検定によって小学校教員免許状を取得した。試験検定の合格者は，明治期は40～50％程度を占めていたが，大正期以降は減少した。このように小学校教員検定は，戦前日本における小学校教員数の約7割を占める重要な供給ルートであり，この試験が果たした役割を明らかにし，それを位置づけなければ，戦前日本の小学校教員養成の全体像を把握したことにはならない。

次に，小学校教員検定の受験者数・合格者数・合格率について確認しよう。**表1-1**は，小学校教員検定の受験者数・合格者数・合格率について，5年ごとの数値を示したものである。これによれば次の2点を指摘できる。第1点は，試験検定・無試験検定ともに一定の受験者数が存在し続けたことである。試験検定の受験者数は1895（明治28）年に15,000人弱だったが，5年後の1900（明

第1章　小学校教員検定制度の形成とその展開　　21

表1-1 小学校教員検定の受験者数・合格者数・合格率

	試験検定			無試験検定		
	受験者(人)	合格者(人)	合格率(%)	受験者(人)	合格者(人)	合格率(%)
1895（明治28）年	14,984	5,041	33.6	10,050	7,961	79.2
1900（明治33）年	29,185	11,318	38.8	8,986	6,714	74.7
1905（明治38）年	32,125	7,200	22.4	8,172	6,762	82.7
1910（明治43）年	36,807	7,876	21.4	10,908	9,391	86.1
1915（大正４）年	28,901	6,664	23.1	6,687	5,448	81.5
1920（大正９）年	25,619	7,696	30.0	13,432	10,865	80.9
1925（大正14）年	56,958	9,929	17.4	17,513	14,279	81.5
1930（昭和５）年	43,385	6,340	14.6	15,077	11,919	79.1
1935（昭和10）年	39,564	5,833	14.7	16,368	13,089	80.0

〔出典〕『文部省年報』の各年度から作成。

治33）年には約2倍となり，1925（大正14）年には約4倍にまで跳ね上がった。無試験検定も概ね増加傾向で，毎年度15,000人程が受験し続けていたことから，安定的に需要がある教員資格試験であったといえよう。

　第2点は，無試験検定の合格率が高い数値を維持し続けていたことである。試験検定の合格率は1900（明治33）年の38％を頂点として下降し，昭和初期には10％前半にまで落ち込み，多くの受験者数を抱えながらも相当難関な試験であった。それに対して無試験検定は約7割〜8割の合格率を維持し続け，安定的に小学校教員免許状を獲得し，小学校教員界に参入できるルートとして定着した。特に1920年代以降にいたると，無試験検定の合格者数はそれまでの約2倍に膨らんで試験検定合格者数を上回るようになり，ほかの職業資格と同様に，小学校教員の場合も無試験検定が有資格者の最大の供給源となっていったのである[1]。本章では，この1920年代以降の無試験検定合格者数の急増に着目し，これがいかなる要因によってもたらされたのかを法制度の面から検討し，各道府県における具体的な事例については第4章〜第7章において考察する。

　以上の受験者数・合格者数・合格率の変動とともに，小学校教員検定の法制度の変遷等に着目し，本章では以下のように時期区分する。

第Ⅰ期　創設期　1872（明治 5）年～1885（明治 18）年
第Ⅱ期　整備期　1886（明治 19）年～1899（明治 32）年
第Ⅲ期　成立期　1900（明治 33）年～1912（明治 45）年
第Ⅳ期　展開期　1913（大正 2）年～1940（昭和 15）年
第Ⅴ期　終末期　1941（昭和 16）年～1949（昭和 24）年

　第Ⅰ期は，小学校教員検定が創設され，法制度の模索が続いた時期である。文部省から全国レベルの法令等が出されていたが，道府県の実態に即し多様な小学校教員検定制度が制定された。また，試験科目に「教育学」が含まれるようになり，小学校教員に必要な知識・技能の一領域として認知されはじめた。
　第Ⅱ期は，1891（明治 24）年の「小学校教員検定等ニ関スル規則」制定により，小学校教員検定の方法が甲種検定および乙種検定に二分された時期である。また，全国的に小学校教員検定委員会が設置されるなど，各道府県における多様な取り組みが減少し，法制度の全国統一化が進みはじめた。
　第Ⅲ期は，1900（明治 33）年の「小学校令」下において，甲種検定は無試験検定へ，乙種検定は試験検定へと名称が改められ，小学校教員検定の方式等が定まった時期である。また，小学校教員検定委員会の権限等が強化されるとともに，試験科目とその程度の国家的統一基準が明確化された。
　第Ⅳ期は，1913（大正 2）年の「小学校令」以降，正教員の小学校教員検定の実施権限が地方に移譲され，無試験検定が急速に拡大した時期である。小学校教員免許状が全国で有効となり，戦前の小学校教員資格制度が確立した。
　第Ⅴ期は，1941（昭和 16）年の国民学校令期において，臨時的措置が乱発され，旧学制廃止とともに小学校教員検定が消滅した時期である。

1　創設期（1872〈明治 5〉年～1885〈明治 18〉年）

（1）小学校教員検定の創設
　1872（明治 5）年の「学制」において，「小学校教員ハ男女ヲ論セス年齢二十

才以上ニシテ師範学校卒業免状或ハ中学免状ヲ得シモノニ非サレハ其人ニ当ルコトヲ許サス」と小学校教員資格が制度化された[2]。すなわち，「師範学校の卒業証書＝小学校教員の資格」とされ，師範学校が唯一小学校教員の供給源（卒業資格主義）であると位置づけられた。

　しかし，師範学校の卒業者だけでは明治初年に必要な有資格教員が確保できなかったため，文部省は1874（明治7）年にいたって，師範学校を経由することなく「学業試験」合格によって小学校教員資格（証書）が取得できるルートを創設した[3]。これが小学校教員検定の嚆矢である。文部省は「免状」の取得要件として年齢，体格，学力を設定した。具体的には，年齢20歳以上の「尋常普通ノ書ヲ講読シ略算術ヲ学ヒタルモノ」で，「体質壮健且種痘或ハ天然痘為セシ者ニ非サレハ試験ニ中ルヲ得ス故ニ参校ノ時先医員ヲシテ検査」することとされた。試験科目は，官立師範学校「教則ノ全科」の試験と，「附属小学ノ生徒ニ接セシメ実際授業ノ方法」に関する試験が課された。合格者には，全国で3年間有効の「証書」が附与された。

(2) 小学校教員資格取得ルートの多様化

　1879（明治12）年の「教育令」では，「公立小学校教員ハ師範学校ノ卒業証書ヲ得タルモノ」とされ，①「師範学校の卒業証書＝小学校教員の資格」とする卒業資格主義が継承された[4]。このほか，②師範学校の卒業証書を試験によって獲得する方法と，③小学校教員検定に合格し小学校教員免許状を獲得する方法が用意された。

　まず，②についてである。「教育令」において「公立師範学校ハ本校ニ入学セサルモノト雖モ卒業証書ヲ請フモノアラハ其学業ヲ試験シ合格ノモノニハ卒業証書ヲ与フヘシ」と定められ，試験によって師範学校の卒業証書を獲得する方法が新設された。

　次に，③についてである。「教育令」において「師範学校ノ卒業証書ヲ得スト雖モ教員ニ相応セル学力ヲ有スルモノハ教員タルモ妨ケナシ」と定められ，道府県では小学校教員検定に関する規則の制定が相次いだ。例えば，愛知県で

は 1880（明治 13）年に「公立小学教員学力証明試験法」（以下，「学力証明試験法」と略記する）が制定され，師範学校を経由せず小学校教員資格を獲得する方法が導入された。「学力証明試験法」によれば，試験は「甲部」「乙部」「丙部」の三段階に分けられ，最低位だった丙部では読書，習字，算術，地理，歴史，修身，作文，物理，授業法の試験が行われ，合格すれば 3 年間有効の証書が授与された。乙部では丙部の試験科目に「教育」と「博物」が追加され，かつ各試験科目の難易度がやや引き上げられており，合格すれば 5 年間有効の証書が授与された。最後に甲部では乙部の試験科目に「生理」が追加され，かつ各試験科目の難易度が最も高く設定おり，合格すれば 7 年間有効の証書が授与された。

　先行研究で明らかにされている事例と共通していることは二つあり，一つは明治 10 年代は「小学教員学力証明規則」や「小学教員学業試験法」に類した名称が使用され，小学校教員検定という文言は使われていなかったことである。もう一つは，試験科目に「教育学」が課される事例が確認され，小学校教員に求められる知識・技能の一つとして認知されはじめていたことである。

(3)「教員免許状」制度の導入

　1880（明治 13）年に「教育令」が改正され，翌 1881（明治 14）年に「小学校教員免許状授与方心得」が制定された。小学校教員資格を取得するルートは三つとも維持された（①「師範学校卒業証書＝小学校教員の資格」とする卒業資格主義が継承，②師範学校卒業証書を試験によって獲得する方法，③小学校教員検定に合格し小学校教員免許状を獲得する方法）。

　②については，1882（明治 15）年「愛知県師範学校規則」中に制定された卒業証請求試験制度を一事例として取り上げたい。卒業証請求試験制度に関わる条文を引用すれば，以下のとおりであった。

　　愛知県師範学校規則（抄）
　　第八条　本校ニ於テハ現ニ入学セサル者ト雖トモ卒業証書ヲ請フ者アラハ

　　　　現行ノ教則ニ拠リ其学力ヲ試験シ且其品行等検定ノ上合格ノ者ニ
　　　　ハ卒業証書ヲ与フヘシ
　　第九条　証書年限満期ニ至リ尚教員タラント欲スル者ハ現行ノ教則ニ依リ
　　　　更ニ其学力ヲ試験シ且品行等検定ノ上合格ノ者ニハ第二試ノ印アル証書ヲ与フヘシ

　試験規則
　　第六条　卒業証請求試験
　　　一　師範学科卒業ノ者ニシテ七ヶ年ノ後更ニ試験ヲ請フ者アルトキハ現ニ施行スル所ノ教則ニヨリ其試験ヲ行フモノトス
　　　一　本校ニ入学セスシテ卒業証書ヲ請フモノハ現ニ施行スル所ノ教則ニヨリ其試験ヲ行フモノトス
　　　一　品行不正ノ実証アル者及年齢十八年ニ至ラサル者ハ試験ヲ受クルヲ得ス
　　　一　体質不完全ナルモノハ学力ノ試験ヲ受クルヲ得ス
　　第七条　験点法
　　　（中略）
　　　一　臨時試験及卒業証請求試験ハ各科ノ評点定点ノ五分ノ三以上ヲ及第トス

　卒業証請求試験は受験者の年齢，体格，学力について試験を実施し，これらの条件を満たせば師範学校の卒業証書が授与された。卒業証書の有効期間は7年間で，期間を延長する場合は再度この試験に合格しなければならなかった。試験科目には「教育学　学校管理法」が課され，「徳育智育体育ノ理，教育史，教育ニ関スル法令，小学各等科授業法，学校ノ編制，生徒ノ管理，校舎校簿ノ整備及ヒ小学教科書ノ講読等」の知識が求められた。

　次に③についてである。ここでも愛知県の事例として，1882（明治15）年に制定された「愛知県小学校教員免許状授与規則」を取り上げたい[8]。従前と比較

して特徴は次の2点だった。第1点は，小学校教員資格が「教員免許状」と「教授免許状」の二つに区分されたことである。「教員免許状」(5年間有効，訓導)は学力試験が実施され，合格者には結果に応じて小学初等科教員免許状，小学中等科教員免許状，小学高等科教員免許状のいずれかが授与された。「教授免許状」(3年間有効，準訓導)は「教員免許状」の一学科または数学科を受けもつ教員，または唱歌，体操，裁縫，家事，経済等の一学科を受けもつ教員を指し，該当試験科目に合格すれば取得でき，のちの「専科教員」に該当する。

第2点は，試験の方法が受験者の「学力」を問う試験と，受験者の「履歴」を審査する試験に区分されたことである。「教員免許状」「教授免許状」ともに受験者の「学力ヲ検定」して合否判定され，試験学科とその程度は愛知県師範学校の教科程度によるとされた。最上位の小学高等科教員免許状の試験科目は修身，読書，作文，習字，算術，地理，歴史，図画，生理，博物，物理，農商学，化学，幾何，経済，教育学，学校管理法，実地授業の18科目だった。教育学では「教育ノ理」について問われ，小泉信吉・四屋純三郎合訳『那然氏小学教育論』(文部省，1878年)が試験用書として指定された。学校管理法では「学校編制等」が問われ，箕作麟祥訳『学校通論』(9冊，文部省，1874年)が試験用書として指定された。

「教授免許状」に関しては「碩学老儒等ノ徳望」があり，かつ「修身科ノ教授ヲ能スルモノ若クハ農業商業等ノ学術ニ長スルモノ」がある人物に限り，受験者の「履歴」を審査し合否が判定される方法が新設された。当時はほとんど合格者が出ず，その機能が活用されることはなかったが，1891(明治24)年以降は甲種検定，1900(明治33)年以降は無試験検定と呼称され，戦前を通じて最も有資格教員を供給するルートとして定着した。[9]

2　整備期(1886〈明治19〉年〜1899〈明治32〉年)

(1)「教員免許状」主義の成立

1885(明治18)年に「教育令」が再度改正され(以下，「再改正教育令」と略記

する)，「教員ハ男女ノ別ナク年齢十八年以上ニシテ品行端正相当ノ学力アリ文部卿若クハ府知事県令ノ免許状ヲ得タルモノ」と，小学校に限らずすべての教員は「教員免許状」を有する者でなければならないとする「教員免許状」主義がここに成立した。同時に文部省は，師範学校の卒業証書を試験で取得するルートを廃止した。したがって「再改正教育令」以降，小学校教員となるルートは，①師範学校を卒業し教員免許状を取得する方法と，②小学校教員検定に合格し教員免許状を取得する方法の二つに絞られた。

翌1886（明治19）年には「小学校教員免許規則」が制定され，教員免許状の種類が「普通免許状」と「地方免許状」の二つに区分された。普通免許状は文部大臣から授与され，全国で終身有効だった。地方免許状は府県知事から授与され，当該道府県のみ有効で，終身有効と5年間有効の2種類があった。

「小学校教員免許規則」制定を受けて，愛知県は1887（明治20）年に「小学校教員学力検定試験細則」を制定した。同細則によれば，試験は毎年2回（1月，8月）実施され，受験者は「検定試験願」「履歴書」（学歴，経歴，賞罰等）とともに手数料（金1円）を戸長役場を経由し県庁に提出した。試験科目とその程度は愛知県尋常師範学校に準拠（倫理，教育，国語，漢文，英語，数学，簿記，地理歴史，博物，物理化学，農業手工，習字図画，音楽，体操）した。

「小学校教員免許規則」では，新たに小学簡易科および小学校授業生の試験が各道府県の判断によって実施可能となった。愛知県では1887（明治20）年に「小学簡易科教員及小学校授業生免許規則」を制定し対応した。愛知県の小学簡易科教員免許状は3年間有効で，年齢20歳以上の受験者に対し学力試験を実施した。小学校授業生免許状も3年間有効で，年齢15歳以上の受験者に対し学力試験を実施した。いずれの学力試験においても，「実地授業法及学校管理法ノ大要」が課された。

(2) 甲種検定による正教員の供給

1890（明治23）年に「小学校令」が制定され，次の2点が変更された。第1点は，小学校教員資格が8種類に分類されたことである（表1-2）。「専科教員」

表1-2　1890年以降の小学校教員資格

学校種別	本科／専科	正　教　員	准　教　員
高等小学校	本科教員	高等小学校本科正教員	高等小学校本科准教員
	専科教員	高等小学校専科正教員	高等小学校専科准教員
尋常小学校	本科教員	尋常小学校本科正教員	尋常小学校本科准教員
	専科教員	尋常小学校専科正教員	尋常小学校専科准教員

とは「某教科目ヲ教授スル者」であり，「本科教員」とは専科教員を除くすべての小学校教員とされた。[14]「准教員」とは「小学校ノ教科目ヲ補助教授シ又ハ一時教授スル者」とされ，「正教員」を補助する者と位置づけられた。[15]

　第2点は，尋常師範学校卒業者も小学校教員検定に合格しなければ正教員免許状が取得できなくなったことである。「小学校令」第55条において「小学校教員免許状ヲ得ルニハ検定ニ合格スルコトヲ要ス」と定められ，尋常師範学校卒業者は卒業と同時に小学校本科准教員免許状しか授与されなかった。[16]従来のように正教員免許状を取得するには，尋常師範学校卒業者でも1年以上准教員として教育現場を経験した後でなければ出願できず，優遇措置等はなく小学校教員検定受験者とまったく同等の扱いだった。その後，1893（明治26）年には准教員の教職経験が1年以内であっても受験が許可され，[17]さらに翌1894（明治27）年には卒業後直ちに正教員の甲種検定への出願が許可された。[18]

　1891（明治24）年に「小学校教員検定等ニ関スル規則」が制定され，小学校教員検定に関する法制度の整備が大幅に進んだ。[19]その特徴は次の3点だった。第1点は，小学校教員検定委員会が設置されたことである。小学校教員検定委員は，府県官吏と尋常師範学校長および教員によって組織され，試験の実施から合否判定にいたるまで権限を有することになった。

　第2点は，正教員の小学校教員免許状が終身有効になったことである（有効区域は取得した道府県内に限定）。これまでは正教員資格取得後も，定期的に試験を受けなおし合格しなければならなかったが，今後は安定的に教職に従事することが可能になった。

　第3点は，小学校教員検定の方法が「乙種検定」と「甲種検定」の二つに区

分されたことである。乙種検定とは、明治初期から継続されてきた受験者の学力を検定するものであり、年に1回～2回程度定期的に実施された。1894（明治27）年には「佳良証」制度が導入され[20]、合格点に達した試験科目は「合格証書」が授与され、当該科目の試験が免除された。

　甲種検定は、出願がありしだい実施され、受験者の学歴や経歴等を「認定」し合否判定がくだされた。明治初年以来、受験者の学力の有無だけで小学校教員として適／不適が判定されてきたが、受験者の学歴や教職経験年数の蓄積などによってそれが代替されるという小学校教員資格観が導入されたのである。

　甲種検定の受験資格は、次の七つとされた。

　　一　高等師範学校、女子高等師範学校又ハ尋常師範学校卒業生
　　二　他ノ府県ニ於テ小学校教員免許状ヲ受得シタル者
　　三　文部省直轄諸学校ニ於テ某科目ニ関シ特ニ教員ノ職ニ適スル教育ヲ受ケタル卒業生
　　四　尋常師範学校尋常中学校高等女学校教員免許状ヲ有スル者
　　五　従前ノ成規ニ依リ小学校教員免許状又ハ小学師範学科卒業証書ヲ受得シタル者
　　六　准教員ノ免許状ヲ有スル者ニシテ其有効期限満チタル者
　　七　其他学力品行等ニ関シ府県知事ニ於テ特ニ適任ト認メタル者

(3) 小学校教員講習科の設置

　1892（明治25）年に「尋常師範学校ノ学科及其程度」が改正され、尋常師範学校に簡易科、予備科、小学校教員講習科、幼稚園保姆講習科を設置することが可能となった[21]。文部省の説明によれば、簡易科は尋常小学校本科正教員養成を目的とし、有資格教員数を補充することが期待された。小学校教員講習科に期待された機能は二つあり、一つは現職教員の学力補習であり、もう一つは小学校教員養成事業だった。

　このような文部省の意向を踏まえ、各道府県では簡易科、小学校教員講習科

における教員養成が開始された。例えば，愛知県では 1895（明治 28）年に「小学校教員講習科規程」が制定され，愛知県尋常師範学校に「小学校教員タルニ必須ナル学科ヲ講習」する小学校教員講習科が設置された[22]。学科目は修身，教育，国語，漢文，数学，地理，歴史，理科，習字，図画，音楽，体操で，修業期間は 5 か月間，尋常小学校本科准教員以上の小学校教員免許状を有し 1 年以上教職経験をもつ 20 歳以上の者が対象だった。

　1893（明治 26）年には，小学校教員講習科の修了試験に小学校教員検定委員が立ちあえば乙種検定と見なされ，合格すれば修了と同時に尋常小学校本科正教員免許状が取得できるようになった[23]。さらに翌 1894（明治 27）年には「小学校教員検定等ニ関スル規則」が改正され，小学校教員講習科修了者の学力と乙種検定の試験科目とその程度を対照し，同等以上と認められれば一科目ないし数科目の試験が免除された[24]。

　このように小学校教員講習科における教員養成制度が整備されたことを受けて，愛知県では 1897（明治 30）年に「尋常師範学校講習科規程」を制定し，本格的に小学校教員養成に着手した[25]。同講習科は甲種講習科と乙種講習科に分けられ，甲種講習科は尋常小学校本科正教員養成を目的とし，修業年限は 5 か月間，定員は 50 名，尋常師範学校内に設置された。乙種講習科は尋常小学校本科准教員養成を目的とし，修業年限は 5 か月間，定員は 80 名で，県内 2 か所に設置された。修了後，甲種講習科は 2 年間，乙種講習科は 3 年間，推挙された郡市内に戻り小学校教員として勤務する義務が課された。

3　成立期（1900〈明治 33〉年〜1912〈明治 45〉年）

（1）国家的枠組みの成立

　1900（明治 33）年に「小学校令」が改正され（以下，「改正小学校令」と略記する），小学校教員免許状は「普通免許状」と「府県免許状」に二分され，いずれも終身有効となった[26]。

　「改正小学校令」を受けて同年「小学校令施行規則」が制定され[27]，その特徴

は次の3点だった。第1点は，小学校教員検定委員会の組織化が進められたことである。小学校教員検定委員会は会長，常任委員，臨時委員から構成され，会長には各道府県視学官（のちに内務部長，学務部長）が充てられた。常任委員は「教員検定ニ関スル事ヲ掌ル」とされ，無試験検定および試験検定の実施運営方針等の作成や合否判定，各種内規の制定等に深く関わった。臨時委員は「試験施行ノ際」に任命され，多くは師範学校の教員で「会長ノ指揮ヲ承ケ試験検定ニ関スル事」を受けもち，試験検定の作問や採点等を担当した。

第2点は，小学校教員検定の名称が，甲種検定から無試験検定へ，乙種検定から試験検定へ，それぞれ改められたことである。この名称は，以後，戦前を通じて使用された。無試験検定は出願がありしだい随時，試験検定は毎年少なくとも1回以上，受験者の「学力，性行及身体」について検定された。

第3点は，試験検定の試験科目とその程度について国家的基準が定められたことである。小学校本科正教員（第108条）と小学校専科正教員（第110条）は各道府県立師範学校の学科とその程度に準拠し，尋常小学校本科正教員（第111条）は師範学校簡易科の学科とその程度に準拠した。

具体的に試験科目を列挙すれば，小学校本科正教員を受験する者（男子）には修身，教育，国語，漢文，歴史，地理，数学，物理，化学，博物，習字，図画，音楽，体操の学科目が課された（このうち，試験検定を実施する道府県の判断によって，図画，音楽，手工，農業，商業，英語の一科目もしくは数科目の試験が免除された）。

小学校専科正教員を受験する者は図画，音楽，体操，裁縫，手工，農業，商業，英語の一科目もしくは数科目を選択し，あわせて受験する科目の教授法を附帯して実施することとされた。なお，受験に際しては，受験者が修身，国語，算術に関して普通の学力を有する者であると小学校教員検定委員会に認められなければならなかった。

さらに，小学校本科准教員と尋常小学校本科准教員は，「小学校令施行規則」第109条および第112条において，試験科目とその程度が明記されるようになり，以上をもってすべての試験科目とその程度の国家的基準が定められた。

(2) 無試験検定の拡充

1900（明治 33）年の「小学校令施行規則」第 107 条において，無試験検定の受験資格者が以下のように明記された。

> 第百七条　無試験検定ハ左ノ各号ノ一ニ該当スル者ニ就キ第百八条乃至第百十二条ノ規定ニ対照シテ之ヲ行フ
> 一　師範学校，中学校，高等女学校教員免許状ヲ有スル者
> 二　他ノ府県ニ於テ授与シタル小学校教員免許状ヲ有スル者
> 三　文部省直轄学校ニ於テ某科目ニ関シ特ニ教員ノ職ニ適スル教育ヲ受ケテ卒業シタル者
> 四　中学校又ハ明治三十二年文部省令第三十四号ニ依リ文部大臣ニ於テ中学校ト同等以上ト認メタル学校ヲ卒業シタル者
> 五　高等女学校ヲ卒業シタル者
> 六　其ノ他府県知事ニ於テ特ニ適任ト認メタル者

上記を受けて，各道府県では「無試験検定内規」を制定し，受験資格ごとに必要な学歴や教職経験年数等の要件を制定した。1900 年代以降における無試験検定の特徴は次の 3 点に集約される。第 1 点は，無試験検定の受験資格に新たに中学校と高等女学校の卒業生が取り入れられたことである。例えば，1901（明治 34）年に東京府で制定された「無試験検定内規」によれば，中学校および高等女学校生は卒業と同時に小学校本科准教員免許状が取得できた[28]。

第 2 点は，小学校教員免許状の上進に教職経験年数の蓄積が活用されたことである。文部省は無試験検定における合否判定基準等の統一性を担保するため，1900（明治 33）年と 1907（明治 40）年に「通牒」を発出した[29]。文部省が示した最低基準項目は二つあり，一つは年齢制限で，正教員の無試験検定受験資格として男子は 30 歳以上，女子は 25 歳以上の「小学校ノ教育ニ従事シ其ノ成績佳良ナル者」に限定した。もう一つは教職経験の最低必要年数であり，3 年以上教職経験の蓄積が必須条件とされた。例えば，高等女学校卒業と同時に小学校本

科准教員免許状を取得した者が，より上位に位置する小学校本科正教員や尋常小学校本科正教員などの無試験検定を受験するには，3年間にわたる教職経験が求められた。さらに1907（明治40）年の通牒では，必要な教職経験年数が3年間から5年間に延長された。つまり，中学校や高等女学校を経由し小学校教員界に参入する者たちに対し，一定年数の教職経験と教育学的教養や技能の修得がよりいっそう重視されたのである。

　第3点は，無試験検定の受験資格が拡大していったことである。『文部省例規類纂』によれば，①東京音楽学校予科卒業生に対し，第107条第3号により無試験検定が実施可能[30]，②高等女学校技芸専修科卒業生に対し，第107条第5号により無試験検定が実施可能[31]，③小学校教員講習科修了生に対し試験検定の全科目が免除（無試験検定適用）され，無試験検定の受験資格として認定された[32]。

　1909（明治42）年には「小学校令施行規則」が改正され[33]，第107条のうち改正された条文のみを引用すれば以下のとおりである（第1号〜第3号，第6号に改正無し）。

　　四　中学校又ハ高等女学校ヲ卒業シタル者
　　五　公立私立学校認定ニ関スル規則ニ依リ認定セラレタル学校ヲ卒業シタル者
（中略）
前項第四号及第五号ニ該当スル者ニ対シ小学校本科正教員ノ検定ヲ行フ場合ハ卒業後二箇年以上小学校教育ニ従事シタル者又ハ高等女学校ヲ卒業シ修業年限一箇年以上ノ補習科ニ於テ小学校教員ニ適スル教育ヲ受ケ卒業シタル者ニ限ル

(3) 地方教育会による教員養成事業

　1900年代以降，有資格教員数の慢性的不足を補完するために，各道府県内に設置された地方教育会においてさまざまな小学校教員養成事業が展開された。そのはじまりは，1897（明治30）年に秋田県が実施した尋常小学校本科准教員

養成事業だった。同年，秋田県は「尋常小学校本科准教員乙種検定準備場奨励金下附規則」を制定し，乙種検定の準備教育をする郡市に対し奨励金を下附することとした。[34] 準備場は郡市の小学校内に附設され，講師はその近隣の小学校に勤務する教員が担った。講習科目は「小学校令施行規則」第112条に規定された試験科目とその程度に準拠した。修了生に対する特典は無く，毎年2回実施されていた試験検定の受験義務と，合格後3年間の奉職義務が課された。

　秋田県における尋常小学校本科准教員養成事業以後，他の道府県においても同様の取り組みが広がっていく。例えば兵庫県教育会では，秋田県と同時期から尋常小学校本科准教員養成を目的とした准教員養成講習会が，兵庫県内各地を巡回するかたちで開設された。[35] 講師は，師範学校の近くで実施する場合は師範学校の教員が担当し，遠方で実施する場合は現地の小学校教員等が担当した。講習科目は「小学校令施行規則」第112条に規定された試験科目とその程度に準拠し，卒業試験の成績佳良者には無試験検定が実施され，尋常小学校本科准教員免許状が授与されたという。

　また，宮城県教育会では1908（明治41）年から尋常小学校本科准教員の教員養成講習会が郡市レベルで開設され，講習科目は「小学校令施行規則」第112条に規定された試験科目とその程度に準拠し，修了後は臨時の試験検定が実施された。講習会の担当講師や，臨時試験検定の作問・採点担当者のほとんどが宮城県師範学校の教員たちであったことから，笠間賢二は「師範学校による第二の教員養成場面であった」と指摘した。[36]

　以上の事例研究から浮かびあがってくることは3点あり，第1点は明治後期における教員養成事業の多くは尋常小学校本科准教員養成に重点を置き，小学校教員数の補充に努めていたことである。量の補填だけでなく，この修了者の一部は師範学校本科へ進学し，小学校教員としてのキャリアップや質の向上を目指した人々も少なくなかった。

　第2点は，修了試験の方法や特典等は道府県によって異なっていたが，大正期以降は無試験検定が適用され，小学校教員養成の一翼を担ったことである。

　第3点は，教員養成講習会に対する師範学校教員の関係度は道府県によって

異なっていたが，小学校教員免許状を授与するか否かを判断する場には，師範学校教員や県当局が必ず関与しており，その管理下に置かれていたことである。

4　展開期（1913〈大正2〉年〜1940〈昭和15〉年）

(1) 小学校教員免許状の全国有効化

　1913（大正2）年に「小学校令」が改正され，「免許状ハ府県知事之ヲ授与シ全国ニ通シテ有効トス」と小学校教員免許状を授与する権限が府県知事に委任されると同時に，小学校教員免許状の有効区域が全国に拡大した。従前の「普通免許状」「府県免許状」の区別等も撤廃され，戦前日本における小学校教員資格制度が確立した。

　以下，本項では試験検定について整理し，無試験検定に関しては次項で述べる。展開期における試験検定の特徴は次の2点であった。第1点は，小学校教員検定委員会の会長に内務部長が充てられたことである。従前，会長は教育関係者（特に師範学校長）が担っていたが，今後小学校教員検定は内務省の統制管理下において実施されることになった。

　第2点は，試験検定が毎年安定的に実施されていたことである。展開期はこれまでの法制度の改善等を踏まえ，大きな変更等がなく，毎年安定的に試験検定が実施された。一例として，1931（昭和6）年度に秋田県で実施された試験検定の実施過程を図示したものが**図1-2**である。8月下旬に実施予定の試験検定に向けて，その2か月前から実施日程や試験会場等の調整など，試験実施に向けた準備が進められた。試験の1か月前には，臨時委員（師範学校教員）が任命され，それぞれ担当した試験科目に関する試験問題が作問された。

　1次試験合格者は2次試験（実地授業と，性行調査・身体検査に関する書類審査）に進み，一部科目合格者には佳良証が下附された。1次試験から約3か月後に附属小学校で実地授業が実施され，書類審査の結果と総合して最終合否判定が行われた。合格者には小学校教員免許状が送付されるとともに，「秋田県報」に氏名等が掲載された。

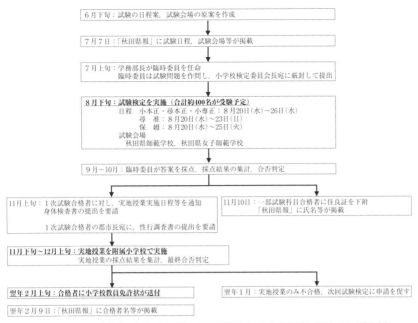

図 1-2　1931（昭和 6）年度　第 1 回試験検定の実施過程（秋田県の場合）

　このように試験日程等の告示から，最終合格者の確定まで約半年間を要した。この時期の秋田県は毎年 2 回試験検定を実施しており，このスケジュールを年間 2 回，毎年ほぼ同時期に実施した。小学校教員検定に師範学校教員は間接的に関わっていた（試験問題の作成，採点，実地授業の実施と採点，合否判定等）とはいえ，試験検定実施に伴うさまざまな業務の負担はけっして軽いものではなかったと考えられる。

(2) 無試験検定の拡充

　展開期における無試験検定の特徴は次の 3 点に集約される。第 1 点は，受験資格者が急速に拡大されたことである。展開期において受験資格者として認められた者を，『文部省例規類纂』等から箇条的に述べると以下のとおりである。[39]

① 高等女学校実科および実科高等女学校卒業者。

② 高等女学校高等科，専攻科，1年以上の補習科卒業者。
③ 高等学校高等科教員免許状所持者。
④ 「専門学校入学者検定」合格者

以上の4点を踏まえ，1926（大正15）年に改正された「小学校令施行規則」第107条において，無試験検定の受験資格者は以下のとおりとなった。[40]

第百七条　無試験検定ハ左ノ各号ノ一ニ該当スル者ニ就キ第百八条乃至第百十二条ノ規定ニ対照シテ之ヲ行フ
　一　師範学校，中学校，高等女学校教員免許状若ハ高等学校高等科教員免許状ヲ有スル者
　二　高等学校高等科又ハ大学予科ヲ卒ヘタル者
　三　文部省直轄学校ニ於テ某科目ニ関シ特ニ教員ノ職ニ適スル教育ヲ受ケテ卒業シタル者
　四　中学校又ハ高等女学校ヲ卒業シタル者
　五　公立私立学校認定ニ関スル規則ニ依リ認定セラレタル学校ノ卒業者，専門学校入学者検定規程ニ依リ試験検定ニ合格シタル者及一般ノ専門学校入学ニ関シ無試験検定ヲ受クル資格ヲ有スル者
　六　其ノ他府県知事ニ於テ特ニ適任ト認メタル者
　前項第四号及第五号ニ該当スル者ニ対シ小学校本科正教員ノ検定ヲ行フ場合ハ卒業後二箇年以上小学校教育ニ従事シタル者又ハ高等女学校ノ高等科，専攻科若ハ修業年限一年以上ノ補習科ニ於テ小学校教員ニ適スル教育ヲ受ケ卒業シタル者ニ限ル

特徴の第2点は，「小学校令施行規則」第107条第6号の無試験検定において，文部大臣の許可が不要になったことである。従来，第107条第6号「其ノ他府県知事ニ於テ特ニ適任ト認メタル者」として，無試験検定によって正教員の小学校教員免許状を授与する際には文部大臣の認可を受ける必要があったが，

1921（大正 10）年の「小学校令施行規則」改正において，これを規定していた第 118 条が削除された[41]。これに伴い，普通学務局長から「通牒」（小学校教員免許状授与方調査標準及報告方）が発出され，文部省が提示した「調査標準ニ依リ慎重調査ヲ遂ケ」て無試験検定を実施するよう指示が出された[42]。この措置は，道府県レベルの無試験検定が拡大した要因の一つだと考えられる。

　特徴の第 3 点は，合否判定の基準において「受験者の学歴」がより重視されたことである。度重なる「小学校令施行規則」第 107 条の改正，また『文部省例規類纂』に掲載された文部省による無試験検定受験資格者の拡大に対応するため，各道府県では「無試験検定内規」を改正し法制度の構造を変化させていった[43]。特に 1920 年代以降は，「無試験検定内規」の構成が「受験者の最終学歴＋α」へと変化し，学歴に応じて取得できる小学校教員免許状を決定し，不足する部分については小学校教育現場における教職経験年数の蓄積等によって補完できるという考え方が取り入れられた。

　図 1-3 は，1920 年代における小学校教員免許状の取得ルートを図示したものである。尋常小学校卒業者が小学校教員免許状を取得するルートは複数用意されており，従来小学校教員養成史研究において重要視されてきた師範学校（左側）はその一部分でしかない。ほかに，中学校ないし高等女学校に進学した場合や，学校等には進学せず，独学で試験検定に挑戦しかつ無試験検定等を駆使した人々が数多く存在したのである。

　中学校ないし高等女学校に進学した場合，多くの道府県では卒業と同時に小学校本科准教員免許状が取得できた。その後，①師範学校本科第二部に進学し最高位の小学校本科正教員免許状を取得するルート，②高等女学校の場合は本科を卒業したのち補習科に進学し，卒業と同時に小学校専科正教員や尋常小学校本科正教員免許状を取得するルート，③卒業と同時に取得した小学校本科准教員免許状によって一度小学校教育現場に出て，数年間の教職経験を蓄積し無試験検定や試験検定を受験するルートなど，その人が置かれた境遇や条件等にあわせて選択肢（救済措置）は複数用意されていた。小学校教員資格上，最高位に位置する小学校本科正教員免許状を取得し中等教員の世界に進むことを目

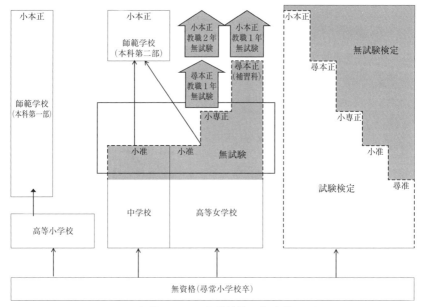

図 1-3　1920 年代における小学校教員免許状の取得ルート

指す者もいれば，地道に教職経験年数を積み重ね小学校教員としての力量を高めその身を投じ続けることも選択することができたのである。

　図 1-3 は一つの例示にしか過ぎず，道府県によって整備された取得ルートは異なっており，小学校教員検定に関する研究がこれまで必ずしも十分に進んでこなかった要因がここにある。それを克服すべく，丸山剛史を研究代表とする本研究会において複数の事例研究を積み重ねてきた結果，ようやく道府県ごとの多様性が垣間見えてきた。本書第 2 章以降でその多様性を検証する。

(3) 受験雑誌の創刊

　1927 (昭和 2) 年 12 月，小学校教員検定学徒待望の雑誌が創刊された。受験生社発行・大明堂書店販売による『教員受験生』である[44]。創刊号には『教員受験生』の目指す方向性が次のように述べられた[45]。厭わず引用しておこう。

40　第 1 部　小学校教員検定制度の多様性

試験の存するところ影の形に沿ふ如く受験雑誌てふものがある。是等所謂受験雑誌なるものは或は試験難緩和と言ひ或は入学難軽減といふ名の下に却つて，受験難を助長せしめつゝあるに等しき現状である。然るに本誌の創刊は是等の所謂受験雑誌と其の趣を異にし，我か国中初等教育者不足供給の唯一機関たる，各種教員検定試験受験者諸君の為の誌上師範学校として国家の喫緊事たる教員養成の一助たらしめんとするの微衷に外ならない。

　編輯兼発行人は神戸文三郎で『教員受験生』創刊時は37歳だった[46]。大明堂書店はこのほかに『文検受験生』(1929〈昭和4〉年5月創刊，月刊誌)をはじめ，専ら各種受験／教員検定に関する図書・雑誌を出版した。

　『教員受験生』の発行部数は不明である。田中治男『ものがたり・東京堂史』によれば，「受験雑誌の王様は『受験と学生』。これが（三万八千部）。『受験生』が（八千七百部）。文検受験生（四千四百部）。教員受験生（五千七百部）。考え方（二千五百部）[47]」とある。なお，1935（昭和10）年〜1937（昭和12）年にかけて東京堂での取扱部数は**表1-3**のとおりであった。

　『教員受験生』の誌面構成は，①試験検定の受験準備に関する記事，②過去に出題された試験検定の試験問題，③試験検定の合格体験記，④進学先に関する情報（師範学校第一部，同第二部，専攻科，青年学校教員養成所，帝国大学，高等師範学校，専門学校等），⑤文検に関する記事，⑥無試験検定に関する記事（小学校教員無試験検定認定校を含む）に大別できる。①②③については，小学校教員免許状の種類別にバランスよく掲載され，②過去問は東京府や京都府など大

表1-3　受験雑誌の取次状況（東京堂）

雑誌名	1935（昭和10）年	1936（昭和11）年	1937（昭和12）年
『受験と学生』	38,000	38,000	37,000
『受験生』	8,500	8,700	8,700
『教員受験生』	5,700	5,700	5,700
『文検受験生』	4,400	4,400	4,400

〔出典〕「東京堂扱新年号雑誌部数表」田中治男『ものがたり・東京堂史』東京出版，1975年，282-283頁より作成。

都市圏が中心に掲載された。『教員受験生』は，小学校教員検定の受験対策を目的とした月刊誌だったが，とりわけ試験検定の受験対策に特化した誌面構成が取られていた。

『教員受験生』と同様に，小学校教員検定受験対策等に関する図書・雑誌が全国各地で発行された。国立国会図書館のデジタルコレクションに掲載されているものを調べた限りでも，その数は300冊を超え，早くは1880年代後半から出版され始めていた。特に出版が相次いだのが，1920年代以降であった。

図1-4は，小学校教員検定受験者を取り巻く受験世界を図示したものである。試験検定突破を目指す場合は，その受験対策に重点を置いていた『教員受験生』や大明堂書店等が出版していた全国版の受験対策本，道府県ごとに出版されていた地方版の受験対策本，あるいは通信教育等を受講し受験対策をするのが一般的であった。無試験検定は，受験者の学歴と教職経験年数や各種講習会の受講履歴の蓄積が基本であったため，受験対策本の誌面に占める割合は低かった。いずれにも文部省や各道府県の内務部等の関係者，小学校教員検定委員（特に師範学校教員）が受験雑誌の執筆活動や各種受験対策本の執筆，各種講習会の講師等において間接的に関わっていたことを見逃してはならない。

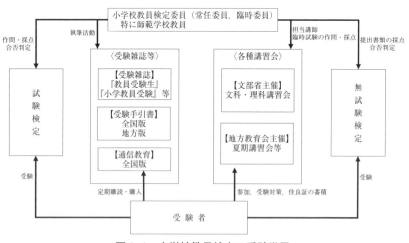

図1-4　小学校教員検定の受験世界

これら受験雑誌等を通じて，受験者たちは小学校教員検定に関する情報を受容・共有することをとおして受験対策をした。大正期以降，受験者数の急増はこれら受験雑誌を支え，読者の投稿記事等によって誌面も豊かになり，一定の読者層を形成したと考えられる。本書第9章では，受験者側の視点から小学校教員検定利用の実際について考察する。

5　終末期（1941〈昭和16〉年～1949〈昭和24〉年）

　1941（昭和16）年3月に「国民学校令」が制定され[48]，小学校教員資格に大幅な改正が加えられた。同年の「国民学校令施行規則」により，小学校教員資格が次の五つに区分された[49]。すなわち，①国民学校訓導免許状，②国民学校初等科訓導免許状，③国民学校専科訓導免許状，④国民学校准訓導免許状，⑤国民学校初等科准訓導免許状であり，従前の小学校教員資格との関係を整理したものが**表1-4**である。①は国民学校の全教科を，②は国民学校初等科の全教科を担当でき，③は国民科と理数科以外の一科目あるいは数科目のみを担当することができた。④は国民学校の全教科について，⑤は国民学校初等科の全教科について，①②③に示した訓導の補助をする教員と位置づけられた。

　このように小学校教員資格の名称について大幅な改正が加えられたが，小学校教員検定制度や小学校教員検定委員会の仕組みなどについては，旧制度がほぼ踏襲された。旧制度から新制度への切り替えは，秋田県の場合は1941（昭和16）年6月に実施された無試験検定で行われた[50]。

表1-4　新たな小学校教員資格への移行状況

番号	1890（明治23）年～1940（昭和15）年		1941（昭和16）年～
①	小学校本科正教員免許状	⇒	国民学校訓導免許状
②	尋常小学校本科正教員免許状	⇒	国民学校初等科訓導免許状
③	小学校専科正教員免許状	⇒	国民学校専科訓導免許状
④	小学校本科准教員免許状	⇒	国民学校准訓導免許状
⑤	尋常小学校本科准教員免許状	⇒	国民学校初等科准訓導免許状

表 1-5 無試験検定の臨時特例および認定基準

年	法令名	概要
1941（昭和16）年	①「国民学校令施行規則」	受験資格に，実業学校教員免許状所持者を追加。
	②「国民学校教員免許状授与標準ノ件」	教員資格ごとの受験資格と，教員免許状を授与するために必要な条件を詳細に明示。
1943（昭和18）年	③「国民学校令施行規則」改正	師範学校の教員免許状所持者を受験資格から削除し，大学卒業者を追加。
1944（昭和19）年	④「国民学校，青年学校及中等学校ノ教員ノ検定及資格ニ関スル臨時特例」	陸軍，海軍の軍人を受験資格に追加。
	⑤「国民学校訓導及准訓導ノ無試験検定標準ニ関スル件」	教員資格ごとの受験資格と教員免許状を授与するために必要な条件を詳細に明示。
	⑥「国民学校訓導及准訓導ノ臨時特例無試験検定標準ニ関スル件」	陸軍，海軍の軍人に教員免許状を授与する際，「人物等適当ナル者」で教職に就く「見込確実」な者に限定。

〔出典〕近代日本教育制度史料編纂会編著『近代日本教育制度史料』第2巻および第6巻，大日本雄弁会講談社，1956年から作成。

　試験検定についてはほとんど法制度の変更等はなかったが，無試験検定に関しては文部省から臨時特例や新しい「通牒」等が続々と示されており，それを整理したものが**表 1-5**である。

　表 1-5に示した①〜⑥に共通していたことは次の2点だった。第1点は，無試験検定受験資格の拡大と小学校教員免許授与基準の低下である。受験資格の拡大については，①において実業学校が中等学校と同等レベルに位置づけられたことに伴い，「実業学校教員資格ニ関スル規程第一条第三号ノ規定ニ依リ文部大臣ノ指定シタル者」が無試験検定の受験資格に追加された。

　次に，小学校教員免許授与基準の低下についてである。1941（昭和16）年に文部省普通学務局長から各地方長官に対して発せられた②において，従来中学校および高等女学校卒業者は卒業と同時に小学校専科正教員ないし小学校本科准教員免許状が取得でき，その後2年以上教職に従事してはじめて小学校本科正教員の無試験検定に出願できたが，これ以降は卒業と同時に国民学校初等科訓導免許状（旧尋常小学校本科正教員），国民学校専科訓導免許状（旧小学校専科

正教員），国民学校准訓導免許状（旧小学校本科准教員）の三つが取得できた。

　特徴の第2点は，陸海軍の軍人が無試験検定の対象に加えられたことである。これまで「無試験検定ハ国民学校教育ノ職ニ在ル者ニ対シテ之ヲ行フヲ建前」としてきたが，以後は「国民学校ニ従事セントスル者ニ対シテ」陸海軍の軍人に対する無試験検定との「均衡ヲ考慮」して実施されることとなった。戦時中の小学校教員不足を，最終合否判定まで時間のかかる試験検定ではなく，経歴等の書類審査でクリアできる無試験検定に活路を見出し，さらに合否判定基準を低位に抑えることによって乗り越えようとした。

　終末期における試験検定および無試験検定に関する史料の多くが散逸しているため，当該期における研究は十分に進んでいない。1920年代に確立した小学校教員検定制度が戦時中にどのような変更等を余儀なくされたのか，あるいは戦後における小学校教員養成システムや小学校教員資格観にどの程度影響を与えたのかなどについて，道府県レベルの史料等を発掘・駆使し解明することが，今後の重要な研究課題として残されている。

　『秋田県報』によれば，試験検定は1946（昭和21）年に学校教育局長の「通牒」により無期限で中止，その後再開が許可されたが，以後誌面上で実施された形跡は確認できない。[51]無試験検定は1947（昭和22）年3月31日付で合格し小学校教員免許状授与者が掲載されたのが最後だった。[52]

〈注〉
1) 辻功『日本の公的職業資格制度の研究——歴史・現状・未来——』日本図書センター，2000年，154頁には「戦前の職業資格制度にみられる第2の特色は資格取得方法の変化である。……明治初期においては，医師も，教員も，薬舗主も，代言人も，海技従事者も，水先人も，試験合格によって資格が付与される比率が高かった。……ところが，試験検定による資格取得者は一般的にいうと1897（明治30）年頃から比率が減少し，大正期に入ると，学歴による無試験認定者の比率が多くなった」と述べられている。
2) 中島太郎編『教員養成の研究』第一法規出版，1961年，83頁。
3) 教育史編纂会編『明治以降教育制度発達史』第1巻，龍吟社，1938年，882-883頁。
4) 教育史編纂会編『明治以降教育制度発達史』第2巻，龍吟社，1938年，164頁。

5) 愛知県教育委員会編『愛知県教育史』資料編近代一，1989年，591-593頁。
6) 教育史編纂会編『明治以降教育制度発達史』第2巻，前掲注4)，520-523頁。
7) 愛知県教育委員会編『愛知県教育史』資料編近代一，前掲注5)，595-621頁。
8) 同前書，666-677頁。
9) 久木幸男「明治儒教と教育――1880年代を中心に――」『横浜国立大学教育紀要』第28集，1988年，257-258頁。
10) 教育史編纂会編『明治以降教育制度発達史』第2巻，前掲注4)，241頁。
11) 『官報』第890号，1886年6月21日，205-206頁。
12) 愛知県教育委員会編『愛知県教育史』資料編近代二，1989年，387-388頁。
13) 同前書，388-390頁。
14) 『官報』第2183号，1890年10月7日，77-83頁。
15) 『官報』第2354号，1891年5月8日，89-90頁。なお，尋常小学校専科正教員と准教員の検定は実施しないと定められたため，実際は6種類である。
16) 例えば，1893（明治26）年4月24日付で，愛知県尋常師範学校卒業生が甲種検定による小学校本科准教員免許状取得者として氏名が掲載されている（『愛知県報』第337号，1893年4月24日，26-27頁。
17) 『官報』第2913号，1893年3月18日，221頁。
18) 『官報』第3202号，1894年3月5日，57頁。
19) 『官報』第2516号，1891年11月17日，186-188頁。
20) 『官報』第3202号，1894年3月5日，57頁。
21) 『官報』第2710号，1892年7月11日，109-114頁。
22) 愛知県教育委員会編『愛知県教育史』資料編近代二，前掲注12)，469-470頁。
23) 『文部省例規類纂』第2巻，大空社，1987年，79頁。
24) 『官報』第3202号，1894年3月5日，57頁。
25) 愛知県教育委員会編『愛知県教育史』資料編近代二，前掲注12)，471-474頁。
26) 『官報』第5140号，1900年8月20日，297-301頁。
27) 『官報』第5141号，1900年8月21日，313-328頁。
28) 東京府「無試験検定内規」（「明治三十四年　総務部　教育課文書　例規通牒全一冊」）東京都公文書館所蔵。なお，科研費共同研究報告書『戦前日本の初等教員養成における初等教員検定の果たした役割に関する府県比較研究』2018年，101-187頁には，北海道，岩手県，宮城県，埼玉県，東京府，静岡県，愛知県，京都府の試験検定および無試験検定内規等が収録されている。
29) 『文部省例規類纂』第3巻，大空社，1987年，292-293頁，606-609頁。
30) 同前書，392頁。
31) 同前書，392頁。
32) 同前書，747頁。
33) 『官報』第7745号，1909年4月23日，588-589頁。
34) 『秋田県報』第1203号，1897年12月17日，24頁。

35) 兵庫県教育会による教員養成事業については，山本朗登「1900 年前後における兵庫県教育会の教員養成事業」日本教師教育学会編『日本教師教育学会年報』第 17 号，2008 年を参照した。
36) 宮城県教育会による教員養成事業については，笠間賢二「宮城県教育会の教員養成事業」梶山雅史編『近代日本教育会史研究』学術出版会，2007 年所収論文を参照した。
37)『官報』第 289 号，1913 年 7 月 16 日，367 頁。
38) 図 1-2 は「昭和六年度　小学校教員検定試験書類」(請求番号：930103-04061，秋田県立公文書館所蔵) より作成した。なお，試験検定の実施過程は時代 (明治期や大正期) や都道府県で大きく異なる。図 1-2 は，安定的に実施されていた昭和期の，秋田県の場合を一例として図示したものであり，これが全国一律に，どの時代も実施されていたわけではない。
39)『文部省例規類纂』第 3 巻，前掲注 29)，856 頁。
40)『官報』第 4096 号，1926 年 4 月 22 日，556-557 頁。
41)『官報』第 2704 号，1921 年 8 月 5 日，138-139 頁。
42)『文部省例規類纂』第 3 巻，前掲注 29)，856 頁。
43) 科研費共同研究報告書『戦前日本の初等教員養成における初等教員検定の果たした役割に関する府県比較研究』，前掲注 28)，101-187 頁所収の無試験検定内規を参照した。
44)『教員受験生』は，1942 (昭和 17) 年 1 月に『文検受験生』(大明堂書店) と統合されて『教員と文検』(大明堂書店) となり，1944 (昭和 19) 年 5 月には『受験界』『国家試験』『文検』と統合され『教学錬成』(受験界社) へ，さらに 1945 (昭和 20) 年 10 月には『学芸界』へと統合されていった (日本書籍出版協会編著『日本出版百年史年表』，1968 年)。なお，『教学錬成』『学芸界』については，教育ジャーナリズム史研究会編『教育関係雑誌目次集成』(第Ⅲ期　人間形成と教育編) 第 19 巻に各巻の目次が，第 33 巻には解題が掲載されている。

『教員受験生』の一部と『教員と文検』については，以下のように目次集成を整理中である。
① 釜田史・山本朗登「『教員受験生』目次 (1)——1930 (昭和 5) 年 10 月号〜1932 (昭和 7) 年 2 月号——」神戸大学教育学会編『研究論叢』第 18 号，2011 年。
② 山本朗登・釜田史「『教員受験生』目次 (2)——1932 (昭和 7) 年 5 月号〜1934 (昭和 9) 年 7 月号——」神戸大学教育学会編『研究論叢』第 18 号，2011 年。
③ 山本朗登・釜田史「『教員受験生』目次 (3)——1934 (昭和 9) 年 9 月号〜1935 (昭和 10) 年 5 月号——」神戸大学教育学会編『研究論叢』第 19 号，2012 年。
④ 釜田史・山本朗登「『教員受験生』目次 (4)——1937 (昭和 12) 年 5 月号〜

1941（昭和16）年11月号──」神戸大学教育学会編『研究論叢』第20号，2014年．
⑤ 山本朗登・釜田史「『教員と文検』目次──1942（昭和17）年2月号〜1944（昭和19）年4月号──」神戸大学教育学会編『研究論叢』第21号，2015年．

45) 清水生「編輯室より」『教員受験生』第1巻第1号，1927年，112頁．
46) 神戸文三郎（かんべ・ぶんさぶろう）は1891（明治24）年12月6日，埼玉県北足立郡生まれ．学歴等は不詳．1962（昭和37）年10月22日に71歳で死去．1905（明治38）年（14歳）に上京し，神田の取次店：東亜堂に入店し出版業を積む．東亜堂はその後廃業したが，明治後期から大正初期にかけて活躍した店であり，神戸はこの店で出版業の修業を積み，後の「大明堂」創業の素地を形成．1918（大正7）年（28歳）に独立し，本郷白山に小売店「大明堂」を創業．社名の由来は「礼記」の「天地は大明に均しく」から「大明堂」（たいめいどう）．1922（大正11）年（32歳）に神田の駿河台で出版業へ転じ（「受験生社」設置），最初の出版は村上浪六「水車」（1920年・大明堂書店）．「学校を出ないで資格をとる人のために」1925（大正14）年3月『受験生』（月刊誌）創刊（35歳），1927（昭和2）年12月『教員受験生』（月刊誌）創刊（37歳），1929（昭和4）年5月『文検受験生』（月刊誌）創刊（39歳）等，専ら各種受験に関する図書・雑誌を出版．1944（昭和19）年（54歳），戦時企業整備により「大明堂」は「旺文社」と合併，神戸はその役員に就任しつつ人文科学書を主体とした学術専門書の出版に力を注いだ．そのほか，日本書籍出版協会設立委員として尽力し理事に就任，日本読書新聞社創設，日本出版クラブ評議委員，日教販取締役，東京出版信用組合監事を務めた．
47) 田中治男『ものがたり・東京堂史』東京出版，1975年，287頁．
48) 『官報』第4243号，1941年3月1日，2-5頁．
49) 『官報』第4254号，1941年3月14日，479-489頁．
50) 『秋田県報』第1646号，1941年7月8日，860-862頁．
51) 近代日本教育制度史料編纂会編『近代日本教育制度史料』第25巻，大日本雄弁会講談社，1958年，4頁および7頁．
52) 『秋田県報』第2431号，1947年5月6日，2613頁．

第2章
小学校教員試験検定制度の成立と実施
―― 明治期鳥取県の場合 ――

白石 崇人

はじめに

　本章の目的は，明治期の鳥取県における小学校教員試験検定制度の成立とその実施過程を明らかにすることである。

　小学校教員免許状数の大部分を占める地方免許状は，府県において定められた細則等により，府県知事によって授与された。そのため，小学校教員検定制度史研究では各地域の事例研究が決定的に重要になる。本章が対象とする鳥取県では，1899（明治32）年に東伯郡教育会の解散・再設置事件が起こり，その引き金の一つが東伯郡の小学校教員間における鳥取県師範学校卒業生とそれ以外で教員検定を経て免許状を取得した者との対立であった[1]。また，第3章で検討する小学校正教員に求められた教育学的知識に関して，試験検定の試験問題をある程度まとめて研究できる県でもある。明治期の鳥取県の事例研究は，教員検定と教員社会の問題や教職教養との関係を探る上で重要な基礎研究となる。

　小学校教員検定制度は，学力試験による有資格教員の確保策に始まった。地方における教員検定の成立史は，試験検定の研究を欠かせない。明治期の鳥取県の教員検定制度に関して，規程・細則等の内容については別稿で整理したことがある[2]。そこでは，1887（明治20）年・1892（明治25）年の細則について，専科正教員・准教員の確保が優先されたことや，1897（明治30）～1899（明治32）年の間に試験検定受験者数の増加が図られたことなどが明らかになった。では，鳥取県は，どのような問題意識で試験検定制度を整備したか。1887年以前の経緯との連続性にも注目したい。また，1890年代末以降に試験検定受験者数

や免許状授与者数全体における試験検定合格者数の位置がどのように変化したのか。さらに、無試験検定同様に試験検定にも受験者養成の制度があったことはあまり知られていない。その正課だけでなく、課外活動にも目を配り、受験者養成の意味するところを明らかにして、試験検定制度の研究を深める。

1　鳥取県における試験検定制度の整備と実施

(1) 学力検定試験による有資格教員の確保

　鳥取県 (以下、単に「県」という場合は鳥取県のことを指す) は、1871 (明治4) 年に設置され、1876 (明治9) 年に島根県と合併した後、1881 (明治14) 年に再度分離して独立設置された。島根県では、1880 (明治13) 年に県布達甲第29号において「公立小学校教員学力証明規則」を定め、師範学校で学力試験をして、その結果に応じて教員に学力証明書を授与していた。[3] 1881年1月、文部省は「小学校教員免許状授与方心得」を達し、同年7月にこれを改正した。これを受けて、鳥取県は1882 (明治15) 年9月7日に「小学校教員免許状授与規則」を公布し、師範学校卒業証書をもたずに小学校教員を志望する者に対して、学力検定後、小学初等科・中等科・高等科の教員免許状を授与することにした。[4] 学力検定試験は年2回開かれることになり、例えば初等科の試験では修身、読書、算術、習字、教育学、学校管理法、実地授業を課すことにした。1882年10月28日、県は小学校教員試験場を県内5会場に設置して出願者を募るとともに、旧島根県から授与された学力証明書をその試験日以降は無効にすると定め、試験に合格した者に免許状を授与することにした。[5] 加えて県は、1883 (明治16) 年3月30日、各郡長に対して、同年4月に挙行する学力検定試験が終わった日から1か月を期して、その任を命じていない「旧教員」に公立小学校において教授させることは一切ないようにと厳しく達した。[6] このように、鳥取県は1882年から学力検定試験による教員免許状授与によって、旧学力証明書を有するのみの教員や無資格教員を学校から排除し、免許状をもつ有資格教員を確保するために学力検定試験を積極的に活用し始めていた。

1886（明治19）年6月21日，文部省令第12号において「小学校教員免許規則」が定められた。同規則第16条に基づいて，鳥取県では，1887（明治20）年5月28日に県令第84号「小学校教員学力検定試験細則」を定めた[7]。ここでは試験を毎年定期的に開くとともに臨時試験についても明記され，その試験は検定委員によって施行することが明記された（第1条）。これで，従来不明瞭であった検定試験施行の責任体制がはっきりした。この細則公布の同日，鳥取県令第83号「小学簡易科教員小学校授業生免許規則」が定められた[8]。ここでは学力検定の学科とその程度を定め，学科を読書・作文・習字・算術・教育とした（第4条）。教育科では，各学科教授の方法と実地授業を課した（ただし，小学校授業生には教育科を除いた）。

　簡易科教員と授業生に限って試験検定制度を先に整備したのは，その実施を急いでのことと推察される。1880年代後半の鳥取県では，経済上の理由により高等・尋常小学校が合併，もしくは簡易科に変更される事例や，従来の通学区域を見直して簡易科を新設する事例が相次ぎ，1888（明治21）年には簡易小学校が100校増設されていた[9]。1888年の1校あたりの教員数は，高等小学校では1校につき5人，尋常小学校では1校につき1.9人，簡易小学校では1校につき0.6人であり，特に資金の乏しい山間へき地の簡易小学校では教員1人で2，3校を兼ねるような状況であった。このような状況では無資格者を雇わざるをえない地域もあったと思われるが，無資格者に対して厳しい態度で臨む郡もあった。例えば，県中部の河村久米八橋郡は，1888年度の申報の中で，「［小学校で］無資格ノモノヲ以テ授業ヲ助ケシムルガ如キハ，戸長ニ示シテ悉ク解雇セシメ，已ニ其跡ヲ絶テリ」と報告した[10]。県が簡易科教員・授業生の検定試験を急いだ背景には，このような県内各郡の事情があった。

　以上のように，鳥取県は，1882年に県分離独立前の制度を改革し，旧制度による教員や無資格教員を排除する方策として，学力検定試験によって小学校教員免許状を授与する仕組みを整えた。その後も，有資格教員の確保のために学力検定試験を重視した。1887年には学力検定試験細則を定め，簡易科教員・授業生の確保策を優先的に実施した。その背景には，簡易科・簡易小学校の増

設や無資格者の解雇による簡易科教員・授業生数の不足があった。

(2) 簡易科教員・授業生または准教員不足の中での乙種検定制度の整備

　1890 (明治 23) 年，国は「小学校令」改正によって簡易科を廃止し，授業生の法的根拠もなくした。しかし，1891 (明治 24) 年 4 月と 12 月に，県は臨時で学力検定試験を行って簡易科教員・授業生の免許状を授与した[11]。鳥取県では，1891 年になっても簡易科を維持し，簡易科教員・授業生の免許状も授与され続けたのである。その仕組みの要が学力検定試験制度であった。また，同年中には女子教育の普及を目指して，簡易科を含む小学校に裁縫科の加設が進められて裁縫科教員の需要が高まったため，裁縫科教員の不足が問題になっていた[12]。そのため，この時期に簡易科教員・授業生の免許状を取得した者には，裁縫科担当の教員が多く含まれたであろう。

　1891 年，国は「小学校教員検定等ニ関スル規則」を定めて，小学校教員検定を甲種 (無試験検定) と乙種 (試験検定) の 2 種類に分けた。これに基づいて，1892 (明治 25) 年 3 月 17 日，鳥取県は県令第 26 号「小学校教員検定等ニ関スル細則」を定めた[13]。この細則は，教員検定を甲種 (随時)・乙種 (毎年 9 月実施または臨時) に分け，検定委員を常設・臨時の 2 種類設け，その受験資格を明らかにした。専科正教員検定志願者については，まず読書・習字・算術の学力を高等小学校第 4 学年程度以上の学力ありと検定委員が認めた者に限り試験を行い (第 17 条)，禁錮以上の刑等に処せられた者や，荒酗暴激その他教員たる面目を汚すべき行為ある者等は検定を受けられないこととした (第 18 条)。また，准教員だけ，免許種ごとの試験科目・程度が詳しく定められた (第 8～11 条，**表 2-1**)。鳥取県は，先に法的根拠を失ってもなお，1891 年まで試験検定によって簡易科教員・授業生の免許状を授与した。とはいえ，この状態を続けるわけにもいかず，准教員の教員検定を急いで整備したものと思われる。

　1892 年細則の尋常小学校本科准教員の試験科目 (**表 2-1**) を検討すると，国の「小学校教員検定等ニ関スル規則」で定められていた尋常小学校本科正教員の試験科目と同じであったことがわかる。内容程度は正教員の試験よりも絞ら

表2-1 1892年「小学校教員検定等ニ関スル細則」における免許種ごとの試験科目・程度

尋常小学校本科准教員		小学校（男子）本科准教員		小学校（女子）本科准教員		小学校専科准教員	
倫理	人倫道徳ノ要旨	倫理	人倫道徳ノ要旨	倫理	人倫道徳ノ要旨		
教育	学校管理法ノ大要，教授法及実地授業	教育	学校管理法ノ大要，教授法及実地授業	教育	学校管理法ノ大要，教授法及実地授業		
国語	平易ナル和文及漢字交リ文ノ解釈，作文（漢字交リ文，日用文）	国語	平易ナル和文ノ解釈及作文（漢字交リ文，日用文）	国語	平易ナル和文及漢字交リ文ノ解釈並作文（漢字交リ文，日用文）		
		漢文	平易ナル漢文ノ解釈				
算術	筆算　分数・小数・比例問題，百分算	数学算術	筆算　分数・小数・比例問題，百分算，開平・開立・求積	算術	筆算　分数・小数・比例問題，百分算		
	珠算　比例問題，百分算		珠算　比例問題，百分算		珠算　比例問題，百分算		
			幾何　平面幾何ノ初歩				
		簿記	日用簿記				
地理	日本地理ノ大要	地理	日本地理，外国地理ノ大要	地理	日本地理，外国地理ノ大要		
歴史	日本歴史ノ大要	歴史	日本歴史ノ大要	歴史	日本歴史ノ大要		
		博物	動物，植物，鉱物，人身生理ノ大要	理科	動物，植物，鉱物，人身生理，物理，化学ノ大要		
		物理	通常ノ物理及簡易ナル器械ノ構造作用				
		化学	無機化学ノ大要				
				家事	衣食住ニ関スルコト，作法，育児ニ関スルコト，裁縫	家事	衣食住ニ関スルコト，作法，育児ニ関スルコト，及裁縫
習字	楷書，行書，草書	習字	楷書，行書，草書	習字	楷書，行書，草書		
図画	簡易ナル自在画	図画	自在画，用器画	図画	自在画，用器画	図画	自在画，用器画
音楽	単音唱歌	音楽	単音唱歌	音楽	単音唱歌	音楽	単音唱歌及楽器用法ノ大要
体操	普通体操及兵式体操ノ初歩（男子ニ限ル）	体操	兵式体操，普通体操	体操	普通体操	体操	兵式体操（男子ニ限ル），普通体操及遊戯
裁縫	通常衣服ノ縫方・裁方（女子ニ限ル）					手工	紙，粘土，木竹金属等ノ細工
						農業	土壌，水利，肥料，農具，耕転，栽培，養蚕，養畜等ニ関スル事項
						商業	商店，会社，売買，金融，運送，保険等ニ関スル事項及商用簿記
						外国語	読方，訳解，習字，書取，会話，文法及作文
但，図画・音楽・体操は当分欠く		但，図画・音楽・体操は当分欠く		但，図画・音楽・体操は当分欠く			

〔出典〕白石崇人「1886～1929年鳥取県の小学校教員検定制度」（2021年，章末注2），71頁の表1を再掲。

れていた（例えば，外国地理の除外）。1887年の簡易科教員・授業生の試験科目と比べると，倫理や地理・歴史・図画・音楽・体操が新たに加わり（ただし図画・音楽・体操は当分欠く），読書・作文に分かれていたものが国語科にまとめられ，教育科に「学校管理法ノ大要」が加わっている。尋常小学校本科准教員は，従来の簡易科教員よりもいっそう知識の量と範囲が求められていた。

(3) 乙種検定制度の行き詰まりと受験者確保策の展開

1893（明治26）年11月6日，鳥取県令第53号によって「小学校教員検定等ニ関スル細則」が改正された。本科正教員・准教員の試験科目から図画・音楽・体操を当分欠くことを維持しながら，その試験検定を望むものはその限りにないことなどを定めた。この改正までに本科正教員の試験科目を定めていたことがわかるが，資料未発見により詳細は不明である。1893年の鳥取県では，本科准教員の供給が過剰になり（20名の過剰），代わりに本科正教員が大量に不足したため（81名の不足），正教員に事務取扱を命じて分教室では准教員に教授させるという状況が発生していた。鳥取県は，本科正教員の不足という新しい事態に向き合わなければならなくなっていた。

1894（明治27）年，鳥取県は教員不足の原因を次のように分析した。すなわち，教員検定によって教員資格を得た者の多くは，従来の免許状を所持する教員に改めて新しい免許状を授与して資格を与えたに過ぎず，新たに教員資格を得た者は，師範学校を卒業して正教員になった者と乙種検定に合格して准教員になった者との幾分かに過ぎない。その一方で，従来所持していた免許状の期限満了により教員資格を失う者や，種々の事情で退職する者が少なくないため，教員不足が発生しているという。加えて，1895（明治28）年には小学生増加に対する教員不足が問題化し，この問題に師範学校卒業生では「到底其需用ヲ満足スル能ハザル」こと，そして甲種・乙種検定によっても不足を補えていないことが確認された。甲種・乙種検定の効果は，「概ネ其資格ヲ変更スルニ止マリ，著シキ効果ナキハ最モ遺憾トスル所」と認識されていた。鳥取県は，免許更新と少数の准教員を得ることにとどまっている乙種検定の限界を認識し，教員補

充策としての教員検定制度の単独運用に行き詰まりを感じていた。

　代わって注目されたのは，教員優遇策と教員志望者の掘り起こしであった。先に，文部省は1894年3月に省令第9号によって，師範学校小学校教員講習科修了生と高等女学校卒業生に乙種検定の受験科目一部免除の資格を与えて，受験者確保の拡充策を可能にしていた。また，1896（明治29）年，俸給増額や年功加俸などによる小学校教員の優遇策が展開され，鳥取県ではそれらが教員志望者の増加や現職教員の転職防止につながっていると評価された[19]。注目すべきは，掘り起こされた教員志望者を教員養成の速成コースに吸収し，そのコースを乙種検定に接続して，教員免許状を授与する手法がとられたことである。まず，1897（明治30）年7月22日，鳥取県令第53号によって「小学校教員検定等ニ関スル細則」が再度改正された[20]。このとき，鳥取県尋常師範学校の小学校教員講習科（以下，「師範講習科」）の修了後に直ちに行われる乙種検定は，期日・場所を告示しないことが定められた。直前に師範講習科が修了生を実際に出したので，これに合わせて制度化したものであろう。これは，師範講習科が乙種試験制度と明確に接続されたことを意味している。師範講習科に対する県の期待は高く，1898（明治31）・1899（明治32）年には，小学校の学級増加にともなう教員不足の解消策として師範講習科拡張があげられた[21]。

　1898年5月8日，鳥取県令第28号で「小学校教員検定等ニ関スル細則」がまた改正された[22]。この改正は，同年4月に公布された文部省令第12号を踏まえたものであった。特に，乙種検定の受験者のうち，1科目もしくは数科目の成績が佳良なときは，その科目に対して3か年有効の証明書を授与し，有効期間において教員検定を出願するときにはその科目の試験を省略することなどが定められた。乙種検定受験の利便性を高め，受験者を確保する策といえる。1899年6月17日には，鳥取県令第25号によってさらに細則が改正され，鳥取市立鳥取高等女学校補習科卒業生の希望者に対する乙種検定の期日・場所もそのつど告示しないことや，同卒業生は師範講習科修了生とともに検定手数料を納めなくてもよいことなどが定められた[23]。鳥取高等女学校補習科は，教育科・漢文科を学んだ同校本科卒業生に対して「小学校教員志望の者に其必須の学科

を補習せしむる」教員養成のための6か月速成コースであった[24]。速成教員養成課程を有する高等女学校補習科も，乙種検定制度に接続された。

　続いて，1900（明治33）年8月21日，「小学校令施行規則」が公布され，教員検定の甲種・乙種の別を改めて無試験検定と試験検定に分けた。これを受けて，同年9月2日，鳥取県は県令第36号「小学校教員検定ニ関スル規程」を定めた[25]。従来の受験者確保の方針を引き継ぐとともに，願書に学業・職務・賞罰などを表記した履歴書の添付を求めることになった（第7条）。履歴書では，学業について，学校歴や修業年，修めた科目・学科，証明書・免許状にかかわる試験の受験歴を書くよう指示し，職務についても勤務校や担当科目，会社名などを細かく表記するように指示された。1900年に学校歴や学修歴を試験検定の受験にあたって問おうとした事実は，試験検定制度の整備と学歴社会の形成過程との関連を想起させる。1901（明治34）年以降の規程・細則類が発見されていないため，残念ながらこの後の展開は不明だが，以上注記しておきたい。

(4) 正教員数確保と准教員の学力・指導力不足への対策

　表2-2では，明治期鳥取県における小学校教員試験（乙種）検定の開始日と免許種を整理した。表記した日程は史料で把握可能だったものに限るため，参考資料として参照いただきたい。

　表2-2によれば，「小学校教員学力検定試験細則」制定後すぐの1887年7月に試験検定が行われ，この時，少なくとも授業生と簡易科教員の検定が行われた。授業生または簡易科教員の試験検定は1891年まで行われた。1893年以降は，少なくとも1年に1回以上，小学校本科正教員以下すべての免許種の試験検定が行われたことがわかる。毎年9月には定例として試験検定が行われ，その他の月に臨時の試験検定が行われたことが確認できる。例えば，1898年7月の臨時試験検定は，定例と異なり，尋常小学校本科正教員・尋常小学校本科准教員のみの試験検定が行われた。1898年には，高等小学校入学生増加にともなって高等小学校設置・併置が計画された結果，小学校教員の需要が高まったため，正教員不足に対して准教員の正教員代用と雇教員の採用，専科教員不

表2-2 明治期鳥取県における小学校教員試験検定の開始日と試験免許状種

年	月	日	小本正	小専正	尋本正	小准	尋准	授業生	簡易科	備考
1887（明治20）年	7月	11日～27日	?					○	○	
1888（明治21）年	4月	14日～?	?					○	○	
	10月	20日～?						○	○	
1889（明治22）年	4月	15日～?	?					○		
1890（明治23）年	4月	?	?					○	○	某科教員の免許状授与
1891（明治24）年	4月	?	?					○	○	某科教員の免許状授与
	12月	1日～?	?					○	○	臨時，某科教員の免許状授与
1892（明治25）年	9月	1日～?			○		○			専科准教員免許状授与
1893（明治26）年	2月	28日～?	○	○	○	○	○			臨時
	9月	20日～?	?							
1894（明治27）年	9月	20日～?	○							専科准教員免許状授与
1895（明治28）年	9月	25日～翌月1日	○		○	○	○			
1896（明治29）年	9月	25日～?	○		○	○	○			
1897（明治30）年	9月	25日～?	○		○	○	○			
1898（明治31）年	7月	1日～?			○	○	○			臨時
	9月	25日～?	○		○	○	○			3会場
1899（明治32）年	9月	25日～?	?							
1900（明治33）年	6月	15日～?	○		○	○	○			3会場
	9月	25日～?	?							
1901（明治34）年	6月	15日～?	○		○	○	○			臨時，3会場
	9月	25日～?	○		○	○	○			
1902（明治35）年	5月	10日～20日	○		○	○	○			3会場
	9月	20日～?	○		○	○	○			
1903（明治36）年	5月	11日～?	○		○	○	○			
	9月	25日～?	○		○	○	○			
1904（明治37）年	4月	11日～?	○		○	○	○			
	9月	26日～?	○		○	○	○			
1905（明治38）年	5月	11日～?	○		○	○	○			
1906（明治39）年	5月	15日～?	○		○	○	○			
1907（明治40）年	5月	24日（30日?）～?	○		○	○	○			
1908（明治41）年	5月	15日（11日?）～?	○		○	○	○			
	9月	14日～?	○		○	○	○			
1909（明治42）年	5月	18日～?	○		○	○	○			
	10月	19日～?	○		○	○	○			
1910（明治43）年	5月	17日～?	○		○	○	○			
	8月	29日～?			○	○	○			臨時，東伯郡会議場のみ実施
	10月	4日～?	○		○	○	○			臨時，鳥取県会議場実施
1911（明治44）年	3月	11日～?			○					臨時，県教育会甲種講習科修了者
	5月	16日～?	○		○	○	○			
	9月	20日～?	○		○	○	○			臨時
1912（明治45）年	3月	12日～?			○					臨時，県教育会甲種講習科修了者
	5月	1日～8日	○		○	○	○			県会議場実施
	9月	11日（26日?）～?	○		○	○	○			

〔出典〕白石崇人「1886～1929年鳥取県の小学校教員検定制度」（2021年，章末注2），73頁の表2を次の史料によって改訂。鳥取県告示（鳥取県立公文書館蔵）。『鳥取県学事年報』各年度分。「乙種検定試験ノ成績」『因伯教育月報』第24号，因伯教育会，1893年4月，33-34頁。「乙種検定試験の成績」『山陰之教育』第6号，私立鳥取県教育会事務所，1895年11月，25-26頁。「乙種検定試験」『山陰之教育』第17号，1896年10月，22頁。「教員検定」『山陰之教育』第29号，1897年10月，30頁。「乙種検定試験出願受験者」『山陰之教育』第41号，1897年10月，40頁。「小学校教員検定試験」『山陰之教育』第61号，1898年6月，33頁。「小学校教員の検定試験」『山陰之教育』第73号，1901年6月，24頁。「本件小学校教員検定試験に関すること」『山陰之教育』第84号，1902年5月，34-38頁。

第2章　小学校教員試験検定制度の成立と実施　　57

足に対して雇教員の採用で対処したが，それでも定数不足・欠員は解消されなかった[26]。同年7月の臨時試験検定は，おそらくこのことを受けた対策の一つである。代用した准教員に尋常小学校本科正教員，採用した雇教員に対して尋常小学校准教員の免許状を与えようというねらいがあってのものと推察される。1902（明治35）年度の県の学事年報にも，「教員ハ学級ノ増加ニ伴ヒ不足ヲ告グルノ勢アルヲ以テ春秋二回教員検定試験ヲ施行」したとある[27]。試験検定の年複数回実施は，学級増にともなう教員不足対策であった。

1908（明治41）年，山陰本線（鳥取駅－安来駅）の開通を機に，県内の移動の利便性が高まったため，定期的な試験検定については鳥取市内の会場のみで実施することになった[28]。しかし，1908年度には，学級数増に対して正教員不足が顕著になり（1906（明治39）年度177人不足・1907（明治40）年度170人不足に対して1908年度254人不足），翌1909（明治42）年度にはさらに深刻な正教員不足（328人）となった[29]。県はひとまず准教員・代用教員を補充してこれに対応したが，補充した教員の学力や教授法の拙さが目立ったため，1909年度にはその学力養成・教授法指導が急務になった。1910（明治43）年度には，5月の定期試験と，9月（実際は8月開始）・10月・1911（明治44）年3月の3回の臨時試験が行われた[30]。こうしてみると，1910年度の試験検定4回開催は，1900年代末に生じた正教員不足問題を補うために，准教員・代用教員の学力・指導力を向上させる施策としてまず理解できる。1910年以降も引き続き試験検定が複数回行われており，問題は容易に解消されなかったようである。なお，1911年3月の臨時試験検定は，鳥取県教育会講習所甲種講習科（2年制・尋常小学校正教員養成）の初の修了生（1911年3月修了）を対象としたものであった[31]。こちらは正教員確保に試験検定が意図的に利用された事例として注目すべきである。

なお，試験検定の日程はどのように進められたか。例えば，1902年5月10日から20日の日程で行われた試験の時間割によると[32]，試験は午前8時から始まり，午後3時に終わった。例えば5月10日の小学校本科正教員試験は，午前8時に算術科（1時間半）の試験から始まり，9時半から珠算（30分），10時から国語（講読）（1時間半），11時半から国語（書取）（30分），その後1時間休

58　第1部　小学校教員検定制度の多様性

憩があって，午後1時から習字（1時間），午後2時から米子会場の受験者のみ体操の実地試験（1時間）が行われた。倉吉会場の体操の実地試験は12日，鳥取会場の体操実地試験は14日に行われた。なお，各科目試験時間の終わり10分間は休憩時間であった。それから，受験者には実地授業を課しており，鳥取・米子会場の受験者は5月12日の午後1時から3時まで，倉吉会場の受験者は5月14日の午後1時から3時まで実地授業の試験を受けた。

　以上の通り，鳥取県の試験検定は，定例で毎年1回実施しただけでなく，さらに1回から複数回，臨時で実施された。試験検定が年に複数回実施されたのは，正教員不足だけでなく，正教員の代替とされた准教員・代用（雇）教員の問題に対処するためであった。1890年代末では有資格教員の数や免許種の問題であったのが，1900年代末には力量の問題が明確に加わった。1908年以降，鳥取県の弥縫的な教員確保策は限界を迎え，教員確保の問題が量的なものから質的なものに移行し始めた。試験検定は，筆記試験だけでなく実地試験や実地授業によって実技や指導力も試験していた。それゆえに，教員の質的問題に対応するためにも試験検定を利用することができたのだろう。

2　試験検定合格と教員免許状授与

(1) 免許授与全体に対する試験検定の位置づけ

　表2-3は，1895年から1912（明治45）年の鳥取県で授与された小学校教員免許状数の内訳を鳥取県師範学校卒業者，無試験検定合格者，試験検定合格者別に整理した。表2-3よると，県の免許状授与数の最初のピークは1898年にあり，1899年にいったん減少して，再び増加，1902年に2度目のピークを迎えた。1903年から再び減少したが，1908年に増加に転じて1911年に3度目のピークを迎えた。図2-1は，1895〜1912年の鳥取県で授与された小学校教員免許状数を鳥取県師範学校卒業者と無試験検定合格者，試験検定合格者別にグラフ化したものである。表2-3・図2-1によると，1895年から1897年の間は，試験検定合格者数と無試験検定合格者数との間に大きな差はなかった。ところが，

表2-3 鳥取県の小学校教員免許状授与者数の推移（1895～1912年）

試験種別	県師範学校卒業生		県師卒総数	無試験検定（甲種）												無試験検定合格者総数	試験検定（乙種）												試験検定合格者総数	免許状授与数
免許種				小本正		尋本正		小専正		小准		尋准		小専准		合計			小本正		尋本正		小専正		小准		尋准		小専准		合計		
西暦(和暦)	男	女		男	女	男	女	男	女	男	女	男	女	男	女	男	女		男	女	男	女	男	女	男	女	男	女	男	女	男	女		
1895(明治28)年	13	0	13	20	1	8	1	0	2	1	0	3	0	0	1	32	5	37	0	0	5	0	1	4	1	4	14	7	1	13	22	28	50	100
1896(明治29)年	20	0	20	21	0	13	0	0	0	1	0	23	0	1	5	59	5	64	1	0	14	0	0	6	0	0	17	0	0	22	32	28	60	144
1897(明治30)年	21	1	22	21	3	19	1	0	1	0	0	36	1	1	4	80	10	90	1	0	26	1	0	1	0	1	27	1	0	19	54	25	79	191
1898(明治31)年	18	0	18	5	0	19	0	0	1	0	0	28	3	0	5	52	9	61	1	0	47	0	0	11	1	1	49	5	0	25	98	42	140	219
1899(明治32)年	20	0	20	20	1	6	0	0	0	0	1	8	0	0	0	34	2	36	0	0	9	2	0	6	0	0	31	0	1	13	41	21	62	118
1900(明治33)年	22	0	22	0	0	3	19	1	3	0	0	1	2	-	-	8	24	32	1	0	16	3	0	56	1	1	22	1	-	-	43	61	104	158
1901(明治34)年	28	0	28	0	1	25	26	4	3	1	5	8	4	-	-	38	38	76	2	0	25	0	2	31	0	0	87	0	-	-	116	31	147	251
1902(明治35)年	31	0	31	1	3	21	4	3	13	2	6	1	-	-	-	38	47	85	3	0	71	0	2	27	3	0	90	3	-	-	169	30	199	315
1903(明治36)年	31	0	31	7	14	6	20	5	1	19	15	6	0	-	-	43	50	93	0	0	33	0	0	77	5	-	-	-	-	-	90	38	128	252
1904(明治37)年	36	0	36	4	15	5	24	2	1	12	2	5	1	-	-	28	43	71	3	0	35	1	2	11	0	0	76	0	-	-	116	12	128	235
1905(明治38)年	27	0	27	4	4	2	27	2	1	9	7	1	-	-	-	18	39	57	1	0	30	1	0	2	0	0	68	1	-	-	99	4	103	187
1906(明治39)年	31	0	31	4	5	0	29	0	0	15	1	1	-	-	-	7	50	57	0	0	32	1	1	10	0	0	77	3	-	-	110	14	124	212
1907(明治40)年	31	0	31	6	11	1	29	2	0	5	15	0	-	-	-	14	55	69	0	0	31	0	1	5	0	0	44	3	-	-	78	8	86	186
1908(明治41)年	63	0	63	9	5	0	47	10	0	1	4	63	1	-	-	83	57	140	2	0	36	1	2	0	0	0	45	23	68	271
1909(明治42)年	37	40	77	9	19	14	43	30	2	7	71	10	-	-	126	81	207	0	0	0	0	0	0	0	0	19	16	35	319
1910(明治43)年	34	36	70	32	12	55	52	37	0	1	0	71	3	-	-	196	67	263	0	0	46	3	2	13	1	0	9	4	-	-	58	20	78	411
1911(明治44)年	71	0	71	38	17	63	41	23	11	3	0	148	4	-	-	275	73	348	3	0	41	0	3	15	0	0	2	2	-	-	49	17	66	485
1912(明治45)年	71	21	92	0	2	10	36	25	10	1	1	119	2	-	-	155	51	206	5	0	7	0	1	10	0	0	4	1	-	-	17	11	28	326

〔出典〕次の史料を使用して作成。『鳥取県学事年報』各年度分の「小学校教員検定表」。明治33年度以降は「小学校教員検定及免許状授与人員表」。明治43年度以降は「小学校教員検定」および「師範学校ノ一」。無試験検定合格者総数には県師卒業者数は除いた数。および『文部省年報』各年度の下巻。明治45年度は「小学校教員府県免許状授与人員」。

1898年以降，試験検定合格者数が無試験検定合格者数を上回り，この状態が1907年まで続いた。1908年以降には逆転し，無試験検定合格による免許状授与数が試験検定合格による免許状授与数を超えて急増して，1911年にピークを迎えた。そのあと，無試験検定合格者数は一転減少したが，大正期に入っても試験検定合格者数を常に上回っていった。また，1908年以降には，師範学

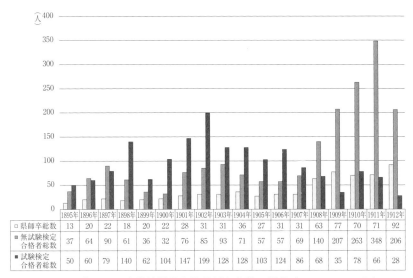

図 2-1　鳥取県の小学校教員免許状授与者数の推移（1895〜1912 年）
〔出典〕表 2-3 を用いて作成。

校卒業生数が増加し，1909 年には試験検定合格者数を超え，1911 年以降は試験検定合格者数よりも師範卒業生数の方が常に上回った。

　鳥取県における試験検定は，1898 年から 1907 年までの免許状授与において重要な量的役割を果たした。教員確保が質的問題に移行し始めた 1908 年以降は，徐々に比重を下げたが，その役割がなくなったわけではなかった。[33]

(2) 1900 年代末以降における試験検定の相対的難化

　試験検定には，どのくらいの人数が出願し，その中から何割の人が合格して免許取得にいたったか。試験検定の出願者数を整理した**表 2-4** によると，出願者数の最初のピークは 1898 年で（233 人出願），1899 年に大きく減少したのち再度増加して，1902〜1903 年に 2 度目のピーク（380 人台）を迎えた。しかし，1905 年に減少してから横ばいになり，1910 年に 3 度目のピークを迎えたが 300 人を超えなかった。1907 年以降は検定合格者・免許授与数全体における試験検定合格者数は減少していたが，出願者数は一定数を維持しており，大正末

第 2 章　小学校教員試験検定制度の成立と実施　　61

表 2-4 鳥取県の小学校教員試験検定の出願者数（1895〜1912 年）

試験種別 免許種	試験検定（乙種）出願者													
	小本正		尋本正		小専正		小准		尋准		小専准		合計		試験検定
西暦（和暦）	男	女	男	女	男	女	男	女	男	女	男	女	男	女	出願者総数
1895（明治28）年	3	0	20	0	2	5	3	4	39	7	3	19	70	35	105
1896（明治29）年	2	0	41	0	0	6	1	0	48	0	0	27	92	33	125
1897（明治30）年	4	0	33	1	0	3	0	1	50	5	0	27	87	37	124
1898（明治31）年	3	1	68	3	0	13	1	5	95	5	0	39	167	66	233
1899（明治32）年	7	0	19	2	0	7	5	1	39	5	1	28	71	43	114
1900（明治33）年	13	0	44	5	3	81	8	2	41	1	-	-	109	89	198
1901（明治34）年	14	1	63	2	4	97	5	0	138	7	-	-	224	107	331
1902（明治35）年	24	1	111	1	4	77	4	0	153	14	-	-	296	93	389
1903（明治36）年	40	0	71	3	5	89	6	1	154	15	-	-	276	108	384
1904（明治37）年	39	0	78	6	4	68	3	0	101	11	-	-	225	85	310
1905（明治38）年	11	0	46	2	2	39	0	0	77	7	-	-	136	48	184
1906（明治39）年	11	0	43	3	8	28	2	0	86	6	-	-	150	37	187
1907（明治40）年	12	0	38	2	6	36	2	0	68	15	-	-	126	53	179
1908（明治41）年	24	0	62	6	6	62	1	0	33	30	-	-	126	98	224
1909（明治42）年	38	0	50	14	11	51	2	0	34	20	-	-	135	85	220
1910（明治43）年	35	0	100	13	5	61	1	0	44	16	-	-	185	90	275
1911（明治44）年	31	1	100	2	5	37	0	0	24	15	-	-	160	55	215
1912（明治45）年	29	0	125	1	6	33	1	0	12	5	-	-	173	40	213

〔出典〕次の史料を使用して作成。『鳥取県学事年報』各年度分の「小学校教員検定表」。明治33年以降は「小学校教員検定及免許状授与人員表」。明治43年度以降は「小学校教員検定」。および『文部省年報』各年度の下巻。明治45年以降は「小学校教員府県免許状授与人員」。

期にはむしろ出願者数が増える年もあった（1926（大正15）年には 405 名出願）。

　表 2-5 は，鳥取県の試験検定による免許授与数を試験検定の出願者数で割った割合（以下，「合格率」）を示した表である。免許種や性別によって合格率が異なったことがわかる。なかには合格率が 100％の年・免許種もいくつかあったが，これらの多くは出願者 1 名に対して合格者 1 名であったことが原因である。このような事例を除くと，多くの年・免許種では合格率が 50％を切った。いずれの免許種も，男女ともに試験検定の合格は容易ではなかったことがわかる。特に，1909 年以降（大正期含む）には，合格率が 10％台の年もあった[34]。

　こうしてみると，先述の 1900 年代末以降の免許状授与数全体における試験検定による合格数の減少は，受験者が増えた一方で試験検定の合格率が上がら

表 2-5 鳥取県の小学校教員試験検定の合格率（1895〜1912年）

試験種別	試験検定（乙種）合格率															試験検定
免許種	小本正		尋本正		小専正		小准		尋准		小専准		合計			合格者総数
西暦 和暦	男	女	男	女	男	女	男	女	男	女	男	女	男	女		
1895（明治28）年	0.0%	-	25.0%	-	50.0%	80.0%	33.3%	100.0%	35.9%	100.0%	33.3%	68.4%	31.4%	80.0%		47.6%
1896（明治29）年	50.0%	-	34.1%	-	-	100.0%	0.0%	-	35.4%	-	-	81.5%	34.8%	84.8%		48.0%
1897（明治30）年	25.0%	-	78.8%	100.0%	-	100.0%	-	100.0%	54.0%	20.0%	-	70.4%	62.1%	67.6%		63.7%
1898（明治31）年	33.3%	0.0%	69.1%	0.0%	-	84.6%	100.0%	20.0%	51.6%	100.0%	-	64.1%	58.7%	63.6%		60.1%
1899（明治32）年	0.0%	-	47.4%	100.0%	-	85.7%	0.0%	0.0%	79.5%	-	100.0%	46.4%	57.7%	48.8%		54.4%
1900（明治33）年	7.7%	-	36.4%	60.0%	100.0%	69.1%	12.5%	50.0%	53.7%	100.0%	-	-	39.4%	68.5%		52.5%
1901（明治34）年	14.3%	0.0%	39.7%	0.0%	50.0%	32.0%	0.0%	-	63.0%	0.0%	-	-	51.8%	29.0%		44.4%
1902（明治35）年	12.5%	0.0%	64.0%	0.0%	0.0%	35.1%	75.0%	-	58.8%	21.4%	-	-	57.1%	32.3%		51.2%
1903（明治36）年	10.0%	-	12.7%	0.0%	0.0%	37.1%	0.0%	0.0%	50.0%	33.3%	-	-	32.6%	35.2%		33.3%
1904（明治37）年	7.7%	-	44.9%	16.7%	50.0%	16.2%	-	-	75.2%	0.0%	-	-	51.6%	14.1%		41.3%
1905（明治38）年	9.1%	-	65.2%	50.0%	0.0%	5.1%	-	-	88.3%	14.3%	-	-	72.8%	8.3%		56.0%
1906（明治39）年	0.0%	-	74.4%	33.3%	12.5%	35.7%	-	-	89.5%	50.0%	-	-	73.3%	37.8%		66.3%
1907（明治40）年	8.3%	-	81.6%	0.0%	16.7%	13.9%	50.0%	-	64.7%	20.0%	-	-	61.9%	15.1%		48.0%
1908（明治41）年	8.3%	-	58.1%	16.7%	33.3%	30.6%	-	-	15.2%	10.0%	-	-	35.7%	23.5%		30.4%
1909（明治42）年	2.6%	-	22.0%	0.0%	9.1%	25.5%	0.0%	-	17.6%	15.0%	-	-	14.1%	18.8%		15.9%
1910（明治43）年	0.0%	-	46.0%	23.1%	40.0%	21.3%	100.0%	-	20.5%	25.0%	-	-	31.4%	22.2%		28.4%
1911（明治44）年	9.7%	0.0%	41.0%	0.0%	60.0%	40.5%	-	-	8.3%	13.3%	-	-	30.6%	30.9%		30.7%
1912（明治45）年	17.2%	0.0%	5.6%	0.0%	16.7%	30.3%	0.0%	-	33.3%	20.0%	-	-	9.8%	27.5%		13.1%

〔出典〕次の史料を使用して作成。『鳥取県学事年報』各年度分の「小学校教員検定表」。明治33年度以降は「小学校教員検定及免許状授与人員表」。明治43年度以降は「小学校教員検定」および『文部省年報』各年度の下巻。明治45年度以降は「小学校教員府県免許状授与人員」。

なかったために生じたことがわかる。試験検定受験者の学力等不足の可能性もあるが，1900年代末以降，試験検定合格は結果として以前より難しくなり，受験者の力量を厳しく問う仕組みとして機能していったといえる。

(3) 試験検定における男女格差

表2-3によると，男性合格者が授与された免許状は，1907年まで尋常小学校本科准教員免許状が最も多く，次いで尋常小学校本科正教員免許状が多かった。1908年以降は尋常小学校本科正教員免許状が最も多くなり，それ以降もほぼ最多であった。女性合格者が授与された免許状は，1899年まで小学校専科准教員免許状が最多であった。この免許が廃止された1900年以降は，小学

第2章 小学校教員試験検定制度の成立と実施　63

校専科正教員免許状が最多となった。免許状授与の傾向には男女間に格差が見受けられ,当時の教員社会における男女の地位の不均衡と重なっている。

以上のように,明治期鳥取県の小学校教員免許状授与における試験検定の役割は相対的に大きかったが,1900年代末頃から縮小した。1900年代末以降の試験検定合格率の低下は,教員の学力・指導力不足が問題化された時期に起こっている。試験検定受験者に一定の力量を厳格に求めた結果とみられる。

3　学校における試験検定受験者の養成

(1) 師範学校小学校教員講習科の試験検定受験者養成

1902年,先述の通り,鳥取県では小学校教員免許状授与数が2度目のピークを迎えた。この年,県師範学校の本科卒業者は31名,講習科卒業者は103名であった。[35] 師範講習科は,1896年12月28日の県訓令第164号によって設置され,[36] 1897年から試験検定と接続された試験検定受験者養成機関となった。[37] 師範講習科の前身は,1880年代末頃から鳥取県が徐々に整備していた,現職教員や教員志望者が教員資格を得たり免許状を上進させたりするための諸制度である。特に,小学校教員予備伝習所（1889年設置）は修了生に学力試験（乙種）検定を受験させ,直接的な師範講習科の前身といえる。師範講習科は,1896年に第二種生のみ募集し,1897年4月から98年までに2回修了生を出して,それぞれ臨時の試験検定を受けさせた。[38] そのうち,尋常小学校正教員免許状（本科と思われる）については第1回修了生から22人,第2回修了生から13人,尋常小学校准教員免許状については第1回修了生から15人,第2回修了生から18人が取得した。第1回修了生は43名,第2回修了生は41名であったから,第1回の講習はそのうちの86%,第2回は76%の試験検定合格に寄与したといえる。免許状を取得できたのは修了生の7～8割であり,第1回修了生と第2回修了生の間で免許取得率に10%も差があった。生徒間・学年間での学力・教職教養の程度がまちまちであったことを推察させるが,当初から入学者の選抜は行っており,1902年には志願者283名のうち107名に入学を許可していた。[39]

1900年3月28日には県訓令第26号によって「鳥取県師範学校小学校教員講習科規則」が定められた。これにより，師範講習科は小学校本科正教員を目指す試験検定受験者養成の課程（乙種）と，小学校教員本科准教員を目指す試験検定受験者養成の課程（丙種）を分けて，学級数を増やし，学資支給を行うなどして，試験検定受験者養成課程の整備拡充を行った。同時期に，小学校教員講習会後に試験を受けて受講の証明書を得る制度（1888年制定）が廃止されており，師範講習科は現職経験者を講習して試験検定を受験させて免許状を上進させる機能も期待されたと思われる。ただし，師範講習科の修了後，そのまま師範学校本科に入学する者も多かった。1902年度には師範学校入学生33名中の28名が師範講習科修了者であった（同科修了後免許状を取得せずにそのまま入学した者18名，修了後教員免許を取得した者4名，修了後訓導を経験した者6名）。師範講習科は師範学校予備校の役割も担っていた。

(2) 県立中等学校と試験検定受験者

　1900年公布の「小学校令施行規則」は，次の該当者のうち，特定の試験科目の程度に関する同等以上の学力を有すると小学校教員検定委員会が認めた者について，その科目の試験を免除することにした（第113条）。該当者とは，師範学校・中学校・高等女学校教員免許状所有者と，他府県で小学校教員免許状を授与された者，文部省直轄学校で特定の科目について特に教職に適する教育を受けて卒業した者，中学校または中学校同等以上と認められる学校を卒業した者，高等女学校卒業者であった。そのほか，無試験検定受験資格のある大半の者たちと，有効期間を過ぎた小学校教員免許状・小学校師範学科卒業証書の所有者，師範講習科卒業者は，試験検定で学力試験の免除という優遇措置を受けることができた。この通り，中等学校卒業者は，無試験検定受験者であると同時に，試験検定受験者としても想定されていたことがわかる。

　1902年（1901年度卒）を例として，鳥取県の中等学校卒業者の動向をみてみよう。県立中学校は，1899年創立の第二中学校（米子）がまだ卒業者を出していないため，第一中学校（鳥取）の本科卒業者のみの38名であった。県立高等

第2章　小学校教員試験検定制度の成立と実施　　65

女学校は1校のみ(市立校が県立に移管)で,本科卒業者を28名,技芸専修科卒業者を19名,補習科卒業者を19名出した。これら県立中学校・高等女学校卒業者のうち学校教員となった者は,中学校卒業者のうち5名(13.1%),高等女学校卒業者のうち15名(22.7%,すべて補習科卒業者)であった。また,県立農学校(倉吉)の卒業者41名のうち9名(21.9%)が学校教員になった。実業学校卒業者には無試験検定の受験資格がなかったので,その大半は試験検定受験による免許状取得者であろう。のち,1918(大正7)年,鳥取県立農学校は無試験検定で小学校農業専科正教員・尋常小学校本科正教員の免許状を附与する課程を設置したが[43],明治期の卒業者も小学校教員に就いていた可能性はある。

1902年度の県立高等女学校卒業者のうち教職に就いた者は,すべて補習科卒業者であった。県立高等女学校は,先述の鳥取市立鳥取高等女学校を1901年に県に移管して設置されたばかりであった[44]。同校補習科は,旧私立鳥取高等女学校の時,1895年から設置されていたもので,小学校教員志望者に必須の学科を補習する1か年のコースであった(旧私立校の時は6か月のコース)。補習科卒業者には,先述の通り,1899年に乙種検定試験の科目免除が適用されるようになった。また,1907年度には,教員補充策として,補習科生徒の中の教員志望者に対して実地授業の練習をさせ,教員として実地に必要な知識技能を養成し,無試験検定で尋常小学校本科正教員免許状を与えるようになった[45]。同校本科でも,1895年から「教育」を随意科目として置いたし,教職関係の科目を特別設けていない同校技芸専修科からも教員が生まれた。1900年には本科卒業者から16名,技芸専修科卒業者から3名の学校教員が生まれた[46]。技芸専修科については,裁縫・家事・手芸等の学修を専科教員として生かすことが期待されたと考えられる。なお,1909年に県立に移管された米子高等女学校(1906年私立として創設)にも,補習科が置かれて教員志望者に補習を行った[47]。

以上のように,鳥取県の小学校教員は,師範学校に限らず,中学校・高等女学校・農学校の卒業生からも供給されたと推察される。そのうち,高等女学校補習科卒業者は試験検定を受験して小学校教員免許状を取得し,県立農学校卒業者もおそらく試験検定を受験して免許状を取得して教職に就いた。このうち,

高等女学校補習科は試験検定受験者養成を明らかに行っていた。ただし，高等女学校補習科は1907年以降に実地授業を含む教職課程を備えて尋常小学校本科正教員の無試験検定資格を得たし，農学校も1918年以降に農業教員養成科（1921（大正10）年以降は実業補習学校教員養成所）を設置して小学校専科正教員などの無試験検定資格を得た。各校の試験検定受験者養成は実際に小学校教員の供給に機能したが，次第に無試験検定受験者養成に移行していったといえる。

4　鳥取県教育会附属講習所の試験検定受験者養成

(1) 1900年代後半の試験検定受験者の学習不足対策と准教員養成の必要

　先述の通り，1906年に，鳥取県の試験検定受験者の合格率（免許状取得率）が3度目のピークを迎えた。同年7月，『鳥取県教育雑誌』第134号の巻頭に，試験委員からの聞き取り結果を記した「小学校教員検定試験談」が掲載された[48]。そこではまず，修身科・教育科の受験者について，「大抵の志願者はまじめに書物を読んで居らぬ様に思はれる」と述べ，例えば道徳の方法は「常識で一通りのことは答へ得るように満足して居るのか，多くの答案が常識で終って居る」ため，「学問の試験即ち智識の試験として殆ど価値がない」と強く非難した。教育科も同じであり，「雑誌や其の他の断片的の小冊子で間に合せの研究はして居るが，偖て少し学理の解説を要する問題になると何か何やら薩張り分って居らん」と述べ，「訓練や教授の方法については多少常識や臆説で書いてはあるが，誠に不秩序で，大抵は不得要領に終って居る」とし，「心理学や論理学や教育史などの原理に関するものに至りては円で知識なしと云ってもよい位に思はれる連中もある」と強く非難した。このような受験者は小学校正教員の志願者に多く，尋常科正教員の受験者は「割合に調べて居る」ようで，なかには「立派な成績を得て居るものもあった」という。このように，検定委員の印象として，1906年にはすでに試験検定受験者の質が問題視され，特に読書量や体系的な学習の不足が指摘されていた。

　1907年3月9日，鳥取県教育会は，代議員会において「常設講習会設置の

件」を審議した。その設置目的は，尋常小学校准教員たるに必要な学科を授けて，師範学校もしくは師範乙種講習科の入学志望者に必要な教科を授けることとされた。定員は50名，学科は修身・国語・地理・歴史・理科・算術・教授・体操とし，修業期間は5月から開始して10か月間，講師主任1名（修身・国語）と兼務嘱託講師を理科2名・地歴1名・算術1名・体操1名・教授1名という構想であった。経費については，1か月1円の授業料を主として，教育会からの補助金を合わせて収入として見込んだ。代議員会では，県師範学校丙種講習科の来年度予算が否決されたことが話題に上がり，丙種講習科の運営が県費で見込めなくなったことを確認した後，この常設講習会の設置が審議された。丙種講習科が6か月であったのに対して修業年限が10か月になって期間が伸びていることも指摘され，これには担当者が「精神的錬磨をなし，人物の養成を努めんが為なり」と回答した。常設講習会修了者は試験によって小学校准教員の資格を得るようにし，好成績を上げたものについては多少の便宜を当局筋に向けて請願するつもりだという見込みも示された。尋常小学校准教員養成と師範学校本科・乙種講習科入学者養成という2種類の目的については，2種の目的で同時に教授すると回答があった。審議の結果，常設講習会が設けられることになり，最終的には「講習所」と呼ばれるようになった（以下，講習所）。入学志願者数は不明だが定員より多く集まったという。

　1907年5月9日，県第二部長・県視学などが参列する中で講習所開所式が開かれた。所長は山内良仙，講師は県師範学校教諭の石渡・糸賀・高橋・新田・木山・鐵本であった。校舎は旧鳥取藩校の尚徳館であり，生徒に対して県師範学校長でもある土井県教育会副会長や井本県第二部長等から説示があった。生徒は70名であり，そのうち50余名には寄宿所（鳥取市栗谷町内）が用意された。寄宿所では山内所長が「理想的寄宿舎」を作ると意気込み，ともに寝食して教養にあたったという。

　講習所はなぜ准教員養成を目的としたか。1907年3月の『鳥取県教育雑誌』第142号巻頭に掲載された講習所に関する論説には，その理由が述べられた。ペンネームのため著者は不明だが，巻頭論説であり，講習所設置はこの号の編

68　第1部　小学校教員検定制度の多様性

集中に審議されたので，おそらく県教育会幹部かそれに近い人物と推定される。この論説によると，講習所設置の背景には，県教育会の役割の模索と，県師範学校丙種講習科の終了によって生じる准教員養成機関の不足に対する危惧があった。そのうえで，「准教員は此素養の上に修養を積んで進んで尋常科正教員となり，小学校正教員となるべき」という教員の免許上進過程を前提として，「准教員を養成するは即ち小学校教員養成の第一階段を作れるもの」と位置づけた。また，准教員資格は乙種講習科入学の資格であるから，常設講習会は師範学校入学志願者の準備ともなること，かつ「中等程度に於ける普通教育機関」としての役割も果たせること，尋常小学校准教員の試験検定の準備教育が必要なことの三つが，講習所設置の意義として列挙された。准教員の試験検定については，毎年の出願者数に対する合格者の少なさと，特に地方においてその準備が困難であることが指摘された。先述の通り，当時，正教員の試験検定についてその受験者の質が問われていたが，准教員の試験検定についても，その受験者の質がまた課題になっていたことがわかる。しかも，准教員養成こそ小学校正教員までつながる教員養成の第一段階であると捉え，中等学校程度の普通教育を施しながら准教員養成を図るという構想の中で講習所の意義が把握されることがあった点は重要であろう。

(2) 講習所の拡充と尋准無試験検定・尋本正試験検定受験者養成

　県教育会講習所は，まず尋常小学校本科准教員無試験検定認定校として機能した。講習所は，1907年4月入学生から67名の卒業生を出し，そのうち64名が無試験検定によって尋常小学校本科准教員免許状を受けた[54]。試験検定受験者数は不明である。無試験検定の受験資格を得るためには，講習所卒業者が中学校・高等女学校卒業者と同等程度に県知事から認定される必要があった。県教育会講習所の申請・認可過程を明らかにできる史料は未発見だが，県教育会講習所の成績は県から良好と評価され，1908年度の『鳥取県学事年報』には600円の補助を与えたことが報じられたほどであった[55]。

　1909年，講習所は従来の尋常小学校本科准教員養成課程を乙種とし，拡充

して160名を募集するとともに、新たに尋常小学校正教員養成を目的とする甲種を置いて30名を募集した。翌1910年12月には、講習所校舎の新築を受けて学級定員をさらに拡充し、2年制の甲種に50名、1年制の乙種に150名を募集することになった。この募集の際に示された入学資格として、甲・乙種生徒にはともに「身体健全にして品行方正」が求められ、甲種生には准教員免許状の所有または乙種講習所の卒業もしくはこれと同等以上の学力が求められた。乙種生には修業年限2か年の高等小学校卒業もしくはこれと同等以上の学力が求められた。なお、甲種入学において尋常小学校本科准教員免許状所有者または乙種講習所卒業者には原則としては試験を課さず、そうでない者には乙種の全課程について試験を課した（履歴による免除規定あり）。

甲種修了後に待っていたのは無試験検定ではなく試験検定であった。甲種第1回生修了に合わせた1911年2月4日、鳥取県告示第27号によって、同年3月11日より鳥取県師範学校において私立鳥取県教育会甲種講習科修了者について尋常小学校本科正教員試験検定を施行する旨が告示された。以後、毎年、甲種講習科修了者対象の試験検定施行が告示された。1910年度の尋常小学校本科正教員試験検定受験者数は113名であり合格者は49名（合格率43%）であった。前年度の1909年度の同試験検定受験者数が64名で合格者は11名（合格率17%）であったことを踏まえると、甲種講習科修了者の受験によって、尋常小学校本科正教員の試験検定受験者数が大幅に増え、受験者の力量も底上げされて、合格率が上がったとみてよい。県師範学校教員が講師を務めたことも受験者の力量向上に役立ったことだろう。1910年度以降、県教育会講習所は、尋常小学校本科正教員の試験検定受験者養成校として実績を積んでいった。

先述の通り、1900年代末以降、県内では正教員不足が深刻化していた。講習所でも甲種の拡充と乙種の縮小が図られ、1912年度には甲種を1学級増設して、甲種生64名、乙種生105名となった。しかし、大正期には甲種も徐々に縮小され、1921年1月末時点では教員3名、甲種1年生20名、2年生5名、乙種65名の規模に縮小していた。1922（大正11）年度において県が県教育会に出していた准教員養成の委託金が廃止され、かろうじて尋常小学校正教員養成

の委託は残されたが1923（大正12）年度以降にはそれも廃止されることになった。1923年2月24日，県教育会代議員会が1923年度限りでの講習所廃止を可決し，1924（大正13）年3月18日，講習所廃止認可願を県知事に提出した。

(3) 講習所における課外活動の意義

　筆者は鳥取県教育会附属講習所が課外活動を行っていたことをかつて指摘した。講習所がどのような課外活動を行ったかは，教育会の教員養成事業の訓育的機能に関わる重要な研究課題である。講習所における課外活動の実態は開所当初の1907年7月の報告から明らかになる。この報告に記された生徒は後に無試験検定で准教員免許状を取得することになったが，開所当初には試験検定の受験も想定されていたので貴重な参考史料になるだろう。

　報告によると，講習所生徒は，県立学校にならって，剣・柔道の稽古や庭球の運動，郊外運動，学友会，茶話会等を行った。剣道・柔道については，月・火・木・金曜の午後2時から大日本武徳会の県支部演舞場の使用許可を得て，希望者が稽古した。庭球については，県師範学校学友会庭球部に加入して共同で運動した。郊外運動については，6月4日に師範学校生と共同で古海から千代橋を渡って，川をさかのぼって「源太の渡し」付近で逍遥し，川を渡って智頭往来に出て帰舎したことが報じられた。茶話会は，遠方の出身生徒の楽しみのために土曜の晩に開かれ，学生の談話をもっぱらにし，愉快の中に道義心・道徳心の切磋磨励をねらった。学友会は，初会を6月22日に寄宿舎で開き，所長や教育会副会長の言葉の後に生徒や講師による談話・演説を行った。

　寄宿舎生活については，「厳粛なる所長先生の監督の下に起臥」していた。宿舎6室に応じて生徒が割り当てられ，それぞれ室長・副室長1名を置いて室内事務を整理させ，所長がこれを総監した。毎日，当番を定めて廊下や室内等の掃除をし，起床・就寝・食事時に鈴を振って合図して規則正しい生活をさせた。午前7時から学校で課業が始まり，午後2時に終わり，午後5時半までは外出自由で，この間に生徒は剣術・柔道・庭球などの稽古に励んだ。5時半からの夕食後，再び7時まで外出が許されたが，7時から9時までは自習時間と

なり，9時には所長の点呼があって，9時半には寝床に入って消灯となった。授業については，ある生徒は「小学校時代とは事変り，特に教師も皆師範学校の先生にて，其の受持受持に，専門に教授なし下され候へば，学問もよく進む事に候」と感想を述べている。

　無試験検定受験者養成課程と試験検定受験者養成課程との間の課外活動に差があったかどうかは不明だが，講習所は，課外活動を県立学校同様または県師範学校生徒と合同で行い，生徒たちに規則正しい寄宿舎生活を送らせた。講習所の生徒の多くは，正式に師範教育や中等教育を受けられなかった青年たちであったと思われる。講習所の課外活動は，その青年たちに師範学校・中等学校生徒と同等の生活をさせ，場合によっては一緒に活動する機会を与えた。講習所設置の背景には，准教員養成を小学校教員養成の第一段階として中等普通教育の中で行うという構想があった。講習所が最初に実現させたのが無試験検定による准教員養成の課程であり，無試験検定の認定を受けるためにも課外活動が重視された可能性もある。講習所の課外活動は，中等普通教育における教員養成を目指す構想の下に実施された意図的な教育活動と見るべきである[66]。

おわりに

　本章は，明治期の鳥取県における小学校教員試験検定制度について，教員確保をめぐる試験検定（学力試験・乙種検定）制度の成立とその実施過程を分析した。本章において明らかになったことを整理すると次の通りである。

　第一に，鳥取県は，1882年に旧島根県時代の学力証明書を無効にして，新たに学力試験によって小学校教員免許状を授与する試験検定制度を成立させ，検定の実施体制を整備しながら，県内各郡における無資格教員の排除を推進したことが明らかになった。鳥取県の試験検定制度は，1886年からは簡易科教員・授業生，1892年からは准教員を優先して確保する県の施策に沿って整備され，1907年頃まで多くの男性の尋常小学校本科准教員免許状所有者と女性の小学校専科准教員免許状所有者を多く生み出した。試験検定制度は，所有免

許状種の男女差を導く仕組みの一つとして機能していたことがわかる。

　第二に，鳥取県では，1890年代半ばから試験検定（乙種検定）の限界が認識され始め，無試験検定や師範学校による免許授与が存在感を増したが，明治末期に至っても試験検定制度の役割は形を変えて維持されたことが明らかになった。この事実は，従来指摘されてきた無試験検定・師範学校の重要性を否定するものではないが，試験検定の存在も無視できないことを意味する。

　第三に，鳥取県の試験検定制度は，1890年代から年複数回の試験実施，1890年代後半から受験者養成課程を設置することで教員を量的に確保する制度として機能したが，1900年代後半から教員の質をも保障する制度として期待され，1900年代末以降明治末期にはそのような機能を果たしたことが明らかになった。試験検定が一定の質の教員を確保する制度でありえたのは，学力試験はもちろん，実技試験・実地授業を含む試験内容を備えたからだろう。また，基本的には合格率50％を切り，1900年代末以降には合格率10％台を維持して，受験者の力量を厳格に試験する制度であったことも重要である。さらに，試験検定受験者養成課程は，師範講習科はもちろん，高等女学校補習科や県教育会附属講習所のように多様な課程があり，それぞれ速成的ではあるが特別な教育課程を設けて，意図的に生徒の力量向上を図っていた。中学校や実業学校の卒業生にも，試験検定を経て小学校教員に就いた者がいた可能性があり，試験検定制度の機能様態はきわめて多様である。なかには，県教育会の講習所のように中等教育の受験者養成課程を整備する構想の下に，課外活動を積極的に取り入れた事例もあった。試験検定制度は，受験者養成課程を整備することで中等教育に準じた課程を履修した有資格教員を確保する制度になり得たのである。

　第四に，鳥取県では，1900年代前半には師範講習科が師範学校の予備校と化し，1900年代末以降には中等学校や教育会の講習所も無試験検定受験に重心を移し始め，1908年以降には無試験検定による免許状授与数が試験検定によるものを上回ったことも明らかになった。これは，教員検定制度の中心が，試験検定受験から師範学校卒業や無試験検定受験へと移行していく過程を示す

事実である。この移行過程を明らかにするためにも，1900年代以降の試験検定制度の研究は欠かせないことが明らかになった。

　以上の通り，明治期鳥取県の事例を通して，試験検定制度に関する歴史的研究の可能性を明らかにできた。試験検定制度は，小学校教員の量と質の両方を確保・保障する制度として成立し，実施された。今後の試験検定制度の研究の進展が期待される。

〈注〉
1) 白石崇人「明治30年代初頭の鳥取県倉吉における教員集団の組織化過程」中国四国教育学会編『教育学研究ジャーナル』第9号，2011年，31-40頁。
2) 白石崇人「教育　解説」鳥取県立公文書館県史編さん室編『新鳥取県史』資料編近代7，鳥取県，2018年，38頁。白石崇人「1886～1929年鳥取県の小学校教員検定制度」『平成29年度～令和3年度科学研究費補助金基盤研究(B)研究成果報告書（中間報告書）戦前日本の初等教員養成における初等教員検定の果たした役割に関する歴史的研究』，2021年，69-82頁。
3)「公立小学教員学力証明規則制定のこと」島根県教育庁総務課・島根県近代教育史編さん事務局編『島根県近代教育史』第3巻資料，島根県教育委員会，1978年，398頁。
4) 鳥取県立公文書館県史編さん室編『新鳥取県史』資料編近代2・鳥取県史料2，鳥取県，2012年，370-379頁（「鳥取県史料」第11巻の復刻部分）。
5) 鳥取県立公文書館県史編さん室編『新鳥取県史』資料編近代2・鳥取県史料2，鳥取県，490-491頁。および『鳥取県令　明治15年10・12月』鳥取県立公文書館所蔵。
6) 鳥取県立公文書館県史編さん室編『新鳥取県史』資料編近代3・鳥取県史料3，鳥取県，2012年，248-249頁。および文書課記録係『達丙号　明治16年』鳥取県立公文書館所蔵。「旧教員」は公立校で教授していた無資格者。
7)『明治廿年分鳥取県令号達綴』鳥取県立公文書館所蔵。
8) 前掲注2）。尋常科・高等科訓導の免許規則は未発見。
9) 鳥取県『鳥取県学事第八年報』明治21年分，2頁。
10) 鳥取県『鳥取県学事第八年報』明治21年分，37頁。
11) 鳥取県『鳥取県学事第十一年報（明治廿四年）』，2頁。
12) 鳥取県『鳥取県学事第十一年報（明治廿四年）』，39頁。
13)「鳥取県令第二十六号」『鳥取県公文彙報』高橋活版所，1892年4月，14-20頁（鳥取県立公文書館所蔵）。
14)「鳥取県令第五十三号」『鳥取県令　明治26年・月次』，鳥取県立図書館蔵。

15）鳥取県『鳥取県学事第十三年報（明治廿六年）』，5 頁。
16）鳥取県『鳥取県学事第十四年報（明治廿七年）』，7 頁。
17）鳥取県『鳥取県学事第十五年報（明治廿八年）』，5 頁。
18）鳥取県『鳥取県学事第十六年報（明治廿九年）』，1 頁。
19）鳥取県『鳥取県学事第十六年報（明治廿九年）』，1-5 頁。なお，教員優遇策については，明治 28 年度から報じられ始めている。
20）「鳥取県令第五十三号」『明治三十年　鳥取県令綴』，鳥取県立公文書館蔵。
21）鳥取県『鳥取県学事第拾八年報（明治三十一年分）』鳥取県，1899 年，4 頁。鳥取県『鳥取県学事第十九年報　明治三十二年』鳥取県，1901 年，4 頁。
22）「鳥取県令第二十八号」『明治三十一年　鳥取県令』知事官房，鳥取県立公文書館蔵。
23）「鳥取県令第二十五号」『明治三十二年分　鳥取県令綴』気高郡日置村役場，鳥取県立公文書館蔵。
24）「私立鳥取高等女学校」『山陰之教育』第 1 号，私立鳥取県教育会事務所，1895 年 6 月，44-45 頁。私立鳥取高等女学校は，1897（明治 30）年に鳥取市に移管されて市立鳥取高等女学校になった。当時，鳥取県には県立の高等女学校がなかったため，唯一の公立高等女学校であった。
25）「鳥取県令第三十六号」『明治三十三年　鳥取県令』知事官房，鳥取県立公文書館蔵。
26）鳥取県『鳥取県学事第十八年報』，1・3 頁。
27）鳥取県『鳥取県学事第貳拾貳年報』鳥取県，1904 年，1 頁。
28）鳥取県『明治四十一年　鳥取県学事第貳拾八年報』鳥取県，9 頁。
29）鳥取県『明治四十二年度　鳥取県学事第貳拾九年報』鳥取県，1911 年，3 頁。
30）鳥取県『明治四十三年度　鳥取県学事第参拾年報』鳥取県，1912 年，18 頁。
31）以前，白石崇人『鳥取県教育会と教師—学び続ける明治期の教師たち』(鳥取県，2015 年) 80 頁に，甲種講習科は明治 43 (1910) 年度設置と書いたが，今回，明治 42 年度予算に「尋常小学校正教員養成ノ為メ本会講習所ニ一学級増設セルニヨル」と記されたことを確認した（『私立鳥取県教育会報』『因伯教育』第 166 号，1909 年 3 月，34 頁）。本講習所の史料はほぼ残っておらず，この史料と，甲種講習科修了者が出ると同時に検定試験が実施された事実とを合わせると，明治 42 (1909) 年度設置と訂正すべきと考えた。
32）「本県小学校教員検定試験に関すること」『山陰之教育』第 84 号，1902 年 5 月，34～38 頁。
33）1912 年以降の試験検定合格者数は，検定合格者総数における比率は低いものの毎年数十名の合格者を出した。
34）鳥取県『鳥取県学事年報』各年度のデータを参照のこと。
35）鳥取県『鳥取県学事第貳拾貳年報　明治三十五年度』鳥取県，1904 年。
36）「鳥取県訓令第百六十四号」『明治廿九年　鳥取県訓令綴』，鳥取県立公文書館

37）師範講習科やその前身は前稿で詳述。白石，前掲注2），2021年。
38）「師範学校講習科成績」『山陰之教育』第34号，私立鳥取県教育会事務所，1898年3月，18頁。
39）鳥取県『鳥取県学事第貳拾貳年報　明治三十五年度』鳥取県，1904年，8頁。
40）「鳥取県訓令第二十六号」『明治三十三年　鳥取県訓令綴』智頭村役場，鳥取県立公文書館所蔵。
41）鳥取県『鳥取県学事第貳拾貳年報　明治三十五年度』鳥取県，1904年，6頁。
42）鳥取県『鳥取県学事第貳拾貳年報　明治三十五年度』鳥取県，1904年，46-47頁。そのほか，倉吉に「中学校ニ類スル」私立学校として研志塾があり，1902年度には卒業者を7名出したが（同48頁），卒業後の状況は不明。
43）白石，前掲注2），2021年，69-82頁。
44）鳥取市『新修鳥取市史　第5巻　明治教育篇・社会篇』鳥取市，2008年，319-327頁。
45）鳥取県『明治四十年度　鳥取県学事第貳拾七年報』鳥取県，1909年，2頁。
46）鳥取県『鳥取県学事第貳拾貳年報　明治三十五年度』鳥取県，1904年，47頁。
47）鳥取県『明治四十四年度　鳥取県学事第参拾壹年報』鳥取県，1913年，7頁。なお，米子高等女学校補習科は1916（大正5）年3月に廃止された。
48）編輯子「小学校教員撿定試験談」『鳥取県教育雑誌』第134号，1906年7月，1-2頁。
49）「代議員」『鳥取県教育雑誌』第142号，1907年3月，28-29頁。
50）「代議員」同上，31頁。
51）「准教員講習会の盛況」『鳥取県教育雑誌』第143号，1907年4月，35頁。
52）「本会設立の講習所開所式」『鳥取県教育雑誌』第144号，1907年5月，37頁。
53）一二生「本会常設講習会の設立に就て」『鳥取県教育雑誌』第142号，1907年3月，1-3頁。
54）鳥取県『明治四十年度　鳥取県学事第貳拾七年報』鳥取県，1909年，10頁。
55）鳥取県『明治四十一年　鳥取県学事第貳拾八年報』鳥取県，1910年，2・10頁。
56）鳥取県『明治四十二年度　鳥取県学事第貳拾九年報』鳥取，1911年，3・12頁。「私立鳥取県教育会講習所」『因伯教育』第179号，1910年4月，9頁。なお，史料には「本科」「専科」の違いが表記されていなかった。とはいえ，おそらく甲種は，尋常小学校本科正教員養成を目的とする課程であろう。
57）「私立鳥取県教育会記事」『因伯教育』第189号，1911年1月，36-37頁。
58）「鳥取県告示第二十七号」『明治四十四年告示　知事官房　二ノ一』，鳥取県公文書館蔵。
59）「四，庶務報告」『因伯教育』第215号，1913年3月，47頁。
60）「講習所予算」「講習所生徒市郡別表」『因伯教育』第320号，1920年，42-43頁。
61）「本会代議員会」『因伯教育』第332号，1922年4月，86頁。

62)「本会記事」『因伯教育』第 344 号，1923 年 4 月，54 頁。
63)「会報」『因伯教育』第 356 号，1924 年 4 月，41 頁。
64) 白石崇人『鳥取県教育会と教師』鳥取県，2015 年，79-80 頁。
65)「本会設立の講習所の状況」『鳥取県教育雑誌』第 146 号，1907 年 7 月，43-44 頁。
66) なお，広島県御調郡三原町で尋常小学校本科准教員の無試験検定受験者養成と尋常小学校本科正教員の試験検定受験者養成を行っていた私立小学校教員養成所（沼田良蔵所長，御調郡教育会の設置）も課外活動を行っていた（白石崇人・井上快「沼田家文書にみる漢学知と近代教育の展開」中国四国教育学会編『教育学研究紀要』第 68 巻，2022 年，311 頁）。試験（無試験）検定受験者養成所における課外活動の研究は緒に就いたばかりである。

第3章
小学校正教員試験検定受験者に求められた教育学的知識
――明治末期鳥取県の場合――

白石 崇人

はじめに

　本章は，明治末期の鳥取県における小学校教員検定制度に基づいて課せられた試験検定問題を分析し，教員検定が小学校正教員に求めた教育学的知識の内実を明らかにすることを目的とする。

　戦前の小学校教員資格が師範学校卒業だけでなく教員検定によって付与され，教員検定によって免許状を取得した小学校教員がかなりの数にのぼったという事実は，今や通説に属する。教員検定制度史の先行研究では，無試験検定の重要性が指摘されてきたが，初期の教員検定制度は学力試験による有資格教員の確保政策としての傾向を強くもったため，明治期を対象にする場合，試験検定制度の研究を避けて通れない。また，教員検定制度史研究は免許状取得・上進の仕組みの歴史的研究であり，かつ教職に就くために何が重要であったか，すなわち教員資格・教職条件の研究でもある。試験検定は，試験問題が判明さえすればその条件内容に迫ることができる。日本の教職の歴史において，明治期に誕生した近代学校の教員と，学者および近世以前の教職者との違いを明らかにすることは重要な研究課題である。本研究では，その違いとして教職教養の違い，特に教育学的知識の有無に注目する。このような観点に立てば，試験検定の試験問題，特に教育科などの問題は，制度化された教職教養・教育学的知識の内実を示すものとしてきわめて重要な研究対象となる。

　中等教員検定試験問題の研究に比べ，小学校教員検定試験問題の研究は手薄だが，先行研究には山本朗登の研究（2017・2019）がある。山本（2017）は，

1890・1900年代の兵庫県小学校教員検定制度において定められた教育科の出題範囲と標準図書を分析し，その構成を教育史・教育原理・心理学・教授汎論・教授法各論・学校管理法の6分野に整理した[1]。また，山本(2019)は，明治30年代(1897～1906年)の兵庫県小学校教員検定の教育科試験問題を分析し，兵庫県が文部省の示した試験範囲を逸脱して，現場の実態に即して独自に各教員資格のレベルを設定して試験問題に反映させていた可能性を指摘した[2]。この指摘が正しければ，小学校教員検定試験問題は各都道府県の時代ごとの問題意識に沿って研究しなければ，その歴史的意義を十分に明らかにできない。

　そこで，本章では，鳥取県を事例に小学校教員検定試験問題の分析を行う。鳥取県では，試験検定の試験問題が，同県教育会雑誌に，断続的ではあるが，まとまって掲載された。第2章で明らかにしたように，1900年代末以降の鳥取県の試験検定制度は一定の質の教員を確保するための機能をもったため，明治末期の試験問題が判明すれば貴重な研究が可能になる。鳥取県では，明治末期の問題として1911(明治44)年のものが残っている。以上の問題意識に基づいて，本章は鳥取県小学校試験検定の試験問題を分析して，試験検定制度が求めた教育学的知識の内実を探り，当時の教職教養の一端を明らかにしたい。

1　1900年前後の鳥取県の小学校本科正教員試験の特徴

(1) 男女共通科目化と他免許種との違い

　鳥取県の小学校教員検定の試験問題は管見の限り公文書として見当たらないが，私立鳥取県教育会(因伯教育会)の機関誌にしばしば掲載されていた。管見の限り，鳥取県の小学校教員試験検定問題は，1893(明治26)年2月分[3]，1896(明治29)年9月分[4]，1897(明治30)年9月分[5]，1898(明治31)年分[6]，1899(明治32)年分[7]，1900(明治33)年6月分[8]，1901(明治34)年6月分[9]，同年9月分[10]，1902(明治35)年5月分[11]，同年9月分[12]，1903(明治36)年初回分[13]，同年第2回分[14]，1904(明治37)年初回分[15]，同年第2回分[16]，1908(明治41)年分[17]，1911(明治44)年9月分[18]の16回分を確認できる。なお，大正期分については，1915(大正4)

年10月分[19]，1917（大正6）年9月分[20]，1919（大正8）年1月分[21]の3回分を確認済みである。ここではまず，試験科目のうち，「教育学」(1893年)，「教育科」(1897年)，「教育科及教授原理」「教育原理科」(1898年)，「教育科　教育史，原理」「教授法，管理法」(1901年) などで実施された，教育原理・教育史・教授法・学校管理法を含む教育学系科目に注目して，そこで出題された問題内容を分析する。

　表3-1・表3-2は，1898年と1902年の教育系科目の試験問題である。鳥取県では，1898年は，小学校教員免許状授与者数・試験検定合格者数が1895年以降の最初のピークを迎えた年であり，1902年は2度目のピークを迎えた年であった（第2章参照）。表3-1・表3-2によれば，小学校本科正教員とその他の免許種の試験で，それぞれ問題構成が異なったことがわかる。具体的には，第一に，小学校本科正教員の問題は男女で異なったが，その他の免許種の問題は男女共通であった。1898年の問題はすべて内容が異なり，比較的，男性対象の問題の方が具体的・詳論的であり，女性対象の問題の方が抽象的・総論的な問題であった。1902年の問題の内容程度に明らかな差はみられないが，問題数は男性用の方が多い。男性に難問をしかけ，かつ知識量やその幅を試そう，または女性の問題程度を加減しようという意図を見て取れる。なお，教育系科目に限っていえば，男女で出題内容を区別する方法は1903年以降とられなくなり，小学校本科正教員として試される知識量とその幅には男女差はなくなったようである[22]。

　第二に，小学校本科正教員の試験には教育原理・教育史・心理学・論理学を扱う科目が設けられていたが，その他の免許種の試験には教育学と教授法を扱う科目のみが設けられていた。小学校本科正教員以外の免許種で教育史や教育原理の問題が一切出題されなかったわけではない。しかし，実施科目の数は出題できる問題数に影響する。実施科目数が異なった結果，小学校本科正教員の試験には教育史・教育原理も含めた幅広い問題が数多く課され，そのほかの免許種の試験では教育学（特に教育方法の原理）・教授法の問題を中心に課される傾向があった。

表 3-1　1898 (明治 31) 年度実施の鳥取県小学校教員試験検定教育系科目問題一覧

小学校本科正教員	尋常小学校本科正教員	小学校准教員	尋常小学校准教員
教育科（男子）　二時間 (1)「ロック」氏教育思想ノ大要ヲ問フ (2) 注意ナル心状ガ児童ニ於テ成長スル有様ヲ述ベヨ (3) 全称肯定命題ト全称否定命題トノ関係ヲ問フ (4) 教育上児童ノ特性ハ如何ニ取扱フベキカ 教育科（女子）　二時間 (1) 徳川氏時代教育ノ有様ヲ問フ (2) 教育ノ目的ヲ詳論セヨ (3) 知情意ノ発達ヲ説明セヨ (4) 徳育方法ノ大要ヲ説明セヨ			
教授科（男子）　一時三十分間 (1) 五段教授法ニ於ケル予備及掲示（即授与）ヲ説明スベシ (2) 郷土ノ地理及史談ヲ教授スル場合ニ於テ其教授材料ノ選択上及教授方法上ニ於テ注意スベキ要点ヲ問フ (3) 尋常科四学年程ノ児童ヲ一学級ニ編制シタル場合ニ於テ異組結合法ニヨリテ読書科及習字科ヲ教授スル手数組合ハセノ表ヲ示セ 教授科（女子）　一時三十分間 (1) 教授ノ原則ニツキテ知ル所ヲ列記シ簡単ニ説明スベシ (2) 珠算ニ於テ始テ乗法ヲ授クルトキノ方法ヲ問フ (3) 地理科教授ノ要旨及其教授方法ノ大要ヲ説明スベシ	教授原理科（男女）　一時三十分間 (1) 帰納的教授法及演繹的教授法ヲ説明スベシ (2) 教授上感情ヲ利用スル方法ヲ問フ (3) 修身科教授ニ於テ一格言ヲ教授スル手続ヲ説明スベシ	教授科（男女）　一時三十分間 (1) 生徒ノ記憶ヲ鞏固ナラシムル方法ヲ問フ (2) 地理科教授ニ於テ生徒ニ地図ヲ描カシムル必要ヲ説明セヨ (3) 左ノ六文字ヲ学ビタル児童ニ片仮名「リ」ヲ教授スル方法ヲ問フ　イ ハ チ ク ヌ ト	教授科（男女）　一時三十分間 (1) 言語練習ノ必要ヲ問フ (2) 五十音図ハ如何ナル場合ニ如何ニシテ教授スベキカ (3) 習字科教授ニ於テ生徒ノ姿勢執筆ハ如何ニセシムベキカ
管理科（男子）　一時三十分間 (1) 学校管理ノ必要ヲ述ブベシ (2) 単級編制の利害を述ぶべし (3) 教師ノ命令ニ就キ注意スベキ要件ヲ挙グベシ 管理科（女子）　一時三十分間 男子之部と同問題	管理科（男女）　一時三十分間 (1) 学校管理ノ必用ヲ述ブベシ (2) 単級編制ノ利害ヲ述ブベシ (3) 教師ノ命令ニ就テ注意スベキ要件ヲ挙グベシ	管理科（男女）　一時三十分間 (1) 賞罰ノ目的ヲ詳説スベシ (2) 学級トハ何ヲ謂フカ詳ニ説明セヨ (3) 遊戯監護上注意スベキ要件ヲ挙グベシ	管理科（男女）　一時三十分間 (1) 試験ノ目的ヲ詳述スベシ (2) 教授細目ト教授週録トノ関係ヲ述ブベシ (3) 児童ノ訓誨ニ就キテ注意スベキ要件ヲ挙グベシ

〔出典〕『山陰之教育』第 42 号を用いて作成。

表 3-2　1902（明治 35）年実施の鳥取県小学校教員試験検定教育系科目問題一覧

小学校本科正教員 （5月実施分のみ）	尋常小学校本科正教員	小学校准教員	尋常小学校准教員
教育科（教育史，教育の原理）（男）　三時 （1）王陽明の童蒙教育の方法に関する意見を記せ （2）「スペンセル」氏の智育論を説け （3）欲望を善良の方向に導かむには如何なる点に注意すべきか （4）訓育と個性との関係を記せ （5）道徳の情操を説明せよ （6）左の命題の主辞賓辞を指定し，更にその主辞と賓辞との位置を転換し，他の命題を推知せよ　書には信ずるに足らざるものあり （7）左の二命題を前提として断案を作れ　総ての蝙蝠は空を飛ぶ　総ての蝙蝠は獣類なり	教育科（5月実施分）　三時 （1）王朝時代（紀元1370年より1852年）に於ける主なる教育上の事蹟を記せ （2）修身科教授と智，情，意，との関係を述べよ （3）訓育の抑制的方面は何故に必要なるか （4）学齢とは如何なる意義なるか		教育科（5月実施分）　二時 （1）「教授は興味あるべし」といふ教授の原則を説明せよ （2）話し方教授の方法を記せ （3）尋常小学校に於ける日用文（往復文）の文体は如何なるを適当とするか例を挙げて之を説示せよ （4）算術問題の選択につき注意すべき要件を列挙せよ
教育科（教育史，教育の原理）（女）　三時 （1）徳川時代の女子教育を記せ （2）「スペンセル」氏徳育説を述べよ （3）欲望を善良の方向に導かむには如何なる点に注意すべきか （4）訓育と個性との関係を記せ （5）審美的感情を説明し，且養成上注意すべき点を挙よ 教育科（教授法，管理法）二時 （1）教授の目的指示に関して心得べき要件を列挙せよ （2）国語科読み方に於ける談話文の教指方法を記せ （3）歴史科教材の排列方法の種類を挙げ，その得失を論ぜよ （4）児童看護につき注意すべき要件を記せ （5）学級編制は何を以て標準とすべきか，且之に関し法令の規定せる所を記せ	教育科（9月実施分）　三時 （1）所謂社会的教育とは如何なることなるか （2）我が国維新後行はれたる教育学説変遷の概要を説け （3）教授の形式的段階の第三段第四段は何故に必要なるか （4）教授細目調製の法を例示せよ	教育科（9月実施分）　二時 （1）小学校に於ける教授の意義を説明せよ （2）小学校に於ける地理，理科，図画，体操の教授要旨を問ふ （3）高等小学校第二学年程の綴り方教授の模範文を作れ（但し普通文にして文題は任意たるべし）	教育科（9月実施分）　二時 （1）教授の階段と教授の形式との関係を説示せよ （2）読み方教授の提示段を説明せよ （3）算術科教授の準備段は如何にすべきか （4）体操科教授上の注意を記せ

〔出典〕『山陰之教育』第 85・86・89・91 号を用いて作成。

(2) 本科正教員試験の特徴――教育史・心理学・論理学・最近学説・教育方法・学校管理法の出題

　表 3-1・表 3-2 を用いて出題内容に分け入り，1900 年前後の試験問題内容をもう少し詳しく検討すると，次のことがわかる。

　第一に，小学校本科正教員に試された教育史の知識は，1898 年にロックの教育思想と江戸期の教育史との概要，1902 年に王陽明・スペンサーの教育思想と江戸期の女子教育史であった。他の免許種で教育史の知識を問われたのは，1902 年の尋常小学校本科正教員の試験であり，1370 年から 1852 年までの日本の教育史を問われた。教育史の知識は本科正教員の教養，特に小学校本科正教員の必須教養として考えられていたことがわかる。教育史の知識は，本科正教員と准教員とを分ける教養になっていた。

　第二に，小学校本科正教員試験で課された教育原理に関する問題は，心理学や論理学の問題を必ず含んでいた。例えば，1898 年の「注意ナル心状ガ児童ニ於テ成長スル有様ヲ述ベヨ」や，1902 年の「欲望ヲ善良ノ方向ニ導カムニハ如何ナル点ニ注意スベキカ」といった問題である。これらは教育の原理を問う問題だが，基本的には心理の発達を問うものであって心理学の知識に属する。また，1898 年の「全称肯定命題ト全称否定命題トノ関係ヲ問フ」や，1902 年の「左の二命題を前提として断案を作れ」という問題は論理学の問題である。論理学における論法・修辞・説辞の領域は，1880 年代以降，教授術が補助を受けるべき理学 (science) の一つとして心理学と並び位置づけられることがあった[23]。これを踏まえると，論理学関係の問題が教育原理の問題として出題されていたことも理解できる。心理学・論理学の問題は教育系科目でこの後も継続して出題され，例えば後の 1915（大正 4）年 10 月施行の小学校本科正教員の試験でも，「知識と感情との区別如何」や「混合仮言推理の法則如何」という問題が出題された。小学校本科正教員には，教育学・教授法の原理に関わる基礎学問として，心理学・論理学の知識が求められた。

　第三に，教育学説や教育・教授の原理に関しては，1902 年以降，定説だけでなく，最近の学説を問う問題も出題された。1902 年 9 月に尋常小学校本科

正教員の試験で出題された「所謂社会的教育とは如何なることなるか」である。これは，1890年代末頃から最新学説として話題になっていた「社会的教育学」の説明を求める出題であった。これに類する出題は多くはないが，1903年の尋常小学校本科正教員の試験で「教育学とは如何なる科学なるか」，1911年の尋常小学校本科正教員の試験に「教育は現代に於て如何なる資性を有する人を養成せんとするものなるか」が出題された。1915年にも，尋常小学校本科正教員試験で「綴り方の思想制限主義及び自由発表主義とは何ぞや，且つ其の優劣を問ふ」が出題された。小学校本科正教員ではなく，尋常小学校本科正教員にこのような最近学説を問う問題がしばしば出されたことは興味深い事実である。小学校本科正教員の受験者は，おそらく無資格者ではなく有資格者であり，その多くは教職経験の長い正教員免許状の所持者であったであろう。一方，尋常小学校本科正教員の受験者は，師範学校講習科や鳥取県教育会附属講習所（いずれも尋常小学校本科正教員養成のコースがあった）などで学んだ若い学生や，講習受講や読書による独学で免許状上進を目指す准教員免許状の所持者であった。県や出題者は，小学校教員キャリアの終点である小学校本科正教員ではなく，その途中である尋常小学校本科正教員の試験をもって最近学説の学習を求めたのである。それは尋常小学校本科正教員の試験受験者の特性にも合っていたのであろう。

第四に，教育方法・教授法に関して求められた知識は多様であった。1898年には，小学校本科正教員の試験で，児童の特性の取扱いや道徳教育の方法が問われたほか，五段教授法の原理的説明や教授原則，郷土地理・郷土史教授上の教材選択・留意点，複式学級における読書科・習字科の組み合わせ方，珠算における乗法教授法，地理教育の方法が問われた。その他の免許種では，教授法の原理や，格言の教授手続き，地図作成活動の必要，片仮名の教授法，五十音図の活用法，習字教授における姿勢指導が問われた。1902年の小学校本科正教員の試験では，教授法原理とともに，談話文読み方の指導方法や歴史教材の排列方法が問われた。その他の免許種では，教授法原理とともに，地理・理科・図画・体操の教授要旨，綴方の模範文作成，話し方の教授法，日用文の文

体，算術の問題選択法，読み方・算術・体操の教授法について問われた。以上のように，教授法関係の出題は，原理的知識を問う問題だけでなく，日常の授業準備や実施上出会うような教科教授法の具体的・実践的問題も多く，机上の学習だけでは十分対応できそうにない。また，求められる知識について，正教員・准教員の間での差は鮮明ではなかった。教科については，当然ながら，高等小学校を担当する小学校本科正教員と小学校本科准教員に対しては，修身・国語・算術・体操・唱歌ばかりでなく，地理・歴史・理科の問題が課された。なお，図画科や裁縫科，手工科，農業科等実技系科目の問題は専科教員の試験問題にのみみられた。例えば1900年6月実施の小学校専科正教員（裁縫科・家事科）の試験では，「高等科生徒に分解法により綿入服袖口仕立方を教授する方法を詳述すべし」という問題が出た。

　第5に，学校管理法や訓育・訓練法に関する知識も多様であった。1898年には，学校管理や学級編制の原理，訓練・訓育・監護法，賞罰，試験，教授細目・教授週録など学校に備えるべき書類などについて問われた。1902年には，児童看護（監護）の原理や学級編制の原理，法令，学齢の定義，教授細目の調製法について問われた。注目すべき点は，准教員の試験では，1898年には試験科目に管理科があって，管理法の問題が一定数問われたが，1902年には試験科目に管理科がなく，管理法の問題も問われなかったということである。試験科目に管理科があったのは1900年6月実施の試験が最後であり，それ以降は，試験検定問題を通覧しても准教員の試験では管理法が問われていなかった[24]。1900年代において管理法の知識は，主に正教員の知識として求められていたといえる。また逆に言えば，准教員には教授法の知識があればよいという認識が背景にあったと思われる。

　以上のように，教育学的知識に関して，准教員や専科正教員と本科正教員とに求められた知識は異なった。本科正教員においても，小学校本科正教員と尋常小学校本科正教員とに求められた知識も異なった。次節ではさらに，尋常小学校本科正教員に求められた教育学的知識に注目して，より詳しくその内実を明らかにしたい。

2 尋常小学校本科正教員に求めた教育学的知識の背景

(1) 1911年9月実施の尋常小学校本科正教員試験検定問題

　鳥取県教育会の雑誌は，県指定の試験検定受験者向けの参考図書名をしばしば発表した。管見の限り，1909年分の一部（169・170・171号[25]），1911年9月発表分（197号[26]），1912（明治45）年10月発表分（210号[27]）について確認できた。また，試験検定の程度は師範学校や師範講習科の教科用図書に準じており，この形で県教育会雑誌に掲載されることがあった。師範関係の教科用図書は，1900年発表分[28]，1901年発表分[29]，1903年発表分[30]，1905年発表分[31]を確認できた（大正15年分も確認済み[32]）。

　第2章で明らかにしたように，鳥取県は，1893（明治26）年以降，少なくとも1年に1回以上，小学校本科正教員以下すべての免許種の試験検定を行っていた。試験検定の複数回実施は，学級増加にともなう教員不足対策であった。1910年度以降の鳥取県は，准教員・代用教員の学力・指導力不足を認識するとともに，正教員不足を准教員・代用教員で補う政策の限界に直面していた。

　1910（明治43）年以降の直近の試験検定問題のうち現在確認できるものに，1911年9月実施の試験問題がある（表3-3）。鳥取県が直面していた正教員不足を直接解消するためには，まず尋常小学校本科正教員の数を増やす必要がある。

表3-3　1911（明治44）年9月実施の鳥取県小学校教員試験検定教育系科目問題一覧

小学校本科正教員	尋常小学校本科正教員
教育　心理　教育（二時三十分） (1) 教育の目的として見たる知情意三方面の関係如何 (2) 類化作用の本性及び其種類につき説明せよ (3) 三段論法に於て両前提の一つか特称なるときは結論亦特称なることを証明せよ (4) 我が国古代に於ける教育の精神を述べよ (5) 第19世紀に於ける教育の特徴を述べよ	教育科（三時間） (1) 教育は現代に於て如何なる資性を有する人を養成せんとするものなるか (2) 教授の実質的陶冶と形式的陶冶とを説明すべし (3) 個性と訓練との関係を説明せよ (4) 国語科教授材料の種類を分類せよ (5) 就学に関する学校長の事務を述べよ

〔出典〕『因伯教育』第198号を用いて作成。

尋常小学校本科正教員の試験検定は正教員の登竜門であるから，主な受験者として准教員を見込んでいたことは想像に難くない。その試験検定問題は，免許状上進に向けて准教員に学修してほしい内容を指すものと解釈できるから，准教員の学力・指導力不足に対する対策ともいえる。この意味で，1911年9月実施の尋常小学校本科正教員の試験検定問題は注目される。

　1911年9月実施の試験問題は，現在，小学校本科正教員の教育科（心理・教育）と尋常小学校本科正教員の教育科のものだけを確認できる。これによると，尋常小学校本科正教員の試験問題は，小学校本科正教員の試験問題と異なり，教育史・心理学・論理学の知識を問うものではなかった。これらの問題を解くにあたって，鳥取県は参考図書を受験者に示していたが，1911年9月実施の試験検定の参考図書は，試験が行われた月に告示された1911年9月発表のものではなく，1909年7月24日の鳥取県告示第186号に示された「本県小学校教員検定用参考図書」が対応していると考えられる。1909年告示の尋常小学校本科正教員の教育科の試験検定用参考図書は，小平高明『実用教育学要』（1906年）と同『実用教授法要』（1906年），同『実用管理法要』（1907年）であった。また，同年告示の小学校本科正教員の教育科の試験検定用参考図書は，大瀬甚太郎『新編教育学教科書』（1903年），大瀬甚太郎・立柄教俊『新訂心理学教科書』（1902年），小泉又一『近世教育史』（1907年），小泉又一『論理学』（1908年），棚橋源太郎『小学各科教授法』（1902年・1903年訂正）であった。このように，1911年9月実施の試験問題は参考史料を特定できる。

(2) 小平高明『実用教育学要』・『実用教授法要』・『実用管理法要』

　以上の問題意識と参考史料に基づいて，1911年9月実施の尋常小学校本科正教員の試験問題について，それに対応する参考図書を参照しながら検討し，あわせて小学校本科正教員の参考図書を踏まえながらその特徴を分析する。尋常小学校本科正教員の試験検定問題を分析するには，同試験検定の受験者に対して参考にするよう求められた小平高明『実用教育学要』・『実用教授法要』・『実用管理法要』の分析が欠かせない。**表3-4**では，この3書の目次を一覧にした。

表 3-4　1909（明治 42）年告示小学校試験検定（尋常小学校本科正教員）用教育科参考書の目次一覧

小平高明『実用教育学要』（1906 年）	小平高明『実用教授法要』（1906 年）	小平高明『実用管理法要』（1907 年）
第1編　総論 　第1章　教育学とは何ぞや 　第2章　教育学と教育術 　第3章　教育の意義 　第4章　教育の可能 　第5章　教育の必要 　第6章　教育の限界 　第7章　教育の時期 第2編　目的論 　第1章　教育の目的 　第2章　教育の目的と男女の区別 　第3章　教育の目的と時勢 　第4章　教育の目的と土地の状況 第3編　方法論 　第1章　教育の方法の区分 　第2章　養育論 　第3章　訓練論 　第4章　教授論 第4編　教育の場所 　第1章　家庭 　第2章　幼稚園 　第3章　学校	第1編　総論 　第1章　教授の目的 　第2章　教授の材料 　第3章　教授の方法 　第4章　教具の使用法 　第5章　教調 第2編　各論 　第1章　修身科 　第2章　国語科 　第3章　算術科 　第4章　日本歴史科 　第5章　地理科 　第6章　理科 　第7章　図画科 　第8章　唱歌科 　第9章　体操科 　第10章　裁縫科 　第11章　手工科 　第12章　農業科 　第13章　商業科 　第14章　英語科 附録　小学校教則（明治 40年 3 月 25 日改正）	第1編　緒論 　第1章　学校管理の目的 　第2章　行政機関 　第3章　教育行政機関 　第4章　教育制度 第2編　本論 　第1章　小学校の本旨及種類 　第2章　設置 　第3章　教科 　第4章　学級編制 　第5章　補習科 　第6章　設備 　第7章　学校衛生 　第8章　就学 　第9章　職員 附録　学校伝染病予防及消毒方法

〔出典〕当該書によって作成。

　表 3-4 によると，小平『実用教育学要』は，まず，教育学と教育概念の定義を行い，教育の目的，方法，場所を論じた。同『実用教授法要』は，まず教授の目的・材料・方法と教具の使用法，教調（教授する際の教師の態度）の原理を総論し，次いで小学校 14 教科の教授法の概要を論じた。同『実用管理法要』は，学校管理の目的と教育行政・制度の概要をおさえ，小学校の管理的事務に関する制度を論じた。おおよそ，教育学の位置づけを明確にした上で教育・教授の原理と教育制度の概要をおさえ，高等・尋常小学校の教科教授と学校事務を理解できるようなシンプルな構成であった。

筆者の小平高明は，1876（明治9）年に長野県更級郡上山田村に生まれ，1897（明治30）年に長野県師範学校を卒業した。更級郡信田尋常小学校訓導を務めた後，1899（明治32）年4月に高等師範学校（以下，「東京高師」）に入学，1903（明治36）年3月に東京高師本科第二学部を卒業して地理科・歴史科教員の免許を得て熊本県師範学校教諭兼訓導となった。1905（明治38）年末に佐賀県師範学校教諭となり，翌年同校附属小学校主事を務めた。1909（明治42）年に秋田県師範学校・秋田県女子師範学校教諭および県師範学校附属小学校主事を務めた後，同年8月から秋田市明徳尋常高等小学校訓導兼校長となった。1910（明治43）年には秋田県立大舘中学校長となり，新発田中学校長，青森県女子師範学校長，青森高等女学校長，新潟中学校長，高松中学校長を経て，1920（大正9）年に宮城県仙台第一中学校長に就いて1942（昭和17）年まで同職を務め続けた。1903年5月からたびたび小学校教員検定委員会臨時委員を務め，1906（明治39）年には同委員会常任委員，1907（明治40）年からは小学校教員講習会教育科講師をたびたび務めた。1905年には『実用心理学要』を出版したことを皮切りに，教員検定試験用参考書や教授法関係の書籍を立て続けに出版して，多数の著書がある。

　表3-4にまとめた3書については，東京高師卒業後の数年間に熊本県や佐賀県の小学校教員検定臨時・常任委員を務めながらまとめたものであった。試験検定問題の作成にあたって小平が研究を重ねた結果とみられる。高師で学んだ教育学との関係や違いは生じただろうか。小平が東京高師在学時に教育科を担当していたのは，大瀬甚太郎と波多野貞之助，本荘太一郎であった。小平の教育学書を分析するには，東京高師の教育学，特にその中心にあった大瀬の学説を意識する必要があるだろう。

(3) 教育実践経験の帰納的研究としての教育学——大瀬教育学との相違点

　小平は，教育学をどのような学問として認識していたか。小平は，教育学を経験科学としながら，他の哲学・科学の真理を引用演繹するだけでなく，経験的事実に理論的推究を加えた学とした。また，「人を教へ育つるに当り，依ら

ざるべからざる法則を研究する学問」として，次のように他の学問との関係を踏まえてその対象について述べた[37]。人を教え育てる目標を考えるのが教育の目的である。その目的を知るには人生の目的をわきまえるが，人は必ず国家の臣民，社会の一員として一定の土地，一定の時代に生活するものである。教育の目的は，「善良の人物」として他人に尊重され，社会の進歩に貢献して国家の進運を助ける「理想的人間」である。このような教育目的の研究は，単に人生の目的・本務を明らかにする倫理学だけでは足りない。また，教育の目的を達する手段は，教育の方法である。心意作用の法則を示す心理学と，身体の解剖生理を説く生理学に基づきながら，実地に児童を取扱って善良の結果を生じた経験を集めて正しい方法を見出さなければならない。教育の目的と方法が定まれば，これをいかなる場所で行うのが最もよい結果を生じるかを研究しなければならない。教育の場所の研究は，歴史的研究と外国の教育制度の比較研究が必要である。教育学は，以上のような教育の目的と方法，場所の三つを研究する学問である。小平は以上のように述べた。

　小平は，教育目的研究と教育方法研究を分けて，教育目的を特定の時代・国家・社会の生活を踏まえて一般的・普遍的な倫理学の限界を示し，教育方法を心理学と生理学に基づき実践の経験結果を集めて研究することを求めていた。これは，1900年代の教育学説の典型であり，1900年代初頭の大瀬甚太郎の教育学説に近い[38]。ただし，大瀬は1901年以降，教育方法研究を単に心理学・生理学の応用的研究とする考え方に反対し，教育の実際の経験を実験的に研究していくことで，教育学が心理学・生理学から自立した科学になるべきことを説いていた。このことを踏まえると，小平の教育学説は，教育経験の帰納的研究に注目するものの，そこから見出すべき心理学・生理学と区別されるべき教育学の科学的独自性を十分に認識していない。

　また，小平は，個性の相違に着眼して教育学（教育の理論）を「変通妙用」するものを教育術とし，人生（人性）の共通点を基礎として先人の実地経験と学術研究を集成したものを教育の理論とした[39]。それゆえに，教育学に通じるときは自己の経験不足を補い，正しく経験をなすための指導を得ることができると

考え，教育学の研究を軽んじてはならないと述べた。このような教育学（理論）と教育術との関係論についても，大瀬の論と比べると重大な違いが見出せる。大瀬は，理論が個人の経験を補うことを認めつつも，しばしば極端や誤謬に陥ることを指摘して「其ノ実施ノ運用ヲ考ヘ，実験上ヨリ其ノ誤謬ヲ正スニ由リテ，始メテ之ヲ精美ナラシメ得ルモノナリ」と主張した。小平は教育理論について教育術を指導するものとして両者を一方的な関係で結んだが，大瀬は教育理論を実地に教育術を運用する中で見直すべきものとして両者を相互的な関係で結んだ。小平にとっての実地は理論を適用する場にすぎないが，大瀬にとっての実地は理論を反省する場でもあった。先述の応用心理学・応用生理学的な帰納的研究としての小平の教育学説の限界は，この教育術や実地の研究的位置づけから生じている。

　ここまでにみてきたように，教育学史を踏まえると大瀬と小平の差は大きい。そして，鳥取県の試験検定制度は，小学校本科正教員には大瀬から学ぶことを求め，尋常小学校本科正教員には小平から学ぶことを求めた。県や出題者は，意識的・無意識的いずれかは不明だが，尋常小学校本科正教員に対しては小平から教育学を学ぶように勧め，心理学・生理学を応用して教育経験を帰納的に研究する必要性を理解するように求めたことになる。このことは，教育学の科学化，特に心理学・生理学からの自立や，理論と技術の相互的関係による批判的研究の深まりの契機を捨象していたことを意味する。

3　尋常小学校本科正教員に求めた教育学的知識の意味するところ

　さて，1911年9月実施の尋常小学校本科正教員の教育科試験問題は全部で5問あった。これらは，教育原理1問（1），教授原理1問（2），訓練原理1問（3），教授法各論1問（4），管理法各論1問（5）に分類できる。以下，各問題がどのような教育学的知識を求めていたのか，主な参考書として指定されていた小平の3書に基づいて分析する。

(1) 日露戦後の教育目的としての国民育成の課題

　第1問の「教育は現代に於て如何なる資性を有する人を養成せんとするものなるか」については，おそらく小平『実用教育学要』の第2編第3章を主に参照して論じるべき問いだろう。ここで小平は，現代を「膨張時代」と捉え，次のように現代の教育を展望していた[41]。すなわち，現代においては国家が生存・発達するために膨張するため，各国は自国の独立と国民の繁栄を計り，世界の至るところで軍備・政治・商工業の競争を生じさせ，国際上・実業上の団結を生じさせる。現代の教育は，このような国際的・実業的な膨張・競争・団結のなかで国家自衛のために施し，進取活動の勇気を持って独立自尊の念を保ち，よく大勢の人と団結する公共心・遵法心の発達した国民の品性を育てなければならない。そのほか，時宜に適して国富の増進に務め，実業に関する理学を重んじ，勤倹尚武の元気を養って士気を振興し，審美心を養成して趣味の堕落を防ぐことも必要である。今の教育は，国運や経済・風教などの関係から時勢の変化にともなってその目的内容を多少変動する必要があり，その斟酌は教育者の「活眼と手練」にゆだねるしかない。小平は，以上のように「現代」の教育目的を見ていた。

　小平は，日露戦後の教育が養成すべき人間像として，激しい国際競争の中で国家の独立を保つために，自立して進取・活動し，公共と遵法の精神に基づいて団結することなどを描いていた。日露戦後の帝国主義的状況の中で，主体的・積極的に国益にかなう実業的・科学的・文化的活動などに取り組める資質をもった国民を育てることを想定していたとみてよいだろう。

(2) 教育的教授論と教材解釈・整理の方法

　第2問は「教授の実質的陶冶と形式的陶冶とを説明すべし」であった。これはおそらく小平『実用教育学要』の第3編第4章の第1節か，同『実用教授法要』の第1編第1章を踏まえて解答することが想定されたものと思われる。小平は，教授を「知識技能の伝達作用」かつ「有益なる知能を与ふると共に，之を以て心力を発達せしめんとするもの」と定義し，教授の実質的陶冶を「児童

が他日社会に立ちて働くが上に有用なる知識技能を知らしめ，之を記憶せしむるもの」とし，形式的陶冶を「考へる働き，応用の力，並に情，意を養はんことを主とし，特更に多くの事柄を教ふるを欲せず，寧，材料を自由に取扱ひ得る伎俩を養はんとするもの」と定義した。そして，教授によって知識技能を伝達するのは，「児童が将来個人として，はた又社会の一員として生活するが上に有用なる知識を与へて，その知能の材料を豊にすると共に児童の心意作用を錬磨して，応用活達の能を得しめんとする」ためであり，実質的陶冶と形式的陶冶とは互いに偏重なく，あいまってはじめて教授の目的を達することができると述べた。これはまさにヘルバルト派の教育的教授論であった。

　第4問は「国語科教授材料の種類を分類せよ」であった。これが，小平『実用教授法要』第2編第2章を想定とした問いだとすると，次のような内容を想定していたことがわかる。小平は，国語教授の材料を言語・文字・文章とし，これを形式的方面と実質的方面とで分類して，形式的材料として発音・言語・文字・文章・語法・文法，実質的材料として言語・文字および文章に含まれる修身・文学・法制・経済・歴史・地理・理科・農業・商業・工業等の知識があると述べた。語法や文法などを形式的材料とするのは，例えば，他人の言語・文字・文章を誤りなく理解して，その思想を理解するには言語の書き方と文字・文章の読み方を知らなければならないという考えからであった。また，実質的材料については，知識習得だけでなく，徳性涵養・趣味養成の意義もあることが指摘されている。小平の国語科教材の分類法は，実質陶冶・形式陶冶を軸として教材を分類しながらも，実質・形式の両面の意義を認めるものであった。第4問は，国語科における教育的教授を実現させるために，その教材をどう解釈・整理するかという問いであったとみられる。

(3) 個性に留意した意志訓練の方法

　第3問は「個性と訓練との関係を説明せよ」である。これは，小平『実用教育学要』の第3編第3章「訓練論」のうち，第3項「看護」，第4項「遊戯」，第5項「作業」を主に参照して解答することが想定されたと思われる。小平は，

看護を監視と観察とに分け,「命令,模範の実行如何を監視することにて,[略]不適当なる行為を見ば,直に之を矯正」することや,「児童の気風,行為の方向を観察し,教育作用をして児童心身の発達に伴はしめんが為」に観察することを主張した。そして,看護は「児童の特性,その長短の個所を発見して,直接手を下すべき点を求め得る」ものであり,「独立自活の人」を育てる訓練に欠かせない。児童に圧迫干渉を感じさせず,漸次監視を減らして独立独行の習慣を養っていくべきだと主張した。

また,小平は,遊戯について,養育上の意義(血液の循環,筋肉・動作の発達,発声・感覚器官の練習,休息)や,知育上の意義(自然物との接触機会,観察力養成,知覚・想像・思考の発達)について述べた上で,遊戯を「自発活動を盛になすべき意志の直接陶冶」としてその訓練上の意義を重視した。特に個性との関係でいえば,「児童の個人性は遊戯に於て有の儘に発現するものなれば,教育者が児童の個人性を充分に観察する機会多く,これに従て教育作用を施し得る利便あり」と述べた。

さらに,小平は,結果をかえりみずに活動そのものを目的とする遊戯と異なり,活動と結果の両方を目的とする作業をあげ,その訓練上の意義を強調した。作業については,成功体験による意志の成長などの意義とともに,「個人性観察の便」を指摘した。また,教室内の掃除整頓などの作業は,教育者が自らその模範を示しながら必要な助力を加えて遂行させるが,作業のしやすさ難しさは個性によって異なるので,自由活動の余地を与えて干渉にすぎず,成功を称賛して結果の価値を自覚させてさらに奮励させることが重要であると述べた。

以上のように,小平は,看護・遊戯・作業における個性の観察発見や,遊戯における個性の発揮について,意志発達を目指す訓練論の中で論じた。第3問は,監視や圧迫干渉に流れがちな集団活動や教科外活動を個性の観点から見直し,遊戯や作業の中で児童の個性や自発性を観察・発揮させて,その独立・自活の意志を育てることを問題にしていたことがわかる。

(4) 尋常小学校の事務に関する法的知識

　第5問は,「就学に関する学校長の事務を述べよ」であった。小平『実用管理法要』の第2編第8章を想定した問いであろう。『実用管理法要』第2編の内容はほぼ小学校令・同施行規則の解説といってもよいが，ここでは，尋常小学校長に限ってその就学事務上の役割が次のように述べられた[50]。尋常小学校長は，所定の様式によって学年始めに入学児童の学籍簿を編成し，必要に応じて加除訂正する。また，在学児童の出席簿をつくり，市町村長通知の入学児童に入学しないものがある時はその氏名を市町村長に報告して，正当な事由なく7日間欠席したときはその出席を督促し，なお7日以上欠席したときは市町村長に報告するなどについて述べられた。すなわち，第5問は，小学校令・同施行規則に基づいて尋常小学校長の役割が整理できているかを試す問題といえる。尋常小学校本科正教員は尋常小学校の校長や主席訓導になる可能性があるので，教育学や教授・訓練上の知識だけでなく学校事務にも熟知していなければならなかったのであろう。

(5) 試験検定制度が尋常小学校本科正教員に求めた教育学的知識

　以上のように，1911年9月に鳥取県で実施された尋常小学校本科正教員の試験問題やその参考図書を分析して，そこで求められた教育学的知識・教職教養を明らかにしてきた。そこで明らかになったことについて，尋常小学校本科正教員に求められた教育学的知識を中心に図示したものが図3-1である。

　尋常小学校本科正教員には，他免許種同様に教育・教授・訓練原理（教育史

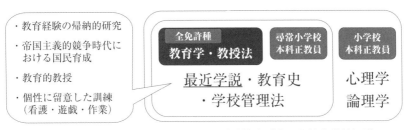

図3-1　明治末期鳥取県の小学校教員試験検定が求めた教育学的知識

含む）や学校管理法の知識を求められる一方で，小学校本科正教員とは異なって心理学・論理学を求められない代わりに教育に関する最近学説の知識を求められた。さらに詳しく見ると，当時の尋常小学校本科正教員は，心理学・生理学を応用した教育経験の帰納的研究が推奨され，日露戦後の帝国主義的状況の中で国益のために競争・団結できる国民を育てるための教育理論と技術の理解を進め，小学校令・同施行規則に基づく尋常小学校長としての事務に熟知することが求められた。また，その教育理論・技術の内実は，教育的教授とその教材解釈，そして集団に適応させるだけでなく個性を見出しかつ生かす訓練についてであった。

おわりに

　本章は，明治末期の鳥取県において小学校正教員に対して求められた教育学的知識の内実とその意味するところについて明らかにしてきた。本章を通して明らかになったことを整理すると次の通りである。

　第一に，明治末期の鳥取県が試験検定問題を通して求めた教育学的知識は，当時の県が直面していた小学校教員の学力・指導力不足という課題に対応するものであった。鳥取県の試験検定制度は，全免許種に対して教育学・教授法の知識を求めた。特に，本科正教員に対しては教育史や学校管理法の知識を求め，小学校本科正教員にはさらに心理学・論理学の知識を求めた。各教科は別として，教育学系科目についてみれば，当初は男女で異なって課されていたが，1903年以降，男女共通で科目が課されるようになった事実も注目される。兵庫県と比較すると，鳥取県では小学校本科正教員の検定試験で女性受験者にも心理学を課した点が異なる。

　第二に，明治末期の鳥取県が尋常小学校本科正教員に求めた教育学的知識について，その詳しい内実が明らかになった。正教員の登竜門的位置にあった尋常小学校本科正教員に対して，教育史や学校管理法の知識を求めた点は兵庫県と同じだが，鳥取県では教育学の最近学説に対する理解を求めていたことが明

らかになった。具体的には，日常的な教育経験の帰納的研究や，日露戦後の帝国主義的競争の中で団結して生き残っていく国民の育成，知識伝達と徳性涵養・趣味養成を同時に果たす教育的教授，集団適応や権威主義的な適応だけでなく個性に留意した意志訓練，尋常小学校長の事務といった職務を遂行するための教職教養を求めた。

　第三に，小学校本科正教員と尋常小学校本科正教員とに対して，それぞれに異質な教育学の科学的研究が奨励された。兵庫県同様，鳥取県の試験検定にも大瀬教育学の影響が認められた。しかし，小学校本科正教員の試験検定では大瀬教育学を直接学習することが求められたのに対して，尋常小学校本科正教員の試験検定では小平の著作を介して学習することになったため，尋常小学校本科正教員に対する大瀬教育学の影響は限定的であった。教育学の科学化について大瀬の目指した方向性（他の科学に対して独立した理論研究と実地研究の往還）と小平の把握していた方向性（心理学・生理学の応用としての理論研究とその適用としての帰納的研究）とは全く異質であった。これは，1900年代前半に大きく変動した大瀬の教育学研究と，現場で繰り広げられていた教員による教育研究や教員検定準備の学修との間に生じたズレともいえる。このズレには，小学校本科正教員と尋常小学校本科正教員の間に，教育学の科学的研究をめぐる方向性の違いを生み出しかねない重大な問題が含まれているとも考えられる。小学校本科正教員と尋常小学校本科正教員に求められた教育学的知識の違いが教師の教育研究の歴史に何をもたらしたか。今後の重要な研究課題である。

〈注〉
1) 山本朗登「明治期兵庫県における小学校教員検定『教育科』試験に関する一考察——標準図書からみる出題分野」『山口芸術短期大学研究紀要』第49巻，2017年，79-87頁。
2) 山本朗登「明治30年代兵庫県における小学校教員検定試験『教育科』の分析」『山口芸術短期大学研究紀要』第51巻，2019年，169-182頁。
3) 「乙種検定試験ノ成績」『因伯教育月報』第24号，因伯教育社，1893年4月，33-38頁。「乙種検定試験問題（前号ノ続）」『因伯教育月報』第25号，因伯教育社，1893年5月，18-21頁。

4)「乙種検定試験問題（承前）」『山陰之教育』第19号，私立鳥取県教育会事務所，1896年12月，37-39頁。「乙種検定試験問題」『山陰之教育』第21号，1897年2月，27-29頁。第19号の記事名に「承前」とある。18号・20号にも掲載された可能性があるが『山陰之教育』第18・20号は現在のところ未発見である（第17号には試験問題は掲載されていない）。

5)「明治三十年度乙種検定試験問題」『山陰之教育』第30号，1897年11月，34-41頁。「明治三十年度乙種検定試験問題（前号の続）」『山陰之教育』第31号，1897年12月，31-41頁。

6)「乙種検定試験問題」『山陰之教育』第42号，1898年11月，26-50頁。

7)「乙種検定試験問題」『山陰之教育』第53号，1899年10月，附録（全22頁）。

8)「乙種検定試験問題」『山陰之教育』第62号，1900年7月，28-33頁。「乙種検定試験問題」『山陰之教育』第64号，1900年9月，28-34頁。

9)「小学校検定試験問題」『山陰之教育』第74号，1901年7月，18-23頁。「小学校教員検定試験問題」『山陰之教育』第75号，1901年8月，33-36頁。「小学校教員検定試験問題」『山陰之教育』第77号，1901年10月，25-30頁。

10)「明治三十四年九月施行小学校教員検定試験問題」『山陰之教育』第78号，1901年11月，20-27頁。

11)「五月施行小学校教員検定試験問題」『山陰之教育』第85号，1902年6月，14-15頁。

12)「本年九月施行検定試験問題」『鳥取県教育雑誌』第89号，私立鳥取県教育会事務所，1902年10月，20-24頁。「小学校教員試験問題」『鳥取県教育雑誌』第91号，1902年12月，27-30頁。『鳥取県教育雑誌』第90号は未発見。

13)「教員検定試験問題」『鳥取県教育雑誌』第97号，1903年6月，34-38頁。「教員検定試験問題」『鳥取県教育雑誌』第98号，1903年7月，35-41頁。

14)「教員検定試験問題」『鳥取県教育雑誌』第101号，1903年10月，26-30頁。「本県小学校教員試験問題」『鳥取県教育雑誌』第102号，1903年11月，32-36頁。「小学校教員試験問題」『鳥取県教育雑誌』第103号，1903年12月，37-41頁。

15)「小学校教員検定試験問題」『鳥取県教育雑誌』第109号，1904年6月，29-32頁。「小学校教員検定試験問題」『鳥取県教育雑誌』第110号，1904年7月，26-31頁。「本県小学校教員試験問題」『鳥取県教育雑誌』第111号，1904年8月，17-20頁。

16)「本県小学校教員検定試験問題」『鳥取県教育雑誌』第115号，1904年12月，27-30頁。「小学校教員検定試験問題」『鳥取県教育雑誌』第117号，1905年2月，35-39頁。

17)「試験問題」『因伯教育』第158号，私立鳥取県教育会事務所，1908年7月，21-31頁。

18)「尋常小学校本科正教員検定試験問題（明治四十四年九月施行の分）」「小学校本科正教員検定試験問題（明治四十四年九月施行の分）」『因伯教育』第198号，

1911 年 10 月，41-48 頁。

19)「大正四年十月施行教員検定試験問題（其の一）」『因伯教育』第 250 号，1916 年 1 月，73-77 頁。「其の二」は第 253 号に掲載されたらしいが，鳥取県立図書館所蔵の第 253 号には掲載されておらず，取り外された形跡のある 61 頁以降に掲載されていた可能性はある。

20)「大正六年九月施行小学校教員検定試験問題」『因伯教育』第 275 号，1917 年 11 月，48-52 頁。「大正六年九月施行小学校教員検定試験問題（二）」『因伯教育』第 277 号，1918 年 1 月，53-55 頁。「大正六年九月施行小学校教員検定試験問題（三）」『因伯教育』第 281 号，1918 年 4 月，23-24 頁。

21)「大正八年一月施行小学校教員検定試験問題」『因伯教育』第 295 号，1919 年 4 月，45-49 頁。「大正八年一月施行小学校教員検定試験問題」『因伯教育』第 296 号，1919 年 5 月，27-28 頁。

22) 当時，女性が首座教員や校長などの管理職に就くことはほとんどなかったので，もちろん教員社会で男女平等が重視されたわけではない。しかし，明治末年以降，女性教員の質向上が問題になってきたことを考えると，ここで確認した事実は重要である。女性に求める教員の資質能力が低いことが当然視されている社会では，女性教員の質は問題になりにくい。そのため，1903 年以降，試験検定の出題傾向として本科正教員としての知識量とその幅を男女共通に判断するようになってきた傾向があったからこそ，女性教員の質が問題になったとも考えられる。

23) 白石崇人「『研究』の事業化における西村貞の理学観」・「研究組合の成立—教育方法改良への高等師範学校教員の動員」『明治期大日本教育会・帝国教育会の教員改良——資質向上への指導的教員の動員——』溪水社，2017 年，463-464・487-488 頁。

24) ただし，1917（大正 6）年 9 月実施の尋常小学校本科准教員の試験（教育科）では，出題された全 2 問が管理法に関する出題であった（「児童身体養護上注意を要すべき事項を問ふ」「訓練上学校の任務如何」）。1915（大正 4）年 10 月実施の尋常小学校本科准教員の試験では管理法の問題は出題されていなかったため，1915～1917 年の間に何か方針転換があったのではないか。

25)「本県小学校教員試験検定用参考図書」『因伯教育』第 170 号，1909 年 7 月，8-10 頁。なお，鳥取県立図書館所蔵の『因伯教育』第 169 号・171 号は，参考図書一覧を示したはずのページを取り除かれており，現在確認できない。

26)「試験検定用参考書」『因伯教育』第 197 号，1911 年 9 月，38-40 頁。

27)「本県小学校教員試験検定参考図書」『因伯教育』第 210 号，1912 年 10 月，47-49 頁。

28)「本県師範学校に於ける講習科」『山陰之教育』第 58 号，1900 年 3 月，31 頁。

29)「本県師範学校教科書一覧（小学校教員検定受験者参考）」『山陰之教育』第 72 号，1901 年 5 月，17-22 頁。

30)「本県師範学校教科用図書一覧」『鳥取県教育雑誌』第 95 号，1903 年 4 月，31-35 頁。
31)「鳥取県師範学校教科用図書（現行）」『鳥取県教育雑誌』第 117 号，1905 年 2 月，28-32 頁。
32)「教員検定受験者のために」『因伯教育』第 380 号，1926 年 4 月，80-85 頁。
33)「鳥取県告示第百八十六号」『明治四十一年分鳥取県告示』鳥取県八頭郡智頭村役場，鳥取県立公文書館蔵。
34)「質問応答」『因伯教育』第 170 号，1909 年 7 月，9 頁。なお，小学校准教員の教育科参考図書は立柄教俊『小学校令準拠実用教授法』であった（同 8 頁）。1911 年 9 月告示の分も，尋常小学校本科正教員対象の参考図書は，1909 年と同じく小平の 3 書であった。
35) 小平高明先生還暦祝賀会・宮城県仙台第一中学校学友会（佐藤糺）編『小平高明先生還暦祝賀紀念号』宮城県仙台第一中学校，1937 年，1-7 頁。
36) 小平高明『実用教育学要』大野書店，1906 年，序言。
37) 小平高明『実用教育学要』，1-3 頁。
38) 大瀬の教育学観については例えば，白石崇人「明治 30 年代半ばにおける教師の教育研究の位置づけ――大瀬甚太郎の「科学としての教育学」論と教育学術研究会の活動に注目して」教育史学会編『日本の教育史学』第 60 集，2017 年 10 月，19-31 頁参照。
39) 小平高明『実用教育学要』，4-7 頁。
40) 大瀬甚太郎『新編教育学教科書』金港堂，1903 年，24 頁。
41) 小平高明『実用教育学要』，30-31 頁。
42) 小平高明『実用教育学要』，94-95 頁。
43) 小平高明『実用教授法要』大野書店，1907 年，2 頁。
44) 小平高明『実用教授法要』，41-48 頁。
45) 小平高明『実用教育学要』，67-69 頁。
46) 小平高明『実用教育学要』，41-42 頁。
47) 小平高明『実用教育学要』，71 頁。
48) 小平高明『実用教育学要』，71-76 頁。
49) 小平高明『実用教育学要』，76-80 頁。
50) 小平高明『実用管理法要』，大野書店，1907 年。

第4章
「小学校教員無試験検定認定校」制度とは
―― 中等教員検定制度との比較を中心として ――

井上 惠美子

はじめに

　近代日本の教員検定制度に関する研究は，まず師範学校，中学校，高等女学校の教員免許状（以下，中等教員免許状と略記する）の取得ルートである試験検定，ついで無試験検定に関して目覚ましく進展し[1]，その後も多くの研究成果が発表されている。続いて，小学校の教員（以下，初等教員と称する）[2]の正規の養成機関である師範学校・女子師範学校以外の，いわゆる非師範系の教員免許状取得制度に関する研究も近年ようやく蓄積されるようになった。

　後者の研究の一環である筆者等による科研費共同研究において，「小学校教員無試験検定認定校」（以下，「認定校」と略記する）を析出した。この「認定校」は，中等教員無試験検定制度における指定学校・許可学校に類似した，学校単位で無試験検定によって初等教員免許状が授与される制度であるとはいえ，異なる点も散見される。

　本章の目的は，筆者が今まで蓄積してきた「認定校」に関する論考[3]を再吟味しながら，中等教員免許状制度と比較することによって，「認定校」を中心とした非師範系の初等教員免許状制度の特徴を明らかにするとともに，残された課題について確認することである。その際，「認定校」が「学校単位」であるため，「学校単位」での検定制度を中心に分析する。

　中等教員の場合も初等教員の場合も，正規の養成機関の卒業者は，検定を要せずに教員免許状が取得できる。中等教員の場合は，高等師範学校・女子高等師範学校と，同校等に設置された臨時教員養成所，そして文理科大学，東京音

楽学校・東京美術学校等が該当し，初等教員では師範学校・女子師範学校が該当する[4]。

それ以外の人が教員免許状を取得するには教員検定制度を利用しなければならない。教員検定には試験検定と無試験検定があり，試験検定は，中等教員では文部省が，初等教員では道府県が実施し，個人が検定試験を受験し，合格すれば教員免許状を取得できる制度である。まずは試験検定について述べる。

1　試験検定

(1) 定期的試験検定受験資格の例外を学校単位で認めた中等教員

試験検定制度においては，中等教員の場合は毎年定期的に実施される検定試験しか存在しないものの，その受験資格に関して例外を認める制度があった点に特徴がある。しかも，「試験検定は……個人が検定試験を受験し，合格すれば教員免許状を取得できる制度である」と前述したものの，この例外を認める制度は「学校単位」のものである。

1907（明治40）年の文部省令第13号「教員検定ニ関スル規程中改正」によって，試験検定の受験資格に学歴に関する条件がはじめて設けられ，中学校・高等女学校・「専門学校入学者検定規程第八条第一号ニ依リ専門学校入学ニ関シ指定セラレタル者」（以下，専検指定校と略記する）の卒業者等でないと中等教員検定試験を受験できなくなる。その救済措置として，2種類の例外的な受験資格が設けられる[5]。

一つは，「中等教員検定受験資格認定学校」[6]であり，1908（明治41）年の文部省令第32号「教員検定ニ関スル規程」によって，数学科，物理及化学科，博物科，裁縫科，手芸科に限定して[7]，中学校・高等女学校卒業等の受験資格がなくても試験検定の受験が認められることになる。この例外規定に期限はなく，1936（昭和11）年までに裁縫が13校（内3校が手芸も），数学・物理・化学が2校の計15校が認定されている（表4-1）。

もう一つは，「中等教員試験検定受験者資格指定学校」[8]であり，特定の各種

表 4-1　中等教員検定受験資格認定学校一覧

認定された期日	道府県	学校及学科	認定学科目
1909年4月17日 文部省告示135号	東京府	私立共立女子職業学校（甲科） 　　　　　　　　　　　（乙科）	裁縫・手芸 裁縫
1909年4月17日 文部省告示136号	東京府	私立東京裁縫女学校	裁縫
1909年5月1日 文部省告示148号	東京府	私立東京物理学校師範部	数学・物理・化学
1909年9月21日 文部省告示244号	東京府	私立和洋裁縫女学校裁縫教員養成科	裁縫
1913年5月26日 文部省告示136号	東京府	私立戸板裁縫学校教員養成科	裁縫
1918年3月27日 文部省告示90号	東京府	私立青山女学院手芸部裁縫専修科 　　　　　　　　手芸部刺繍専修科	裁縫 手芸
1918年3月27日 文部省告示91号	東京府	私立女子美術学校裁縫普通師範科	裁縫・手芸
1918年4月10日 文部省告示127号	愛知県	私立中京裁縫女学校師範科	裁縫
1918年4月23日 文部省告示144号	京都府	財団法人私立京都高等手芸女学校師範科	裁縫
1919年6月10日 文部省告示172号	青森県	私立弘前女学校附属実科	裁縫
1921年4月26日 文部省告示336号	福岡県	私立若松高等裁縫女学校	裁縫
1922年1月16日 文部省告示10号	岡山県	私立佐藤和洋裁縫学校教員養成部	裁縫
1924年3月20日 文部省告示142号	愛知県	私立安城女子職業学校裁縫師範科	裁縫
1926年7月3日 文部省告示10号	静岡県	静岡和洋裁縫女学校師範科	裁縫
1936年4月2日 文部省告示第149号	東京府	財団法人協調会東京工業専修学校高等工業部予科・機械科・電気科・建築科・応用化学科	数学及理科ノ内物理，化学

学校に限って，遅くとも1912（明治45）年3月までの卒業者で，1915（大正4）年3月まで受験可能という期間限定の受験資格である（1910年の文部省令第32号「教員検定ニ関スル規程中改正」附則）。これはさらに2種類に分かれ，「中等教員検定受験資格認定学校」と同等の学校と指定されたものは数学・物理・化

表 4-2　中等教員検定受験資格認定学校と同等の中等教員試験検定受験者資格指定学校一覧

	道府県	学　　校	要　　件	受験学科目
1911 年 4 月 20 日 文部省告示 151 号	東京府	私立東京物理学校	1896 年 2 月ヨリ 1912 年 3 月マテニ卒業シタル者ニ限ル	数学・物理及化学
	東京府	私立東京裁縫女学校	1906 年 4 月ヨリ 1908 年 3 月マテニ師範科ヲ卒業シタル者ニ限ル	裁縫
	東京府	私立共立女子職業学校	1888 年 3 月ヨリ 1912 年 3 月マテニ甲科本科乙科本科ヲ卒業シタル者及 1899 年 3 月ヨリ 1903 年 3 月マテニ裁縫教員養成科ヲ卒業シタル者ニ限ル	裁縫・手芸
	東京府	私立和洋裁縫女学校	1904 年 1 月ヨリ 1910 年 3 月マテニ小学校専科正教員若ハ小学校本科准教員免許状ヲ有シ又ハ高等女学校第二学年以上ヲ修了シ和洋服裁縫試験予備科ヲ卒業シタル者並高等小学校（修業年限旧制 4 箇年現制 2 箇年）ヲ卒業シ和服裁縫速成科第一部（旧乙科）及洋服裁縫研究科若ハ洋服裁縫簡易科ヲ卒業シタル者又ハ和服裁縫速成科第二部（旧甲科）及洋服裁縫研究科若ハ洋服裁縫簡易科ヲ卒業シタル者ニ限ル	裁縫
	北海道	札幌区立女子職業学校	1909 年 3 月ヨリ 1912 年 3 月マテニ本科ヲ卒業シタル者ニ限ル	裁縫・手芸
	三重県	宇治山田市立淑徳女学校	1906 年 3 月ヨリ 1912 年 3 月マテニ本科ヲ卒業シタル者ニ限ル	裁縫・手芸
	石川県	金沢市立女子職業学校	1908 年 3 月ヨリ 1912 年 3 月マテニ本科ヲ卒業シタル者ニ限ル	裁縫・手芸
	岡山県	浅口郡玉島町立玉島女学校	1908 年 3 月ヨリ 1912 年 3 月マテニ技芸専修科ヲ卒業シタル者ニ限ル	裁縫・手芸
	岡山県	小田郡笠岡町立笠岡女学校	1906 年 3 月ヨリ 1912 年 3 月マテニ本科又ハ専修科ヲ卒業シタル者ニ限ル	裁縫・手芸
	岡山県	私立高梁順正女学校	1909 年 3 月ヨリ 1910 年 3 月マテニ選科ヲ卒業シタル者ニ限ル	裁縫
	広島県	私立広島女学校	1902 年 3 月ヨリ 1912 年 3 月マテニ技芸専修科ヲ卒業シタル者ニ限ル	裁縫・手芸
	高知県	幡多郡立実業女学校	1911 年 3 月ヨリ 1912 年 3 月マテニ本科ヲ卒業シタル者ニ限ル	裁縫・手芸
	高知県	私立高知実業女学校	1900 年 6 月ヨリ同 1909 年 6 月マテニ普通科ヲ卒業シタル者ニ限ル	裁縫・手芸
	大分県	私立岩田女学校	1908 年 3 月ヨリ同 1912 年 3 月マテニ本科ヲ卒業シタル者ニ限ル	裁縫・手芸
	佐賀県	私立成美女学校	1906 年 3 月ヨリ同 1909 年 3 月マテニ技芸科ヲ卒業シタル者ニ限ル	裁縫・手芸

1912年11月12日 文部省告示39号	東京府	私立実践女学校	1909年3月ヨリ1911年3月マテニ工芸部本科ヲ卒業シタル者ニ限ル	裁縫・手芸
	東京府	私立女子工芸学校	1901年3月ヨリ1908年3月マテニ本科ヲ卒業シタル者ニ限ル	裁縫・手芸
	宮城県	私立裁縫松操学校	1892年3月ヨリ1911年12月マテニ小学校専科正教員若ハ小学校本科准教員免許状ヲ有シ又は高等女学校第二学年以上ヲ修了シ高等科ヲ卒業シタル者ニ限ル	裁縫
	宮城県	私立東北女子職業学校	1904年10月ヨリ1911年7月マテニ本科ヲ卒業シ又ハ小学校専科正教員免許状ヲ有シ高等研究科ヲ卒業シタル者ニ限ル	裁縫・手芸
	岡山県	浅口郡鴨方村立観生女学校	1910年3月ヨリ1911年3月マテニ本科ヲ卒業シタル者ニ限ル	裁縫・手芸
	岡山県	私立岡山実科女学校	1906年3月ヨリ同1908年3月マテニ本科ヲ卒業シタル者ニ限ル	裁縫・手芸

学が1校，裁縫または裁縫と手芸が20校であり（**表4-2**），高等女学校と同等の学校と指定されたものは20校で学科目の限定はない（**表4-3**）。

表4-3の高等女学校と同等と判断されて短期的に中等教員試験検定受験資格を得た学校を通覧すると，キリスト教系の女学校が散見される。その一つであるフエリス和英女学校は，高等女学校に昇格して「課程外タリトモ宗教上ノ教育ヲ施シ又ハ宗教上ノ儀式ヲ行フコトヲ許ササルヘシ」[9]となることを避けて各種学校にとどまっているものの，英語科の中等教員試験検定の合格者を輩出してきた[10]にもかかわらず，この中等教員試験検定の受験資格に学歴の条件が設けられたために受験できなくなる。それに対して，神奈川県から勧められて申請し，1913（大正2）年3月に指定される。そこで「試みに，一卒業生をして試験を受けしめました所が，直に合格致しました」[11]と記されているとおり，大友清子（1911年3月に本科，1914年3月に高等科英文学部卒業）が1914（大正3）年12月に英語科の検定試験に合格している[12]。この制度を活用して中等教員試験検定に合格し，中等教員になった女性のいたことがわかる。

以上のように，中等教員の場合，試験検定受験資格に例外が設けられたものの，定期的な試験検定以外に例外的な試験検定制度が設けられることはない。

表 4-3　高等女学校と同等の中等教員試験検定受験者資格指定学校一覧

	道府県	学　　校	要　　件
1911 年 4 月 13 日 文部省告示 134 号	東京府	私立青山女学院	1901 年 3 月ヨリ 1905 年 3 月マテニ高等科高等女学科及高等普通科ヲ卒業シタル者ニ限ル
	宮城県	私立宮城女学校	1893 年 6 月ヨリ 1910 年 3 月マテニ本科ヲ卒業シタル者ニ限ル
	石川県	私立北陸女学校	1899 年 3 月ヨリ 1912 年 3 月マテニ本科ヲ卒業シタル者ニ限ル
	石川県	私立金澤女学校	1910 年 3 月ヨリ 1912 年 3 月マテニ本科ヲ卒業シタル者ニ限ル
	岡山県	私立高梁順正女学校	1900 年 3 月ヨリ 1908 年 3 月マテニ普通科ヲ卒業シタル者ニ限ル
	岡山県	浅口郡玉島町立玉島女学校	1908 年 3 月ヨリ 1912 年 3 月マテニ本科ヲ卒業シタル者ニ限ル
	広島県	私立広島女学校	1902 年 3 月ヨリ 1909 年 3 月マテニ本科ヲ卒業シタル者ニ限ル
	山口県	私立精華女学校	1909 年 3 月ヨリ 1912 年 3 月マテニ本科ヲ卒業シタル者ニ限ル
	大分県	私立扇城女学校	1903 年 3 月ヨリ 1912 年 3 月マテニ本科ヲ卒業シタル者ニ限ル
	佐賀県	私立成美女学校	1906 年 3 月ヨリ 1909 年 3 月マテニ本科ヲ卒業シタル者ニ限ル
1912 年 4 月 19 日 文部省告示 139 号	東京府	私立日本女子大学校	1904 年 3 月ヨリ 1912 年 4 月マテニ各学部ヲ卒業シタル者ニ限ルシ但シ高等女学校師範学校卒業者ヲ除ク
	東京府	私立実践女学校	1902 年 3 月ヨリ 1908 年 3 月マテニ本科ヲ卒業シタル者及 1909 年 3 月ヨリ 1911 年 3 月マテニ中等学部ヲ卒業シタル者ニ限ル
	宮城県	私立尚絅女学校	1900 年 6 月ヨリ 1909 年 6 月マテニ普通科ヲ卒業シタル者ニ限ル
1913 年 3 月 17 日 文部省告示 53 号	東京府	私立普連土女学校	1904 年 3 月ヨリ 1912 年 3 月マテニ本科ヲ卒業シタル者ニ限ル
	神奈川県	私立横浜英和女学校	1900 年 3 月ヨリ 1912 年 3 月マテニ本科，普通科ハ高等科ヲ卒業シタル者ニ限ル
	神奈川県	私立フエリス和英女学校	1900 年 3 月ヨリ 1912 年 3 月マテニ本科，高等科ハ英語師範科ヲ卒業シタル者ニ限ル
	神奈川県	私立共立女学校	1900 年 3 月ヨリ 1912 年 3 月マテニ本科ヲ卒業シタル者ニ限ル
	神奈川県	私立捜真女学校	1900 年 3 月ヨリ 1912 年 3 月マテニ本科，普通科ハ高等普通科ヲ卒業シタル者ニ限ル
	北海道	私立北星女学校	1904 年 3 月ヨリ 1912 年 3 月マテニ本科ヲ卒業シタル者ニ限ル
1913 年 4 月 29 日 文部省告示 123 号	兵庫県	私立神戸女学院	1894 年 3 月ヨリ 1909 年 4 月マテニ高等科ヲ卒業シタル者及 1894 年 3 月ヨリ 1910 年 4 月マテニ普通部ヲ卒業シタル者ニ限ル

(2) 定期的試験検定以外に臨時試験検定を設けた初等教員

　初等教員の場合は，定期的な試験検定とは別に臨時試験検定があり，学校単位で最終学年末等に実施され，その合格者に教員免許状が授与される[13]。

　正規の教員養成機関ではない学校が，自校の生徒たちに初等教員免許状を取得させようとする方途としては，①個々の生徒の定期的試験検定の受験対策のための「課程」を設ける，②臨時試験検定の学校になる，③「認定校」になる，の三つがある。とはいえ，①はあくまでも個人の資格での受験であり，定期的試験検定の合格率が低いため一番困難なルートである。②は①よりも合格率が高い点[14]，また定期的試験検定に加えてもう1回，しかも母校での受験のチャンスが増える点[15]で，当該学校の生徒たちにとって有利である。③は②よりもさらに合格率が高い。①よりも格段に多くの生徒に教員免許状が授与される点で，③や②は当該の学校や生徒には「特典」と受け止められる。

　また臨時試験検定校が「認定校」に移行する事例も，また「認定校」の資格が取り消されて臨時試験検定校に変更される事例も存在する[16]。臨時試験検定校と「認定校」とは，制度的に関係が深いといえる。

　さらに京都府では1922（大正11）年1月に京都裁縫女学校専攻科と京都高等手芸女学校師範科が小学校裁縫科の専科正教員免許状の「試験検定特別取扱」ということで，「府の検定書記臨場・監督の下で学年末に定期的試験検定と同じ科目で筆答試験をし，実地試験も学年末に検定委員が当該学校に臨検をして実施し，それらの成績を以って小専正の試験検定成績に代え，小学校教員検定委員会において審査をし学校衛生主事による身体検査も施行した上で合格者に小専正の教員免許状を授与する」という制度が実施される[17]。他にも，東京府の「特別検定試験」（本書第5章）や，愛知県では中京裁縫女学校師範科が1911（明治44）年8月に専科正教員免許状裁縫科試験検定「省略」の特典を与えられるとの記載があるなど[18]，臨時試験検定の名称も多様である。

　道府県によって臨時試験検定は実施の仕方も名称もさまざまであり，いわば定期的試験検定と学校単位での無試験検定との間に多様な臨時試験検定が存在するといえる。中等教員検定制度においてはこのようなものはなく，試験検定

と無試験検定との境界線は歴然としており，その間にグレーゾーンは存在しない。

2　学校単位の無試験検定

(1)「学校単位」での指定・許可・認定

　宮城県の初等教員に関する1934（昭和9）年の「内規」[19]には，無試験検定に関して，毎年5月と10月に行う定期的なものとともに臨時に行うものがあると定めている。しかし，それ以前の宮城県の「内規」や他の道府県の初等教員の「内規」にも，定期的なものや臨時の無試験検定があると規定されているものはなく，「無試験検定ハ随時之ヲ行フ」というのが通例である[20]。

　無試験検定には，個人の学歴や職歴が審査された上で教員免許状が授与される場合（個人単位）と，特定の学校の卒業者に教員免許状が授与される場合（学校単位）とがある。この「学校単位」について，以下の点を確認しておきたい。

　第一に，ある学校が中等教員の「指定学校」「許可学校」になったとしても，当該学校の卒業者全員に教員免許状が授与されるのではなく，その学校の指定・許可された特定の「課程」の卒業者だけに教員免許状が授与されるという点である。第二に，ある「課程」が指定・許可の対象になったとしても，その「課程」の卒業者全員に教員免許状が授与されるわけではなく，成績等によって授与されない卒業者も存在したということである。

　初等教員の「認定校」も同様であり，その学校の「認定」を受けた特定の「課程」の卒業者に初等教員免許状が授与される。そして，その「課程」の卒業者全員に教員免許状が授与されるのではない。その際の，教員免許状授与者がどのような申請・審査を経て確定されるかについては，笠間賢二，釜田史が解明している[21]。

(2) 文部省によるものと道府県によるものの両者が存在する初等教員無試験検定の学校

　中等教員免許状の管轄はすべて文部省であり，初等教員免許状の所管は基本

的に道府県である。ただし，初等教員免許状の無試験検定の場合は，文部省によるものも存在する点が特徴である。

　1900（明治33）年の文部省令第14号「小学校令施行規則」の内で無試験検定の該当者について規定する第107条（以下，第107条と略記する）の第6号に「其ノ他府県知事ニ於テ特ニ適任ト認メタル者」とあり，第118条に「府県知事ニ於テ第百七条第六号ニ該当スル者ニ小学校正教員免許状ヲ授与セントスルトキ文部大臣ノ認可ヲ受クヘシ」と規定されている。

　日本体育会体操学校は，この規定に基づき，本科・別科に関しては1901（明治34）年2月に（普通学務局通牒丑普甲106号），女子部に関しては1903（明治36）年7月に（普通学務局通牒卯普甲2210号），文部省によって無試験検定による小学校体操科専科正教員免許状の授与に関して認定されている（『文部省例規類纂』[22]）。第107条第6号・第118条に基づき文部省によって初等教員無試験検定校になったことが『文部省例規類纂』に記載されているのは，管見の限りではこれが唯一である。[23]

　『文部省例規類纂』に記載はないものの，京都市立美術工芸学校の絵画科・図案科（4年制）が1915（大正4）年に小学校図画科専科正教員の無試験検定の学校に「文部省より認可された」と『百年史　京都市立芸術大学』に明記されている。[24]「府県知事ニ於テ第百七条第六号ニ該当スル者ニ小学校正教員免許状ヲ授与セント」判断をし，第118条の規定に従い「文部大臣ノ認可ヲ受」けたと推測される。[25]

　この第118条は1921（大正10）年の文部省令第36号によって削除され，文部省によって認可される初等教員無試験検定はなくなることになる。

(3) 無試験検定校を定める際の基準となる学校

　中等教員養成の基準となるのは，男子の場合は高等師範学校，女子の場合は女子高等師範学校という正規の養成機関であり，無試験検定許可学校に関してもこれらの学校が基準とされている。[26] 初等教員養成の場合も，無試験検定の「学科程度」の基準は正規の養成機関である師範学校・女子師範学校である。[27]

しかしその一方で，初等教員の無試験検定対象校の範囲を定める際に，第107条ではまず中学校と高等女学校本科[28]という学校種を挙げている。その上で，その中学校と同等以上と認められる「公立私立学校認定ニ関スル規則ニ依リ認定セラレタル学校」（以下，「認定学校」と略記する）(1900年文部省令第14号)，中学校・高等女学校と同等以上と認められる専検指定校（1921年文部省令第36号）も範囲に含まれると定められる。すなわち，中学校・高等女学校本科を基準となる学校として設定し，それと同等以上であるという理由で「認定学校」と専検指定校も該当するとする。そして，その専検指定校とみなされる学校種の範囲が1924（大正13）年の文部省告示第109号によって実科高等女学校や実業学校の学校種にまで拡大されることによって，初等教員の無試験検定の対象校に含まれることになる[29]。笠間はこの制度によって，とりわけ実業学校卒業者が専科正教員免許状以外の教員免許種をも取得できるようになることに着目し，「無試験検定の対象者の漸次的拡大」と指摘し，実際に実業学校卒業者で宮城県の小学校本科正教員や尋常小学校本科正教員の教員免許状を取得している事例があることを解明している[30]。

　さらに愛知県では，実業学校に類する各種学校である，すなわち実業学校でも専検指定校でもない安城女子職業学校が，1925（大正14）年に愛知県で定められた「内規」により，第107条の「第一号乃至第五号」に該当するとの扱いで裁縫科の専科正教員の「認定校」になる。それは，愛知県の中等教員検定受験資格認定学校を卒業することと卒業後「半年以上教員ノ職ニ在リ成績佳良ナル」ことの2要件を具備すれば無試験検定で小学校専科正教員免許状が取得できるとの規定に基づいている。すなわち，中等教員試験検定の受験資格があるということは高等女学校や専検指定校の卒業者と同等であると愛知県が判断し，「認定校」にしたということである[31]。

　このように，中学校・高等女学校と同等以上である学校という基準によって，第107号に規定されている範囲を超えて，初等教員無試験検定校の範囲はさらに拡大していったといえる。

(4) 実際に「認定校」になった学校

　中等教員の無試験検定の場合，学校単位で教員免許状が取得できるのは，指定学校と許可学校の２種類である。某学校が申請をして「文部大臣ノ指定シタル学校」「文部大臣ノ許可ヲ受ケタル公立，私立学校」(1901年文部省令第12号「教員検定ニ関スル規程中改正」)に指定・許可されて指定学校・許可学校になると，卒業者には中等教員免許状が授与される。

　しかし，中等教員の指定学校や許可学校になり得る具体的な学校種や学校の課程等に関しては，文部省令「教員検定ニ関スル規程」等に何も規定されていない。指定学校も許可学校も，１校ずつ審査された上で指定・許可されると，その学校と課程，教員免許状の学科目等が文部省告示によって公表される。その結果を分析した船寄俊雄は，指定学校は官公私立の大学と官立の「非大学」，許可学校は公私立の「非大学」であると指摘している[32]。なお，この許可学校の公私立の「非大学」とは，高等師範学校・女子高等師範学校と同じ学校階梯である専門学校ばかりでなく，高等女学校専攻科[33]，実業学校，各種学校など多岐にわたっている。

　対象の学校種が法令で定められていない中等教員の無試験検定の場合とは異なり，前述したとおり初等教員の場合には対象の学校種が第107条に明記されている。

　ただし，第107条に規定されたからといって，それらの学校がそのまま初等教員の無試験検定の学校になるわけではないとともに，逆に第107条に規定されていない学校種であっても無試験検定の学校になれないわけでもない。

　すなわち，中央におけるルールとしての第107条に基づきながらも，小学校の教員免許状制度は直接的には道府県の定めに依っている。道府県は，「小学校令施行規則」に基づき初等教員検定に関する細則を定める。しかし，例えば京都府では，1905(明治38)年の「小学校教員検定及免許状ニ関スル細則」に無試験検定と試験検定に関して規定されているものの，無試験検定については第１条に「無試験検定ハ随時之レヲ行フ」と記載されているだけである。そのため，「細則」に基づいて無試験検定と試験検定との検定制度全体に関する内

規または無試験検定制度に関する内規（以下，「内規」と略記する）が定められ，それに従って実際の無試験検定の手続きが進められる。

その際，まず中学校・高等女学校が無試験検定の学校として大前提になっている点は全国で一貫している。しかし，それ以外の「認定校」の定められ方は道府県によって多様である。取得できる教員免許種ごとに，無試験検定の「学校種単位」の無試験検定校や「学校単位」での「認定校」の学校名とその課程，必要な教職経験が「内規」にさまざまに規定されている。道府県による違いとして以下の点を挙げることができる。

第一に，無試験検定校であると定められる場合に，高等女学校専攻科や実業学校のように「学校種単位」で一括して定められるのか，「学校単位」で定められるのかが，道府県によって異なる。例えば高等女学校補習科は，京都府では前者の扱いで「内規」に個別の学校名が記載されないのに対して，大阪府では後者の扱いで個々の学校名が公表される。

第二に，第107条で学校種に依らずに無試験検定に該当すると定められているのは，第6号「其ノ他府県知事ニ於テ特ニ適任ト認メタル者」である。この規定に基づいて「認定校」になった学校に，宮城県の各種学校の東北女子職業学校高等研究科第三部裁縫師範科（入学資格は「高等女学校又ハ実科高等女学校ノ卒業」，教員免許状は小学校裁縫科専科正教員）がある[34]。第107条に規定されていない学校種で，道府県によって独自に「学校単位」で「認定校」になった学校が存在することの一事例である。

ただし，愛知県の「内規」では，第107条第6号に基づいて無試験検定扱いにされるのは，個人単位での教職経験・研修歴による教員免許種の上進に関するものだけで，学校単位によるものは存在しない。第107条第6号の解釈は道府県によって違いがあるといえる。

(5)「認定校」が取得できる教員免許種

中等教員免許状は，「師範学校中学校高等女学校教員免許状」の1種類しかない[35]。しかし，初等教員免許状には，小学校本科正教員免許状・尋常小学校本

科正教員免許状・小学校本科准教員免許状・尋常小学校本科准教員免許状・小学校専科正教員免許状という複数の教員免許種が存在する点に特徴がある（以下，それぞれ小本正・尋本正・小准・尋准・小専正と略記する）。

「内規」と「小学校教員無試験検定認定校一覧」に基づいて道府県ごとの「認定校」の教員免許種を一覧にしたものが表4-4である。表4-4によると，道府県によって傾向が異なっていることがわかる。

例えば宮城県では，1915年「内規」・1924年「内規」に学校名が記されてい

表4-4　道府県別「認定校」で取得できる教員免許種

	小本正	尋本正	小 准	尋 准	小専正
宮 城	○	○	○	○	○
山 口	○	○	○	○	○
愛 知	○	○			○
長 崎	○	○			○
愛 媛	○				
富 山	○				
北海道		○	○	○	○
大 分		○		○	
京 都		○			○
大 阪		○			○
秋 田		○			○
新 潟		○			
岩 手		○			
広 島			○		
神奈川			○		
青 森					○
山 形					○
栃 木					○
群 馬					○
東 京					○
静 岡					○
奈 良					○
岡 山					○
鹿児島					○

る「認定学校」の曹洞宗第二中学林・東北学院中学部は「官公私立中学校」と，1924年「内規」の専検指定校の尚絅女学校・宮城女学校本科は「官公私立高等女学校」とまったく同様の扱いで，小本正・尋本正・小准・尋准の教員免許状が取得可能である。その一方で，1924年「内規」に学校名が明記されている第107条第6号による「認定校」の東北女子職業学校師範科は，小専正の教員免許状しか取得できない。すなわち，「認定校」によって取得できる教員免許種が2種類のパターンに分かれている。

また同じ高等女学校高等科でも，富山県（富山県高等女学校，1925年以降）では小本正の「認定校」であるのに対して，新潟県（新潟県立新潟高等女学校，1923年）と大阪府（大阪府立大手前高等女学校，1926年）では尋本正の「認定校」である。なお，京都府や大阪府では，「認定校」が取得できる教員免許種は尋本正と小専正に限定されている。

1925（大正14）年に「認定校」になる中京高等女学校家事体操専攻科（愛知県）で授与される教員免許種は，特に優等者は尋本正，それ以外は「家事科」と「体操科」の小専正であり，また1927（昭和2）年の山口県の「小学校教員幼稚園保姆検定標準」では，中学校・5年制高等女学校本科・曹洞宗第四中学林（1905年に専検指定校になる）等の卒業者について，「卒業席次首位ヨリ全数ノ十分ノ三以内」であれば小准，そうでなければ尋准というように，同一学校であっても成績によって教員免許種が異なるケースもある[37]。

全体として一番多いのは小専正の教員免許状を授与していた道府県であり（17道府県），その内小専正の教員免許状しか授与していない道府県も多い（9道府県）。次に多いのは尋本正の教員免許状を授与していた道府県である（12道府県）。

3　無試験検定の学校になるための申請書類

中等教員無試験検定の許可学校になるための申請書類については，1899（明治32）年の文部省令第25号「公立私立学校，外国大学卒業生教員免許ニ関スル規程」，その後は1927（昭和2）年の文部省令第1号「師範学校，中学校，高

等女学校教員無試験検定許可規程」によって定められている。後者による申請書類を例に挙げると，学則，生徒定員・現在生徒数（学科別，学年別，学級別），当該学科の卒業者数（年度別）・卒業後の情況，学校長・当該学科担任教員履歴書，担任学科目・担任時数，専任兼任の区別を記した調書，校地・校舎・寄宿舎図面，教科書・参考書目録，教授用器械・機械・標本目録，経費・維持の方法・学校財産の総額等についての書類が必要であるとともに，当該学科目に関して，高師・女高師の同学科目の課程と同等以上の程度であること，「相当補助学科目」を備えること，「教員養成上必要ナル施設」を有することが求められている。

初等教員の「認定校」になるための申請に必要な書類について定める文書は，中央レベルのものも道府県レベルのものも未発見である。そのため，ここでは，実際に提出された初等教員の「認定校」になるための申請書類を検討する。

初等教員の「認定校」になるための申請書類は，秋田県と京都府のものしか発見されていない。京都府の「認定校」の内で筆者が申請書類を発見した学校は**表4-5**のとおりである[38]。なおこれ以外に，「認定校」になれなかった京都裁縫女学校専攻科の裁縫科の小専正に関する申請書類（1921年2月5日申請）が発見できている。

すでに「認定校」になっている学校が，認定されている課程に別の免許種を追加したり，新たな課程の認定を求めたりする場合は，申請書類は簡略化されているようである。新規の申請をしたAの平安女学院とDの京都成安女子学院の申請書類を見ると，教育の目的・学科および課程・学科課程表・学年学期・入学退学授業料等が明記されている書類（「規則」「学則」）と学科目の担当教員に関する書類が提出されている点は共通しており，「認定校」になるための申請書類に記載すべき必須事項だったと考えられる。なお，各担当教員に関する情報については，前者は最終学歴が記載されているだけであるとはいえ，文書のタイトルは「担任教師氏名資格」となっており，それでも問題がなかったと推測される。後者は略歴とともに取得した中等教員免許状の学科目名も記載されている。また教師ごとの教授時数，専任兼任の別や年齢も記載してある

表 4-5　申請書類の発見された京都府の「認定校」

	通牒起案年月日	学校	課程	入学資格等	認定された免許種
A	1920 年 1 月 6 日	平安高等女学院 ママ	高等科文学部	高女卒	尋本正
			高等科家政部	高女・実科高女卒	尋本正
B	1923 年 2 月 20 日	平安女学院	高等科幼稚園保姆部	高女卒	尋本正 幼稚園保姆
				高女卒以外	幼稚園保姆
		京都女子高等専門学校注1	本科家政科・本科国文科	高女卒	尋本正
			家政科本科	高女卒	小専正裁縫
			家政科別科	実科高女卒	
C	1924 年 7 月 15 日	京都女子高等専門学校	国文科別科	実科高女卒	尋本正
			英文科本科	高女卒	小専正英語
D	1925 年 5 月 5 日	京都成安女子学院注2	専攻部高等師範科（専攻部家庭科は認定されず）	高女卒	尋本正
		京都府立京都第二高等女学校注3	専攻科（第一部卒業生の家事・裁縫、専攻科第二部卒業生の家事は認定されず）	高女卒	小専正裁縫家事

〔注〕1　1918 年 12 月 12 日に京都高等女学校専攻科が尋本正「認定校」に認定されていたものの、それが専門学校に昇格する際の再申請。
　　　2　補習科も一緒に申請されたものの、「学校単位」ではなく学校種単位の「高等女学校補習科」と同等との扱いで無試験検定の学校となる。
　　　3　すでに尋本正の認定校になっており、小専正裁縫・家事を追加するための申請。

ものの、京都成安女子学院が自主的に記載したものであると考えられる。

　秋田県の場合は、秋田県立本荘高等女学校家事裁縫研究会（1927 年 7 月 30 日申請）と秋田県立秋田高等女学校女子講習会（1928 年 4 月 25 日申請）の申請書類[39]によると、学科課程表と学科目別教員氏名が共通している。しかし、担当教員の学歴や中等教員としての有資格の有無を示す資料は含まれておらず、京都府よりも簡略化した申請書類であるといえる。

　また京都府でも秋田県でも、校地・校舎・寄宿舎図面、教科書・参考書目録、教授用器械・機械・標本目録、経費・維持の方法・学校財産の総額等についての資料は初等教員の場合には提出されておらず、概して、中等教員の場合に比

して，初等教員の場合は随分簡潔なものであるといえる。

ただし，聖霊高等女学校専攻科（秋田県）が1947（昭和22）年3月28日に裁縫科の国民学校専科訓導の「認定校」になる際の申請書類（1947年2月20日申請）[40]には，学科目総時数・学科課程，学科目担当教員氏名・職名・資格の有無，教授の目的方針・概要，設備（被服ミシン実習室，被服洗濯実習室，調理実習室，理科実験室，理科実験準備・標本室，ミシン等），教具数量一覧，時間割表が含まれており，詳細な内容となっている。秋田県では年を経るごとに県から求められる申請書類が詳細なものになっていったのか，それとも聖霊高等女学校が自発的に詳細な書類を提出したのかは定かではない。

なお，表4-5の申請Bの京都女子高等専門学校・平安女学院の実地視察報告書に「設備，教科課程，授業ノ状況等相当良好ナリト認メタリ」と記載されており，申請書類に含まれない事項であっても，「設備」等が現地でチェックされることがあることがわかる。

4　無試験検定の学校になるための審査で問われた内容

京都府行政文書には，上記当該校からの申請書類とともに，実地視察報告書も含めた小学校教員検定委員会が審査をした書類がひとまとまりになって綴じられている（以下，申請文書と総称する）。それらと中等教員無試験検定許可学校の申請文書を比較検討する。[41]

なお，表4-5の申請Aの平安女学院や京都裁縫女学校の場合には実地視察をしたという記載はない。実地視察を実施していなかったのか，実施していたものの記録が収録されていないだけなのかは不明である。しかし，1922年「内規」の時期になると，申請Bの京都女子高等専門学校・平安女学院と申請Dの京都成安女子学院の場合は実地視察に関する報告について記されている。視察したメンバーが常任委員（京都府師範学校長，京都府女子師範学校長，府視学）と書記である点も同じである。[42]

一方，中等教員許可学校の申請に際しては必ず実地視察を実施し報告書が添

第4章　「小学校教員無試験検定認定校」制度とは　　117

付されている。

(1) すでに「認定校」になっている学校との比較から基準となる「標準時数」の作成へ

　初等教員の場合，既に「認定校」になっている学校と比較をし，同程度であることを確認して「認定校」を認めている。

　京都府では，尋本正の申請をしている**表4-5**の申請Aの平安女学院の申請文書には，すでに尋本正の教員免許状が取得できる京都府下の9校の高等女学校補習科の学科目毎の時間数等の一覧表と，尋本正の「認定校」になっている京都高等女学校専攻科の学科課程・授業時間数の資料が比較対象のために付されている。小学校教員検定委員会が準備した資料であると推測される。そして，審査の結果，「京都府立第一高等女学校，同第二高等女学校，私立京都高等女学校各専攻科卒業生ニ尋正免許状ヲ授与シタルガ故ニ是ト同程度ノ平安女学院高等科卒業生ニモ授与セントス」とのことで尋本正「認定校」になる。

　秋田県では，申請校（秋田県立能代高等女学校）が補習科（または研究科）を尋本正か裁縫科の小専正の「認定校」にしたいとの申請書類（1928年12月申請）に，当該校との比較のために同県のすでに「認定校」になっている3校の学科目とその時間数，また近県の5校の高等女学校補習科・専修科の学科目とその時間数や卒業後に取得できる教員免許種等の情報が添付されている。

　ところで，京都府は，京都裁縫女学校の申請を検討する際に，「裁縫及教育ノ教授時数標準何等拠ルヘキモノ無之」ことを問題にしつつ，すでに裁縫科の小専正「認定校」になっている京都高等手芸女学校と比較検討している。その後，1922年「内規」の第3条（小専正）の第7号（第107条第6号該当者）の基準として，修業年限2か年の高等小学校の卒業後師範学校の予科と本科で履修する授業時間数が，音楽，体操，裁縫，手工，農業，商業，家事，図画，外国語の学科目毎に算定された「無試験検定内規第3条第1項第7号標準時数」（以下，「標準時数」と略記する）が定められる。これ以降はこの「標準時数」を基準として「認定校」の審査が行われる。

この「標準時数」は，1921（大正10）年8月13日の発普320号通牒「小学校教員免許状授与調査標準及報告方」（以下，「文部省調査標準」と略記する）に示された小専正の要件「高等小学校卒業者」で「音楽，体操，裁縫，手工，農業，商業，家事，図画，外国語ノ一科目若ハ数科目ニ関シ師範学校本科第一部ノ学科程度ト同等以上ノ程度ニ於テ之ヲ教授スル学校ノ卒業者」に合致している。

　なお，この「師範学校本科第一部ノ学科程度ト同等以上ノ程度」とは，師範学校本科第一部の当該学科目の時間数で判断されていることがわかる。中等教員許可学校の審査においても，高等師範学校等と比較検討がされるのは当該校の専門科目や「修身」「教育」の時間数である。この点は(2)で述べる。

(2) 授業時間数

　中等教員の場合も初等教員の場合も，授業時間数が厳しくチェックされている。

　中等教員の場合，高師・女高師，臨時教員養成所の時間数と比較がされ，申請学科目に関して高師・女高師よりも格段に多いことが評価される。検討されるのは申請学科目だけではなく，「補助学科目」として，「裁縫科」の場合は手芸，「家事科」では理科，「手芸科」では裁縫科も審査対象とされている。

　初等教員の場合，(1)で示したとおり，秋田県でも京都府でも，すでに尋本正の「認定校」になっている学校と比較する際にチェックされたのは学科目毎の時間数であり，その後の京都府の「標準時数」も授業時間数が検討されている。

　さらに，前述した京都裁縫女学校の審査過程で京都高等手芸女学校と比較検討したのは，主要科目の裁縫科だけではない。教育科・修身と「普通科」としての国語・算術も対象とされ，府内務部長は1921（大正10）年2月に修身を除いた各学科目の授業時数の不足について京都裁縫女学校に照会し，京都裁縫女学校は翌3月に具体的な改善策を回答する。その上で，小学校教員検定委員会は12月に京都高等手芸女学校と京都裁縫女学校に関して，「両校ハ裁縫科教授時数ニ於テ女子師範学校教授時数……ニ比シ約二倍，教育科教授時数モ一六〇

時ナルニ就テハ教育学ノ大要及裁縫科教授法ヲ授クルニハ充分ナリト認ムヘク……」と，女子師範学校よりも多くの授業時数が課されている点を評価している。

中等教員の場合は取得する教員免許状の学科目とともにその学識と技能を豊かにする学科目である「補助学科目」の時間数がチェックされるのに対して，初等教員の場合はそれはなく，教員免許状の学科目と教職教養に関する教科である教育科，そして教員としての基礎学力である「普通科」としての国語・算術の時間数がチェックされた点に違いがある。

(3) 担当教員の資格と力量

教員の履歴書に関しては，京都府の初等教員の場合は校長だけであるのに対して，中等教員許可学校の申請書類では，校長とともに学科目担当の全教員の履歴書が提出されている。そこでは，大学・高師・女高師卒業者や高等学校高等科教員免許状・中等教員免許状取得者が有資格であるものの，資格だけではなく，許可学校を認める際の付帯条件をみると，申請学科目の担当者に関して，「一層の優良なる教員」の招聘や増員が要請されていることが多々ある。なかには，女高師卒業者であっても「経験が少なく，『消費経済』の授業以外は研究の余地ありとされ，別の優良な教師の招聘が許可の条件とされた」事例もあり，また実地視察の際に実地授業を見て，「専任教員の不備」として「板書を写すだけで時間が空費され教授法を大いに研究すべきである」との指摘もあり，担当教員の力量が重視されている。

なお，有資格でなくても，担当する学科目にとって「特徴を有し専門学を聘して其の長所を以て教授の任に当らしむ」のにふさわしければ問題にされないこともある。[43]

初等教員の場合にも，前述した京都裁縫女学校の審査の途中である1921（大正10）年3月に回答した具体的な改善策の中で，「裁縫及教授法」「裁縫」「教育」の担当教員について実名を挙げて有資格者を新たに採用するとし，さらに新学年より全教員を有資格者にする予定であるとしている。ただし，教員の力

量等に関しては問題にされていない。

　中等教員の場合は，専任教員の占める割合が厳しくチェックされる。初等教員の場合は，前述したとおり申請書類に専任兼任の区別が記載されている学校があるものの，その比率がチェック対象になっていることを示す事例はない。

(4) 入学資格と修業年限

　前述したとおり，中等教員の許可学校にも初等教員の「認定校」にも，各種学校を含むさまざまな学校種の学校が含まれている。中等教員の正規の養成機関である高師・女高師と指定学校の大学等や，初等教員の正規の養成機関である師範学校・女子師範学校と無試験検定の基準である中学校・高女とそれと同等以上である学校から外れた学校，すなわち学校階梯を問わないあらゆる学校出身者に教員免許状を授与する制度が許可学校や「認定校」であるといえるのではないだろうか。その際，許可や「認定」される「課程」の入学者の質を確保するために，入学資格の厳格なチェックがされたと理解される。

　具体的には，中等教員許可学校の審査に際して，入学資格に実科高女卒業が含まれているものが高女本科卒業に学則を変更させる指導がされている。初等教員の「認定校」の場合は，**表4-5**のとおり尋本正・小本正のどちらも他校から入学する際の資格はすべて高女・実科高女卒業となっている。または，京都成安女子学院の審査をする際には，本科からの進学者に関して，「裁縫」と「教育」の時間数について本科と普通部補習科・専攻部家庭科・専攻部高等師範科の合計授業時間数が確認されている。

　しかも，それと併せてチェックされたのが入学後の修業年限である。前述した京都成安女子学院の1924（大正13）年10月8日の「認定校」申請（**表4-5**の申請D）において，専攻部家庭科が「認定校」になれなかった理由は修業年限が2か年で，3か年に満たないためである。そして，「認定校」になった専攻部高等師範科が「内規」に記載される際には，「修業年限3箇年ノ課程」と明記される。

(5) 学科目「教育」・教育実習

　中等教員の場合では，1918（大正7）年の戸板裁縫学校以降の申請書類によると，「教員養成上必要ナル施設」として，学科目「教育」の設置，教授法の教授，教授案の立案，小学校や高等女学校での授業参観，教育実習などが各学校で多岐にわたって実施されている。学校によって，教授法は学科目「教育」に含まれることも「裁縫科教授法」のように教科教授法の学科目として設定されることもあり，1930年代には後者の方が多くなる傾向がある。

　初等教員の場合は，表4-5の申請B（平安女学院と京都女子高等専門学校）の申請文書によると，1922年「内規」の尋本正に関する規定「…第百七条第一項第四号第五号ノ一ニ該当シ一箇年以上小学校教育ニ従事シ現ニ管内小学校ニ在職シ其ノ成績佳良ナル者ニシテ且適当ナル方法ニ依リ教育学ヲ学修シタル者」に合致させるために，「教育学ノ学修及小学校教員ノ実務ヲ要求ス」と記されている。「学校単位」の「認定校」と他の無試験検定校の要件が異なっているわけではないことがわかる。

　しかし，「但シ既ニ認定ヲ与ヘラレタル学校ニ於テハ適当ノ方法ヲ以テ実習スルコトトシテ実務ノ経歴ニ代へ居ルヲ以テ若シ右両校ニ於テ適当ノ方法ヲ以テ実習セシムルトセハ敢テ支障ナキモノト認ム」とされる。そして，「実務ノ経歴」の代わりに「適当ナル方法ニ依リ教育実習ヲ為スコト」が，実地視察後の指摘でも，内務部長からの両学校長宛通牒案での条件としても指摘される。ちなみに通牒案には「教育科ハ小学校令施行規則第百十一条ノ学科程度以上ニ於テ課スル」との条件も付される。

　ただし，これらの「学校単位」の「認定校」で「教育実習」が実際に実施されたのか，「適当ナル方法」の内容は何か判明していない。

　唯一，京都成安女子学院専攻部高等師範科の裁縫科許可学校のための申請書類（1927年9月22日申請，1928年4月25日許可）[44]には，「教員養成ニ関スル施設」の一つとして「高等師範科第三学年第一学期ヨリ各人ニ渉リ約二週間ノ予定ヲ以テ高等女学校一二学年ニ就テ裁縫ノ教授ノ練習ヲナサシメ之ヲ指導ス」と記載されている。尋本正「認定校」になる際（1925年）の京都府からの要請によ

って実施に至ったのか，それとも中等教員許可学校の申請準備のために実施されることになったのかは不明である。

「教育学ノ学修」に関しては，各「認定校」の申請書類における「学科課程」を見ると，1918（大正7）年の京都高等女学校専攻科以来，尋本正・小専正のどちらの申請校でも必ず学科目「教育」等が設けられている[45]。

(6) 卒業者の実績

中等教員許可学校の申請の際には，卒業者や現役生徒の中等教員試験検定合格者数のデータが提出され，未提出の場合は教員検定委員会から追加提出することが求められている。しかし，実際に合格者のない学校も許可学校になっていることからも，合格者数によって許可学校になれるかどうかが左右されるというよりも，その学校における教育の成果（教育実績）の確認のための一情報であると思われる。

さらに，改めて中等教員許可学校の申請文書を確認したところ，初等教員免許状取得者の実績がある場合もそのデータを記載している学校がほとんどなく，教員検定委員会からのこの点についての問い合わせもまったくない。中等教員養成の審査において，初等教員養成の実績は問題にされていないといえる。

初等教員の場合は，京都裁縫女学校の裁縫科小専正の審査途中で，京都府からの求めに応じて3年間の「卒業生」「教員奉職者」「免許状受領者」の人数を追加報告している。また京都高等手芸女学校においては，「本校卒業生ノ優秀ナル者ヲ採用シテ本校ノ特色アル技能ヲ発揮セシムル」点が評価されている。まさに教育の成果として生徒を母校の教員にまで育てたことが評価されている。

(7) 生徒の力量

中等教員の場合は生徒の授業態度と成績の二つの視点から，実地視察の際に点検がされているものの，京都府における初等教員の場合は実地視察等における指摘はない。

5 初等教員「認定校」の定義とその確定の困難さ

(1)「認定校」の学校名の「内規」への表記のされ方

改めてどの学校が「認定校」であるかをどのように知ることができるか確認したい。中等教員の場合は，前述したとおり，指定学校や許可学校になり得る学校種は法令で明示されていないものの，指定学校や許可学校になった学校はすべて文部省告示によって公告されるのに対して，初等教員の場合は，無試験検定校になり得る学校種が法令に明示されているけれども，それらの学校種ごとに授与される教員免許種は規定されておらず，それ以外の「学校単位」の「認定校」名も容易に判明しない。

大阪府で1926年以降「認定校」になった学校が『大阪府公報』に告示されたり[47]，山口県の「小学校教員幼稚園保姆検定標準」が『山口県報』に掲載されて「認定校」の学校名が知れるなどの，道府県の公報によって公告される道府県もなくはないものの，本科研費共同研究による調査ではこの2ケースしかない。

それ以外の道府県についてどのように調査をするか。個別の学校史に「認定校」になっていたことが記載されているものがあるため，それらを調査することは可能であるものの，悉皆調査をするには限界がある。その点で，本科研費共同研究で調査を重視してきたとおり，各道府県の「内規」の収集・分析をすることが重要となる。ただし，「内規」は「何よりも検定委員会の内部規則という性格を持つものであり，受験者等に広く周知するものでなかった」「検定内規が教員検定委員会の運用規則であった[48]」というだけでなく，「内規」が「極秘」扱いにされている事例もあり[49]，発見するだけでも根気のいるものである。さらに行政文書の保存や公開の状況は道府県によって大きな格差がある。

加えて，「内規」が発見されても，その規定のされ方は多様である。東京府等の「内規」には「認定校」の学校名は記載されておらず，「学校単位」の「認定校」を特定することは困難である。他方で，宮城県，北海道，京都府の「内規」には「認定校」の学校名が明記されており，そこから「認定校」が判明す

る。

　ただし，宮城県の「内規」の記載の仕方は時期によって変化する。

　すなわち，1924年「内規」にあった曹洞宗第二中学林・尚絅女学校・宮城県第二高等女学校高等科等の「認定校」の学校名が1934年「内規」にはなくなり，専検合格者・修業年限3か年以上の高等女学校高等科という学校種による表記に変わる。

　また小専正の無試験検定対象校に関しても，1924年「内規」では東北女子職業学校師範科の卒業者について，「1　高等女学校又ハ実科高等女学校卒業者ニシテ師範科ニ一学年以上在学シ卒業時ノ裁縫科成績七十点以上タルモノ」「2　本科卒業者ニシテ師範科ニ一学年以上在学シ卒業時ノ教育科並ニ裁縫科ノ成績七十点以上タルモノ」と記載されていたものが，1934年「内規」では学校名はなくなり，「高等女学校，実科高等女学校並ニ女子実業学校ヲ卒業シ更ニ修業年限一年以上ノ師範科専攻科ニ於テ小学校裁縫専科教員ニ適スル教育ヲ受ケ卒業時ノ成績佳良ナル者，但シ裁縫科ニ限ル」との記載になる。

　一方，京都府の動向は異なる。1920年「内規」(「小学校教員無試験検定内規」)や1922年「内規」(「小学校教員幼稚園保姆無試験検定内規」)には，尋本正と小専正の「認定校」の個別の学校名が記載されている。そして，1931 (昭和6) 年10月26日施行の「小学校教員幼稚園保姆無試験検定内規」[50] (以下，1931年「内規」と略記する) にも尋本正の「認定校」として個別の学校名が記載され，専門学校への昇格や学校名の変更，「高等科」の「専攻部」への変更以外では京都市立堀川高等女学校専攻科が新たに加わる。さらに，1945 (昭和20) 年5月起案の「国民学校教員幼稚園保姆無試験検定内規案」[51] (以下，1945年「内規」と略記する) においても，国民学校初等科訓導の「認定校」の学校名が記載されており，課程の追加以外では同志社女子専門学校英文科・家政科，京都府立青年学校教員養成所，傷痍軍人国民学校訓導京都府養成所初等科訓導養成科修了者が加わっている。京都府の場合は，「内規」に「認定校」の学校名が記載される形態が継続されていることがわかる。

(2) 京都府における「認定校」の定義

　筆者が京都府の1920年代の行政文書を分析して明らかにした「認定校」とは，「認定校」になることを希望する「学校単位」の学校が，必要な書類を揃えた申請書類を知事宛に提出し，個別に小学校教員検定委員会による実地視察も含めた審査を受けて認定を得られたら「認定校」になることができる，しかもその学校名は「内規」に明記される，というものである。[52]

　京都府の1931年「内規」の尋本正の無試験検定対象校を規定しているのは第2条であり，その内「認定校」の学校名が記載されているのは第2号である。一方で，続く第3号には学校種単位での無試験検定校として「前号ニ掲グル以外ノ専門学校又ハ高等女学校ノ高等科若ハ専攻科ノ卒業者ニシテ現ニ管内小学校ニ在職シ其ノ成績佳良ニシテ教育，音楽ヲ学修シ又ハ其ノ講習ヲ受ケタル者」と記されている。すなわち，公私立の別に関わらず，同じ専門学校や高等女学校高等科・専攻科の卒業者であっても，第2号と第3号とに分けられていることを意味する。

　この第2号と第3号の扱いの違いとは，免許状取得の要件における教職経験や研修等の有無である。1920年「内規」も1922年「内規」もともに，無試験検定で教員免許状を授与される際の要件に卒業後の教職経験等が含まれていないのは，現存する学校卒業者では高等師範学校・女子高等師範学校と「文部省直轄学校ニ於テ某科目ニ関シ特ニ教員ノ職ニ適スル教育ヲ受ケテ卒業シタル者」以外では，「学校単位」での「認定校」だけである。1931年「内規」と1945年「内規」においても，尋本正（国民学校初等科訓導）の無試験検定校では，「学校単位」のものだけが卒業後の教職経験等を必須要件にしていない。すなわち，「学校単位」と「学校種単位」とで要件が明確に異なっていることがわかる。

　前述した「文部省調査標準」によって，専検指定を受けていない各種学校等が第107条第6号によって「認定校」になるためには初等教員の教職経験が必須であると定められる。京都府はこの規定に従うために，「内規」を修正してこれに該当する「認定校」に教職経験を求めるのではなく，「認定校」になっていた該当校（京都高等手芸女学校師範科）を「認定校」から外す。京都高等手

芸女学校師範科が「試験検定特別取扱」となったと前述したのは，以上のような経過に基づく。このように，京都府は「学校単位」での「認定校」卒業者の教職経験等を要件としないことに固執し続ける。

また京都成安女子学院は，1924 (大正13) 年10月8日に普通部補習科と専攻部高等師範科，専攻部家庭科の尋本正と裁縫科の小専正「認定校」を申請する (表4-5の申請D)。そして，普通部補習科も専攻部高等師範科も実地視察報告書に「適当ト認メタル」と明記される。しかし，専攻部高等師範科は「学校単位」の尋本正の「認定校」になれたものの，普通部補習科は「学校種単位」での尋本正の無試験検定校扱いとされる。

実は，「内規」の尋本正と小専正の「高等女学校」の部分に専検指定校が加えられるのは，この申請Dを受けての1922年「内規」の部分改正の時である[53]。その改正理由として「『専門学校入学者検定規程ニ依ル指定ヲ受ケタル女学校』トシ特ニ学校名ヲ入レサルハ本改正ヲ機トシ高等女学校ノ学科程度同等以上ト指定セラレタル一般ノ女学校ヲモ認メントスルニ因ル」とDの申請文書に記載されている。1924 (大正13) 年3月8日に専検指定を受けた京都成安女子学院普通部本科を高等女学校と同等とみなし，その普通部本科の卒業者を入学させる修業年限1か年の同校補習科について，学科目「心理教育」で毎週4時間「心理教育教授法学校管理法」を学ばせていることを確認した上で，この「高等女学校又ハ専門学校入学者検定規程ニ依ル指定ヲ受ケタル女学校卒業後修業年限一箇年以上ノ補習科ニ於テ毎週二時間以上教育ニ関スル学科ヲ学修シ卒業シタル者ニシテ三箇月以上管内小学校教育ニ従事シ其ノ成績佳良ナル者」に該当すると判断されたということである。

「学校種単位」での無試験検定校であれば卒業後の教職経験が求められ，「学校単位」での「認定校」であれば教職経験が求められないことがここでも明確に区分されていることがわかる。

「学校単位」での「認定校」だけが，卒業後の教職経験等の要件なしで教員免許状が授与されるその根拠は，すでに示したとおり表4-5の申請Bの申請文書に示されている。すなわち，「既ニ認定ヲ与ヘラレタル学校ニ於イテハ適

当ノ方法ヲ以テ実習スルコトトシテ実務ノ経歴ニ代ヘ居ル」と記載されている。「学校単位」での「認定校」では「実務ノ経歴」に代わる「適当ノ方法ヲ以テ実習」をしているので、卒業後の教職経験は不要であるということである。

　以上検討してきたとおり、京都府においては、「学校単位」の無試験検定校と「学校種単位」の無試験検定校とでは、免許状授与の際の要件に明らかな違いがあり、ひとくくりにはできないと考える。

(3)「認定校」の定義の困難さ

　ただし、以上は京都府の事例であり、他の道府県でも同様であったと現時点では断定できない。

　まず「認定校」における教職経験等が必須かどうかは道府県によって異なっている。秋田県では、京都府と同様に「認定校」に教職経験は不要である（本書第6章）。しかし、前述した宮城県の「内規」に個別の学校名が記載されている「認定校」では教職経験等が必須となっており、また愛知県における中等教員検定受験資格認定学校であることを根拠とした「認定校」においても「半年以上教員ノ職ニ在リ成績佳良ナル」と教職経験等が必須になっている。「認定校」における教職経験等の要件に関しては、さらなる検討が必要である。

　また、「学校種単位」の無試験検定校になる際の審査の過程が未解明である。京都府では、1940年代に専検指定校の補習科が裁縫科の小専正の無試験検定校になるために、「学科課程及教授時数」等の書類を提出して申請をし、「承認」されたことが明らかにされている[54]。「学校種単位」の無試験検定校になる場合も申請手続きが必要であったことは確認できたといえるものの、審査過程の詳細や実地視察の有無は明らかではない。

　無試験検定の審査の過程を示す行政文書が京都府以外では発見されていない[55]ため、無試験検定の学校であることは判明しても、「学校単位」の「認定校」なのか「学校種単位」の無試験検定校なのかは、厳密にいえば京都府と一部の道府県以外の学校では不明であるのが現段階での状況である。

　今後、「学校単位」の無試験検定校だけを「認定校」とするのか、または「学

校種単位」の無試験検定校も「認定校」に含めるのか，さらにそれら二種類の「認定校」があるとする場合に，例えば，指定される際の手続きが簡易な中等教員無試験検定の指定学校に相当するものが初等教員の「学校種単位」での無試験検定校，詳細な審議がされる中等教員無試験検定の許可学校に相当するのが初等教員の「学校単位」での無試験検定校と区分されるかもしれない。今後の研究の進展によって，さらに検討されることを待ちたい。

〈注〉

1) 寺﨑昌男・「文検」研究会編『「文検」の研究――文部省教員検定試験と戦前教育学――』(学文社，1997年)，同『「文検」試験問題の研究――戦前中等教員に期待された専門・教職教養と学習――』(学文社，2003年)，船寄俊雄・無試験検定研究会編『近代日本中等教員養成に果たした私学の役割に関する歴史的研究』(学文社，2005年) など。

2) 本章では「中等教員」との比較を軸にしているため，「小学校教員無試験検定認定校」等を除いて「小学校教員」ではなく「初等教員」の語を使用する。

3) 拙稿「『小学校教員無試験検定認定校』の全国的動向」(科研費共同研究報告書『戦前日本の初等教員養成における初等教員検定の果たした役割に関する府県比較研究』2018年，21-37頁)，拙稿「『小学校教員無試験検定認定校』認定に関する研究――京都府における審査過程を中心に――」(フェリス女学院大学文学部『紀要』第55号，2020年，1-10頁) 等。

4) 正規の教員養成機関の卒業者が検定に含まれている時期があったものの，中等教員の場合は1894 (明治27) 年3月5月の文部省令第8号「尋常師範学校尋常中学校高等女学校教員免許状検定ニ関スル件」によって尋常師範学校，尋常中学校，高等女学校のすべての教員免許状において高等師範学校と女子高等師範学校の卒業者は検定を経る必要がなくなる。さらに，1896 (明治29) 年の文部省令第12号「尋常師範学校尋常中学校高等女学校教員免許規則」によって，高等師範学校・女子高等師範学校とともに東京美術学校特別課程卒業生等も検定を経ることなく教員免許状を取得できるとされ，さらに1900 (明治33) 年の勅令第134号「教員免許令」によって，「教員養成ノ目的ヲ以テ設置シタル官立学校ノ卒業者」が検定から除外される (牧昌見『日本教員資格制度史研究』風間書房，1971年)。なお，台湾総督府台北高等学校附置臨時教員養成所は指定学校である (1944年11月～)。

一方，初等教員の場合は，1900 (明治33) 年の勅令第344号「小学校令改正」によって師範学校・女子師範学校と「文部大臣ノ指定シタル学校」の卒業者は検定を経ないで教員免許状を得ることができると定められるものの，この「文

部大臣ノ指定シタル学校」について同『日本教員資格制度史研究』278頁では「高等師範学校と女子高等師範学校が該当するものと解釈されるが，実際上，文部大臣が指定した学校が実在しなかった」と指摘されている。そして，1941（昭和16）年の勅令第148号「国民学校令」によって「文部大臣ノ指定シタル学校」は削除され，規定上でも師範学校・女子師範学校のみとなる。

5） **表4-1〜表4-3**の初出は，拙稿「中等教員免許状制度と教職に就いた戦前期フェリス卒業生の動向」フェリス女学院資料室紀要『あゆみ』第68号，2015年，38-65頁。

6） この認定された学校について，吉川吉之助『新旧法令対照教育職員免許制度の研究』丸和出版印刷，1952年，115頁では「教員試験検定受験資格認定学校」と称している。しかし，この認定された学校になるための申請手続きを定めた1909（明治42）年の文部省令第4号「教員検定ニ関スル規程第六条第二号ニ依ル認定ニ関スル規則」が1921（大正10）年3月4日の文部省令第15号で部分改正される際に，「教員検定受験資格認定学校ニ関スル規則中改正」と記載されているため，「中等教員検定受験資格認定学校」と称することにする。

7） 1921（大正10）年3月4日の文部省令第14号「教員検定ニ関スル規程中改正」によって学科目が限定されなくなる。

8） 特定の学校がこの指定を受けることを示す文部省告示に「教員試験検定受験者資格指定」と記載されているため，「中等教員試験検定受験者資格指定学校」と称することにする。

9） 1899（明治32）年の文部省訓令第12号「一般ノ教育ヲシテ宗教外ニ特立セシムルノ件」。

10） 1896（明治29）年に宮川敏，1898（明治31）年に高杉（旧姓星野）幸が合格している。また布施（旧姓加藤）豊世も予備試験だけであるものの1900（明治33）年に合格している（前掲注5）に同じ，40・53頁）。

11） 山本秀煌編『フエリス和英女学校六十年史』フエリス和英女学校・フエリス和英女学校同窓会，1931年，151頁。

12） 以上は前掲注5）に同じ。なお，大友清子は1916〜19年にフエリス和英女学校の教員をした後に，1922〜26年に神奈川県立高等女学校の英語科の教員になっている。

13） 地方教育会による講習会等の修了時に臨時試験検定や無試験検定がセットになっている場合があるものの，講習会等は学校ではないため本章の対象から除外する。なお，中等教員の場合，学科目別に開催される文部省「教員養成講習（会）」は指定学校扱いである。

14） 本書第5章に，「臨時試験検定」の名称ではなく「特別検定試験」の名称であるものの，『文部省年報』掲載の試験検定の合格率（約30％〜40％）よりも東京府の和洋裁縫女学校の「特別検定試験」の方が高い（60％）ことが示されている。また愛知県の安城女子職業学校裁縫師範科が中等教員検定受験資格認定学校に

なるための1922（大正11）年の申請書類（国立公文書館所蔵「師範学校，中学校，高等女学校教員検定規程ニ依ル受験資格認定校，実業学校教員検定受験資格認定学校」（請求番号：1-3A-010-03・昭47文部01199-100）において裁縫師範科の卒業者の実績を示すために初等教員の臨時試験検定の合格者数の多さについて「大正四年以来師範科卒業者ニシテ小学校専科正教員試験検定ニ於ケル合格者ノ成績ヲ見ルニ別紙取調書ノ通リ百参拾六名中百拾九名ノ合格者ヲ得特ニ最近弐ヶ年間ノ成績ハ殆ンド全部ノ合格ヲ見ル如キ好成績ヲ示シ…」と記している。この「別紙取調書」には，臨時試験検定校になった1915（大正4）年度から1921（大正10）年度までの毎年度の卒業者数と裁縫科専科正教員臨時試験検定合格者数の表が掲載され，そして合格者の卒業後の状況として「小学校及実業補習学校等ノ裁縫科教員ニ従事」と記載されている

　ただし，遠藤健治「〈研究ノート〉1930年代以降，京都府における小学校教員臨時試験検定の運用手続き──戦前日本における私立学校女子卒業生の就学歴に応じた小学校教員界への参入経路──」中国四国教育学会『教育学研究ジャーナル』第28号，2023年，43-52頁には，京都府の1936（昭和11）年の3校の裁縫科専科正教員免許状の臨時試験検定では「受検者は73名，合格者は2名」であったとその合格率の低さが指摘されており，道府県による違いがあると思われる。

15) ただし，京都府での1936（昭和11）年の裁縫科の小専正の臨時試験検定の会場は，当該学校ではなく京都府師範学校（しかも京都府女子師範学校ではない）であったという（前掲注14）の遠藤論文）。

16) 前者としては，前掲注14）で述べたとおり裁縫科専科正教員免許状の臨時試験検定校になった安城女子職業学校裁縫師範科が，1924（大正13）年に裁縫科の専科正教員免許状の「認定校」になっており，1924年に尋常小学校本科正教員免許状の臨時試験検定校になった愛知国学院本科もその後尋常小学校本科正教員免許状の「認定校」になっている。後者としては，習説校（大分県）の正教員養成科が1931（昭和6）年に尋常小学校本科正教員免許状の「認定校」になったものの，1943（昭和18）年に臨時試験検定校に変更される（野村新等『教員養成史の二重構造的特質に関する実証的研究──戦前日本における地方実践例の解明──』渓水社，2001年）。

17) 前掲注3）の「『小学校教員無試験検定認定校』認定に関する研究」。

18) 前掲注17）に付した資料「小学校教員無試験検定認定校一覧」。

19) 「内規」に関しては後述する。なお以後断らない限り，「内規」は「資料：小学校・国民学校教員検定内規集（稿）」前掲注3）の『戦前日本の初等教員養成における初等教員検定の果たした役割に関する府県比較研究』117-126頁に依拠している。

20) 1900（明治33）年の「小学校令施行規則」第106条。細則では北海道の1900年の「小学校教員検定細則」に「其出願者アル毎ニ之ヲ執行ス」と規定されて

いる(「北海道小学校教員検定関係規則」科研費共同研究報告書『戦前日本の初等教員養成における初等教員検定の果たした役割に関する歴史的研究』2021年3月)。「内規」では,実施される時期や頻度について明記されていないか,「随時之ヲ行ヒ…」(愛知県1925年「内規」)と記載されている。

21) 笠間賢二「小学校教員無試験検定に関する研究——宮城県を事例として——」(『宮城教育大学紀要』第42巻,2008年,173-191頁),秋田県については本書第6章。

22) 日本体育会体操学校の中等教員免許状に関しては,高等本科が1903(明治36)年2月に体操の,1933(昭和8)年4月に教練の指定学校となり,高等師範科が1936(昭和11)年4月に体操・教練の許可学校になっている。

23) 他に,東京音楽学校(官立)の予科が,第107条第3号「文部省直轄学校ニ於テ某科目ニ関シ特ニ教員ノ職ニ適スル教育ヲ受ケテ卒業シタル者」に該当するものと認められ,1902(明治35)年3月に文部省によって小学校音楽科専科正教員の無試験検定の学校になったことが『文部省例規類纂』に記載されている(普通学務局寅普甲879号)。その後東京音楽学校乙種師範科は東京府の「認定校」(小学校音楽科専科正教員)になる。東京音楽学校の中等教員免許状に関しては,本科が1903(明治36)年2月に音楽の指定学校になっている。

24) 『百年史 京都市立芸術大学』1981年,6・42頁。

25) この京都市立絵画専門学校本科とともに京都市立美術工芸学校絵画科・図案科は,京都府の他の「学校単位」での「認定校」とは異なり教職経験等が教員免許状授与のために必須になっている。その理由が不明であることもあり,この2校については本章での検討から除外する。

26) 1899(明治32)年の文部省令第25号「公私立学校,外国大学校卒業生教員免許ニ関スル規程」に無試験検定許可学校に関して「学科目ハ高等師範学校女子高等師範学校ノ当該学科目ト同等以上ノ程度ニシテ別ニ相当ノ補助科目ヲ具フルコト」と定められている。

27) 「小学校令施行規則」(1900年文部省令第14号)には,試験検定の「試験科目及其ノ程度」について,第108条で小学校本科正教員免許状は「男子ニ在リテハ師範学校男生徒,女子ニ在リテハ師範学校女生徒ニ課スル学科程度ニ準ス」,第111条で尋常小学校本科正教員免許状は「師範学校簡易科ノ学科程度ニ準ス」と記され,第107条で無試験検定はこれらの「規定ニ対照シテ之ヲ行フ」と規定されている。

28) 第107条には「高等女学校」としか表記されていないものの,高等女学校の補習科,高等科,専攻科も初等教員無試験検定校に該当するのでそれらと区別するために,そして後述する初等教員無試験検定に関する「内規」や申請文書では「高等女学校本科」と記載されているため,本章では「高等女学校本科」と記載する。

29) ただし,東京府ではそれ以前の1921(大正10)年の「無試験検定内規改正案」

に専科正教員免許状以外である尋常小学校本科准教員免許状の無試験検定の学校として実業学校が記載されている。
30) 笠間賢二「小学校教員無試験検定の研究――宮城県を事例として――」前掲注20)の『戦前日本の初等教員養成における初等教員検定の果たした役割に関する歴史的研究』7-30頁。
31) 拙稿「愛知県における『小学校教員無試験検定認定校』制度」前掲注3)の『戦前日本の初等教員養成における初等教員検定の果たした役割に関する府県比較研究』65-68頁。なお，京都高等手芸女学校師範科は，1914（大正3）年に申請したものの不許可になり（『京都橘女子学園百年史』2002年10月，74-79頁），再度申請をして1918（大正7）年4月に裁縫科の中等教員検定受験資格認定学校になり，「認定校」の申請書類に「本校師範科卒業生ノ特典」としてこの件について明記しているにもかかわらず，審査の際には「各種学校」扱いで，この点については何も考慮されていない。このように，中等教員検定受験資格認定学校になることが初等教員無試験検定校になることと連動している事例を，愛知県以外ではいまだ発見できていない。
32) 船寄俊雄「終章　許可学校と教員養成の目的意識性」前掲注1)の『近代日本中等教員養成に果たした私学の役割に関する歴史的研究』275頁。
33) 高等女学校「専攻科」に関しては，「高等女学校令」(1899年2月8日の勅令第31号）でも「高等女学校ノ学科及其程度ニ関スル規則」(1899年2月21日文部省令第7号）でも「専攻科」と表記されている。しかし「高等女学校令施行規則」(1901年文部省令第4号）では「専攻科」と表記されている。とはいえ，同じ「高等女学校令施行規則」であっても，1933（昭和8）年の文部省令第19号の部分改正では「専攻科」と表記され，また『官報』での1920（大正9）年の文部省令第15号の部分改正の記事に「参照」として付されている「高等女学校令施行規則抄録」では「専攻科」となっている。このように，高等女学校に関する規定において，高等女学校「専攻科」の表記に"揺れ"があるといえる。ちなみに1932（昭和7）年に創設される「師範学校専攻科並ニ高等女学校高等科及専攻科教員免許状」では，高等女学校は「専攻科」と表記されている。一方で第107条では「専攻科」と表記されており（1926年文部省令第18号「小学校令施行規則中改正），また京都府の「内規」でも「専攻科」と記されているため，本章では「専攻科」と記す。
34) 三島学園『三島学園創立五十年史』1953年，42-43頁。
35) 厳密にいえば，当初は「師範学校中学校教員免許状」であったものが，高等女学校制度創出に関係して1886（明治19）年の文部省令第21号「尋常師範学校尋常中学校及高等女学校教員免許規則」によって「尋常師範学校尋常中学校高等女学校教員免許状」，その後「師範学校中学校高等女学校教員免許状」となり，そして師範学校の専門学校レベルへの昇格に伴い1943（昭和18）年の文部省令第35号「中学校高等女学校教員検定規程」によって「中学校高等女学校教員免

許状」となる。また「師範学校中学校高等女学校教員免許状」（第一種教員免許状）・「女子師範学校高等女学校教員免許状」（第二種教員免許状）のうち，女性は第二種教員免許状しか取得できないと定められていた時期もあった。詳細は拙稿「戦前中等教員免許状制度における男女差別に関する研究——その成立と撤廃を中心に——」佐々木享編『技術教育・職業教育の諸相』大空社，1996 年，315-338 頁を参照。

36) 前掲注 18)。現時点で判明している限りであり，今後「認定校」であることが判明する学校が増える可能性がある。

37) 1927（昭和 2）年の山口県告示第 694 号「小学校教員幼稚園保姆検定標準」『山口県報』。筆者等の科研費共同研究会での山本朗登報告資料より。

38) 前掲注 3) の「『小学校教員無試験検定認定校』認定に関する研究」。

39) 筆者等の科研費共同研究会での釜田史報告資料より。

40) 釜田史氏に提供して頂いた。

41) 拙稿「『家事科』『裁縫科』『手芸科』の場合」前掲注 1) の『近代日本中等教員養成に果たした私学の役割に関する歴史的研究』74-107 頁。

42) 京都成安女子学院の実地視察には女子師範学校裁縫科担任教諭も参加している。

43)「裁縫」では「仏国にて洋裁縫研究」，「家事」では「精養軒などの料理専門家」等。

44) 国立公文書館所蔵「公立私立学校卒業者ニ対シ無試験検定ノ取扱ヲ許可シタル学校」（請求番号：昭 47 文部 01167100～01198100）。

45) 前掲注 3) の「『小学校教員無試験検定認定校』認定に関する研究」16 頁の「表 6『認定校』申請学校における教育関連学科目」を参照。

46) 第 107 条には，一定の条件を満たした高等女学校の補習科と高等科・専攻科の卒業者等に小本正の教員免許状が授与されることだけ記載されている。ただし，1941（昭和 16）年の文部省普通学務局長発普 223 号「国民学校令施行規則第九十七条ニ依ル無試験検定標準」に，文部省によって教員免許種ごとの学校種・教職経験・研修歴が定められる（遠藤健治「戦前日本において，私立学校は，小学校教員養成の埒外にあったのか（三）——京都府国民学校教員幼稚園保母無試験検定内規案の復刻をとおして——」『美作大学・美作大学短期大学部紀要』第 53 号，2020 年，1-16 頁）。

47) 1932（昭和 7）年 7 月の大阪府の小学校令施行細則に「無試験検定ニ依リ小学校教員ノ資格ヲ附与スベキ学校ノ卒業者ニ付テハ別ニ之ヲ定メ告示ス」と記されている。詳細は丸山剛史「大阪府の小学校教員検定制度における無試験検定資格附与・取扱・認定校」前掲注 3) の『戦前日本の初等教員養成における初等教員検定の果たした役割に関する府県比較研究』2018 年，69-77 頁を参照。

48) 笠間賢二「『小学校教員検定内規』の研究——小学校教員検定における免許状授与基準——」前掲注 3) の『戦前日本の初等教員養成における初等教員検定の果たした役割に関する府県比較研究』9-19 頁。

49) 京都府の「内規」の冒頭には秘と記されている。
50) 遠藤健治「戦前日本において，私立学校は小学校教員養成の埒外にあったのか――京都府小学校教員無試験検定内規の復刻をとおして――」『美作大学・美作大学短期大学部紀要』第 51 号，2018 年，1-8 頁。
51) 前掲注 46) の遠藤論文。
52) 前掲注 3) の「『小学校教員無試験検定認定校』認定に関する研究」。
53) 前掲注 19) の「資料：小学校・国民学校教員検定内規集（稿）」や前掲注 3) の「『小学校教員無試験検定認定校』認定に関する研究」では，1922 年「内規」について 1922 年 2 月 1 日施行とだけ記載されているものの，その後部分改正された 1925（大正 14）年 8 月 1 日段階のものが掲載されている。不正確であったことをここに記す。
54) 京都府峰山町立峰山実科高等女学校補習科（遠藤健治「1930 年代の京都府における『小学校教員無試験検定認定校』の認可過程に関する試論――京都府立京都学・歴彩館および旧認定校における史料調査の可能性を探る――」全国地方教育史学会第 46 回大会（甲南女子大学）研究発表資料，2023 年）。
55) 前述した秋田県の申請書類には，提出後の審査の過程を示す文書は付されていない。
56) 中等教員の指定学校になるための申請書類は，「罫紙 1 枚程度の申請書」という非常に簡便なものであった（前掲注 32），275 頁）。

第5章
小学校教員無試験検定に関する事例研究
―― 東京府の場合 ――

釜田　史

はじめに

　本章は，小学校教員検定のうち無試験検定に着目し，有資格教員の輩出に果たした役割について東京府を事例として解明することを目的としている。

　戦前の東京府において，小学校教員免許状を取得する方法は複数用意されていた。例えば，芳進堂編輯部編著『最新東京女子学校案内』(1935〈昭和10〉年12月発行) には，次のように小学校教員になる道が案内されていた。[1]

> 小学校教員たるには師範学校を出るのが最も近道である。東京には小石川の竹早町に東京府女子師範学校があり，卒業と同時に就職することが出来る。又学校に依つては卒業すれば無試験検定で教員たるの資格が得られるのがある。……それ以外の方法では検定試験を受けて免許状を得た上で就職することである。受験資格に学歴の制限がないから独学立身の一法として適当である。

　上記によれば，東京府において小学校教員免許状を取得する方法は三つあり，それは①東京府女子師範学校を卒業すること，②小学校教員検定に合格すること，そして③無試験検定が適用される学校を卒業することであった。同書では，このうち③についてより詳細な説明が加えられている。該当部分だけ引用すれば，以下のとおりである。[2]

卒業後小学教員の資格ある学校

師範学校の外左記の学校は卒業後無試験で小学校裁縫科専科正教員の資格を与へられる。

帝都教育会附属教員保姆伝習所の裁縫科師範科

大妻技芸学校別科の和服裁縫部高等科

戸板裁縫学校の中等教員養成科の成績優良なる者

和洋裁縫女学校の試験予備科卒業者にして専門学校入学資格ある者

又和洋裁縫女学校の本科師範科卒業者は埼玉県で無試験小学校裁縫科専科正教員の資格がある。

他にもこんな例が幾らかある。

尚又**特別検定試験**なるものがあつて、卒業の際府県から学校へ出向いて臨時検定試験を行ひ、合格者に教員免許状を与へている。左記の学校はこの例であつて、合格者は小学校裁縫科専科正教員になれる。

渡邊女学校の本科及び師範科

帝都教育会附属教員保姆伝習所の裁縫科本科

和洋裁縫女学校の本科師範科

　③に該当する学校は、大きく次のように二分される。一つは無試験検定が適用され、その学校を卒業し一定の条件をクリアすれば小学校専科正教員免許状が取得できた学校であり、いま一つは「特別検定試験」（卒業の際に臨時の試験検定が実施）が実施され、同じく小学校専科正教員免許状が取得できた学校である。両方の特典を獲得していたのは、帝都教育会附属教員保姆伝習所と和洋裁縫女学校であったことがわかる。このうち本章では和洋裁縫女学校を取り上げ、「特別検定試験」が適用されるまでの経過や実施過程等を分析する。

　このように上記③に該当する学校に関する研究（小学校教員無試験検定認定校に関する研究）は、従来の研究では十分に指摘されてはこなかった事柄であり、本研究グループの井上惠美子を中心に事例研究を進めてきた。本章は、その事例研究の一つとして東京府を取り上げ、これまで収集した関係資料を整理しつ

つ若干の考察を試みるものである。

1 東京府の無試験検定に関する量的検討

　戦前の東京府における小学校教員免許状の取得状況等について確認しておきたい。図5-1～図5-6はいずれも『文部省年報』の各年度から，戦前の東京府における小学校教員免許状の取得状況について整理したものである。

　図5-1は，戦前の東京府における小学校教員免許状の取得状況について，師範学校卒業者，試験検定合格者，無試験検定合格者の三つに区分し，各割合を整理したものである。これによれば，年度によって割合の比重は異なるが，大正期は全体の半分ほどが師範学校卒業者によって占められ，明治期と昭和期は無試験検定によって資格を取得した割合が大きかったことがうかがえる。

　図5-1によれば，師範学校卒業者が小学校教員免許状取得者数全体に占める割合は約1割～約5割程度であったことが確認できる。図5-2～図5-6は，各教員免許種別の取得状況を整理したものであり，それらを総合すれば師範学

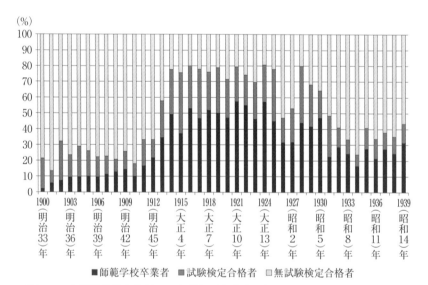

図 5-1　小学校教員免許状の取得状況（東京府，師範・試験・無試験の割合）

校が供給していたのは小学校本科正教員だけであり，それ以外の免許種については小学校教員検定（試験検定ないし無試験検定）によって供給されていたこと

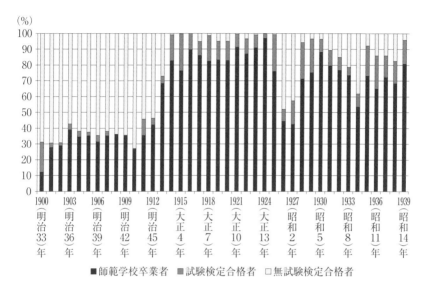

図5-2 小本正の取得状況（東京府，師範・試験・無試験の割合）

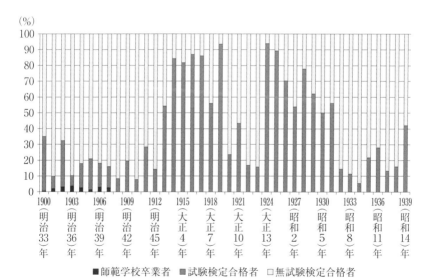

図5-3 尋本正の取得状況（東京府，師範・試験・無試験の割合）

第5章 小学校教員無試験検定に関する事例研究　139

がわかる。なお，図 5-2 において大正期以降，小学校本科正教員免許状取得者について師範学校卒業者の割合が急増した理由は，一時的に停止されていた

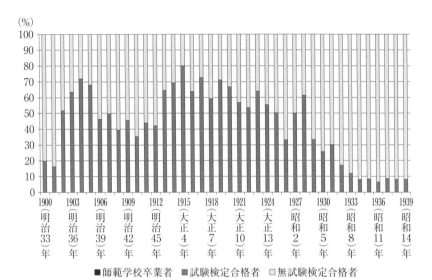

図 5-4 小専正の取得状況（東京府，師範・試験・無試験の割合）

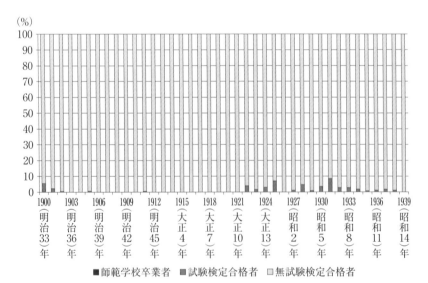

図 5-5 小准の取得状況（東京府，師範・試験・無試験の割合）

140 第1部 小学校教員検定制度の多様性

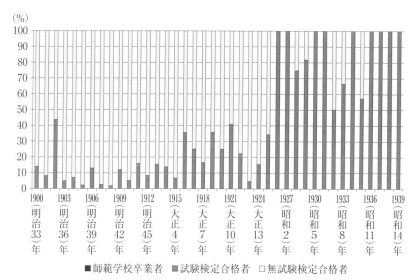

図 5-6　尋准の取得状況（東京府，師範・試験・無試験の割合）

青山師範学校本科第二部が募集を再開したこと，また豊島師範学校も本科第二部の学級数を以前の3倍まで増やしたため，これら師範学校卒業者数が大幅に増加したと考えられる。

　次に，小学校本科正教員以外の教員免許種について確認しよう。図 5-3 から図 5-6 によれば，これらの教員免許種に共通していたことは，①師範学校卒業者がほとんどおらず，小学校教員検定合格者が大半であったこと，②教員免許種によって傾向は異なるが，しだいに試験検定の比重が小さくなり，無試験検定で小学校教員免許状を取得する割合が増加していること（尋常小学校本科准教員は除く）の二つである。特に，尋常小学校本科正教員（図 5-3），小学校専科正教員（図 5-4），小学校本科准教員（図 5-5）において，1920 年代以降無試験検定の比重が顕著に増していたことが確認できる。

　これらの図から浮かび上がってくることは，師範学校が養成していたのはほぼ小学校本科正教員だけで，それ以外の教員免許種については小学校教員検定によって供給されていたことである。特に 1920 年代半ば以降になると，無試

験検定によって小学校教員免許状取得者の比重が大きくなり，尋常小学校本科正教員免許状と小学校専科正教員免許状の場合において著しい増加が確認できるのである。

2　東京府における無試験検定制度

(1) 時期区分

　第1章で述べたとおり，小学校教員の無試験検定実施に関しては，全国レベルでは「小学校令施行規則」（第107条）において受験資格等が定められており，それを踏まえて各道府県（以下，府県と略記する）では「小学校教員無試験検定内規」が定められ，多様な学歴や経歴をもつ受験者たちに対応していった。これまでの史料調査を通して，東京府の「小学校教員無試験検定内規」（以下，「無試験検定内規」と略記する）は以下の7点を確認することができた。いずれも東京都公文書館所蔵資料である。また，⑦（1922〈大正11〉年）以後も内規は改正され続けていったと推定しているが，同館所蔵資料からは確認することができなかった。今後の課題としたい。

　　① 小学校教員甲種検定内規（1894〈明治27〉年）
　　② 小学校教員甲種検定内規改正（1898〈明治31〉年）
　　③ 無試験検定内規（1901〈明治34〉年）
　　④ 無試験検定内規（1907〈明治40〉年）
　　⑤ 無試験検定内規（④と⑥の間）
　　⑥ 無試験検定内規改正案（1921〈大正10〉年）
　　⑦ 無試験検定内規改正案（1922〈大正11〉年）

　上記について，全国レベルの動向や東京府における無試験検定内規の構成等から時期区分を試みると，東京府の無試験検定は以下の六つに分けることができると考える。

142　第1部　小学校教員検定制度の多様性

第Ⅰ期：1890（明治23）年〜1899（明治32）年
第Ⅱ期：1900（明治33）年〜1912（明治45）年
第Ⅲ期：1913（大正2）年〜1920（大正9）年
第Ⅳ期：1921（大正10）年〜1926（大正15）年
第Ⅴ期：1927（昭和2）年〜1940（昭和15）年
第Ⅵ期：1941（昭和16）年〜1945（昭和20）年

以下，明治期（第Ⅰ期と第Ⅱ期）と大正期（第Ⅲ期と第Ⅳ期）を中心に，無試験検定内規の概要とその実施過程等について考察する。

(2) 明治期における無試験検定内規

　第Ⅰ期は，1890（明治23）年「小学校令」下において「甲種検定」が実施されていた時期で，該当する無試験検定内規は①と②である。続く第Ⅱ期は，1900（明治33）年「小学校令施行規則」下において「無試験検定」が実施された時期で，該当する内規は③と④である。明治期（第Ⅰ期と第Ⅱ期）における東京府の無試験検定の特徴は二つあり，一つは他府県から東京府に異動してきた者への対応が中心であったことであり，いま一つは東京府立高等女学校において小学校教員養成が実施されていたことである。

　これらについて，まずは明治期における「無試験検定内規」で定められた内容と，『文部省年報』の数値から確認する。1907（明治40）年の「無試験検定内規」を整理したものが**表 5-1**である。

　表 5-1によれば，いずれの小学校教員免許種においても他府県からの異動者への対応が含まれていたことが確認できる。明治期の小学校教員免許状は授与された当該府県限定で有効だったため，他府県に異動し引き続き小学校教員として勤めるためには，異動先の府県で改めて小学校教員免許状を取得しなければならなかったからである。当該期において異動先の小学校教員免許状を取得する一般的な方法は無試験検定によるものであり，東京都公文書館所蔵資料を確認すると，他府県から東京府の小学校教員免許状へ切り替えるための出願

表 5-1　1907（明治 40）年「無試験検定内規」

免許種	学校等の卒業・合格・修了	その他の要件，専科教員については科目
小本正	師範学校，中学校，高等女学校教員免許状所持者	（無し）
	東京府高等女学校補習科卒業者	（無し）
	他府県の小本正所持者	（無し）
尋本正	他府県の尋本正所持者	（無し）
小専正	師範学校，中学校，高等女学校の某科教員免許状所持者	当該科目
	文部省直轄学校で某科目について特に教員に適する教育を受けて卒業した者	当該科目
	他府県の小専正所持者	当該科目
小　准	中学校卒業者	（無し）
	高等女学校卒業者	（無し）
	師範学校簡易科卒業者	（無し）
	他府県の小准所持者	（無し）
尋　准	他府県の尋准所持者	（無し）

〔出典〕「明治四十年　学事　例規　第一巻」東京都公文書館所蔵史料より作成。

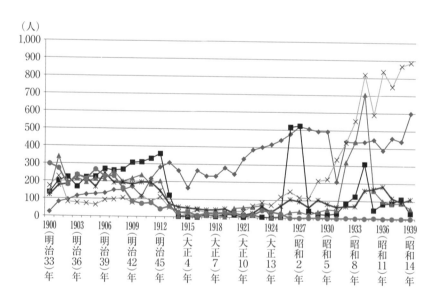

図 5-7　無試験検定の合格者数（東京府）

書類（無試験検定願，履歴書等）が数多く残されている。

　図5-7は，東京府の無試験検定合格者数について『文部省年報』の数値を整理したものである。注目すべきことは二つあり，一つは大正期に入ると同時に無試験検定の合格者数が激減したことであり，いま一つは1930年代以降小学校専科正教員と尋常小学校本科正教員の合格者数が急上昇したことである（後者については後述）。大正期に入り合格者数が激減した理由の一つとして，1913（大正2）年に小学校教員免許状が全国で有効になったことをあげることができ，府県外への異動に伴う小学校教員免許状の切り替えが不要になった（無試験検定を受験する必要がなくなった）からであると考えられる。

　次に，もう一つの特徴＝東京府立の高等女学校において小学校教員養成が実施されていたことについてである。明治後期（第Ⅱ期）の東京府では，東京府立の高等女学校において小学校教員養成が行われていたことが水野真知子『高等女学校の研究』[5]や『東京都教育史』[6]において指摘されている。これらによれば，東京府立高等女学校師範科（1895〈明治28〉年からは補習科に改称）卒業生を対象に甲種検定が実施され，小学校本科准教員免許状が授与されていた。同校師範科および補習科の卒業者数は毎年度約20名～30名で，1898（明治31）年度卒業式における校長式辞によると，その大半が東京府内の小学校教員として着任予定であったことがうかがえる[7]。

　　補習科生徒ハ小嶋教諭ノ担任ニ属シ昨年改正ノ教則ニヨリ満一ヶ年実地授
　　業其他教員ニ必須ナル学術技芸ヲ練習セルモノ……当補習科卒業生ハ修業
　　年限延長ノ結果トシテ学力技能共ニ尋常師範学校女子部卒業生ニ譲ラザル
　　ヲ信ズ而シテ年齢平均ハ補習科十八年一ヶ月……卒業者ノ前途ハ補習科ニ
　　於テ三名ノ帰国者ヲ除キ其他ハ府下小学教職ニ従事スルカ又ハ女子高等師
　　範学校ニ入学スルヲ期シ本科ニアリテハ補習科ニ入学ヲ希望スルモノ二十
　　八人女子高等師範学校撰科ニ入学セントスルモノ二名……当校本科卒業生
　　ハ年ヲ追ヒテ増加スルモ教員志願者ハ却テ減退シテ従来卒業生中十分ノ八
　　九ヲ占メシモノモ今ヤ二分ノ一ニ充タサルニ至リシハ独リ当校ノ前途ノミ

ナラズ府下ノ教育ニ於テ特ニ注意ヲ要スベキ事件ナリトス（以下，略）。

　同校補習科は1900（明治33）年の東京府女子師範学校設置に伴い廃止され，小学校教員の養成は新設された東京府立第二高等女学校補習科に移された。東京府立第二高等女学校補習科は1901（明治34）年に設置されたが，設置当初の「学則」等は不明である。

　1907（明治40）年，「東京府立第二高等女学校補習科学則」が制定された[8]。同校補習科は「高等女学校卒業者ニシテ小学校教員タラントスル者ノ為ニ必須ナル教育ヲ施ス」ことを目的として設置され，定員は1学級・50名，修業年限は1年間，入学資格は「年齢満十七年以上ニシテ高等女学校ヲ卒業シ身体性行共ニ小学校教員ニ適当ノ者」で，学科目は「修身」(2)，「教育」(39)，「国語」(12)，「歴史」(2)，「地理」(2)，「数学」(4)，「理科」(6)，「裁縫」(5)，「図画」(2)，「音楽」(4)，「体操」(6)とされた（カッコ内は毎週教授時数）。合計84時間のうち，「教育」が約半分を占めていたことが特徴である。

　表5-1に戻って確認すれば，東京府立第二高等女学校補習科修了生に対しては，無試験検定により小学校本科正教員免許状が授与することが認められていた。1907（明治40）年度入学生は1年間にわたる修業後，小学校本科正教員の無試験検定に出願した。1908（明治41）年3月26日付で全員分（28名分）の「検定手数料納付書」（1名あたり1円，合計28円）とともにすべての修了予定者の「履歴書」が一括で提出された。関係書類提出後，わずか3日後・同月29日付で「内規第一条ニ依リ合格」と判定され，「同日付ヲ以テ小学校本科正教員免許状」が授与されたのである[9]。

　同校本科および補習科の修了者数について，1901（明治34）年から1912（明治45）年までを整理したものが表5-2である。表5-2によれば，東京府立第二高等女学校に設置された補習科は，1901（明治34）年度，1908（明治41）年度～1911（明治44）年度であり，修了者数は約20名～30名程度であった。いずれも毎年度，修了時に一括して小学校本科正教員の無試験検定に申請し，全員が合格していたことが確認できた。

表 5-2　東京府立第二高等女学校修了者数

年　度	本　科	補習科	計
1901（明治 34）年	45	38	83
1902（明治 35）年	31	-	31
1903（明治 36）年	78	-	78
1904（明治 37）年	44	-	44
1905（明治 38）年	41	-	41
1906（明治 39）年	37	-	37
1907（明治 40）年	44	-	44
1908（明治 41）年	43	29	72
1909（明治 42）年	40	23	63
1910（明治 43）年	45	31	76
1911（明治 44）年	41	28	69
1912（明治 45）年	40	-	40
合　計	529	149	678

〔出典〕東京府女子師範学校編『東京府女子師範学校　東京府立第二高等女学校一覧』1922（大正 11）年，338-359 頁より作成。

1908（明治 41）年には同校「学則」が一部改正された[10]。改正点は学科目の毎週教授時数であり，「修身」(1)，「教育」(12)，「国語」(3)，「数学」(3)，「理科」(3)，「裁縫」(2)，「図画」(2)，「音楽」(2)，「体操」(2) と大きく削減された。削減された理由は史料的な制約から不明である。

「学則」改正後も毎年度一定数の修了者を出し，小学校本科正教員を供給し続けた。しかし定員の 50 名を満たすことはなく，1911（明治 44）年 3 月 31 日をもって同校補習科は廃止された[11]。同校補習科の廃止と入れ替わる形で，大正期以降になると和洋裁縫女学校などにおける小学校専科正教員養成が盛んに行われるようになっていったのである。

3　大正期以降の「無試験検定内規」

(1) 受験者の学歴重視へ

大正期に入ると，無試験検定の実施に関して大きな変更点が二つあった。一

つは，1913（大正2）年に「小学校令施行規則」が改正され，小学校教員免許状が全国で有効となったことである。上述したとおり，以後，他府県からの異動者への対応が不要となった。

いま一つは，1921（大正10）年に「小学校令施行規則」が再び改正され，第118条が削除されたことである。第118条とは，「府県知事ニ於テ第百七条第六号ニ該当スル者ニ小学校正教員免許状ヲ授与セントスルトキハ文部大臣ノ認可」が必要だと定めた条文であり，これが削除されたということは，今後正教員免許状の授与については各府県知事に一任されることを意味した。第118条の削除に伴い，文部省は各受験者を「慎重調査」し「成績特ニ優秀ナル者ニ限リ授与」するよう，各府県知事に通牒を出した（小学校教員免許状授与調査標準及報告方）[12]。

このような全国的な動向を反映し，各府県では「無試験検定内規」の改正が進められていったと推定される。東京府においても複数の改正案が確認することができ，そのうち1922（大正11）年の「無試験検定内規」を整理したものが**表5-3**である。

表5-3と**表5-1**（明治期の「無試験検定内規」）を比較すると，大正期の「無試験検定内規」の特徴は受験者の学歴を重視した構成に変化したことである。基本的には受験者の最終学歴の高低によって取得可能な小学校教員免許状の種類が異なるように構成され，必要に応じて教職経験年数の蓄積や「教育学」履修の有無などの条件が附された。例えば，高等女学校卒業という学歴により，卒業と同時に無試験検定により小学校本科准教員免許状を取得することができた。小学校本科准教員免許状取得後，1年以上，東京府内の公立小学校で教職経験を積み重ね，その勤務状況が「成績佳良」であれば無試験検定により尋常小学校本科正教員免許状が取得でき（教員資格の上進），さらに2年以上，東京府内の公立小学校に勤務し勤務状況が「成績佳良」と判断されれば，無試験検定により小学校本科正教員免許状が取得できたのである。このように受験者の最終学歴をベースに据え，主に教職経験年数の蓄積によって取得可能な小学校教員免許状のグレードを上進することができる仕組みが採られていたのである。

表 5-3　1922（大正 11）年「無試験検定内規改正案」

免許種	学校等の卒業・合格・修了	その他の要件（教職経験等）
小本正	高等師範学校，女子高等師範学校本科卒業者	（無し）
	「大学令」による大学卒業者 ＋師範学校，中学校，高等女学校教員免許状所持者	（無し）
	中学校，高等女学校，公立私立認定学校卒業者 ＋師範学校，中学校，高等女学校教員免許状所持者	半年以上小学校での教職経験
	中学校，高等女学校，公立私立認定学校卒業者 ＋尋本正所持者	2年以上，東京府内公立小での教職経験＋成績優良
尋本正	中学校，高等女学校（実科を含む）卒業者 ＋高等師範学校，女子高等師範学校専修科及び選科卒業者	（無し）
	中学校，高等女学校（実科を含む）卒業者 ＋女子高等師範学校附属高等女学校専攻科卒業者	在学中「教育学」履修
	中学校，高等女学校（実科を含む）卒業者 ＋公私立専門学校卒業者	在学中「教育学」履修
	中学校，高等女学校（実科を含む）卒業者 ＋小准所持者	1年以上，東京府内公立小での教職経験＋成績佳良
	高等学校高等科，大学予科，高等女学校高等科卒業者	1年以上，東京府内公立小での教職経験＋成績佳良
小専正	師範学校，中学校，高等女学校教員免許状，高等学校高等科の某科目教員免許状所持者	当該科目
	文部省直轄学校で某科目について特に教員に適する教育を受けて卒業した者	当該科目
	東京府立農林学校，園芸学校卒業者	在学中「教育学」履修
	東京府立農業補習学校教員養成所卒業者	①小学校令施行規則第107条第1項第1号〜第5号該当者 ②東京府内公立小での教職経験＋成績特に優秀
	東京音楽学校乙種師範科卒業者	（無し）
	商業学校卒業者	1年以上，東京府内公立小での教職経験＋現職
	高等女学校実科，実科高等女学校，高等女学校技芸専修科（3年以上）卒業者	①在学中「教育学」履修 ②1年以上，東京府内公立小での教職経験＋成績佳良
小准	高等学校高等科，大学予科卒業者	（無し）
	中学校，高等女学校（実科を含む）卒業者	（無し）
	公立私立認定学校卒業者，専検試験検定合格者，専検指定	（無し）
尋准	高等女学校技芸科（3年以上）卒業者	在学中「教育学」履修
	実業学校（実業補習学校を除く，3年以上）卒業者	1年以上，東京府内公立小での教職経験＋現職
	教員伝習所卒業者	（無し）

〔出典〕「大正十一年　学事　例規　第一巻」，東京都公文書館所蔵史料より作成。

東京府の事例に加え，これまで本研究グループによって発掘された複数府県にわたる「無試験検定内規」から判明することは，次の2点である。

① 1920年代以降，「無試験検定内規」の構成が「受験者の最終学歴＋α」へと変化していったことである。各府県の「無試験検定内規」を比較すると，合格ラインの設定基準等は多少異なってはいたが，「＋α」の部分は教職経験年数の蓄積あるいは「教育学」履修の有無など，ほぼ統一されていた。学歴面で不足する部分については，教育現場に出て数年間にわたり教育学的教養を培うことによって補完可能であるという小学校教員資格観が浸透・定着していたということである。

② 1920年代以降，全国的に無試験検定の間口（必要とされる受験者の最終学歴等）が急速に拡大していったことにより，師範学校卒業者に限定せず，多様な最終学歴をもつ人々が小学校教員界に参入することが可能になったことである。これまで戦前日本の小学校教員はほぼ師範学校卒業生によって占められていた（中等教員界に比して閉鎖的）と捉えられてきたが，無試験検定というフィルターをとおして私学も含め多様な最終学歴をもつ人々が，卒業と同時に小学校教員免許状を取得することができた。このような多様な出自をもつ小学校教員が混在していくことによって，しだいに師範学校卒業者の小学校教員界における占有率が低下していき，やがて小学校教員界や教員文化に変化がもたらされていったのではないかと考えられるのである。

　このように1920年代以降，無試験検定の受験資格が順次拡大されたことにより，師範学校とは直接的な関係性をもたないさまざまな学校を卒業した人々が小学校教員界に参入することが可能になったのである。それは特に小学校専科正教員免許状の場合において顕著であり，次にその一例として和洋裁縫女学校の場合を取り上げ，考察を深めていきたい。

（2）和洋裁縫女学校における小学校教員養成

　本項では，和洋裁縫女学校において展開されていた小学校教員養成事業を取り上げ，学校側の視点から小学校教員検定が果たした役割について考察したい。和洋裁縫女学校における小学校および中等教員養成事業を中心に，同校の変遷を整理したものが**表5-4**である。

　1897（明治30）年に和洋裁縫女学院として創設され，1901（明治34）年には，

表5-4　和洋裁縫女学校における小学校教員養成

年	関係事項
1897（明治30）年	和洋裁縫女学院創設
1901（明治34）年	私立和洋裁縫女学校と改称（各種学校として設置認可）
1909（明治42）年	裁縫教員養成科：中等教員試験検定受験資格認定（裁縫・文部省）
1912（明治45）年	高等裁縫教員養成科：中等教員無試験検定許可学校（裁縫・文部省）
	昭和3年まで第六臨時教員養成所より官費生の教育を委託される
	高等裁縫教員養成科と裁縫教員養成科（高等小学校卒業者に限定）に「特別検定試験」適用（裁縫，東京府。卒業試験に検定委員立ち会いのうえ臨時の試験検定に読替で，私立共立女子職業学校と私立東京裁縫女学校と同時に認可）
1913（大正2）年～	私立和洋裁縫女学校の卒業予定者に対し「特別検定試験」実施
1927（昭和2）年	私立和洋裁縫女学校を「実業学校令」による職業学校へ変更認可（東京府）
	本科師範科に小学校教員無試験検定適用（裁縫，埼玉県）
1928（昭和3）年	試験予備科に小学校教員無試験検定適用（裁縫，東京府）
	和洋女子専門学校と改称（専門学校令による高等師範科の組織変更）
1929（昭和4）年	専門学校本科と別科：中等教員無試験検定許可学校（裁縫，文部省）
	高等家政科：小学校教員無試験検定適用（家事，東京府）
1936（昭和11）年	和洋裁縫女学校から和洋女子学院に改称
1940（昭和15）年	和洋女子専門学校家政専攻科＝中等教員無試験検定許可学校（家事，文部省）
1942（昭和17）年	和洋女子学院師範科に国民学校専科訓導臨時試験検定適用（裁縫，東京府。戸板裁縫学校と同時に認可，大正元年の臨時試験検定認可を廃止）
	和洋専門学校本科別科第二部：中等教員無試験検定許可学校（編物，文部省）

〔出典〕『和洋学園創立七十周年記念誌』1967年，和洋学園および和洋学園所蔵史料，東京都公文書館所蔵史料より作成。

私立和洋裁縫女学校と改称された（各種学校として設置認可）。その目的は，「婦人ノ斉家ニ日常尤モ要用ナル和洋服裁縫家政学教育学教授法及管理法等ヲ教授シ一家ノ母タル職務ヲ完全ニシ兼テ社会的道徳ヲ進メ且ツ文部省並ニ各府県庁ノ検定試験ヲ受ケ女子師範学校師範学校女子部及各小学校裁縫教師ノ養成センヲスル」ことと定められた（第1条）。

1909（明治42）年には，裁縫教員養成科に対し中等教員試験検定受験資格が文部省から与えられ，以後，高等裁縫教員養成科とともに中等教員の許可学校として認可されていたことは，すでに先行研究において明らかにされている[13]。一方，小学校教員検定に関しては1912（明治45）年に東京府による「特別検定試験」実施認可が嚆矢であった。まずは，同校に「特別検定試験」の実施が認可されるまでを確認したい。

1912（明治45）年7月5日付で，和洋裁縫女学校・堀越千代から東京府知事宛に「本校卒業生ノ小学校教員試験検定ニ関スル願」が提出された。その全文は以下のとおりであった（下線は引用者）[14]。

　　　本校卒業生ノ小学校教員試験検定ニ関スル願
　　本校高等裁縫教員養成科ハ修業年限三ヶ年ニシテ女子師範学校，高等女学校ヲ卒業シタル者又ハ小学校本科正教員ノ資格ヲ有スル者等入学シ修身，裁縫，家事，<u>教育</u>，国語等ヲ修メ卒業ノ上ハ<u>明治三十二年文部省令第二十五号第一条ノ取扱ヲ受クルモノ</u>ニシテ本年三月ニ於テ文部大臣ノ許可ヲ得タルモノニ有之又裁縫教員養成科ハ修業年限二ヶ年ニシテ高等小学校卒業若ハ之ト同等以上ノ学力ヲ有スル者試験ノ上入学シ修身，裁縫，家事，<u>教育</u>，国語，理科，算術等ヲ修メ明治四十二年九月ニ於テ文部大臣ヨリ<u>明治四十一年文部省令第三十二号第六条第二号ノ認定ヲ得タルモノ</u>ニ有之而シテ右両科中高等裁縫教員養成科ハ未タ卒業生無之候モ来四十七年三月以後ニ於テハ多数之ヲ出スノ予定ニ有之又裁縫教員養成科ハ既ニ卒業生ヲ出スコト二回逐年其入学志望者及卒業生ヲ増加スルノ趨勢ニ有之此等卒業生中ニハ府下小学校ニ奉職志願ヲ有スル者アルモ<u>小学校教員ノ資格ヲ得ルニハ</u>

更ニ試験検定ヲ受クルヲ要スル不便アリ為ニ其志望ヲ空ウスル向モ有之誠ニ遺憾ノ次第ニ為就テハ府下奉職志願者ニ限リ右両科卒業試験ノ際ニ於テ御庁検定委員御立会ヲ受ケ之ヲ以テ検定試験ニ代ヘラレ合格者ニハ小学校裁縫専科正教員ノ免許状ヲ下附セラレ候様御取扱ヲ得度本校カ多年該科教育ノ普及改善ニ微力ヲ効シタル実績御調査ノ上特別ノ御詮議ヲ得様致度右ハ単ニ本校卒業生ノ為ニ利便ナルノミナラス小学校教員補充ノ一端ニモ相成ルヘク被存候依テ本校学則一部相添此段相願候也

　明治四十五年七月五日

　　　　　　　　　　　　　　　私立和洋裁縫女学校長　堀越　千代　印

東京府知事　阿部浩　殿

　上記とほぼ同じ内容の「願」が，同時期に私立共立女子職業学校（甲科高等師範科）と私立東京裁縫女学校（高等師範科別科・普通師範科）からも提出された。1912（大正元）年12月，これら3校の卒業者に限定し「特別検定試験」を毎年度実施することが認可された。[15]「特別検定試験」が認可された理由は，3校がいずれも「文部省ノ中等教員受験ノ資格ヲ有シ其ノ他ノ各科ハ同無試験ヲ以テ中等教員ノ免許ヲ得ルノ特典ヲ有シ」ており，かつ「各学校ハ何レモ該科ノ成績佳良ナルモノ」だったからである。小学校教員養成機関としての適／不適ではなく，それよりも一段上に位置する中等教員養成としての実績や「特典」によって可否が判断されたのであり，「特別検定試験」認可前後において各校のカリキュラム等が小学校教員養成用に対応した形跡は確認できなかった。

　「特別検定試験」とは，3校の卒業試験に小学校教員検定委員が立ち会い，卒業試験が小学校教員専科正教員の試験検定（臨時）として扱われるというものであった。この「特別検定試験」は「其ノ都度」実施されるもので，受験に必要な書類等は取りまとめて一括して申請することとされ，受験資格は学歴（高等小学校卒業または高等女学校卒業者）と出席日数（3分の2以上の出席が必要）を満たしていることだった。

　和洋裁縫女学校における「特別検定試験」の実施状況等を確認しておこう。

1913（大正2）年9月に「臨時試験施行願」を東京府知事宛に提出した後，同月の卒業予定者（10名）の「検定願書」や欠席日数の一覧表等を取りまとめて提出し，9月28日～29日にかけて「特別検定」が実施，その結果6名が合格，4名が不合格とされた[16]。『文部省年報』の数値によれば，小学校専科正教員の試験検定の合格率は約30％～40％であり，それに比べると「特別検定」の合格率は高かったといえる。

「特別検定」は，1942（昭和17）年3月に廃止されるまで継続された。同年に「特別検定」は廃止されたが，和洋女子学院師範科と戸板裁縫学校中等教員養成科卒業者に限定した臨時試験検定へと切り替わることとなった。また，昭和期に入ると表5-3に整理したように，「特別検定」ではなく無試験検定が適用されたことが同校の「入学案内」等に明記されている。例えば1931（昭和6）年の「学則及入学案内」には，「昭和三年三月試験予備科卒業者に対し東京府より小学校裁縫専科正教員無試験検定出願の資格を与え」られたこと，「昭和四年三月高等家政科の卒業者に対し東京府より小学校家事専科正教員無試験検定出願の資格を与へられ」たこととともに，和洋女子専門学校の家政科「卒業者は無試験検定を以て国民学校家事専科訓導の免許状」が，師範科「卒業者は無試験検定を以て国民学校裁縫専科訓導の免許状」が授与されていたことが確認できるが，いずれも史料的な制約により詳細は不明である[17]。今後の課題としたい。

おわりに

本章では，戦前の東京府における「無試験検定内規」の変遷や特定の学校に与えられた「特典」に着目し，東京府立第二高等女学校や和洋裁縫女学校における小学校教員養成について，これまで収集してきた史料をもとに若干の考察をしてきた。最後に，本章で明らかになったこととあわせて，今後の研究課題について整理しておきたい。

第1点は，戦前日本の小学校教員界は師範学校卒業者だけにとどまらず，多

様な最終学歴をもつ人々も参入することができたことである。これまで戦前日本の小学校教員界の大半は師範学校卒業者によって占められていたと捉えられてきたが，近年の研究成果や本章をとおして明らかになったことは，主に無試験検定によって師範学校とは直接的な関係性をもたない学校を卒業した人々も，小学校教員界に参入することが可能であったことである。その要因の一つとして考えられることは，無試験検定に関する全国レベルの法令とそれに影響を受けつつ各府県で定められた「無試験検定内規」において受験資格が順次拡大されていったことである。このような多様な出自をもつ小学校教員が混在していくことによって，次第に師範学校卒業者の小学校教員界における占有率が低下していき，やがて小学校教員界や教員文化に変化がもたらされていったと考えられる。その変化の具体については，今後の課題としたい。

　第2点は，小学校教員界へ参入する窓口（チャンネル）が試験検定から無試験検定へと移行していったことである。試験検定が主に筆記試験によって計測可能な「学力の有無」を重視し合否判定を下していたのに対し，無試験検定では受験者の最終学歴や在学中の成績，教職経験年数など小学校教員に求められる教育学的教養の積み重ねがより重視された。小学校教員として適／不適の判定は，試験検定のように主に筆記試験だけでは判別することが難しく，「教育学」の履修や教職経験の蓄積など時間をかけて教育学的教養の修得を目指す小学校教員資格観へと移行していき，そのような小学校教員としての力量形成のあり方が戦後の教員養成システムにも一定程度採り入れられたのではないだろうか。この点については，戦後の教員養成改革や戦前・戦後のさまざまな職業資格制度との比較検討も視野に入れながら，無試験検定が小学校教員界に果たした役割について考察を深化させていきたいと考えている。

【附記】
　私立和洋裁縫女学校に関する史料調査にあたっては，和洋学園の高野俊先生はじめ関係の方々，同窓会「むら竹会」の山本洋子氏のご厚意により，「特別検定試験」実施関係書類や同窓会報『むら竹』など貴重な史料を閲覧・複写させていただいた。また，同学園の70年，80年，100年，125周年記念誌等もご寄贈いただいた。略儀

ながらここに感謝申し上げる次第である。

　なお，本章は，下記に示す過去に発表した論文等を大幅に加筆修正したものである。
　①「小学校教員無試験検定の研究（2）――東京府の場合――」日本教育学会第76回大会ラウンドテーブル「戦前日本における非師範学校系統の小学校教員――無試験検定を中心に――」2017年，配布資料。
　②「小学校教員無試験検定内規の研究――東京府の場合――」丸山剛史（研究代表）『戦前日本の初等教員養成における初等教員検定の果たした役割に関する府県比較研究』平成26年度～平成29年度科学研究費補助金，基盤研究（C）研究成果報告書，2018年，39-45頁。
　③「小学校教員無試験検定に関する研究――東京府の場合――」丸山剛史（研究代表）『戦前日本の初等教員養成における初等教員検定の果たした役割に関する歴史的研究』平成29年度～令和3年度科学研究費補助金，基盤研究（B）研究成果報告書，2021年，53-67頁。

〈注〉
1) 芳進堂編輯部編『最新東京女子学校案内』1935（昭和10）年，3頁。
2) 同前書，5頁。
3) 東京府の無試験検定内規については，丸山剛史（研究代表）『戦前日本の初等教員養成における初等教員検定の果たした役割に関する府県比較研究』平成26年度～平成29年度科学研究費補助金，基盤研究（C）研究成果報告書，2018年，136-154頁に全文を収録した。以下，本章における東京府無試験検定内規の引用は，特に断らない限りすべてこれによる。
4) 時期区分については，小学校教員無試験検定に関する主要な先行研究として次の論文等を参照した。
　①坂口謙一・内田徹「東京府の場合――20世紀初頭の無試験検定を中心に――」井上惠美子（研究代表）『戦前日本の初等教員に求められた教職教養と教科専門教養に関する歴史的研究――教員試験検定の主要教科とその受験者たちの様態の分析――』平成14年度～平成17年度科学研究費補助金，基盤研究（B）研究成果報告書，2006年，85-124頁。
　②笠間賢二「1920年代半ば以降の小学校教員検定――無試験検定の拡充――」『宮城教育大学紀要』第49巻，2015年等，宮城県の無試験検定に関する一連の研究。
　③丸山剛史（研究代表）『戦前日本初等教員養成における初等教員検定の果たした役割に関する府県比較研究』平成26年度～平成29年度　科学研究費補助金，基盤研究（C），研究成果報告書，2018年。
　④井上惠美子「『小学校教員無試験検定認定校』認定に関する研究――京都

府における審査過程を中心に——」フェリス女学院大学文学部『紀要』第55巻，2020年．
5) 水野真知子『高等女学校の研究』（上）『野間教育研究所紀要』第48集，野間教育研究所，2009年，285-289頁．
6) 東京都立教育研究所編『東京都教育史』通史編二，1995年，162-167頁．
7) 『東京府教育会雑誌』第102号，1898（明治31）年，52頁（復刻版『東京府教育会雑誌』第9巻，不二出版，2017年所収）．
8) 「東京府公報」第1092号，1907（明治40）年2月12日，262-268頁．
9) 東京府立第二高等女学校補習科における無試験検定に関しては，下記の東京都公文書館所蔵資料による．
 ① 1908（明治41）年：「教員保姆検定」第6巻（628.C8.06）．
 ② 1909（明治42）年：「教員保姆検定」第7巻（629.A8.07）．
 ③ 1910（明治43）年：「教員保姆検定」第6巻（629.C8.10）．
 ④ 1911（明治44）年：「教員保姆検定」第5巻，乙（630.D8.07）．
10) 「東京府公報」第1245号，1908（明治41）年3月19日，495-497頁．
11) 「東京府公報」第1687号，1911（明治44）年3月25日，392頁．
12) 1921（大正10）年「小学校教員免許状授与調査標準及報告方」『文部省例規類纂』第3巻，大空社，1987年，1050-1057頁．
13) 井上惠美子「『家事科』『裁縫科』『手芸科』の場合」船寄俊雄／無試験検定研究会編著『近代日本中等教員養成に果たした私学の役割に関する歴史的研究』学文社，2005年，74-107頁．
14) 「第一種　学事・第七類・私立学校・第三巻」（630.B7.04），東京都公文書館所蔵．
15) 「東京府公報」第58号，1912（大正元）年12月14日，496頁．
16) 1913（大正2）年度の和洋裁縫女学校における「特別検定試験」実施過程等については，すべて和洋学園所蔵史料による．
17) 「和洋女子専門学校　和洋女子学院　学則及入学案内」国立公文書館所蔵．史料的な裏付けはいまだ不十分であるが，卒業生に対し無試験検定が適用された可能性が高い学校として，東京府教育会附属教員伝習所，渡邊女学校，大妻技芸学校，戸板裁縫女学校，東京府立第五高等女学校，東京府立第九高等女学校，東京府立高等家政女学校などがあげられる．今後も史料調査を継続していくことで，東京府において無試験検定が果たした役割の全体像の解明に努めたい．

第6章
小学校教員無試験検定に関する事例研究
―― 秋田県の場合 ――

釜田　史

はじめに

　本章は，私立学校および各種学校における小学校教員養成について，秋田県を事例として明らかにすることを目的としている。

　これまで筆者は「師範学校史＝小学校教員養成史」であるとする従来の研究的な枠組みからの脱却を課題とし，小学校教員検定制度史研究を継続的に取り組んできた。その研究成果は『秋田県小学校教員養成史研究序説――小学校教員検定試験制度を中心に――』(学文社，2012年) として上梓し，「今後の課題と展望」として次の3点を指摘した。

　① 受験者に求められた「教育学」の水準に関する研究 (試験問題の研究)
　② 受験生たちの経歴や受験動機の解明 (受験雑誌の研究)
　③ 無試験検定が有資格教員の供給に果たした役割に関する研究

　上記はいずれも小学校教員検定史研究を深化させるために，欠くことができない重要な研究課題である。特に，小学校教員検定が戦前日本における有資格教員の供給に果たした役割を解明する上で重要なことは，上記③の無試験検定に関する都道府県レベルの事例研究が丹念に積み重ねられることである。理由は二つあり，一つは無試験検定の実態解明が近現代日本における小学校教員養成史の全体像を解明するために必要不可欠であると考えるからであり，いま一つは都道府県レベルの史料の整理を継続して行わなければ無試験検定受験者の

実態が浮かびあがってこないからである。この二つについて敷衍して述べておこう。戦前の秋田県における小学校教員免許状取得者数を『文部省年報』をもとに整理すると，1910年代までは師範学校卒業者（約3〜4割）と試験検定合格者（約3〜4割）によって占められていたが，1920年代以降になると試験検定合格者の割合が急減し（約1割），無試験検定合格者が全体の約4〜5割を占めるまでに急増し終戦を迎えた。1910年代までと1920年代以降を比較すると明らかに小学校教員免許状の取得方法に変化があり，その一因として後述する私立学校や各種学校における小学校教員養成（修了者に対する無試験検定実施）が少なからず関係していたのではないかと推定している。この人々の多くは終戦後も小学校教員として教壇に立ち続け，戦後日本の小学校現場を支えた。戦後日本の小学校教育界を支えた小学校教員の大半が無試験検定によって小学校教員免許状を取得していたのであり，とりわけ1920年代以降の無試験検定制度および無試験検定合格者の実態解明は，近現代日本小学校教員養成史の全体像を把握する上で必要不可欠であると考える。

　しかし笠間賢二が指摘するように，「(小学校——筆者注)教員検定が府県単位で実施されていたこと，なかでも無試験検定は行政当局内部での認定という手続きであったこと，それゆえに府県単位の行政過程に深く入り込んだ検討を行わなければその実際が見えてこないという，研究上の困難さ[1]」が伴い，これまで無試験検定に関する道府県レベルの研究はほとんど蓄積されてはこなかった。「免許行政は今も昔も複雑で煩雑であり，その実施過程は実に煩瑣な実務的処理という様相を濃厚にもっている。したがって，それを対象とする研究も実に細かい根気の要る作業を強いられることになる」ことが理由の一つとして指摘できるだろう。しかし，これらの「実に細かい根気の要る作業」を継続することによって，「『小学校教員』と一括りにされてきた者たちの『出自』（免許取得方法）が驚くほどに多様であり，したがって教員社会の構成も雑居性に満ちていたことが鮮明になる[2]」と筆者も考え，笠間による宮城県の事例研究に多くを学びながら，秋田県を事例として史料的な制約を克服しつつ無試験検定制度および無試験検定合格者の実態解明に努めてきた[3]。本章も，これまでの研

究の一環に位置づくものである。

　無試験検定に関する先行研究として，宮城県を事例としてその実態解明を進めてきた笠間賢二による「小学校教員無試験検定に関する研究――宮城県を事例として――」等の一連の研究[4]があげられる。笠間は無試験検定の実施過程の全体像を明らかにすることを課題とし，1913（大正2）年度の合格者（61名）の分析を通して，無試験検定は主としていわゆる中等学校卒業者を小学校教育界に呼び込む窓口として機能し，勤務年数の多寡に応じて小学校教員免許状が授与され，合否判定では中等学校卒業をもって担保される一般的学力と小学校現場において蓄積される教職教養の修得の有無が重視されていたことを明らかにした。

　上記の笠間の研究方法を踏襲し秋田県の無試験検定に関する史料調査を継続していくなかで，笠間が指摘する無試験検定制度および無試験検定合格者には当てはまらない無試験検定があるのではないか，という仮説をもつようになった。中等教員における無試験検定制度を解明した船寄俊雄／無試験検定研究会編『近代日本中等教員養成に果たした私学の役割に関する歴史的研究』（学文社，2005年）において指定学校および許可学校の存在が指摘されているように，小学校教員の無試験検定においても類似のシステムが存在し，私立学校ないし各種学校等の修了者を対象とした小学校教員養成が行われていたのではないか，という仮説である。

　この仮説に基づいて秋田県庁文書などを再度調査した結果，1920年代以降における無試験検定関係史料に変化があることに気がついた。1910年代までは小学校教員免許状の種類に応じて合否判定資料などが作成されていたが（例えば，「小学校本科正教員ノ部」「尋常小学校本科正教員ノ部」など），1920年代以降はそれに加えて学校種別による合否判定資料が作成されていたことが確認できた。これらの合否判定資料の詳細については後述するが，少なくとも定例の無試験検定とは異なる無試験検定が学校単位で実施され，在学中の成績（数年間にわたる小学校教員に必要な知識・技能に関する蓄積）や修了試験等の結果を合否判定資料とし，主として小学校専科正教員免許状（裁縫）が授与された。こ

の点は従来の研究では指摘されていない事柄であり，本科学研究費補助金による研究グループ（特に井上惠美子を中心として）において検討を進めている段階である。本章は，上記のような小学校教員無試験検定認定校に関する事例研究の一つとして秋田県を取り上げ，これまで収集した関係史料を整理しつつ若干の考察を試みるものである。

1 無試験検定合格者数の急増

図6-1は，戦前の秋田県における小学校教員免許状取得者数の割合について，師範学校卒業者・試験検定合格者・無試験検定合格者の三つに分類し整理したものである。年度によってその割合は異なるが，戦前を通じて小学校教員免許状取得者のうち師範学校卒業者が占める割合は約3～5割程度にとどまり，大

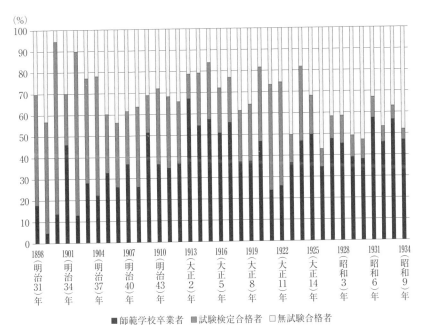

図6-1 小学校教員免許状の取得状況（秋田県，師範，試験，無試験の割合）

第6章 小学校教員無試験検定に関する事例研究 161

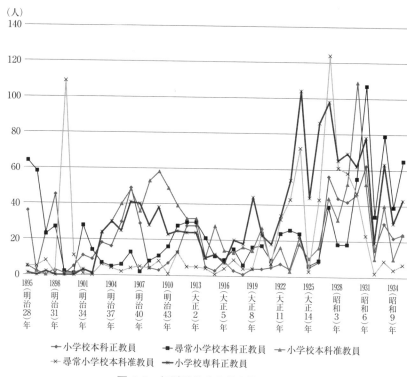

図6-2 　無試験検定合格者数の推移

半は小学校教員検定合格者によって占められていたことが確認できる。特に1920年代以降，小学校教員検定合格者が占める割合が大きくなり，とりわけ無試験検定による小学校教員免許状取得者が急増した。

1920年代以降急増した無試験検定合格者について，小学校教員免許状別に整理したものが図6-2である。これによれば，戦前を通じて最上位であった小学校本科正教員免許状取得者が最も少なく，小学校教員検定で合格することが最も困難だった。その一方，1900年代から1930年代にかけて尋常小学校本科正教員・小学校専科正教員・小学校本科准教員・尋常小学校本科准教員の無試験検定合格者数が急増した。

尋常小学校本科准教員については，秋田県内の各郡に設置された准教員準備

162　第1部　小学校教員検定制度の多様性

場における教員養成事業が関係していた。1897（明治30）年から設置された尋常小学校本科准教員準備場は，1919（大正8）年から修了試験が無試験検定に読み替えられたため，図6-2のような合格者の急増につながったと推定される。

そのほかの尋常小学校本科正教員・小学校専科正教員・小学校本科准教員については，とりわけ1920年代以降の小学校専科正教員および小学校本科准教員合格者の伸びが顕著であり，それには高等女学校師範科等を主な対象とする小学校教員無試験検定認定校の存在が深く関与していたと考えられる。

2 秋田県における無試験検定制度

管見の調査の限り，各学校長等から秋田県知事宛に提出された無試験検定「認定」に関する申請書として以下の5点が確認できた。[7]

① 秋田県立本荘高等女学校家事裁縫研究会長「小学校裁縫科専科教員無試験検定ニ関スル件」（家事裁縫研究会，本科卒業後1年間），1927（昭和2）年7月30日，秋田県知事宛。
② 秋田県立秋田高等女学校内女子講習会長「尋常小学校本科正教員資格無試験検定ノ件申請」（女子講習科，本科卒業後1年間の課程），1928（昭和3）年4月25日，秋田県知事宛。
③ 秋田県立能代高等女学校長「資格申請願」（補習科または研究科，本科卒業後1年間の課程），1928（昭和3）年12月（日付不明），秋田県知事宛。
④ 鷹巣町立実科高等女学校長「小学校教員無試験検定適用願」（補習科，本科卒業後1年間の課程），1930（昭和5）年12月3日，宛先は不明。
⑤ 聖霊高等女学校長「認可申請書」，1947（昭和22）年2月20日，秋田県知事宛。

上記5点に共通する特徴は次の3点だった。第1点は，申請時期が昭和初期に集中していたことである。それは大正期以降に急増した高等女学校および実

科高等女学校卒業者の進路先を確保することと関係があったと考えられる。

　明治後期における秋田県の女子教育機関は秋田県女子師範学校，秋田県高等女学校，私立秋田女子技芸学校，私立秋田女子職業学校のわずか4校しか設置されていなかった。詳細は後述するが，秋田県女子師範学校を除く3校すべてが小学校教員無試験検定認定校として認可され，小学校女性教員の主たる供給源となった。1913（大正2）年になってようやく実科高等女学校が県内に12校設置され，そのうち4校（横手，大曲，能代，大館の実科高等女学校）が1923（大正12）年に高等女学校へ昇格した。これら急増した卒業生の進路先の確保や，「結婚期マデ卒業後猶二三年ノ余裕アリ人生ノ危機タル此ノ期間ヲ善導」するため，小学校教員無試験検定認定校の申請が相次いだと考えられる。

表6-1　秋田県における小学校教員無試験検定認定校のカリキュラム

学校別	秋田高女講習科	聖霊師範科	技芸師範科	能代高女研究科
資　格	尋本正	小専正（裁縫）	小専正（裁縫）	
修　身	1	1	2	1
教　育	7	4	3	2
法　経	-	-	-	1
国　語	3	3	2	3
数　学	3	1	1	1
理　科	3			
歴　史	1			
地　理	1			
家　事	2	-	2	3
裁　縫	4	20	20	16
手　芸	2	3	2	2
図　画	-	-	1	-
音　楽	1	-	1	1
体　操	2			1
生　花				1
茶湯及仕舞	-	-	-	1
計	30	32	34	33

〔出典〕1925（大正14）年－1931（昭和6）年「会議事項書類（小学校教員検定委員会）」（請求番号：930103-03975），秋田県公文書館所蔵より作成。

第2点は，取得を希望する教員免許種は小学校専科正教員免許状（裁縫）が多く，次いで尋常小学校本科正教員免許状だったことである。いずれも各学校で組まれているカリキュラムおよび担当教員がベースとなっており，それに「教育」に関する科目等を追加することによって，小学校専科正教員免許状（裁縫）が取得できたからだと考えられる。例えば，③秋田県立能代高等女学校補習科の申請書には，他校のカリキュラムとの比較表が添付されており，それは**表6-1**の通りであった。**表6-1**によれば「教育」と「裁縫」の毎週教授時数に特徴があった。小学校専科正教員免許状（裁縫）取得を目指す場合は「裁縫」の毎週教授時数が多くなり，尋常小学校本科正教員免許状取得を目指す場合は「教育」に比重が置かれていた。

　第3点は，小学校教員無試験検定認定校として「認定」される根拠法令が「小学校令施行規則」第107条だったことである。例えば，②秋田県立秋田高等女学校（女子講習科）の申請書によれば，「小学校令施行規則」第107条の第4項（中学校又ハ高等女学校ヲ卒業シタル者）および第6項（其ノ他府県知事ニ於テ特ニ適任ト認メタル者）に該当すると考え，修業期間，学科程度，学科課程表（毎週教授時数も含む），教育科で使用する教科書リスト，担当講師，実地授業の方法等を記載した申請書を提出した。

　秋田県の無試験検定は「小学校教員無試験検定内規」にしたがって実施されており，小学校専科正教員免許状授与に関わる部分のみを引用すれば下記のとおりだった（下線は筆者）[8]。

第七条　左ニ列記スル者ニシテ高等小学校卒業（現行小学校令ニ依ルモノハ修業年限四ヶ年改正小学校令ニ依ルモノハ二ヶ年）又ハ之ト同等以上ノ学力ヲ有スル者ニハ小学校専科正教員ノ免許状ヲ授与スルモノトス

　甲，五ヶ年以上小学校専科ノ教授ニ従事シ現ニ其ノ職ニ在ル者但シ教授シタル科目ニ限ル

　乙，図画，音楽，体操，裁縫，手工，農業，商業，英語ノ一科目若クハ

数学科目ニ関シ師範学校本科第一部ノ学科程度ト同等以上ノ程度ニ於テ之ヲ教授スル学校ノ卒業者，但シ免許スヘキ学科目ハ卒業シタル学科目ニ限ル

　上記によれば，秋田県における小学校専科正教員免許状の無試験検定は二つあり，一つは5年以上小学校専科の教授に従事し現職の者に対する無試験検定であり，いま一つは師範学校本科第一部の学科程度と同等以上のレベルで専科の科目を教授する学校の卒業者に対する無試験検定であった。
　高等女学校卒業者に対しては，「小学校教員無試験検定内規」により「卒業シタル学校ノ課程ニ依リ」小学校専科正教員免許状または小学校本科准教員免許状が授与された。

　　第五条　高等女学校ヲ卒業シタル者ニ就キ無試験検定ヲ行フニハ左ノ各号ニ依ル
　　　一，卒業シタル学校ノ課程ニ依リ小学校専科正教員又ハ小学校准教員ノ免許状ヲ授与スルモノトス
　　　二，第一号ニ依リ小学校准教員ノ資格ヲ得ヘキ者若クハ得タル者三ヶ年以上小学校ノ教育ニ従事シタルトキハ其ノ成績ヲ考査シ尋常小学校本科正教員ノ免許状ヲ授与スルモノトス
　　　三，補習科（一ヶ年以上）ニ於テ教育ヲ修メタルモノニシテ二ヶ年以上小学校ノ教育ニ従事シタル者ハ其ノ成績ヲ考査シテ尋常小学校本科正教員ノ免許状ヲ授与スルモノトス
　　　四，前号ニ依リ尋常小学校本科正教員ノ免許状ヲ有シ一ヶ年以上其ノ職ニ在ルモノニハ其ノ成績ヲ考査シ小学校本科正教員ノ免許状ヲ授与スルモノトス

　上記によれば，高等女学校卒業者に対する無試験検定は二つあり，一つは高等女学校卒業者に対する無試験検定であり，いま一つは卒業後教職経験を積み

重ねてきた者に対する無試験検定である。前者については，学校の課程に応じて卒業と同時に小学校専科正教員免許状または小学校本科准教員免許状が授与された。高等女学校卒業者に対し小学校本科准教員免許状を授与するか否かの判断は「(小学校教員検定委員会――筆者注)委員会長ニ其ノ処分ヲ委任」されており，管見の調査の限り秋田県においては高等女学校本科卒業者には小学校本科准教員免許状が，補習科修了者に対しては在学中の成績が優秀だった者に限り小学校専科正教員免許状がそれぞれ授与されていたことが確認でき，「学校ノ課程」に応じて取得可能な小学校教員免許状の種類が区分された。なお，成績上位者から外された者たちは卒業と同時に小学校本科准教員免許状を取得し数年間の教職経験年数を積み重ねた後，個別に無試験検定を申請し小学校教員免許状(尋常小学校本科正教員免許状や小学校専科正教員免許状等)を取得した。

以上を踏まえつつ，また秋田県庁文書に残存している合否判定資料等を総合すると，戦前の秋田県における小学校教員無試験検定認定校は以下の4校だったと推定する。次項以降，このうち①と②に絞り小学校教員免許状授与の実態等について考察を進めたい。

① 私立秋田女子技芸学校　師範科(小学校専科正教員免許状〈裁縫〉)
② 私立聖霊高等女学院　師範科(小学校専科正教員免許状〈裁縫〉)
③ 秋田県立秋田高等女学校　女子講習科(小学校本科准教員免許状および尋常小学校本科正教員免許状)
④ 鷹巣町立実科高等女学校　補習科(小学校専科正教員免許状〈裁縫〉)

3　秋田県における小学校教員無試験検定認定校

(1) 私立秋田女子技芸学校の場合

1907(明治40)年，秋田県において最初の私立学校として私立秋田女子技芸学校が設置された。秋田県女子師範学校，秋田県立高等女学校に続く女子教育機関の誕生だった。創設当初の「規則」によれば，私立秋田女子技芸学校は「女子ノ品性智識ヲ涵養シ女子ニ適切ナル技芸ヲ教授スルヲ目的」に掲げ，本

科（1年間）と高等部（1年間）が設置され，定員は250名だった[10]。しかし，1916（大正5）年度の在学者全数はわずか30名（本科22名，専修科5名，研究科3名）[11]で，次に取り上げる私立聖霊高等女学院同様，県内には女性の進学者が少なかったため入学者数の確保に苦しんでいた。そのため，私立秋田女子技芸学校は学校名称や学科課程の改編を何度も繰り返し，最終的には小学校教員養成事業に取り組み，学校経営の安定化に活路を見出していった（**表6-2**参照）。

1917（大正6）年，私立秋田女子技芸学校は「規則」の大幅な改正を申請した[12]。

表6-2　私立秋田女子技芸学校の略年表

年　　月　　日	事　　　項
1907（明治40）年　5月23日	私立学校令第2条により私立秋田女子技芸学校設置認可
7月1日	入学式挙行，授業開始（本科1年間，高等部1年間）
1908（明治41）年　5月	校則改正（校舎移転）認可
1914（大正3）年　4月	校則改正（本科3年，裁縫専修科2年，研究部1年設置）認可
1917（大正6）年　2月	校則改正（手芸専攻科，師範科附設）認可
1929（昭和4）年　3月13日	財団法人組織として文部大臣より認可
1931（昭和6）年　4月	校則改正（商業科，教員養成科，家事裁縫専修科附設）認可
1933（昭和8）年　4月	財団法人秋田高等家政女学校に改称
1936（昭和11）年　3月	「実業学校令」および「職業学校規程」による秋田高等家政女学校設置，文部大臣より認可
1940（昭和15）年　3月	校則改正（生徒定員増加等）認可
1944（昭和19）年　3月	「教育ニ関スル非常措置ニ関スル通牒」に基づく「中等学校令実業学校規程」により，農業科・商業科の2科を置く女子実業学校に改組。名称を秋田女子実業学校に改称。

〔出典〕以下の秋田県庁文書および国立公文書館所蔵資料より作成。
　① 1908（明治41）年「内務部教兵課事務簿　学規学会　四番」（請求番号：930103-03103）。
　② 1913（大正2）年-1918（大正7）年「内務部教兵課事務簿　学規之部」（請求番号：930103-03140）。
　③ 1916（大正5）年「内務部教兵課事務簿　学規学会　七番」（請求番号：930103-03164）。
　④ 1931（昭和6）年「学務課事務簿（小学校以外ノ部）」（請求番号：930103-03377）。
　⑤ 1928（昭和3）年-1945（昭和20）年「職業学校設置廃止認可（岩手県，秋田県）」（請求番号：昭47文部02658100），国立公文書館所蔵。
　⑥ 1945（昭和20）年「公文雑纂・昭和二十年・第六巻・内閣・賞勲局五」（請求番号：纂03078100-00700），国立公文書館所蔵。

まず，学校の目的を「女子ノ品性ヲ涵養シ併セテ女子ニ適切ナル智識技芸ヲ授ケ家庭ニ適合セル優良ナル女子ヲ養成スル」ことと掲げ，本科（3年間，定員150名），手芸専攻科（1年間，定員50名），師範科（1年間，定員50名）を設置した。師範科は「裁縫教員タラントスル者ヲ養成」することを目的とし，本校の本科卒業者またはこれと同等以上の学力を有する15歳以上の者を入学させ，修身（1時間），教育（2時間），裁縫（30時間），図画（2時間）のカリキュラムが組まれた。

　その後も教員養成事業の拡大が続く。昭和初期には再び「規則」改正の申請[13]をしており，同校は「女子ノ徳性ヲ涵養シ主トシテ家事裁縫商業ニ関スル知識技能ヲ授ケ兼テ小学校専科正教員ヲ養成スルヲ以テ目的トス」ると明確に小学校教員養成事業が掲げるようになる。学科は本科（3年間，120名），教員養成科（50名），家事裁縫専修科（160名），研究科（20名），商業科（50名）とし，合計定員400名にまで拡大した。このうち教員養成科は師範部（1年間，30名）と高等師範部（1年間，20名）に分けられ，師範部は「将来家事裁縫科教員タラント欲スルモノニ必須ナル諸学科ト和洋裁縫家事ノ理論及実地トヲ授ケ其ノ応用ノ知識ヲ体得セシムルヲ目的」とし，高等師範部は「家事裁縫ニ関スル中等教員タラント欲スル者ノ受験ニ必須ナル諸学科ト和洋裁縫家事ノ理論及実地ヲ授ケ其ノ智能ヲ体得セシメ兼テ教員タルノ信念ヲ養成スルヲ目的」とした。師範部は，本校本科または高等女学校，実科高等女学校卒業者，もしくはこれと同等以上の学力を有する15歳以上の者を入学資格とし，修身（2時間），教育（4時間），国語（2時間），数学（1時間），家事（4時間），裁縫（18時間），手芸（2時間）のカリキュラムが組まれた。

　師範部の卒業者数は毎年度約10名～30名ほどで，定員を満たすことは難しかったが[14]，一定の在学者数を確保し小学校専科正教員養成事業を継続的に担った。なお，小学校教員無試験検定認定校の許認可に関する記述は残っておらず，申請書等も不明であるが，後述するように1925（大正14）年度ごろから私立聖霊高等女学院とともに小学校専科正教員（裁縫）の小学校教員無試験検定認定校として多くの有資格教員の供給源となった。

(2) 私立聖霊高等女学院の場合

私立聖霊高等女学院の前身にあたる私立女子職業学校は,「女子ニ適切ナル智識技芸ヲ授ケ併セテ其品性ヲ涵養シ優良ナル女子ヲ養成スル[15]」ことを目標に掲げて1909 (明治42) 年に創設され, 本科 (入学資格は小学校卒業者, 修業年限は2年間), 専科 (入学資格は小学校卒業者, 修業年限は1年間), 研究科 (入学資格は本科卒業者, 修業年限は1年間) が設置された。『聖霊学園六十年史[16]』を底本と

表6-3 私立聖霊高等女学院の略年表

年　　月　　日		事　　項
1909 (明治42) 年	3月2日	私立学校令第2条により私立職業学校設置認可
	4月5日	私立職業学校として開校 (本科2年, 専科1年, 研究科1年)
1911 (明治44) 年	3月1日	師範科増設認可
	4月1日	師範科設置 (入学資格：本科卒, 修業年限1年)
1915 (大正 4) 年	1月27日	校則改正認可, 私立聖霊学院女子職業学校と改称
1918 (大正 7) 年	3月	校則変更 (師範科の学科課程および毎週教授時数変更, 教育が毎週2時間から4時間へ倍増)
1923 (大正12) 年	12月18日	校則改正認可, 私立聖霊女学院と改称
1924 (大正13) 年	3月	成績優秀なる本科師範科卒業生に対し, 小学校専科正教員 (裁縫) の無試験検定免許状が下附 (口頭をもって申達)
1928 (昭和 3) 年	3月20日	私立聖霊高等女学院設置認可 (高等女学校令により組織変更し, 本科は修業年限4年間, 実科は2年間。師範科・研究科は聖霊女学院として存置し修業年限は1年間)
1941 (昭和16) 年	9月1日	私立聖霊高等女学院を私立聖霊高等女学校と改称
1944 (昭和19) 年	3月	・師範科・研究科を戦時非常措置方策により廃止 ・中等学校令改正に伴う学則改正認可
1946 (昭和21) 年	3月22日	聖霊高等女学校生徒定員変更・専攻科設置認可 (専攻科：修業年限1年間, 定員50名, 入学資格：高等女学校卒)
1947 (昭和22) 年	3月28日	専攻科卒業生に対する国民学校裁縫科訓導の無試験検定認可
1948 (昭和23) 年	4月1日	聖霊高等女学校を聖霊高等学校 (新制) として転換設置認可
1949 (昭和24) 年	3月14日	今回の卒業生をもって高等女学校としての学制を終わる

〔出典〕聖霊学園編『聖霊学園六十年史』1968年, 295-312頁および1918 (大正7) 年「内務部教兵課事務簿　学規学会之部　二番」(請求番号：930103-03183) より作成。

して，私立聖霊高等女学院の歴史的変遷を整理したものが表6-3である。

創設当初は私立秋田女子技芸学校同様に入学者数が少なく，学校経営の安定化が最たる課題だった。その理由は二つあり，一つは女学校への進学希望者が少なかったこと，いま一つは「キリスト教に対する理解が浅く，昔のキリシタン教徒に対するような白眼視」や「あの学校はヤソの学校だとか，西洋人の建てている学校だとかという異端視」が根強かったからだという[17]。1911（明治44）年4月には「裁縫教員タラントスル者ヲ養成スルヲ目的」[18]として師範科（入学資格は本科卒業者，修業年限は1年間）が増設された。設置当初は「在校生二十二名という少数の在籍で，一教室に全生徒を収容して授業をするという状況」が続き，「依然として，経営は困難で，聖霊会本部からの経済的な援助を受け

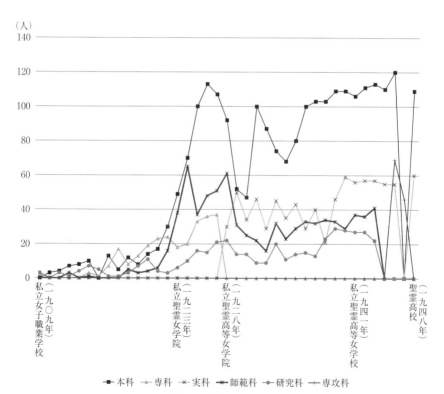

図6-3　私立聖霊高等女学院の卒業者数

第6章　小学校教員無試験検定に関する事例研究　171

なければならなかった[19]」が，第一次世界大戦後になると入学者数が増え，かつ秋田県および秋田市からの補助金が毎年交付されるようになったことにより校舎と寄宿舎が増築され，その規模は漸次拡大されていった。図6-3は『聖霊学園六十年史』より同校の卒業者数を整理したものである。

1923 (大正12) 年には私立女子職業学校から私立聖霊女学院に改称され，生徒定員は500名まで増加した。翌1924 (大正13) 年には，「成績の優良な本校師範科卒業生に対して小学校専科正教員（裁縫）の無試験検定免許状を下付するということが県から口頭をもって申達された」ことにより，「大正十二年，大正十三年と師範科入学生が倍加し免許状獲得者も多数となり，県下の小学校教員，または補習学校教員として奉職する者が年々ふえ」，さらに「後に専科正教員の免許状の科目に『家事』が加えられ，また，尋常小学校本科正教員の免許状を与えられる者も出る」ようになったという[20]。

1927 (昭和2) 年には私立聖霊高等女学院の設置申請が提出され，翌1928 (昭和3) 年には「高等女学校令」による秋田県で唯一の私立高等女学校として認可された。ただし，師範科と研究科は「私立聖霊女学院」として存置され，師範科による小学校専科正教員養成が継続されたと考えられる。この師範科は研究科とともに戦時非常措置方策により1944 (昭和19) 年3月に廃止され，小学校専科正教員養成は一時中断することになったが，1946 (昭和21) 年に専攻科（入学資格は高等女学校本科卒業者，修業年限は1年間）が設置され，再び「小学校裁縫科教諭（はじめは国民学校裁縫科訓導）の無試験検定が認可」され「その資格を取得したいという高等女学校卒業の志願者が多かった[21]」という。

(3) 小学校専科正教員免許状授与の実態

表6-4は，1929 (昭和4) 年度において私立秋田女子技芸学校師範科，私立聖霊高等女学院師範科，鷹巣町立実科高等女学校補習科修了者に対する無試験検定（小学校専科正教員免許状〈裁縫〉）の合否判定資料を整理したものである。

表6-4から確認できることは次の2点である。第1点は，秋田県の無試験検定内規に制定された条件通りに，小学校専科正教員免許状（裁縫）が授与さ

表6-4 1929(昭和4)年度 小学校教員無試験検定認定校の合否判定

番号	族称	体格	成績	席次	学歴	合否
〈私立聖霊高等女学院師範科〉							
①	平民	中	94	1	昭和4年大館高等女学校卒業，昭和5年3月聖霊師範科卒業	合
②	平民	強	94	2	昭和4年3月聖霊実科卒業，昭和5年3月聖霊師範科卒業	合
③	平民	強	93	3	昭和4年横手高女卒業，昭和5年3月聖霊師範科卒業	合
④	平民	強	92	4	昭和3年3月山形県立米沢高等女学校卒，昭和4年3月同校補習科卒業，昭和5年3月聖霊師範科卒業	合
⑤	平民	強	92	5	昭和4年聖霊実科卒業，昭和5年3月聖霊師範科卒業	合
⑥	平民	強	91	6	昭和4年3月能代高女卒業，昭和5年3月聖霊師範科卒業	合
⑦	士族	強	91	7	昭和4年聖霊本科卒業，昭和5年3月同校師範科卒業	合
⑧	平民	中	89	9	昭和4年3月秋田高女卒業，昭和5年3月聖霊師範科卒業，昭和4年6月小准免許状受領	否
〈私立秋田女子技芸学校師範科〉							
①	平民	強	93	1	昭和4年3月秋田女子技芸学校本科卒，昭和5年3月同校師範科卒業	合
②	平民	強	92	2	上に同じ	合
③	平民	強	90	3	上に同じ	合
④	平民	強	87	4	大正14年4月女子師範入学，大正15年9月病気にて退学。昭和4年4月愛国女学館卒業。昭和5年3月女子技芸学校師範科卒業。	否
〈鷹巣町立実科高等女学校補習科〉							
①	平民	強	94	1	昭和4年3月鷹巣実科卒業，昭和5年3月同校補習科卒業	合
②	平民	中	91	2	上に同じ	合
③	平民	中	89	3	上に同じ	否

〔出典〕1925(大正14)年－1931(昭和6)年「会議事項書類(小学校教員検定委員会)」(請求番号：930103-03975)，秋田県公文書館所蔵より作成。

れていたことである。高等女学校本科卒業生には小学校本科准教員免許状が，上記3校の修了生には小学校教育現場に出ることなく，修了と同時に小学校専

科正教員免許状（裁縫）が授与された。

　第2点は、合否判定資料のなかで「成績」が最も重視されていたことである。合否判定基準として「族称」「体格」「成績」「席次」「学歴」の5項目が列記されたが、管見の調査の限り秋田県の合否判定資料について「族称」「体格」は重視されてはいなかった。最も重視されていたのは「成績」であり、それと連動した「席次」であったと考えられる。私立聖霊高等女学院師範科の場合は「成績」が91点以上、私立秋田女子技芸学校師範科の場合は「成績」が90点以上、鷹巣町立実科高等女学校補習科の場合は「成績」が91点以上の者が合格と判定され、卒業と同時に小学校専科正教員免許状（裁縫）が授与された。

　他年度においても合否判定は主に「成績」によって決定された。私立聖霊高等女学院師範科について年度別に列挙すると、1925（大正14）年度は86点（36名中上位11名が合格、合格率は30.6％）、1926（昭和元）年度は86点（41名中上位22名が合格、合格率は53.7％）、1927（昭和2）年度は85点（51名中上位20名が合格、合格率は39.2％）、1928（昭和3）年度は89点（51名中上位15名が合格、合格率は29.4％）だった[22]。いずれも小学校現場等における教職経験を経ることなく修了と同時に授与されたのであり、「族称」「体格」によって不合格になった者はいない。

　私立秋田女子技芸学校師範科の場合について、同じく合否判定の基準を年度ごとに列挙すると、1925（大正14）年度は88点（22名中上位5名が合格、合格率は22.7％）、1926（昭和元）年度は87点（8名中上位5名が合格、合格率は62.5％）、1927（昭和2）年度は88点（10名中上位4名が合格、合格率は40.0％）、1928（昭和3）年度は89点（8名中上位5名が合格、合格率は62.5％）、1929（昭和4）年度は90点（5名中上位3名が合格、合格率は60.0％）で、上述の私立聖霊女学院師範科と同じく「成績」によって合否判定がくだされた[23]。いずれも、教職経験を経ることなく修了と同時に授与されたのであり、「族称」「体格」によって不合格になった者はいない。

　以上を踏まえると、私立聖霊高等女学院師範科および私立秋田女子技芸学校師範科ともに、修了者に対し実施された無試験検定の合否判定基準の中核は「成績」であり、その合格ラインは年度や学校によって異なっていたが、おお

よそ 80 点台後半から 90 点台前半に集中した。また，合格率をみると各学校の卒業者のうち「全体の約○割を合格させる」という基準ではなく，卒業者の「成績」をもって合否判定が行われていたことがわかる。

　年間を通じて，随時実施されていた無試験検定が主に受験者の「学歴」と「教職経験年数の多寡」によって合否判定をくだしていたのとは異なり，小学校教員無試験検定認定校の修了者に対しては小学校教育現場に出ることなく，「学歴」（高等女学校本科卒業　＋　師範科等）と「教育学」の修得による総合的な「成績」を重視し小学校専科正教員免許状（裁縫）が授与されていたのである。

おわりに

　以上，秋田県の小学校教員無試験検定認定校について，特に私立秋田女子技芸学校と私立聖霊高等女学院を事例として，これまで収集してきた関係史料をもとに若干の考察を加えてきた。最後に本章で明らかになったことと今後の課題について整理しておきたい。

　第 1 点は，毎年定期的に実施されてきた無試験検定とは異なり，特定の私立学校ないし各種学校等を「認定」し無試験検定が実施されていたことが確認できたことである。秋田県においては，私立秋田女子技芸学校師範科（小学校専科正教員免許状〈裁縫〉），私立聖霊高等女学院師範科（小学校専科正教員免許状〈裁縫〉），秋田県立秋田高等女学校女子講習科（尋常小学校本科正教員免許状および小学校本科准教員免許状），鷹巣町立実科高等女学校補習科（小学校専科正教員免許状〈裁縫〉）において，修了者のうち在学中の成績が優秀だった者に限り，認定を受けた小学校教員免許状が授与された。今後は，各道府県内の私立学校ないし各種学校等の関係史料まで視野を広げ，小学校教員無試験検定認定校の全体像を把握することが必要である。

　第 2 点は，第 1 点とも関わるが，小学校教育現場を経由することなく，卒業と同時に小学校教員免許状が授与され，小学校教員となるルートが確立していたことである。表 6-1 に示した学科課程と毎週教授時数によれば，尋常小学

校本科正教員の場合は「教育」が重視され，小学校専科正教員（裁縫）の場合は「裁縫」に重点を置いたカリキュラムが組まれていた。特に後者の場合は，卒業後に専門とする教科（裁縫）の専門的な知識や技能に優れた小学校教員養成が目指されていたのであり，専門的学問の修得を重視する中等教員像に親和的な小学校教員資格観だった。従来，秋田県の小学校教員は長年にわたって小学校教育現場で教職経験年数を積み重ね，そのなかで教育学的教養等を修得し小学校教員としての力量を高めるという小学校教員像が一般的なモデルだったと考察してきたが，小学校教員無試験検定認定校出身者のような新しい「型」を兼ね備えた小学校教員が，しかも公立ではなく秋田県内では限られた私立学校から一定数供給され続けていたことによって，秋田県の小学校教育界に有形／無形の影響を与えたと考えられる。今後は，「量」の問題だけではなく「質」的な変化にも着目し，小学校教員無試験検定認定校が与えた影響について考察を深化させたい。

　第3点は，小学校教員無試験検定認定校の「認定」過程を明らかにすることである。本章では，史料的な制約から申請書提出後の「認定」の具体的な過程を追うことはできなかった。「認定」において特に重視された項目は何だったのか。秋田県の申請書や合否判定資料等から浮かびあがってくることは，①認定を受ける学校に関する審査，②入学者の学歴（高等女学校本科卒業以上が必要），③卒業者の成績（席次）の三項目だったのではないかと推定している。②③については本章で述べたとおりだが，①については十分に取り上げることができなかった。中等教員の場合と比較して，小学校教員無試験検定認定校の審査書類上にどのような相違点があったのか，今後の課題としたい。

【附記】
　私立聖霊高等女学院師範科に関する史料調査にあたっては，宮城教育大学名誉教授の笠間賢二先生を通じて，聖霊短期大学の佐藤榮悦先生，塚田三香子先生，聖霊学園事務局長の村山恒平氏のご厚意により，戦前の設置認可書類や学校史などを閲覧させていただくことができた。略儀ながらここに感謝申し上げる次第である。

〈注〉
1) 笠間賢二「小学校教員無試験検定に関する研究——宮城県を事例として——」『宮城教育大学紀要』第42巻，2007年，174頁．
2) 笠間賢二「書評釜田史著『秋田県小学校教員養成史研究序説——小学校教員検定試験制度を中心に——』」日本教育学会編『教育学研究』第79巻第4号，2012年，35頁．
3) 拙稿「明治20年代秋田県における小学校教員検定試験に関する研究」全国地方教育史学会編『地方教育史研究』第30号，2009年，同「小学校教員無試験検定制度に関する研究——秋田県を事例として——」日本教育史学会編『日本教育史学会紀要』第4巻，2014年等を参照していただければ幸甚である．
4) 前掲注1) のほか，以下の論文等を参照した．
   ① 笠間賢二「1920年代半ば以降の小学校教員検定——無試験検定の拡充——」『宮城教育大学紀要』第49巻，2014年．
   ② 笠間賢二「小学校教員無試験検定研究の課題」『宮城教育大学紀要』第51巻，2016年．
   ③ 笠間賢二「『小学校教員検定内規』の研究——小学校教員検定における免許状授与基準——」『宮城教育大学紀要』第52巻，2017年．
   ④ 笠間賢二「小学校教員無試験検定の研究——宮城県を事例として——」丸山剛史（研究代表）『戦前日本の初等教員養成における初等教員検定の果たした役割に関する歴史的研究』平成29年度〜令和3年度科学研究費補助金，基盤研究B，研究成果報告書（中間報告書），2021年．
5)「小学校教員無試験検定認定校」については，本書第4章を参照のこと．
6) 秋田県の尋常小学校本科准教員準備場については，拙著『秋田県小学校教員養成史研究序説——小学校教員検定試験制度を中心に——』学文社，2012年を参照していただければ幸甚である．
7) ①から④については，1925（大正14）年−1931（昭和6）年「会議事項書類（小学校教員検定委員会）」（請求番号：930103-03975），秋田県公文書館所蔵．以下，①から④に関する引用はすべてこれによる．⑤については，「明治四十二年以後認可書綴　聖霊女学院」聖霊学園本部所蔵資料．
8)「小学校教員無試験検定内規」（明治40年9月13日改正，即日実施），1900（明治33）年−1908（明治41）年「例規　学事（雄勝）」（請求番号：930103-01951）．秋田県における「小学校教員無試験検定内規」が初めて制定されたのは1901（明治34）年であり，その後1902（明治35）年および1907（明治40）年に改正された（1905〈明治38〉年−1908〈明治41〉年「第二部学務課事務簿　学規　全」請求番号：930103-03094）．上記は，大正期および昭和期に入り一部改正された可能性があると考えているが，史料的な制約から確認できておらず今後の課題である．ただし，大正・昭和期の小学校教員検定関係史料に記載されている無試験検定内規の一部や合否判定資料，県内に設置された私立学校等がかなり限

定されるため，他府県に比べて大きな改正はなかったのではないかと考えている。
9) 1925（大正14）年－1931（昭和6）年「会議事項書類（小学校教員検定委員会）」，前掲注7) に同じ。
10) 1908（明治41）年「内務部教兵課事務簿　学規学会　四番」（請求番号：930103-03103）。
11) 1916（大正5）年「内務部教兵課事務簿　学規学会　七番」（請求番号：930103-03164）。
12) 1913（大正2）年－1918（大正7）年「内務部教兵課事務簿　学規之部」（請求番号：930103-03140）。
13) 1931（昭和6）年「学務課事務簿（小学校以外ノ部）」（請求番号：930103-03377）。
14) 国立公文書館所蔵資料によれば，師範部の卒業者数は1927（昭和2）年度は20名，1928（昭和3）年度には一時的に32名と定員を超過したが，その後は1929（昭和4）年度は15名，1930（昭和5）年度は16名，1931（昭和6）年度は12名，1932（昭和7）年度は15名，1933（昭和8）年度は25名，1934（昭和9）年度は24名と定員割れが続いた。高等師範部は，1931（昭和6）年度に7名，1933（昭和8）年度に4名，1934（昭和9）年度に9名が在籍していただけで長期間にわたり不振が続いた（1928（昭和3）年－1945（昭和20）年「職業学校設置廃止認可（岩手県，秋田県）」（請求番号：昭47文部02658100），国立公文書館所蔵）。
15)「私立聖霊学院女子職業学校規則」1918（大正7）年3月－4月「内務部教兵課事務簿　学規学会之部　二番」（請求番号：930103-03183）。
16) 聖霊学園編『聖霊学園六十年史』1968年。このほか下記を参照した。
　　① 聖霊学園編『聖霊学園七十年史』，1978年。
　　② 聖霊学園編『聖霊学園八十年史』，1988年。
　　③ 聖霊学園編『学園史――光のまなびや――』，1989年。
　　④ 聖霊学園編『聖霊学園百年史』，2008年。
　　⑤ 聖霊学園編『光の子――聖霊学園100年のあゆみ――』，2008年。
17) 聖霊学園編『聖霊学園六十年史』，前掲注16) に同じ，38-39頁。
18)「私立聖霊学院女子職業学校規則」，前掲注15) に同じ。
19) 聖霊学園編『聖霊学園六十年史』，前掲注16) に同じ，59-62頁。
20) 聖霊学園編『聖霊学園六十年史』，前掲注16) に同じ，65頁。なお，「口頭で申達された」とあるように，当該期における無試験検定適用に関する各種申請書類等は確認できていないが，前掲注9) に示した秋田県庁文書に綴られている合否判定資料によって1924（大正13）年度から同校師範科卒業生に対する無試験検定が開始されていたことが確認できた。
21) 聖霊学園編『聖霊学園六十年史』，前掲注16) に同じ，136-137頁。
22) 1925（大正14）年－1931（昭和6）年「会議事項書類（小学校教員検定委員会）」，前掲注7) に同じ。
23) 同上。

第7章
高等女学校補習科の小学校教員養成機能
―― 北海道の場合 ――

大谷　奨

はじめに

　他府県に対しての戦前北海道の最も大きな特色は，常に開拓の途上にあったということである。明治以前から函館，松前といった道南はある程度開けていたが，内陸地の開拓は明治以降である。開拓使が置かれた札幌から徐々に内陸部の開拓が進んでゆく。明治中期になると上川地方，十勝地方の開発が進み，旭川や帯広といった市街地が形成されてゆく。これら都市部は道内各地の中心地として他府県と同様にまで発展していくが，次はそこを拠点として奥地へとさらに開拓の前線が進んでゆくので，常に新開地が存在することになるのである。

　このような開発状況のもとで，小学校制度を定着させることはきわめて難しかった。そのため北海道庁は「普通ノ規程ヲ実行シ難キ情況」でも小学校教育を受けることができるよう，1898（明治31）年に「簡易教育規程」を制定し，簡易教育所における短期間（2～3年）の就学も認めるという特例を設けている。そして，このような施設の整備と同様，教員の確保も他府県以上に困難であったことは想像に難くない。大正中期まで道内の小学校における代用教員の占める割合は3割を下回ることはなかったのである。

　そのため小学校教員検定は正教員を確保する重要な制度であったことが推測されるが，後に示すように，現段階で確認できる「小学校教員及幼稚園保姆検定内規」はごく限られており，試験検定，無試験検定の運用実態を確認することは困難である。

正教員を確保しようとするならば，教員検定によって代用教員に正規の資格を与えていくことが一策である。北海道では定期の試験検定のみならず，道庁が准教員養成講習会，北海道教育会が短期で尋常小学校本科正教員，長期で小学校本科正教員の養成講習会を開き，終了後，臨時に検定試験を行い合格者に免許状を授与していたことが知られている。この講習会は，正教員の確保に対し，きわめて重要な役割を果たしたと思われるが，道内各地の教育会も独自に講習会を開くなどしており，全体像を把握することは難しかった。

　今ひとつの正教員確保の手段が，師範学校以外の学校の出身者を，無試験検定の対象として公認することである。北海道ではこの方法が，とりわけ女子教員確保のために活用された。すなわち，高等女学校補習科の修了生に小学校本科正教員，尋常小学校本科正教員の免許状を与えることで，正教員の充足が図られたのである。

　そこで本章では，北海道における高等女学校の小学校教員養成機能について検討する。あらかじめ結論をいえば，高等女学校は教員不足の際にはその養成機能が重視され，教員が過剰になると教員養成の場から締め出されるという，いわば調整弁として役割を果たしていた。北海道庁も，その時の都合に合わせて，目的養成とは距離を置いて補習科を認識することもあれば，女子師範学校の代行とみなすこともあった。そしてこれは終戦まで改められることはなかったのである。ここではまず道内最初の高等女学校である札幌高等女学校の補習科における教員養成について検討する。続いてその後各地に新設される高等女学校補習科の模様と，修了生の赴任先について確認する。次に手元にあるいくつかの北海道の「小学校教員及幼稚園保姆検定内規」のうち，高等女学校に関わる規定を取り上げ，その内容を確認する。最後に，昭和期の北海道会でこのような高等女学校補習科における教員養成がどのように論議されていたのかについて検討を加えておきたい。

1 札幌高等女学校の開校と女子教員養成

(1) 札幌高等女学校の開校と補習科

1902 (明治 35) 年に，北海道で最初の庁立女子中等教育機関である札幌高等女学校が開設される。これ以降，道内の都市部や中核的な町に高等女学校が散在していくが，北海道の場合本科は4年制で統一されている。そして開校直後あるいはまもなくして1年制の補習科を併設する場合が多かったことも特徴の一つである。札幌高等女学校は当初から学則に補習科の存在を明記していた。1902年に100名の新入生の他，2年生と3年生に50名を入学させている。そのため本科の第1回卒業生は1903 (明治 36) 年度に輩出され，最初の補習科修了生が現れるのは翌 1904 (明治 37) 年度末である。

まず学則を概観してみる。1902 (明治 35) 年北海道庁令第36号として示された北海道庁立札幌高等女学校は「本科及補習科ヲ置キ其ノ修業年限ハ本科四箇年補習科一箇年トス」(第1条)と定められているが，各科の目的について直接の言及はない。しかし学則は「本科第三学年以上及補習科ノ生徒」を「給費

表7-1 補習科学科課程及毎週教授時数表

学科目	毎週時数	
修身	1	人倫道徳ノ要旨　作法
国語	4	講読　作文　習字
数学	3	算術（珠算ヲ含ム）　幾何ノ初歩
理科	4	博物　物理　化学　生理　衛生
図画	1	自在画　用器画ノ初歩
家事裁縫	5	一家ノ整理　経済ニ関スル事項　割烹　縫方　裁チ方　繕ヒ方　編ミ物
音楽	2	単音唱歌　複音唱歌　楽器使用法
体操	3	普通体操　遊戯
外国語（英語）	3	読方　解釈　会話　作文
教育	4	教育ノ原理　教育史　教授法　教育法令
計	30	

〔出典〕「北海道庁立札幌高等女学校学則」(1902 (明治 35) 年北海道庁令第36号) より抜粋。

生」として扱うことがあり（第21条），年額60円を給費し授業料を免除するとしている（第23条）。ただし本科で給費生となった者は補習科に進学することとされ（第22条），「給費生ハ補習科修了ノ日ヨリ五箇年間北海道庁長官ノ指揮ニ従ヒ教員職務ニ従事スル義務ヲ負フモノトス」（第25条）とされていた。つまりこの学校で給費生として採用されることは，（本科の時点から）教職へ進むことを意味していたのである。師範学校の制度と同様といえよう。

ところで1年制の補習科教育課程はいかなるものであったか。表7-1は補習科の授業時数表である。毎週30時間のうち，家事裁縫に1割以上が充てられているが教育にも4時間が配当されている。また本科に比べ，理数系の時間数も多くなっている。

では実際に本科から補習科へ進んだ者はいかほどであったか。1904年3月に本科を卒業した1期生44名中，補習科へは39名が進んでおり，うち28名は給費生であった。本科2期生44名中補習科へ進んだ者が41名，そのうち給費生は23名である。後ほどみるように，修了生は教員免許を授与され，道内各地の小学校に赴任していった。この札幌高女は創設当時，教員養成機関として機能していたといってよいであろう。

(2) 補習科の教員養成機能

この高等女学校の補習科を女子師範の代用として用いる，という方法については，水野真知子が『高等女学校の研究（上）』の「補習科における女教員養成」において考察している。これによると，高等女学校令制定前後，女性教員の需要が高まるものの女子師範学校の設立が進まない中で，「高等女学校と女子師範教育を結び付けて考えようとする動きがあった」[1]という。実際福井，長野といった各地で高等女学校に補習科を置き小学校教員養成が試みられた。とりわけ東京府では高等女学校令制定前に東京府高等女学校が補習科を併置し，相当数の女子教員を輩出した。しかし1900年代以降，女子師範学校の整備に伴い補習科における教員養成は漸次廃止されていったという。北海道はそれと入れ替わるようなタイミングで高等女学校補習科における教員養成に着手した

のであった。

　ところで，東京府高等女学校が１年制の補習科を置き女子師範を代行していた1896（明治29）年度の卒業式において，校長心得であった岩谷英太郎は補習科を「各府県尋常師範学校女子部卒業生に毫も譲るなき伎倆と熟練とを有せる卒業生を出すことを得べし」と誇っている。岩谷はこの後1900（明治33）年に北海道師範学校教頭として渡道している。つまり岩谷は，札幌高等女学校の開校を道内で立ち会っていたのである。在住時，発言力のある教育者として北海道教育会で活躍した岩谷は，1908（明治41）年に群馬県師範学校校長として転出するが，「北海道を辞し」「現任地を踏むに当りて」「其の所感」を北海道教育会の会誌に寄せている。そこでは，かつて自身が東京府高等女学校で補習科を設け，「教員養成に必須なる学科を授け」「優等生数名に対して，無試験検定を以て本科正教員の免許状を」「其他に対しては尋常小学校本科正教員の免許状を授与」したことについて触れられているが，上記の自賛とは逆に，これは「女子教育の気運に応ぜざる」ので取りやめたと述べ「高等女学校に於て小学校教員を養成するは，有害にあらざれば殆ど不可能なる制度」として，高等女学校と教員養成は馴染まないとしている。

　この発言からは，高等女学校補習科の修了生には無試験検定で免許が授与されたこと（およびそれは府県ごとの検定内規で定められた可能性が高いこと），しかしこれは女子教員確保のための応急措置であったこと，そして現在は避けるべきと岩谷が考えていたことがわかる。道内に長く在住した岩谷がこの執筆の際，札幌高等女学校補習科を念頭に置いていた可能性は高い。

　しかし北海道では，この札幌高女を皮切りに，以降各地に高等女学校が開設されていく。そして大半の高女には補習科が併設され，女子教員を輩出していった。この状態は，北海道に女子師範学校が設立される1940（昭和15）年まで続く。上述の岩谷に限らず，戦前の北海道では高等女学校における小学校教員養成の問題はしばしば論議されてきた。それにもかかわらず，高等女学校補習科は実質的に戦前の女子教員を養成する役割を担い続ける。高等女学校における教員養成は，北海道の教員養成，教員免許制度の大きな特徴の一つであった。

第7章　高等女学校補習科の小学校教員養成機能　　183

(3) 初期修了生の赴任先

では道内女子教員養成機関の嚆矢である札幌高女補習科の1期生2期生修了後のキャリアについて確認しておこう。表7-2は『北海道教育雑誌』に掲載される辞令と札幌高等女学校同窓会の名簿を突合し，第1回2回補習科修了生の最初の赴任地を地域別に一覧化したものである（当時区制を施行していた札幌，小樽，函館は独立して，残余は現在の総合振興局ごとにとりまとめている）。

第1回入学式の折，初代校長の小林到は「給費生は卒業後五箇年間長官の指揮に従ひ教員の職務に従事するの義務を負ふが故に」「根室にても宗谷にしても命の侭赴任するの覚悟なかるべからず」と訓話したと伝えられている[4]。実際，札幌区内にとどまる者は僅少で，周辺の石狩，後志，空知地方への赴任が多いものの，道南の渡島や道東，道北と道内一円にわたっており，宗谷の2名の赴任地は利尻島であった。もっとも，地方へ配属された場合，その学校はすべて尋常高等小学校であり，ある程度規模の整った学校に赴任させるという配慮はあったようである。

さらにこれに1911（明治44）年8月現在の同窓会名簿[5]を用いて，その後の状況と突き合わせてみる。修了から6年が経過した1期生は全道各地の小学校に赴任した31名中，引き続き教職にあるものが13名であった。補習科修了5年後の2期生は赴任した28名中16名が教職にとどまっている。名簿では旧姓は付されている場合も多く，結婚を機に離職した者が多かったことをうかがわせる。しかし5年間の義務期間が終わっても全体として半数近くが教職にとどまっている点は注目してよいであろう。給費生制度，就職義務，そして全道的な配置という諸点からしても，この時期の高等女学校補習科は実質的に女子師範学校として機能していたといえる。た

表7-2　1期・2期生の赴任先

赴任先	人数	赴任先	人数
空知	8	オホーツク	1
石狩	3	十勝	1
後志	10	釧路	1
胆振	2	根室	2
渡島	6		
上川	3	札幌区	2
留萌	4	小樽区	5
宗谷	2	函館区	9

〔出典〕北海道教育会『北海道教育雑誌』に掲載されている辞令と，北海道庁立札幌高等女学校校友会同窓会『会誌』に掲載されている名簿をもとに作成。

だし，先ほどの1911年現在なお教職にある者のうち，1期生は9名，2期生も6名が最初の赴任先から転勤して札幌区内の小学校の所属となっている。最初の赴任先や地方の学校にとどまり教師生活を続けるというケースは少なかった。

2　高等女学校の拡充

(1) 高等女学校の増設と補習科における教師教育

　札幌に続き，まず都市部で高等女学校の開設が続く。その後しばらくブランクが続いた後，大正中後期にかけてそれに準ずる地方主要地に北海道庁立高等女学校が増設されていく。大正期までに開設された高等女学校の開校年と，補習科が設置された年を**表7-3**にまとめてみた。

　先に取り上げた，「札幌高等女学校学則」は2校目の函館高女が開設されると「北海道庁立高等女学校学則」として汎用化される。補習科のカリキュラムや給費生の規定はそのまま残されている。つまり，補習科を併設した各地の高等女学校は札幌高女と同様，小学校教員養成機能を担うことになるのである。実際，『昭和四年四月北海道教育要覧』(北海道庁学務部)では，これらの学校は「一ヶ年ノ補習科師範部ヲ設置シ其ノ卒業者ニ対シ尋常小学校本科正教員免許

表7-3　大正期までに開設された庁立高等女学校

学校名	開校	庁立移管	補習科設置
札幌高等女学校	1902 (明治35) 年		1904 (明治37) 年
函館高等女学校	1905 (明治38) 年		1909 (明治42) 年
小樽高等女学校	1906 (明治39) 年		1909 (明治42) 年
上川高等女学校	1907 (明治40) 年		1911 (明治44) 年
釧路高等女学校	1919 (大正 8) 年		1922 (大正11) 年
室蘭高等女学校	1918 (大正 7) 年	1919 (大正 8) 年	1922 (大正11) 年
網走高等女学校	1922 (大正11) 年		1926 (大正15) 年
根室高等女学校	1919 (大正 8) 年	1923 (大正12) 年	1921 (大正10) 年
岩見沢高等女学校	1924 (大正13) 年		1927 (昭和 2) 年
苫小牧高等女学校	1924 (大正13) 年	1927 (昭和 2) 年	1925 (大正14) 年

〔出典〕学校沿革誌などをもとに作成。

状ヲ授与シ，女教員ノ補充ヲ行フ」「女教員養成機関」として紹介されている[7]。また同時に掲載されている1928（昭和3）年度の教員検定人員調によると，尋常小学校本科正教員無試験検定の女子受験者が859名，合格者が851名となっていることから，高等女学校補習科修了者はほぼ無条件で教員免許状が授与されていたと考えてよい[8]。

では，高等女学校でどのようなトレーニングが行われていたのか。教員養成は高等女学校の本来の目的とはいえないためか，補習科でいかなる教師教育が展開されたのかを史料等からうかがい知ることはきわめて難しい。ここでは乏しい事例ではあるが二点あげておきたい。一つは，教育実習が行われていたことである。例えば小樽高等女学校では，1910（明治43）年の1月17日から「二月十二日迄三週間補習科生徒三十八名区立花園尋常高等小学校に於て実地授業を練習」し「自今毎年之を行ふ」こととなったとある[9]。他にも釧路高等女学校の沿革には「補習科生，（1月28日より）二月二十三日まで第五小学校にて実地授業に当る」という記述があり[10]，教育課程表には載らないものの，実習等を課外で行っていた補習科は少なくなかったと思われる。

今一つは，札幌高等女学校の事例である。札幌高女では毎年一度各クラスが級友会を開き，一同で校長等からの懇話を受けていた。以下は1916（大正5）年6月27日に催された補習科師範部級友会の記録である。

> 校長先生は，我等のいでて教職につきて後の御注意細々としたためたる一冊の刷物をさへも賜ひて訓させ給ひ，上田先生には，我等先輩の就職の成績につきて幾多の美しき模範を示させ給へり。とりどりの御注意今より心に留めて，母校の誉をいよいよ高くあげんとこそ思へ。松野先生よりは体操科につきて，渡邊先生よりは，教職につきての二三の注意を，石田先生よりは，我等の規箴として或一女教員の例を挙げ給ふ。又安芸先生には教員の模範とすべき点につき，新島先生の御逸話をひきてさとさせ給ひぬ。いづれも我等が前途を思召されての御言葉ならなくはなく，只々有難くかたじけなし[11]。

学校としても，自らが行っている教員養成に無頓着ではなかったことを示す事例といえる。露骨には目的養成を掲げることができないため，いわば正課外で教師教育が実践された事例といえるであろう。

(2) 地方の高等女学校と補習科修了生の赴任先

当初，高等女学校は札幌の1校だけであったため，先述のように修了生の赴任先は道内一円に広がっていた。各地に高等女学校が設けられることによってこれがどのように変わったのかについて確認をしておく。結論をいえば，各地の高等女学校はその周囲の小学校に教員を提供する役割を担うようになる。

例えば函館高等女学校の場合，昭和に入ってまもなくの同窓会誌において，1期生の現役教師が函館市内の「弥生女子小学校の重鎮」として紹介されており[12]，また1922（大正11）年度卒の14期生のうち少なくとも9名は千代岱，巴，若松といった市内小学校に在籍している[13]。

また1934（昭和9）年の釧路高等女学校同窓会誌によると，1931（昭和6）年3月に卒業した9期生（補習科に進んだ者は1932（昭和7）年3月修了）のうち，4名が釧路市内の第二，第四，湖畔小学校に勤務していることがわかる[14]。さらに，岩見沢高等女学校の同窓会名簿を見ると，岩見沢中央小学校といった岩見沢町内の学校に限らず，新十津川町の上徳富小学校，美唄町の常盤台小学校，夕張町の丁未小学校など卒業生が広く空知管内一円の小学校に赴任している[15]。

高等女学校が全道に広く散在することで，補習科が当該地方の女子教員の輩出機関として機能したことがうかがわれるのである。確認してはいないものの，これに応じて，当初は全道一円に女子教員を提供していた札幌高等女学校補習科の修了生は，次第に札幌市内や周辺部の小学校に赴任するようになったのではないかと推察される。

(3) 昭和期に設立された高等女学校と教員養成

ところで，昭和期に入っても全道各地で庁立高等女学校の開設が進むが，設立のプロセスが従前とは異なっている。すなわち町村立の高等女学校（実科高

等女学校の場合もあった）を設置者変更する形で庁立高女の増設が進むのである。道庁は移管に際し，当面の経常費の支出や，校舎校地の整備を求めており，町村は少なくない財政的負担を負いつつ移管を実現させていった。このように移管によって開設された庁立高女のほとんどには補習科が併設されなかった。なかには，補習科を備えていた町村立高等女学校が，移管を期に本科のみに改組されるケースもあった。後述のように，昭和初期，全道的に教員数が過剰となり，高等女学校の教員養成機能を絞り込むような政策動向がみられるが，それと関連している可能性もある。

　しかし移管を果たした高等女学校に補習科の併設を強く求める地方もあった。滝川高等女学校の事例をみてみたい。滝川町には，女子教育機関として1924（大正13）年に滝川女子職業補習学校が開設される。その後女子中等普通教育を求める声が高まり，1929（昭和4）年に町立滝川高等女学校を設立し，この学校を1931（昭和6）年に北海道庁へ移管したものが北海道庁立滝川高等女学校である。当時の典型的な庁立学校の開設パターンといえる。

　当初本科4年のみであった滝川高女には，教員志望者が毎年あったが，「高女だけの卒業では，代用教員として採用されるのみ」だったので，補習科を求める声が高かったという。そこで1939（昭和14）年，創立「十周年の記念事業として保護者会を経費負担者として補習科の新設」が行われた。これによって「尋常科正教員の資格を有する教員」の輩出が可能となり，「長い念願が叶えられた事業だった」，とある。昭和10年代に入り，戦時下体制の中，小学校教員が再び不足した時期でもあった。

　一方，戦後まで補習科が置かれなかった高等女学校についてもみておこう。江差高等女学校も滝川の場合と同様，町立の高等女学校を1937（昭和12）年に移管して設けられた庁立高女であるが，「中等学校令」制定まで補習科が併設されることはなかった。そのため免許状取得のためには，試験検定を受験する必要があったのだが，その体験記が残されている。それによると，1938（昭和13）年度の3学期，「今まで女学校を卒業してからでないと受けられなかった尋常小学校本科正教員の資格を取る検定試験が，今年から在学中に受けられる

様になった」と聞いた4年生の何人かがこれに応じ，教育科の教員から「教育学，心理学，各科教授法など」を「放課後，補習勉強で習」ったという[18]。無試験検定受験が圧倒的に有利であった中で，補習科で教員免許状を取得した生徒がいた一方，このように試験検定を経て教員資格を得た高等女学校生徒も存在していた。

　それでは，この検定制度は北海道の場合いかなるものであったのかを次にみてゆく。

3　「小学校教員及幼稚園保姆検定内規」における高等女学校

(1) 内規の所在について

　現在筆者の手元にある北海道の小学校教員及幼稚園保姆内規は以下の四つである。

① 「小学校教員検定内規の改正」(『北海道教育』26号 (1920年10月，59-62頁) に全文が掲載されている。この改正による試験検定は1921 (大正10) 年1月より適用，試験検定についてはすでに施行済みとある。改正の要点は，現行の内規が古くなり現状にそぐわなくなった箇所の修正と，実科高等女学校卒業者の小学校教員試験検定の免除科目を本科卒業生と同一としたことなどである。

② 「小学校教員検定内規一部改正」(『北海道教育』81号 (1925年5月，70-73頁) に，内規の一部が改正されこの4月1日から適用になったとして，漢字平仮名交じりの箇条書きでその概要が紹介されている。

③ 「小学校教員及幼稚園保姆検定内規」(『北海道教育』93号，1926年5月，71-75頁) として，3月20日から適用となった条文が紹介されている。

④ 「小学校教員及幼稚園保姆検定内規」(『北海道教育』98号，1926年10月，82-87頁) に上記の③を改正した条文が掲載されている。高等女学校に関係する改正点は，私立北星女学校と遺愛女学校の卒業生に小学校専科正教員の免許

状を無試験検定で授与できるようになったこと，同じく両校の卒業生が小学校本科正教員，尋常小学校本科正教員の試験検定を受ける際の免除科目を高等女学校卒業者と同一としたことなどである。

これ以前にも，まず内規自体の制定があったわけで，後述の北海道会等での発言から理解されるように，昭和期以降もさらに改正が重ねられていたことは確実であるものの，それらについては未見である。なお，『北海道教育』の質疑応答欄において，最近改正された内規の内容に関する質問に対し，編集部は「検定内規は所謂内規であって道庁は今度からは之を一般には発表致しません」と答えている。[19] 昭和期の検定内規の渉猟は困難と思われる。

(2) 無試験検定規定の変化

それでは無試験検定について，高等女学校に関係する条文の変化を検討する（③は短期間で改正されているので，①②④を比較する）。

まず小学校本科正教員無試験検定の対象者については以下のように改正される。

①	高等女学校（実科ヲ含ム）……卒業者ニシテ二ヶ年以上本道小学校准教員又ハ尋常小学校本科正教員ノ職ニ従事シ現ニ其ノ職ニ在リテ成績佳良ノ者
②	小学校令施行規則第百七条第一項……第五号該当者にして引続き三ヶ年以上本道尋常小学校本科正教員の職に従事し現に其の職に在りて成績佳良の者
④	中学校，高等女学校，実科高等女学校卒業者……ニシテ引続キ一ヶ年以上本道小学校ノ教職ニ従事シ現ニ其ノ職ニ在リテ成績佳良ナルモノ 但シ高等女学校補習科師範部ヲ卒業シタル者ハ一ヶ年以上引続キ在職シ現ニ其ノ職ニ在リテ成績佳良ナルモノ [20]

②の「小学校令施行規則第百七条第一項」「第五号」とは高等女学校卒業者のことであるから，前提となる学歴は同一である。①では勤続年数が二ヶ年となっていたがこれが1925年改正では連続して三ヶ年と延長され，翌年には連続して二ヶ年とすぐに短縮される。また，②では対象を尋常小学校本科正教員に限っており，概して前後に対し条件が厳しくなっているがその背景は明らかではない。なお，④では，高等女学校補習科師範部卒業生は一ヶ年の在職で小本

正の無試験検定を受験できることが大きな特徴である。

一方，尋常小学校本科正教員については以下のような変遷となっている。

①	・高等女学校（実科ヲ含ム）ヲ卒業シ且之ト同等以上ノ学校ニ於テ一ヶ年以上特ニ小学校教員ニ適スル教育ヲ受ケタル者 ・高等女学校（実科ヲ含ム）ヲ卒業シ一ヶ年以上本道小学校教員ノ職ニ従事シ現ニ其ノ職ニ在リ成績佳良ノ者
②	・高等女学校（実科を含む）を卒業し且つ之と同等以上の学校に於て一ヶ年以上特に小学校教員に適する教育を受けたる者　但し委員会に於て認定したる学校のみに限る ・小学校令施行規則第百七条第一項……第五号に該当し代用教員として引続き三ヶ年以上准教員として二ヶ年以上本道小学校の教職に従事し現に其職に在りて成績佳良の者
④	・高等女学校ヲ卒業シ且ツ之ト同等以上ノ学校ニ於テ一ヶ年以上特ニ小学校教員ニ適スル教育ヲ受ケタル者 ・高等女学校，実科高等女学校卒業者……ニシテ引続キ一ヶ年以上本道小学校ノ教職ニ従事シ現ニ其ノ職ニ在リテ成績佳良ナル者

それぞれの改正内規の上段部分が，高等女学校の1年制補習科修了生が教員免許状を取得することを可能としていた。②では「委員会ニ於テ認定シタル学校ノミニ限ル」となっており，ここでも前後に比べ文面上条件が高くなっている（次号で指示する勤続年数も長くなっている）が，「小学校教員ニ適スル教育」の内実も検定委員会の判断事項であろうから，大きな運用の変化はなかったと思われる。北海道において高等女学校補習科修了者は無試験検定の対象であり，その「小学校教員ニ適スル教育」は，「北海道庁高等女学校学則」の補習科学科目，課程及毎週時数表として表現されるのである。

(3) 試験検定規定の変化

先に見たように，江差高等女学校といった補習科を持たない高等女学校の生徒は，試験検定によって免許状を取得する必要があった。試験検定の条文において高等女学校がどのように取り扱われていたのかを確認する。具体的には，高等女学校を卒業することでどの科目が免除され，どの科目を受験しなければならなかったのかである。まず小学校本科正教員については以下の通りである。

①	・修業年限五ヶ年ノ高等女学校卒業者又ハ修業年限四ヶ年ノ高等女学校ヲ卒業シ且一ヶ年以上補習科ヲ修メタル者ニ対シテハ左記科目ノ試験ヲ行ヒ其ノ他ノ科目ノ試験ヲ欠ク 　教育，国語漢文ノ内漢文 ・実科高等女学校ヲ卒業シタル者ニ対シテハ左記科目ノ試験ヲ行ヒ其ノ他ノ科目ノ試験ヲ欠ク 　教育，地理，歴史，音楽，国語漢文ノ内漢文
②	・高等女学校本科及補習科を卒業したる者に対しては左記科目の試験を行ひ其の他の科目の試験を欠く 　教育，国語及漢文の内漢文，博物，物理及化学 ・実科高等女学校本科及補習科卒業者に対しては左記科目の試験を行ひ其の他の科目の試験を欠く 　教育，地理，歴史，国語及漢文の内漢文，博物，物理及化学，音楽，体操
④	・修業年限五ヶ年ノ高等女学校卒業者ニ対シテハ左記科目ノ試験ヲ行ヒ其ノ他ノ科目ノ試験ヲ欠ク 　教育，国語及漢文ノ内漢文 ・修業年限四ヶ年ノ高等女学校卒業者私立北星女学校及私立遺愛女学校卒業者及専門学校入学者検定規程ニ依ル試験検定合格者ニ対シテハ左記科目ノ試験ヲ行ヒ其ノ他ノ科目ノ試験ヲ欠ク　但シ私立北星及遺愛女学校ニ関シテハ専門学校入学者検定規程ニ依リ文部大臣ヨリ指定ヲ受ケタル者ニ限ル 　教育，国語及漢文ノ内漢文，博物，物理及化学 ・実科高等女学校卒業者ニ対シテハ左記科目ノ試験ヲ行ヒ其ノ他ノ科目ノ試験ヲ欠ク 　教育，国語及漢文ノ内漢文，地理，歴史，博物，物理及化学

意図は図りかねるが，①②は4年制本科高等女学校が念頭に置かれず補習科を意識した，逆に④は補習科への配慮がみられない学歴設定となっているようにみえる。受験が必要な科目については，5年制本科高等女学校卒業の場合，教育と漢文の受験が求められていることなどから，女子師範学校の教育課程との差異からおおよそ説明することができ，概して後年になると要求がやや高まっているようにみえる。

　尋常小学校本科正教員試験検定の規定は以下の通りである。

①	・高等女学校ヲ卒業シタル者ニ対シテハ教育ノ試験ヲ行ヒ其ノ他ノ試験ヲ欠ク ・実科高等女学校ヲ卒業シタル者ニ対シテハ左記ノ科目ノ試験ヲ行ヒ其ノ他ノ科目ノ試験ヲ欠ク 　教育，地理，歴史
	・高等女学校を卒業したる者に対しては教育の試験を行ひ其の他の科目の試験を欠く

②	・実科高等女学校を卒業したる者に対しては左記科目の試験を行ひ其の他の科目の試験を欠く 教育，地理，歴史，理科
④	・高等女学校ヲ卒業シタル者専門学校入学者検定規程ニ依ル試験検定合格者及私立北星女学校及私立遺愛女学校ヲ卒業シタル者ニ対シテハ教育ノ試験ヲ行ヒ其ノ他ノ科目ノ試験ヲ欠ク　但シ私立北星女学校及遺愛女学校卒業者ニ関シテハ専門学校入学者検定規程ニ依リ文部大臣ヨリ指定ヲ受ケタル者ニ限ル ・実科高等女学校卒業者及専門学校入学者検定規程ニ依リ文部大臣ヨリ指定ヲ受ケタル女子職業学校卒業者ニ対シテハ左記科目ノ試験ヲ行ヒ其ノ他ノ科目ノ試験ヲ欠ク 教育，地理，歴史，理科

　こちらは，改正を経ても，本科と実科で区別が続き，免除される科目が一定している点で一貫している。江差高等女学校で先生から「教育学，心理学，各科教授法など」を「放課後，補習勉強で習」ったという先の回想ともほぼ一致しているといえよう。

　さしあたり現時点では内規についてはこれらのケースしかないため，これ以上の指摘は難しい。ただ，次に見る昭和期の北海道会での高等女学校における教員養成をめぐる論議から，開校当初の札幌高等女学校補習科では，小学校本科正教員免許状を与えていたが，途中から尋常小学校本科正教員に切り替えられたことがわかっている。また1931（昭和6）年に札幌高女の補習科は2年制の専攻科に改組され，再び小学校本科正教員免許を授与できるようになった。[21]そのたびに内規が改正されていたわけであり，その改正がどのようなものであったのかについて，ある程度推察することは可能である。

4　昭和期北海道会における女子教員養成論議

(1) 供給過剰期における高等女学校と教員養成

　高等女学校補習科における無試験検定による女子教員養成は北海道内ではどのように捉えられていたのであろうか。すでにみたように，札幌高等女学校開学当時から，補習科における小学校教員養成は緊急的な措置であり，女子中等普通教育と教員養成はなじまない，という正論が存在していた。したがって，

女子師範学校を設置すべしとという主張は早くから展開され，北海道会でも1911（明治44）年第11回通常会における「女子師範学校設置に関する件」の建議[22]以降，その必要性は繰り返し確認されている。1921（大正10）年の第21回通常会では，北海道庁長官から今後の道内における中等学校等の整備のあり方について諮問を受けた道会が，学校増設計画を答申しているが，そこでは札幌に女子師範学校を1925（大正14）年に開設することが予定されていた[23]。それにもかかわらず女子師範の設置は繰り延べが続き，高等女学校補習科が女子教員養成機関としての役割を果たし続けていた。

　しかし昭和に入ると北海道は一時的に人口減少・停滞期に入って教員の需要が落ち込む一方で，経済不況により教職への志望者が増加し，教員の供給は過剰気味となる。

　1928（昭和3）年の第28回通常会で「近来聞ク所ニ依リマスト，女教員ニ於キマシテハ正教員ガ沢山ニナツタノカ，免状ヲ持ツタ者ガ就職難ニ陥ツテ居ルト云フヤウナコトヲ耳ニシテイル」，と尋ねられた道庁当局は，「山ノ中或ハ原野ノ中」といった新開地には女性に適当な居住先がない，「都会地ナラバ其ノ点ハ大変ニ好都合デアル」「ケレドモ都会ニ出テ来ラレテモ矢張ソコニ職ヲ求メル方々ガ非常ニ多」く「職ガ得ラレナイ」ためだとして，「漸次市町村ガ相当発達シ」「女教員ヲ多ク容レ得ルヤウナ適当ナ施設ガ出来ルヤウ」になれば「女子ガ地方ニ職ヲ求メ得ルヤウニナルカト存ジマス」と回答している[24]。この時点では道庁当局は比較的楽観的であったといえる。

　だが，翌年もまた女子教員の就職難が問題とされる。道内各地に高等女学校が設立されたが，「女学校ヲ出タ所ノ多クノ者ハ，教員トシテノ養成ヲ受ケテ居ルニモ拘ラズ，小学校教員ニ採用サレナイ」のは問題だという発言があった。これはこの際補習科を整理すべきではないかという趣旨を含む発言であるが，この時期就職状況が芳しくないことと同時に，高等女学校補習科が教員養成機関として認識されていたことが理解できる。これに対し当局は，確かに小樽高等女学校補習科などでは「百人ニ一人モ実際教員ニナレナイ」ことは認めつつも，「女学校ノ補習科ハ，単ニ教師タランガタメニ入ル処」と世間に「誤解サ

194　第1部　小学校教員検定制度の多様性

レテ居ル点ガ遺憾ニ思フ」として，女子中等教育も「男子ノ教育ト同様ニ，相当程度ヲ昂メル必要ガア」り，それが「本当ノ補習科」の趣旨であると述べている。[25] 高等女学校補習科は教員養成を直接の目的とはしておらず，それゆえ，教員になる者が僅少であることを理由に補習科の存否を論議すべきではない，という態度である。

(2) 道庁の抑制政策

　しかし1930（昭和5）年の北海道会において，道庁は一転して補習科の縮小に踏み切る。その内訳は，札幌高等女学校が後述のように専攻科を設置するため2学級減，以下函館，旭川，室蘭，網走，根室，苫小牧が各1学級減，そして岩見沢が2学級減の合計10学級の縮小であった。とりわけ岩見沢の場合，もともとが2学級編成であったことから，これは補習科の全廃を意味する。これに加え，従来補習科修了者にほぼ文字通り無試験で与えられていた尋常小学校本科正教員免許状が，来年度からは「与ヘラレナイ」という大きな方針転換が示されている。[26]

　それぞれの論議について確認しておく。補習科の縮小について，道庁は次のような理由を示す。まず「今回廃止致シマシタ処ハ，最モ少イノガ七名，多クモ三十名ヲ出ナイ」という定員の未充足があげられる。これでは「学校教育ヲ弛緩セシメテ居ルヤウナ状態」なので「緊張シタル気分ニサセタイ積リデ」学級減としたという。そして「補習科ニ入ツテ来ラレル人ノ殆ド九分九厘マデガ，小学校教員ノ志望者デア」るが，「其ノ目的ヲ達成シテ居ル者ハ極メテ寥々」なので経費削減の折縮小することにしたと述べている。従来高等女学校の教育とは関係づけていなかった教員養成を「副目的」と表現してクローズアップし，その不振を補習科削減の根拠とするのであった。[27]

　これに対しては，「補習科ノ整理改廃ヲヤラレルト云フコトハ，或ル程度マデハ御尤ナ点モアル」が，「岩見沢高等女学校ノ補習科ヲ二学級全部廃止スル」のはいかがなものか，という意見が示された。[28] 岩見沢高等女学校の学校日誌には，1930年11月28日「補習科存置協議の為保護者会役員会」とあり，[29] 廃止

の方針が深刻に受け止められていたことが理解される。論議の結果，道庁側が「其ノ学校ニ於テ教育的ニ十分ニ」「確リトヤリマスルナラバ，ソレハ認メテモ宜シイ」と歩み寄り，岩見沢高等女学校補習科は全廃を免れることになった。[30]

今一つの，無試験検定の取り扱いの変更についてであるが，これを指摘した議員は次のように述べてその不当を難じている。

　　　明治三十八年・三十九年・四十年ノ三箇年間ハ本科正教員ノ資格サヘモ与ヘタノデアリマス，サウシテ明治四十一年カラ昭和五年マデ二十三箇年間ニ亙ツテ，尋常科正教員ノ資格ヲ与ヘタノデアリマス，然ルニ明年三月ノ卒業生ニ対シテノミ，尋常科正教員ノ資格ヲ与ヘラレナイト云フノハ一体何故デアルカ[31]

この発言からは，当初高等女学校補習科修了生は小学校本科正教員の無試験検定の対象となっていたが，（おそらく義務教育年限延長に伴い）検定内規が改正され，尋常小学校本科正教員に改められたこと，そして長く続いたその内規が再び改正されようとしていることがうかがえる。ただ，無試験検定の対象ではなくなる，というのはこの議員の誤解で，実際には「小学校ニ就職スル者ニ対シマシテ，検定委員会ノ決定ニ依リマシテ資格ヲ付与スル」方向で検定を行うので「自信ノアル者ハ進ンデ受検ヲ致シ，或ハ資格ヲ申請シタナラバ，無試験デ交付サレルコトモアル」と説明されており，無試験検定の運用を厳格化するという変更であったようである。この方針変更の理由について道庁は，上述の教育の「弛緩」に由来する補習科修了生の「学力ノ鈍」さも指摘しているが，「内情」として開陳される，「師範ノ卒業生ガ相当多数出マスノデ，補習科ノ卒業生或ハ検定ニ依テ資格ヲ得タ者ガ，イロイロノ事情カラ就職ヲ致スコトニナリマスルト，師範ノ卒業生ノ配当ニ困ル」という都合の方がより大きかったのであろう。[32]

地方財政の悪化と，教員の過剰供給の状態は奉職させるべき師範学校卒業生の赴任先にまで影響を与えていた。ここにきて，道庁は頓着していなかった高等女学校の教員養成機能にあえて着目し，それに手を加えることで有資格教員

の全体数を調整しようとした。具体的には，師範学校以外で教員養成機能を持つ学校の入り口を抑制し（高等女学校補習科の削減），その出口で有資格者の人数制限（内規運用の厳格化）を行おうとしたのであった。

(3) 札幌高等女学校専攻科の設置

ところで補習科削減のうち札幌については，2年制専攻科を置くための措置であった。この専攻科の設置について，議員の一人は「自分共ハ愉快ニ思ウ」と歓迎しているが，これは「女子師範ノ代用」と認識した上での発言である[33]。この専攻科設置の意図について確認しておきたい。

専攻科は1931年4月に設置が認可されたが，同年末の北海道会で，議員の一人は単刀直入に「今度札幌高女ニ専攻科ヲ設ケラレルヤウデスガ，之ハ嚮テ女子師範ノ前提トシテオヤリニナルノカ」と尋ねている。これに対し学務部長は「将来ニ於テ女子師範ヲ設ケタイト考ヘテ居ル」が，当面「専攻科ハ専攻科トシテ，只今ヤッテ居リマスル間ハ，専攻科トシテノ特別ノ使命ヲ持ツテイル」と応じるが，続いて「将来私一個ノ意見ガ通リマスルナラバ，之ヲ女子師範ニ変更シタイト考エテ居ル次第」とも述べており，その性格を明瞭に説明することはしなかった[34]。

そのため，別の議員から「専攻科ヲ置カレル御趣旨ハ」「教員ノ養成ヲ目的トシテ居ルカ，或ハ将来良妻賢母ヲ造リ上ゲルコトニ力ヲ充実セシムルト云フ御趣旨デアルノカ」と再び問われるのであるが，「目的ハヤハリ女子ノ一般的ナ教養ヲ高メルト云フ趣旨」だが「兼テ裏面ニ小学校本科正教員ノ免状ヲ与ヘ」，「小学校教員ヲ希望スル者ガアリマスルナラバ，充分ニ努力ヲシテ世話ヲシタイ」と同様の答弁を繰り返している[35]。

部長からはこれに続き，女性の小学校本科正教員を雇用する方が，「町村ノ経済上ノ緩和ニナル」という財政上の都合が説明されるが，専攻科設置の動機を学校制度の外部に求めることによって，専攻科は法令上の目的と，実際に期待される機能という矛盾を抱え込むことになった。表向きは目的養成から独立した専攻科である一方，実際には補習科よりもさらに高度な目的養成を念頭に

第7章　高等女学校補習科の小学校教員養成機能　　197

専攻科は発足することになったのである。

　専攻科の様子については回想録が残されているので，若干触れておく。まず1期生自らが，「本道に女子師範がないために」「二年間教育の養成目的で専攻科が設置され」たという自覚を持っていた。また「師範出と同じ本科正教員の免状を」授与され「一回生の多数は地方に赴任し高等科を受け持った」とあり，ちょうど札幌高女補習科初期と同じような様相を呈していたようである。一方で，岩内高等女学校から専攻科へ進学してきた5期生は「(校長の)江原先生は女子の文科系専門学校の礎と云う御意向であらわれたそうだけど，いつか女子師範のような方向になり，生徒もそのつもりで教師たる自負を持つようになっ」たと記している。学校内でもジレンマはあったようであるが，全道の高等女学校から優秀な生徒を集め，全道各地の高等小学校に配属させる，という点で，専攻科は実態としては紛れもなく北海道の女子師範学校であった。

(4) 教員不足と補習科への再着目

　このように目的を敢えて曖昧にしたまま専攻科が発足するが，その後も女子師範学校の設立の必要性は例年のように道会で論議されていた。

　例えば1933(昭和8)年の第33回道会では，「貧弱ナル府県デサヘモ，女子師範ノ無イ処ハアリマセヌ」，「何時頃女子師範学校ヲ御置キニナル御考」えなのかと催促された道庁当局は，「同感デアリマス」が「財政其ノ他ノ点ヲ考慮シテ」いる最中なので「今ノ所庁立札幌高等女学校ノ専攻科ヲ極力充実シテ，需要ニ応ズルヨリ外ナイ」と釈明するが，翌年の予算案にも設置費が計上されなかったため，第34回北海道会では「女子師範学校設立ニ関スル件」が建議されている。

　昭和10年代に入ってもこの状態は続き，1938(昭和13)年の第38回道会では再び議員が「北海道ハ速ニ女子師範学校ヲ設立スルノ必要ヲ迫ラレテ居リマス」と迫り，その際「賛成」とこれに同調する不規則発言もあった。これに対して長官は「道民生活ノ根本ニ触レタル大切ナ問題」としながらも「財政ノ問題」から「延期シタ次第」だと説明する。ただ道庁は，これを不要不急の問題

と考えていたわけではなさそうである。上の議員とは逆に，「北海道ノ特色ハ，女子師範ガ無イコトトイフコトガ特色」と考える議員もいた。この議員は「余所ノ県デ女子師範ヲ置イタカラ北海道ニモ置カナケレバナラヌトイフ」議論は成り立たないのではないか，つまり女子師範は必ずしも必要ないのではと述べているが，それに対して学務部長は「教員ノ切磋琢磨ノ道場」として「女子師範学校ハ必要ダ」と答弁している[41]。

　長期間にわたって必要性が唱えられていた女子師範学校の設置が決まるのは，1939（昭和14）年の第29回北海道会である。長官は「拓殖ノ進展ニ伴ヒ」「学級数ノ増加」が続くのに対し，「男子教員ノ数ハ，時局ノ影響ニ因ル転退職者及応召者多数ヲ出セルガ為著シク減少」している現状から，「女子師範学校ノ設置ノ必要ヲ痛感」したとその理由を説明している[42]。昭和初年の過剰状態から一転して，戦時下では再び教員不足が問題となったのである。その中で質の高い女子教員を供給するために女子師範学校が設立されることになった。しかし40名3学級1学年120名の定員の女子師範学校のみでは，十分な人員を供給することは難しかったであろう。

　この道会では教員不足を補うため，本科単置の高等女学校に補習科を併設されたい，という要望が議員から示されている。網走支庁選出のこの議員によると，長官の説明にもあるように，管内でも「小学校教員ガ非常ニ不足」しており「小学校教員ヲ求メルノニハ，女学校卒業生ヲ以テ充タサナケレバナラヌ」，網走管内では昨年度高等女学校出身者「四・五十名」を教員として採用したが，そのうち「資格ノ備ツテ居ル者ハ，今日網走高等女学校カラ三十名内外ノモノデ充当」している。正教員を配置するため管内の今一つの高等女学校である「野付牛（北見）ニ補習科ヲ置イテ頂キタイ」という要望であった。これに対し当局は，「補習科ハ，教員養成ノ目的デヤッテ居ルモノデアルト，御考ヘニナラナイヨウニ」と従前の見解を示して釘を刺しつつも，「是ハ逐次充実サセテ行キタイト思フ」と回答している[43]。

　実際この道会では，女子師範学校の開設の他，先の2-(3)で取り上げておいた，滝川高等女学校に補習科を新設する予算案も可決されている。過剰供給

第7章　高等女学校補習科の小学校教員養成機能　　199

の際，いったんは教員養成の枠組みから締め出されそうになった高等女学校補習科は，ここにきて再び有力な供給元として注目を集めることになるのであった。

その傾向は，「中等学校令」の施行により，高等女学校補習科が廃止された後も確認できる。戦局の悪化に伴い，良教員の確保がますます難しくなった1943（昭和18）年の第43回道会で，中等学校令においても「一箇年ノ専攻科ヲ設置シ得ル規程ニナツテ居ルノデ」「教員養成ヲ目的トスル高等女学校ニ一箇年ノ専攻科ヲ設置スル」のはどうか，という事実上補習科の存続を求めるような提案が示される。しかし道庁は「専攻科ガ直チニ国民学校ノ教員ト結ビ付クト宜シイノデアリマスガ，必ズシモサウ行キ兼ネル事情モアル」として難色を示す。目的養成ではないので全員を教職に就かせることはできない。そのことで「学校ノ年限ヲ縮メテ行カウ」という昨今の方針に逆行してしまうことを恐れたのである。そこで道庁は「高等女学校ノ卒業生ニ三ヶ月ノ講習ヲ二十数箇所」で実施することで国民学校「初等科訓導ノ免状ヲ与ヘルコト」にした[44]。戦中は1年制の専攻科ではなく，短期講習で教員を促成するという道が選択されたのであった。ただ，教員が不足するたびに，女子中等教育機関に本科以外のプログラムを付け加え，そこに教員輩出の機能を期待しようとする姿勢は，札幌高等女学校の創設から終戦まで一貫していた。

おわりに

北海道では他府県ではすでに下火になっていた時期に高等女学校補習科での小学校教員養成が開始された。常に教員不足の状態が続き，一方で財政的に女子師範学校の設立は難しいとして，女子中等教育機関に本来の目的とは別の役割を依頼する状態が終戦まで続く。札幌高女補習科発足当初に，北海道師範学校の教頭であった岩谷英太郎は，「女子の性格とか経費の削減とかを口実として，動もすれば混同教育を施し，其目的を妨害する傾あるは，実に女子教育の為に痛嘆せざるべからず」と述べているが[46]，まさしくこれは混同教育であった。

200　第1部　小学校教員検定制度の多様性

しかも補習科は，教員が足りない時期には期待を受ける一方，教員数がだぶつけば一転して冷遇されるという都合のよい調整場所として扱われた。教員数過剰期に道庁が補習科の学級減を行ったことを見てきたが，同時に検定委員会が検定細則を操作して無試験検定のハードルを高くすることでも供給量を絞り込むことができた。目的養成以外の学校における教員養成なので，一見開放制のようにも受け取れるが，無試験検定といえどもその解釈の余地は道庁側にある。その点で計画養成の枠内にとどまるものであるといえるが，教員不足が続く限りそのことは露呈しない仕組みになっていた。同時に，高等女学校補習科という制度自体が，何の補習か，そして何のための補習なのかを明示しておらず，弾力的に活用できたという側面も指摘しておきたい。

　今回は庁立高女に限ってこの仕組みをみてきたが，いくつかの私立高等女学校も無試験検定の対象となっており，また各学校史を概観すると無試験検定についての記述が散見される。私立高等女学校等を含めた無試験検定の取り扱いについては今後の課題としたい。

〈注〉
1) 水野真知子『高等女学校の研究（上）』野間教育研究所，2009年，280頁。
2) 「東京府高等女学校卒業式」『東京府教育会雑誌』91号，1897年4月，24頁。
3) 岩谷英太郎「女子中等教育の所感」『北海の教育』188号，1908年8月，1頁。
4) 札幌北高等学校『六十年』1963年，65頁。なお「会誌第二号」より，とある。
5) 『札幌高等女学校一覧』(1911年) に掲載されている名簿を用いた。
6) 室蘭，苫小牧は当初区町立の高等女学校として，根室は町立の実科高等女学校として開設された後，北海道庁立に移管されている（根室はその際，本科へ組織変更）。また根室と苫小牧は移管前から補習科を併設していた。
7) この10校のほか，市町村立として札幌市立高等女学校，北都高等女学校（旭川），小樽市立高等女学校，私立として北海高等女学校（札幌），函館大谷高等女学校，緑丘高等女学校（小樽），帯広大谷高等女学校，小樽双葉高等女学校，姉妹高等女学校（帯広）が紹介されている。
8) 一方，男子の無試験検定受験者93名のうち合格者は86名である。また試験検定については男子の受験者907名に対し合格者188名，女子受験者305名に対し合格者44名であった。尋本正免許状授与者に占める高等女学校補習科修了生の割合は圧倒的であった。

9)「本校沿革誌」北海道庁立小樽高等女学校校友会『華園　二十五周年記念号』1931年，152頁。
10) 1923（大正12）年度の沿革。北海道釧路江南高等学校『五十年史』1974年，7頁。
11)「級友会記事」北海道庁立札幌高等女学校校友会同窓会『会誌』第11号，1917年，122頁。
12) 函館高等女学校同窓会『同窓会誌』第2号，1927年，41頁。
13) 同上第3号，1928年，46頁。
14) 北海道庁立釧路高等女学校同窓会校友会『雪乃光』第10号，1934年，171-178頁。
15) 北海道庁立岩見沢高等女学校同窓会『同窓会報』第5号，1937年。
16) この経緯については大谷奨「昭和前期の北海道における公立学校とその移管問題」（『戦前北海道における中等教育制度整備政策の研究』2014年，学文社，161-186頁）に詳しい。
17) 北海道滝川高等学校『北海道滝川高等学校五十年史』1979年，199頁。なお，補習科開設の翌1940（昭和15）年からは地方費負担となった。
18) 西里智枝「想いつくままに」北海道江差高等学校『五十年史』，1980年，201頁。
19)『北海道教育』140号，1930年4月，82頁。
20)「一ヶ年」だと但し書きの意味がなくなり，また直近③の同一箇所では「二ヶ年」となっていることから「二ヶ年」の誤りと思われる。
21) 北海道教育大学札幌分校『北海道教育大学札幌分校百年記念誌』1987年，42頁。
22)「北海道会第十一回通常会議事速記録」第11号，1911年11月27日，190頁。
23) この経緯については「大正期における北海道庁立中等学校整備政策」（前掲注16）に同じ，138-143頁）に詳しい。
24)「北海道会第二十八回通常会議事速記録」第9号，1928年12月11日。451-457頁。
25)「北海道会第二十九回通常会議事速記録」第11号，1929年12月5日，320-331頁。
26)「北海道会第三十回通常会議事速記録」第9号，1930年12月1日，384頁。
27) 同上，377頁。
28)「議案第一号調査委員会議事速記録」第2号，1930年12月10日，7頁。
29) 北海道岩見沢西高等学校「創立三十五周年校舎新築落成記念誌」1961年，122頁。
30) 前掲注28）に同じ，35頁。
31) 前掲注26）に同じ。
32) 同上，394頁。
33) 前掲注28）に同じ。30頁。
34)「第三十一回通常道会議事速記録」第16号，1931年12月16日，584-589頁。
35) 同上，600-609頁。

36）福岡秀子「専攻科のことども」(前掲注4）に同じ，322頁）
37）渡辺睦子「専攻科五回の頃」(同上，326頁）。
38）「第三十三回通常道会議事速記録」第9号，1933年12月7日，354-356頁。
39）「第三十四回通常道会議事速記録」第11号，1934年12月18日，399頁。
40）「第三十八回通常道会議事速記録」第3号，1938年12月2日，37-41頁。
41）同上第5号，1938年12月6日，267-276頁。
42）「第三十九回通常道会議事速記録」第1号，1939年11月15日10頁。
43）「議案第一号調査委員会議事速記録」第2号，1939年12月12日，22-29頁
44）「第四十三回通常道会議事速記録」第1号，1943年11月10日，20-25頁。
45）「議案第一号調査委員会議事速記録」第5号，1943年11月17日，236頁。
46）前掲注3）に同じ。3頁。

第8章
京都府教育会の夏期・冬期学校と臨時試験検定

亀澤　朋恵

はじめに

　旧学制下，各府県において小学校教員検定制度に関する多様な取り組みがあった。本章では，京都府教育会による「夏期学校」および「冬期学校」(以下，夏期学校・冬期学校と表記する) について言及しておきたい。

　夏期学校・冬期学校に着目する理由は，第一に京都府教育会による大正期以降の取り組みであることである。京都府教育会の教員養成事業について，明治期に関しては梶山雅史によって詳細に解明されている[1]。ただし，大正期以降については，府の小学校教員の供給が安定するにいたって「教育会の教員養成事業は幕を閉じることになる」[2]として，ほとんど検討されていない。しかしながら，丸山剛史は府県教育会雑誌を検討するなかで「夏期学校」「冬期学校」の開催記事を発見し，そこで臨時試験検定が実施されていることも確認したうえで，大正期以降の取り組みとして夏期学校・冬期学校の内実を明らかにする必要性を指摘した[3]。

　第二に地方教育会による教員養成事業の取り組みであることである。地方教育会は，師範学校や行政では徹底しきれない教員需給や地域の教育問題に組織的に取り組み，各地で重要な役割を果たしてきた。戦前期の小学校教員が多様な背景をもった人たちであったことは広く知られ，師範学校だけでは小学校教員の世界の実像は見えてこない。それを解明するためには小学校教員検定をはじめとした，いわゆる非師範系のルート出身の小学校教員の実態を明らかにする必要がある。地方教育会は教員養成講習会等の教員養成事業によって，それ

らの多様な人たちを教育界につなぐ役割を果たしており，非師範系教員養成を検討する際には有力な手掛かりになる。地方教育会の教員養成事業のうち，臨時試験検定に関する先行研究として，例えば，笠間賢二による宮城県教育会の研究がある。同県教育会の教員養成講習会と臨時試験検定についての検討では，その実態を明らかにしつつ，小学校教員の輩出ルート自体の多様性や彼・彼女らがもつ履歴の多様性といった「雑居性」を確認したうえで，日本教員史研究の分析に対する多角的な視点を示した[4]。そして，大迫章史による広島県私立教育会の事例では，地域がかかえる独自の教育課題への地方教育会の組織的な取り組みとして，師範学校とは異なる柔軟な教員養成機能の役割を果たしたことが明らかにされている[5]。京都府については先述のとおり，梶山によって明治期については検討されている。京都府教育会の教員養成事業は，小学校教員不足への対応から，師範学校を補填するような教員養成事業をもって小学校教員検定合格者の造出に重要な役割を果たしたとされる。その活動の内実は，他道府県と比べても「京都府教育会の教員養成事業が，その組織，運営，活動規模においても最も高水準にあった」と結論づけられている[6]。

　第三に，全国から参加者が集った大規模なものであったことである。この京都府教育会による小学校教員養成事業は，他道府県の教育雑誌にも募集広告が掲載されるほどで，府教育会が「実に全国に比類なき快挙と称しても決して誇張の言はないのである」と自負するものであった[7]。このことから，全国的に広く知られたものであったと想定され，道府県を超えて一定程度の影響力があったと推測される。

　このような検討課題に沿って，夏期学校・冬期学校の実態について，主として京都府教育会の雑誌『京都教育』および，同会編『京都府教育会五十年史』などの資料を中心として，可能な限り描出を試みたい。

1　京都府教育会の教員養成事業の概要

　京都府教育会主催の夏期学校・冬期学校は，1926（大正 15）年の夏期学校か

ら開催された[8]。長期休暇期間を利用し，夏期は約1か月，冬期は約1週間の長期間にわたるもので，京都府内にとどまらず他道府県からも参加者が集う大規模なものであった。ここに至るまでの京都府教育会による教員養成事業の経緯を簡略的に整理しておきたい。

京都府教育会は，明治期から師範学校の教員需給を補完するようにして，尋常小学校本科正教員の試験検定対策をはじめとして，さまざまな教員養成事業を手掛けてきた。そのなかには師範学校の予備校的役割を担う大規模なものもあり，1898（明治31）年「師範学校予備科」[9]，1906（明治39）年「京都府教育会附属教員養成講習会」等を経て，1907（明治40）年に義務教育年限延長に伴う教員需給に応えるため，「私立京都府教育会附属教員養成所」へ発展した[10]。同養成所は尋常小学校本科正教員の養成を目指し，男女ともに本科卒業生に対しては卒業試験をもって小学校教員検定試験に代え，「相当成績者」には直に尋常小学校本科正教員の教員免許状が附与された。

これらと並行し，教員検定の試験対策以外にも小学校教員の学力向上を企図した講習会も多く開催された。夏期学校・冬期学校の原型となる取り組みであるため，教員検定試験対策以外の講習会事業についても概観しておく。

京都府教育会の講習会事業は，1890（明治23）年，郡部の会員のために実施された夏期講習会を端緒とし，「博物学」「教育学」など特定の科目について講義を行っていた。対象も小学校教員にとどまらず，数日から1か月程度のさまざまな短期講習会が継続的に開催された[11]。長期休暇を利用した講習会の原型ともいえる冬季講習会の第1回が，1910（明治43）年に開かれていた。冬季講習会は「以来年々之開く」として1920（大正9）年の第11回まで毎年度，その後2年の空白を経て1924（大正13）年第12回まで開催されていた[12]。この冬季講習会は京都府下にとどまらず，他道府県からも参加者があったという[13]。

1926（大正15）年から始まる夏期学校・冬期学校は，従前より開講していた各種の短期講習会を統合・発展させたものであるといえよう。第1回夏期学校が開催されるに至り，①高等学術部，②文検受験部，③教員検定部，④科学部，⑤実業部，⑥婦人部，⑦語学部，全部で7部の講習会が開かれた[14]。このうち，

206　第1部　小学校教員検定制度の多様性

小学校教員検定に関わるのは③の教員検定部による講習である。この前身にあたるのは、1924（大正13）年から開催されていた「義務教育年限延長準備講習会」であり、これは「従来の短期講習のかたを破り、期間を長くして学習の徹底を期することにし」て始まったとされる。それに関連して、その翌年の1925（大正14）年には「教員検定受験準備学力講習会」も開催され、小学校教員検定対策が行われていた。「義務教育年限延長準備講習会」が引き継がれる形で、「大正十三年以来夏冬期休暇を利用して初等，中等教育者及篤学者のために斯界の権威者を聘しや、長期に亘る講習会を開催せしが、集り来る者全国に亘りその数亦数百に上りしかば大正十五年度よりはその組織を改め夏期学校冬期学校と称す」として、夏期学校・冬期学校が開講される運びとなった。

　夏期学校・冬期学校の開講理由と教員検定部の成立経緯は、「文部省が府県に令して本年度から尋正教員にて五ヶ年以上勤続せる者に対して小学校本科正教員の資格を附与する講習会を開設せられたが五年以下の尋正教員が右の講習会に受講し得ないのは誠に遺憾であり、一日も早く教員の学力を高め教育能率を向上せしめたいといふ点に着眼して開かれたものが此教員検定部である」ということであった。「文部省が府県に令して」というのは、1926（大正15）年3月29日普通学務局通牒発普96号「師範教育改善費補助ニ関スル件」であり、それに基づくものといえよう。それに加え、「五年以下の尋正教員が右の講習会に受講し得ないのは誠に遺憾であり、一日も早く教員の学力を高め教育能率を向上せしめたい」とあり、勤続年数5年以下の尋常小学校本科正教員免許状取得者向けの学力、資質向上のための講習という性格も兼ね備え、最終的に「尋正教員を絶無たらしむる」ことが目標とされた。

2　夏期学校・冬期学校の内容

(1) 受講区分と講習内容

　夏期学校・冬期学校は、受講者の修学歴と小学校教員免許状の種別によって第1部、第2部、第3部に分かれて受講するようになっていた。

経過を先取りすると，夏期学校・冬期学校を主催した教員検定部は1932（昭和7）年に組織改編が行われるのであるが，そこに至るまでは受講区分や内容などが整備される過程であり，試験の方式や枠組みの変化が大きい。その間の動きを以下に概観しておく。表8-1に1930（昭和5）年までの受講区分や内容をまとめた。なお，全期間については抄録を表8-5とし，章末に一覧化した。

夏期学校・冬期学校は当初，尋常小学校本科正教員の教員免許状を持っていることを前提に，修学歴によって受講区分が設けられていた。例えば，初回にあたる1926（大正15）年の夏期学校では，各部の対象者は以下のとおりであった。[20]

第一部　中学校高等女学校若くは之と同等以上の各種学校を卒業し尋正教員の免許状を有する者及び尋正教員の免許状を有せざるも前項の学歴を有する者

第二部　一部入学資格の学歴を有せずして尋正教員の免許状を有する者

表8-1　夏期学校・冬期学校の受講区分と内容

年	開催期	日程	第1部		第2部	第3部	課外・その他
1926	夏	7/24～8/25	教育／心理／音楽／手工		国語／漢文／音楽		
	冬	12/25～30	教育学／教授法／管理法		化学	代数・幾何	
1927	夏	7/24～8/30	（甲）	（乙）	教育史／法制経済	代数／幾何／心理	活動写真映画会
			教育史／法制経済				
			農業	歴史	漢文　博物		
	冬	（第1部）12/25～6日間（第2,3部）12/25～10日間	教授法／管理法		教授法／管理法	教育学	
					物理		
1928	夏	7/24～8/29	（甲）	（乙）	教育／心理／音楽／手工	博物／物理／歴史／手工	
			記載なし	記載なし			
	冬	12/25～1/7	教授法／管理法／手工科		化学／手工科	物理／手工科	御大礼式場の拝観について
1929	夏	7/24～8/29	（甲）	（乙）	教育史／法制経済	教育史／法制経済	
			教育史／法制経済				
			農又は商	農又は商／歴史	博物／漢文	地理／化学	
	冬	記載なし	（乙）		教授法／管理法／物理	法政経済	
			地理				
1930	夏	7/24～8/29	教育史／心理学／国語漢文／音楽／手工／法制・経済				
	冬	12/25～12/30	教授法／管理法／化学／代数／幾何				

〔出典〕各年の『京都教育』，『京都府教育会五十年史』(1930)，『京都府教育会最近十年史』(1941)の記述より作成。

208　第1部　小学校教員検定制度の多様性

各科目の授業時数は，第1部の「教育」「心理」は各50時間，「音楽」は60時間，「手工」は25時間とされた。第2部の「国語」は85時間，「漢文」は65時間，「音楽」は60時間であった。

　第1部で教育，心理に次いで示される音楽，手工については，1916（大正5）年2月18日府令第12号「小学校教員検定及免許状ニ関スル細則」の第2条第1項が改定され，試験検定および小学校本科正教員の試験科目が改められたことにともない，音楽と手工の受験が必須とされたことにそのまま対応したものと思われる。さらに，「手工科」は1926（大正15）年時点では必須であったが，その後の1931（昭和6）年「小学校令施行規則」において小学校本科正教員の試験で欠くことができたが，1931（昭和6）年以降も変わらずに開講されていた。京都府の小学校教員検定の関係規則と教員養成講習について検討した丸山によれば，このことは「着目すべき」であり，「京都府の小本正試験検定のハードルは高かったと考えられる」と指摘している[21]。

　1926（昭和元）年の冬期学校から受講区分が3部に編成され，翌1927（昭和2）年には，さらに第1部が（甲）と（乙）に分けられた。3部に分けられた理由はこの時点で明らかではないが，翌1928（昭和3）年に示された「入学資格」を先取りする形になっている。それによれば，以下のとおりに区分される[22]。

　　入学資格
　　第1部（甲）中学校又は之と同等以上認めたる各種学校卒業者（尋正免許状
　　　　　　の保持者）
　　第1部（乙）公立私立学校認定に関する規則に拠り認定せられたる実業学
　　　　　　校の卒業者（尋正免許状の保持者）
　　第2部　　高等女学校又は，之と同等以上と認めたる各種学校の卒業者にし
　　　　　　て尋正教員の免許状を有する者
　　第3部　　其の他の者にして尋正教員の免許状を有するもの
　　　　　　　尋正の免許状を有せざるも第一部第二部と同一の学歴を有する者[23]

1930年代に入ると，教員検定部の組織改編が行われた。教員検定部は1931（昭和6）年に廃止され[24]，1932（昭和7）年の夏期学校より「小学校教員（小本正）検定受験部」へ組織が改められた。「小学校教員検定受験部」の開設趣旨は以下の通りであった[25]。

　　本部は尋正の有資格者にして，更に小本正の資格を獲得せんとする人の為に設け受験準備の講習であつて，従来は聴講生の学歴により，夫々の所要受験科目の大体を二ヶ年乃至四ヶ年に配当してあつた為に，一科目に分科あるものは，二回乃至四回の講習に跨り二ヶ年を費やさなければ，その証明を得ることが出来ない不便があつた。昭和六年度を以て已定計画の全科目が終了したのを機会として，本年度からは右の不便を取り除くために独学の尤も困難な学科目を選び，分科ある科目は一回に纏めて夏期に開講し，其年内に其科目の証明を得ることができる様にし，又学歴による学科目の区別をも撤廃して各自必要とする科目を受講し得る様にした。

　これまで「聴講生の学歴により」受講区分が設けられていたが，それが撤廃された。ただし，実際には1930（昭和5）年からこの受講区分が撤廃された形式に変わっていた[26]。講座の配置については，「夫々の所要受験科目の大体を二ヶ年乃至四ヶ年に配当してあつた為に，一科目に分科あるものは，二回乃至四回の講習に跨り二ヶ年を費やさなければ，その証明を得ることが出来ない不便」があった。そのため，受講生が全員修了に至るまでに相応の時間を要していた。それを改善するため，科目のなかで分科があるものは開講期がまとめられ，円滑に受講できるように整備された。これによって1932（昭和7）年度には「順次三ヶ年乃至五ヶ年を以て主要科目を終えることができるよう」計画され，以後，この方式が維持，継続されることになった[27]。

　そのほか，期間中には聴講生の慰安のため，活動写真映写会も開かれたようである。さらに聴講料を支払うことで許可証が発行され，受講のための長期滞在を想定した公共交通機関の運賃の割引や宿泊施設の紹介がされるなどの福利

厚生も提供された。

(2) 教科書

講義で使用する教科書について，全科目ではなかったが『京都教育』の夏期学校・冬期学校の募集広告内で告知されていた。例えば，1932 (昭和7) 年の理科で使用する教科書は次のとおりであった。[28]

```
師範学校物理学教科書　野田良，内藤卯三郎共著　寶文館 (成ルベク昭和六年以後出版ノ
　モノ)
新制適用師範化学教科書　亀高徳平　開成館　昭和六年十一月五日発行
輓近植物学教科書　山田敏雄著　同上
輓近動物学教科書　谷津直秀　同上
師範学校鉱物教科書　稲葉彦六著　光風館
五訂石川生理衛生教科書　石川日出鶴丸著　冨山房
```

表8-2　1926 (大正15) 年　夏期学校　科目・担当者

部	科目	所属	氏名
第一部	教育	京都府女子師範学校教諭	中村孝一
	心理	京都府師範学校教諭	笹本慶助
	音楽	京都府師範学校教諭	吉田恒三
		京都府女子師範学校教諭	杉本秀治
	手工	京都府女子師範学校教諭	大和田勝
		京都府師範学校教諭	佐藤多気美
第二部	国語	京都府師範学校教諭	林勘二
		京都府女子師範学校教諭	小柴義一
	漢文	京都府女子師範学校教諭	道場留雄
		京都府師範学校教諭	佐藤豊吉
	手工	京都府師範学校教諭	佐藤多気美
		京都府女子師範学校教諭	大和田勝

〔出典〕各年の『京都教育』，『京都府教育会五十年史』(1930)，『京都府教育会最近十年史』
　　　(1941) の記述より作成。

教科書は師範学校で使用される，発行年が新しいものが選ばれたようで，版を重ねているものであれば，「成ルベク昭和六年以後出版ノモノ用意ノコト」などの指示が入ることがあった。可能な限り，それぞれの科目の最新の知見を

学ぶことができる講習であったといえよう。

(3) 夏期学校・冬期学校の講師

　第1回夏期学校の講師は表8-2のとおりであった。講師陣は京都府師範学校，京都府女子師範学校の教諭で占められていた。農業等の一部の科目を除き，後年の1940年代まで講師の所属先の構成は変わることはなかった。誰が臨時試験検定の試験委員を担当したのについては明示されている資料が確認できなかったが，試験問題の作成などの実務は彼らが担ったと推測する。

(4) 臨時試験検定の特典

　1926（大正15）年の第1回の夏期学校から「府知事より臨時教員検定試験の施行方を許可[29]」され，教員検定部の修了生には臨時試験検定受験の特典が附与された。これは夏期学校・冬期学校における重要な強みの一つで，「特筆大書すべきは本部終了生に対して特に本府知事より臨時教員検定試験の施行方を許可された[30]」というほど，『京都教育』の誌面上で受講の利点が強調されていた。
　臨時試験検定は，修了科目に対して行われた。臨時試験検定受験の特典が附与される条件は二つあり，一つは尋常小学校本科正教員の教員免許状を保持していること，いま一つは「講習時間数の十分の八以上の出席せざる者は検定出願の資格がない」として，講習時間の8割以上を出席することが求められた。臨時試験検定を受験するためには，夏期学校・冬期学校の入学当日の教員検定願書，履歴書，戸籍抄本，身分証明書を持参する必要があった。臨時試験検定[31]は講習修了後の翌日に実施された。試験の時間割は定かではないが，1日から2日かけて実施されたようである[32]。

(5) 夏期学校・冬期学校の受講者数

　1926（大正15）年の第1回夏期学校の教員検定部の参加者は全国から集まり，776名であった。受講者が20名以上の府県を挙げると，京都府が513名，次いで近畿圏の大阪府48名，兵庫県47名。東海圏の愛知県39名，岐阜県27名

のほか，岡山県23名が続く。地理的な都合と思われるが，京都府をはじめ，近畿圏，東海圏から参加者が多かったようである。一方，ごく少数ではあるが，遠方からでは宮城県や山形県，鹿児島県や朝鮮からも受講者が訪れていた。

1935（昭和10）年になると，夏期学校参加者（文検受験部を含む）の府県別調査が「全国から集まる一七七六名―朝鮮台湾からも入学―」という小見出し付きで報じられ，「斯くして名実共に全国的に完全な夏期学校としてその成績を認められるに至った」と，全国規模で受講者が集まる講習会であったことが強調された。

3　小学校本科正教員検定の受験者の動態

(1) 小学校本科正教員試験検定の合格者の全国比較

夏期学校・冬期学校の受講者はどのような人たちだったのか。これについて，履歴書や受講体験記などは確認できず，現在のところ履歴や受講の動機など具体的な人物像に迫るすべがない。また，受講者のうち，臨時検定試験の受験者数についても記録が確認できない。小学校教員検定に関する統計資料は残されているので，参考程度ではあるが，受講者に関連して試験検定の受験者の量的な特徴について検討してみたい。

夏期学校・冬期学校の臨時試験検定は小学校本科正教員の試験検定であったが，そもそも京都府における小学校本科正教員の試験検定の全国的な位置づけはどのようになっていたのか。丸山の文部省統計の分析によって1900〜40年までの試験検定の合格者の比較については明らかにされている。そのうち小学校本科正教員に着目すると，累計の合格者数の上位は第1位に長野県の2,152人，第2位に東京府2,106人，第3位に大阪府1,416人であったことが明らかにされている。京都府は累計897名の合格者がおり，第5位である。全国的に見ても小学校本科正教員の合格者数が多かった地域であることは疑いない。

(2) 京都府における小学校本科正教員試験検定合格者数の推移

　先述のとおり，夏期学校・冬期学校の受講者数について，毎年記録が残されているわけではないが，明らかになっている限り，毎年のべ300～500名程度の受講者がいた。そのうち，どの程度の受講生が臨時試験検定を受験したのか定かではないが，小学校教員検定の受験者数，合格者数の統計がある程度手がかりになるだろう。あくまで試験検定全体の統計であり，夏期学校・冬期学校の臨時試験検定の受験者と合致するわけではないので，直接的な言及はできないことをはじめに付言しておく。

　京都府の小学校本科正教員の試験検定全体の統計をグラフ化したものを図8-1に示した。左軸は出願者の人数（人），右軸は合格率（％）を示している。京都府は小学校本科正教員の試験検定合格者数が全国的にも多かった地域ではあるが，常に多かったわけではなく，時期によって変化している。どのように推移していたのかを統計でみてみると，1918（大正7）年と1920年代半ばから

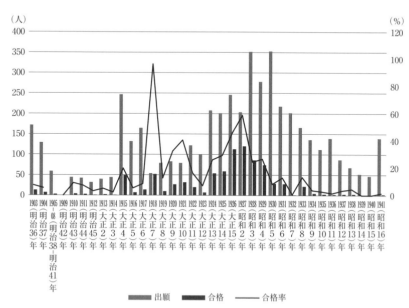

図8-1　京都府の小学校本科正教員試験検定の出願者・合格者・合格率（全体）
〔出典〕各年の『京都府統計書　第二編（学事）』「小学校教員検定人員」を参照して作成。

1930年前後に増加し，その後減少するという動きをしている。夏期学校・冬期学校が開催された時期に着目すると，特に初回の1926年と翌27年にあたりに出願者数，合格者数，合格率が大幅に増加している。合格率のピークは夏期学校・冬期学校開始直後の1926（大正15）年，1927（昭和2）年で，1926（大正15）年では出願者246名中合格者113名で合格率45.9％，1927（昭和2）年では出願者204名中合格者120名，合格率58.8％に達していた。

男女別の数値を**表8-3**および**表8-4**にして比較してみると，いずれも同じような挙動をみせているが，女子の方がやや極端な動きをしている。1932（昭和7）年以降には，出願者も減少し，合格者はゼロになってしまった。

1920年代から30年代の試験検定の受験者動向に関連する京都府教育会の背景として，夏期学校・冬期学校の前身である「義務教育年限延長準備講習会」が1924（大正13）年から開始されていたこと，その翌年の1925（大正14）年には「教員検定受験準備学力講習会」が8月3日から3週間，12月25日から6

表8-3　京都府の小学校本科正教員試験検定の出願者・合格者・合格率（男子）

年	1924	1925	1926	1927	1928	1929	1930	1931	1932	1933	1934	1935	1936	1937	1938	1939	1940	1941
元号	T13	T14	T15/S1	S2	S3	S4	S5	S6	S7	S8	S9	S10	S11	S12	S13	S14	S15	S16
出願者数（人）	153	136	170	141	261	184	231	152	168	142	126	97	96	75	57	38	28	96
合格者数（人）	20	15	53	69	42	56	16	26	1	22	5	3	2	3	3	0	0	2
合格率（％）	13.1	11.0	31.2	48.9	16.1	30.4	6.9	17.1	0.6	15.5	4.0	3.1	2.1	4.0	5.3	0.0	0.0	2.1

〔出典〕各年の『京都府統計書　第二編（学事）』「小学校教員検定人員」を参照して作成。

表8-4　京都府の小学校本科正教員試験検定の出願者・合格者・合格率（女子）

年	1924	1925	1926	1927	1928	1929	1930	1931	1932	1933	1934	1935	1936	1937	1938	1939	1940	1941
元号	T13	T14	T15/S1	S2	S3	S4	S5	S6	S7	S8	S9	S10	S11	S12	S13	S14	S15	S16
出願者数（人）	55	65	76	63	91	94	122	66	34	24	10	15	43	12	11	14	19	43
合格者数（人）	34	44	60	51	44	18	13	2	0	0	0	0	0	0	0	0	0	0
合格率（％）	61.8	67.7	78.9	81.0	48.4	19.1	10.7	3.0	0.0	0.0	0.0	0.0	0.0	0.0	0.0	0.0	0.0	0.0

〔出典〕各年の『京都府統計書　第二編（学事）』「小学校教員検定人員」を参照して作成。

日間の2回にわたって開かれていたことなどがあげられる[38]。この講習会も含め，夏期学校・冬期学校とそのなかでの臨時試験検定試験の開始が，試験検定受験者全体の傾向に影響を与えていた可能性が考えられる。

　一方，1930（昭和5）年ごろを境に受験者数，合格者数が急激に減少に転じていく。この時期以前においては教員養成講習会と臨時試験検定受験の特典が，小学校本科正教員の試験検定合格者に対してポジティブな作用があった可能性が考えられたが，この減少のしかたをみると単純にそう言い切れないようである。ちなみに，この時期の京都府教育会や小学校教員検定をめぐる事柄については，次のような三つの制度的な変化がみられる。これらが具体的に臨時試験検定の合格者数にどのような影響を与える可能性があるのか定かではないが，背景情報として記しておく。第一に夏期学校・冬期学校の受講区分が撤廃されたこと。第二に1931（昭和6）年，小学校教員検定関係規則が全面的に改正され，名称も「小学校令施行規則」に変更されたこと。第三に，1932（昭和7）年に「教員検定部」が「小学校教員（小本正）検定受験部」へ組織が改編されたことである。ちなみに，「小学校令施行規則」に関連して，一定要件を満たす公私立学校の「成績優良ナルモノ」については臨時試験検定を行う旨の条項が新設され，臨時試験検定を受けようとする際には公私立学校の管理者または設立者が事前に申請することになったが，この条項は他に例をみないものであったという[39]。実際に「昨年検定規定の変更と共に，府の臨時検定に関する方針も変更せられたので，従来の臨時検定の特典は今年も引き続き与へらるるや否やは未定（目下出願中）である[40]」といった，組織内部の事情も示唆される。

　統計に話を戻すと，1930（昭和5）年以降に小学校本科正教員の試験検定合格者は急減していたが，夏期学校・冬期学校の受講者数ののべ人数は変わらず300～500名台を維持していた。このことは何を意味するのか。

　手がかりの一つになりうるのは，受験者の「検定利用」の実態を明らかにした内田徹の研究である。内田の研究は一人の女性教員の合格体験記を手掛かりに，「高等女学講義」利用者の受験体験記を検討したものであるが，必ずしも受験した道府県で資格取得を目指して小学校教員検定を受験するわけではなか

216　第1部　小学校教員検定制度の多様性

ったことが明らかにされた[41](第9章参照)。複数県にわたって受験していた実態や，合格しやすい県で試験検定を受験したこと，成績佳良証明書を取得した例も見られた。夏期学校・冬期学校は元来小学校教員の試験検定受験対策という性格のものであったので，受験対策として講義は受講しながら，あえて京都府での合格を目指さなかった可能性も考えられる。府の小学校本科正教員の試験検定の合格率が低迷しても，夏期学校・冬期学校が継続された事実も一考の余地があろう。

おわりに

　本章では，京都府教育会の夏期学校・冬期学校について概略的に示してきた。夏期学校・冬期学校とは，地方教育会による全国規模の小学校本科正教員の教員養成講習会と臨時試験検定の事例であったといえる。科目ごとに臨時試験検定を行う方式も特徴的であった。全国の教育雑誌に夏期学校・冬期学校入学案内の広告が掲載され，全国から受講者が集まっていた。京都府を中心に，関西の近隣の府県からの受講者が多数を占めたとはいえ，遠方では東北地方や海を越えて朝鮮や台湾からも訪れる受講者もいた。しかも，初回からそのような状態であったので，京都府教育会の教員養成講習会事業に関する実績や知名度は全国的に高かったと考えられる。教員養成講習会のなかには課外に半年ほどかけて行われる形式もあったなかで，夏期休業や冬期休業中に開講される点においても，他の道府県の教員が参加しやすかった要因ではないかと考えられる。

　講習の質に関しては，京都府の教育政策は東京遷都を期に，勧業政策とともに「本邦初」や高度であることを謳う風潮が明治期から脈々と続いてきたとされる。『京都教育』の夏期学校・冬期学校の開催告知等においても，「全国に比類なき」「科目の選択，講師の人選等，内容の適切，且つ充実せる点に於て他の追随を許さぬものがあるので，各方面から多大の期待を以て迎えられている」[42]といった惹句が多用されたのは，その自意識の表れといえよう。講習内容の質の面においても，元来「尋正教員を絶無たらしめる」として小学校教員の学力や資質向上を企図して開講されたものである。講習で使用する教科書は可

能な限り最新の知見が取り入れるように努められた形跡がみられたこと，小学校教員検定において必置ではなかった手工科が設けられたこと，法制経済や自然科学系の科目など，「独学の尤も困難な学科目を選」ばれたことも勘案すると，やはり質の面でも一定の高い評価があったのではないかと推測する。

しかしながら，今回検討できなかった課題も多い。まず臨時試験検定に関わる実務や実際についてはまだ不明な部分が多い。例えば，試験委員は誰が務めたのか。試験問題はどのような内容であったのか。講義内容は試験問題に即していたのか。臨時試験検定の時間割，受験者数なども明らかではない。特に，小学校教員の力量や質を解明するためには，試験問題の検討は欠かせないであろう。資料的な制約や限界はつきまとうが，重要な課題である。

そして，受講者はどのような人たちだったのか。本章では統計的な動向をもとに推測の範囲の考察にとどまってしまったが，受講者の実態について，その履歴，他府県在住者の場合，わざわざ京都まで訪れて受講した動機や意味は何だったのか。笠間が指摘したように，小学校教員界の「雑居性」に留意するならば，当事者である受講者の体験記などの検討が必要であろう。他府県から受講者がいたということは，他府県の教育会雑誌などに受験体験記かそれに類するものが存在する可能性がある。特に，夏期学校・冬期学校の受講者が比較的多かった近隣の大阪府や兵庫県は全国的にも小学校教員試験検定の合格者が多い地域のため（兵庫県は第4位である），それらとの関連をも含めつつ，詳細な検討を進めていく必要がある。

表8-5　京都府教育会夏期・冬期学校・教員検定部　実施状況

年度	期	部	科目	生徒数・受講生	日程	会場
1926	夏	第一部	教育	164	7/24～8/25	京都府師範学校
			心理	164		
			音楽(2)	154		
			手工(2)	124		
		第二部	国語(2)	65	7/24～8/31	京都府師範学校

			漢文(2)	72		
			手工(2)	54		
		第一部	教育学／教授法／管理法	72	12/25～30	京都府師範学校
	冬	第二部	化学(2)	47		
		第三部	代数／幾何／手工(2)	90		
1927	夏	第一部(甲)	教育史／法制経済／農業	507	7/24～8/30	——
		第一部(乙)	教育史／法制経済／歴史			
		第二部	教育史／法制経済／漢文／博物		7/24～8/29	
		第三部	代数／幾何／心理			
	冬	第一部	教授法／管理法	32	12/25～6日間	京都府教育会館, 京都府師範学校
		第二部	教授法／管理法／物理	58	12/25～10日間	
		第三部	教育学(2)	45		
1928	夏	第一部(甲)	——	——	7/24～8/29	京都府師範学校
		第一部(乙)	——	——		
		第二部	教育／心理／音楽(2)／手工(2)	——		
		第三部	博物(2)／物理／歴史(2)／手工(2)	——		
	冬	第一部	教授法／管理法／手工科	——	12/25～1/7	
		第二部	化学／手工科	——		
		第三部	物理／手工科	——		
		課外	御大礼式場の拝観について	——		
1929	夏	第一部(甲)	教育史／法制経済／農又は商	——	7/24～8/29	——
		第一部(乙)	教育史／法制経済／農又は商／歴史	——		
		第二部	教育史／法制経済／博物／漢文	——		
		第三部	教育史／法制経済／地理／化学	——		
	冬	第一部(乙)	地理	——	——	——
		第二部	教授法／管理法／物理	——		
		第三部	法制経済	——		
1930	夏		教育学／心理学／国語漢文(4)／音楽(2)／手工／法制経済	282	7/24～8/29	京都府師範学校, 京都府教育会館
	冬		教授法／管理法／化学／代数／幾何	——	12/25～30	京都女子高等専門学校, 京都府師範学校, 京都

第8章　京都府教育会の夏期・冬期学校と臨時試験検定

					府教育会館
1931	夏	教育史(2)／心理学／漢文／歴史／代数・幾何(3)／博物／農業／商業／法制経済／音楽(3)／体操(2)	——	8/1～30	京都女子高等専門学校，京都府師範学校，京都府教育会館
	冬	教授法，管理法／教育学／地理(2)／物理	——	12/25～29	京都府教育会館，京都府師範学校
1932	夏	化学／物理／博物／代数・幾何(3)／手工／音楽(3)	——	8/1～29	京都府師範学校，京都府教育会館
	冬	図画(教授法及写生・図案・用器画の実習)(3)	——	12/25～30，1/4～7	京都府師範学校，京都府教育会館
1933	夏	代数，幾何(3)／物理／化学／博物／音楽(2)／手工	298(のべ)	8/1～15	京都府師範学校，京都府女子師範学校，京都府教育会館
	冬	図画(3)	——	12/26～29 または 12/26～1/7 (三ケ日休)	京都府師範学校
1934	夏	教育学／教授法管理法／心理学／教育史／代数(2)／幾何(2)／化学／物理／博物／手工／音楽(2)	599(のべ)	8/1～29	京都府師範学校，京都府女子師範学校
	冬	体操科(3)／図画科(3)	——	12/25～1/7 (3ケ日休)	京都府師範学校
1935	夏	心理学	73	8/1～25	京都府師範学校，京都府女子師範学校
		教育学	112		
		教授法，管理法	87		
		教育史	56		
		代数(2)	31 ?〔注3〕		
		幾何(2)	26		
		物理	34		
		化学	38		
		博物	19		
		音楽(2)	80		
		音楽	37		
		手工(2) ☆	——		
1936	夏	心理学／教授法，管理法／教育学(2)／代数(2)／幾何(2)／化学／物理／博物／音楽(2)／手工(2 ?)	571(のべ)	8/1～25	京都府師範学校

1937	夏		教授法，管理法／心理学／教育学／教育史／代数(2)／幾何(2)／物理／化学／博物／音楽(2)／手工／体操(2)	384（のべ）	8/1～25	京都府師範学校
1938	夏		教育史／教育学／心理学／教授法，管理法(2)／農業(2)／手工(2)／体操(3)／音楽(2)	399（のべ）	8/1～25	京都府師範学校
1939	夏		教育史／教授法，管理法／教育学／心理学／農業(3)／手工(2)／体操(2)／音楽(2)	284（のべ）	8/1～25	京都府師範学校
1940	夏	(教育)	心理学／教授法，管理法／教育史／教育学	308（のべ）	8/1～29	京都府師範学校
		(実業科)農業	農業理論／農業理論及実験／農業理論農業教授法及実験実習			
		(体錬科)体操	理論と実地(3)			
		(芸能科)音楽	理論・唱歌・楽器(2)			
		(芸能科)作業(手工)	理論実習(2)			

〔注〕1　吉村保（京都府教育会代表）編『京都府教育会五十年史』(1930〈昭和5〉年)，同『京都府教育会最近十年史』(1941〈昭和16〉年)，京都府教育会『京教育』の各号より作成。――の箇所は資料に記述が確認できなかったもの。
　　2　科目名の横にある数字は担当者（クラス）の数。☆はうち1名は助手。
　　3　クラスは二つあったが，人数の記載は1クラス分のみ。

〈注〉

1) 梶山雅史「第九章　京都府教育会の教員養成事業」，本山幸彦編著『京都府会と教育政策』学術出版会，1990年。
2) 梶山，前掲注1)，489頁。
3) 丸山剛史「京都府の小学校教員検定――関係規則の変遷と京都府の教員養成講習――」『戦前日本の初等教員養成における初等教員検定の果たした役割に関する歴史的研究　平成29年度～令和3年度科学研究費補助金基盤(B)（中間報告書)』2021年，119頁。
4) 笠間賢二「第8章　近代日本における「もう一つ」の教員養成」梶山雅史編著『続・近代日本教育会史研究』学術出版会，2010年，251-281頁。笠間の研究については，「宮城県教育会の教員養成事業」（梶山雅史編著『近代日本教育会史研究』学術出版会，2007年，143-166頁）もある。
5) 大迫章史「第6章　広島県私立教育会による教員養成事業」梶山雅史編著『近

代日本教育会史研究』学術出版会，2007年，167-195頁。
6) 梶山，前掲注2)，同上。
7) 一記者「本会夏季学校とその成績」『京都教育』第407号，1926年9月，8頁。
8) 『京都教育』誌上において，「夏期」「夏季」，「冬期」「冬季」と表記が混在する。『京都府教育会五十年史』（京都府教育会編，1930年）の表記に従い，本章では「夏期学校」および「冬期学校」と表記する。
9) 「予備科」「予備校」両方表記あり。京都府教育会編，前掲注8)，117-118頁。
10) 京都府教育会編，前掲注8)，118-120頁。男子部は「本科」「予備科」，女子部は「本科」「予備科」「専科」「保姆科」が設けられた。
11) 京都府教育会編，前掲注8)，114-129，141頁。
12) 京都府教育会編，前掲注8)，133-134頁。
13) 京都府教育会編，前掲注8)，133頁。
14) 京都府教育会編，前掲注8)，129-141頁。
15) 「主張　夏期学校の意義と特色」『京都教育』430号，1928年5月，1頁。
16) 京都府教育会編，前掲注8)，141頁。
17) 一記者「本会夏季学校とその成績」京都府教育会編，前掲注7)，10頁。
18) 宮城県については笠間賢二，秋田県については釜田史が言及している。笠間賢二「小学校教員無試験検定の研究――宮城県を事例として――」『戦前日本の初等教員養成における初等教員検定の果たした役割に関する歴史的研究　平成29年度～令和3年度科学研究費補助金基盤（B）(中間報告書)』2021年，25-26頁，釜田史『秋田県小学校教員養成史研究序説――小学校教員検定試験制度を中心に――』学文社，2012年，245頁。
19) 「京都教育夏期学校開設に際して」『京都教育』第417号，1927年2月，1頁。
20) 前掲注15)，10頁。
21) 丸山，前掲注3)，128頁。
22) 前掲注15)，同上。
23) 『京都教育』第419号，1927年9月，30頁。
24) 1927～8年の誌面には「本部の施設は昭和六年夏季を以て打切ることにした」と広告に記載されたり（「冬季学校生徒募集広告」『京都教育』1927年11月，421号，巻頭の広告），「本会は一日も早く教員の学力を高め教育の向上を計りたいと考へ本部を設けたのであるが目下の事情より考へ本部は昭和六年夏季を以て打切ることにした」（『京都教育』1928年5月26日）など，教員検定部打ち切りが予告されていた。
25) 「小学校教員（小本正）検定受験部　開設の趣旨」『京都教育』第533号，1932年6月25日，1頁。
26) 吉村保編『京都府教育会最近十年史』1941年，3頁。
27) 前掲注25)，同上。
28) 前掲注25)，同上。

29）前掲注15），同上。
30）『京都教育』第403号，1926年5月，407頁。
31）「京都府教育会主催本年の夏季学校」『京都教育』430号，1928年5月，1頁。
32）臨時教員検定の日程については，1928（昭和3）年の場合，「本部修了生は修了科目に対し九月一日二日臨時教員検定試験がある」という記述がみられたが，どの科目がどの時間に行われたのかなどの詳細は不明である。前掲注31），同上。
33）一記者「本会夏季学校とその成績」の続きにある「大正十五年度夏期学校生徒数府県別表」から。『京都教育』第407号，1926年9月，13-15頁。
34）「夏季学校入学制生府県別調」『京都教育』第416号，1927年，33-34頁。
35）『京都教育』第615号，1935年9月1日。
36）丸山剛史「戦前日本の小学校教員検定合格者数の道府県比較（Ⅰ）――試験検定・1900-40年――」『宇都宮大学教育学部紀要』第61号第1部，2011年3月。
37）丸山，前掲注36），122頁。
38）京都府教育会編，前掲注16），137-139頁。
39）丸山，前掲注3），125頁。
40）前掲注25），同上。
41）本書第9章を参照のこと。内田徹「昭和初期女性教員の小学校教員検定制度利用の事例研究――埼玉・群馬県での受験――」。
42）『京都教育』第533号，1927年，6月25日，1頁。

第 2 部

小学校教員検定制度利用の実際

第9章
昭和初期女性教員の小学校教員検定制度利用の事例研究
── 埼玉・群馬県での受験 ──

内田　徹

はじめに

　本章は，旧学制下日本の小学校教員検定制度史研究の一環をなすものである。本章では，1933（昭和8）年から1936（昭和11）年にかけて小学校教員検定・試験検定を利用し，尋常小学校准教員免許状を取得し，その後小学校教員となった女性教員・内田（旧姓：田口）ハル（以下，田口ハル，1915～2008年）の合格体験記を手がかりとして，小学校教員検定を利用するに至った経緯，検定利用の方法に着目して分析することにより，小学校教員検定の役割に関して若干の考察を行うことを目的としている。

　小学校教員検定制度史研究に関しては，井上惠美子[1]，笠間賢二，釜田史，山本朗登，遠藤健治らにより宮城県，秋田県，兵庫県，岡山県，京都府等に関する事例研究が継続的に行われてきた[2]。筆者も共同研究に参加し，東京府，群馬県，埼玉県の事例を検討してきた[3]。

　ところで，同研究においては，受験者の受験動機など，教員のメンタリティーにかかわる問題をも検討し，小学校教員検定試験制度運用の実態を解明する必要があることが指摘されている[4]。笠間は次のように記している。

　　この他にも検討すべき課題は多いが，紙幅が限られているので摘記するにとどめたい。（一）無試験・試験検定ともに応募者は多かった。彼・彼女らはそもそもいかなる動機から検定に応募し免許状の上進に励んでいたのか。各種講習会の熱心な受講が小学校教員の特性だったとしても，それはただ

単に職能向上という動機だけだったのだろうか。これは教員のメンタリティーにかかわる問題である。

　船寄俊雄も，受験生の側から見た小学校教員検定制度の意味を解明する必要性を指摘しており，そうした検討に際して，小学校教員を目指す場合と，小学校教員資格をステップとしてさらに「立身出世」を目指す場合の二通りの受験動機があるとし，この点に留意した分析が必要であることを述べている[5]。
　こうした指摘に応えるべく調査を始めたところ，筆者（内田）の祖母・田口ハルが小学校教員検定利用者であり，合格体験記を雑誌に寄稿していたことがわかった。合格体験記には，受験に至る経緯，教員免許状取得までの過程，当時の心情が詳細に記されており，検討に値するものであると判断した。また，「苦闘　実話」と書かれた手記（400字詰原稿用紙96枚，「39才」と記入されており1954（昭和29）年頃に書かれたものと思われる）も見つかり，上記の合格体験記よりも，より詳細に受験準備等について記していた。ただし，手記は何かの下書きとして記されたものと思われ，手記の記述には記憶違いもあるとみられた。今回も手記の記述内容を資料で裏付けるべく調査を進めたが，一部確認できない点があった。
　そこで，本章では，田口の合格体験記を手がかりに，それを客観化することに努めつつ，前記の課題に迫ることとした。手記は参考までに「資料」として正教員合格までの記述を文末に掲載した。

1　小学校教員検定受験に至る経緯：教員志望，家庭の事情で進学できず

　複写され残されていた合格体験記には誌名が明記されていなかった。しかし，記述内容より合格体験記は早稲田大学出版部発行の講義録「高等女学講義」附録雑誌『新天地』（継続前誌『早稲田』）第2巻第3号（1936年12月発行）に掲載されたものであることがわかった。田口の履歴に関しては，表9-1を参照していただきたい。表9-1は，群馬県立文書館所蔵の田口ハル「小学校教員検

表 9-1　田口ハルと小学校教員検定受験

年	月	日	事項	備考
1915	8	17	埼玉県北埼玉郡に生まれる	
1922	4	6	田ヶ谷尋常小学校入学（1928年3月卒業）	
1928	4	6	騎西高等小学校入学（1930年3月卒業）	
1933	6		埼玉県・尋常小学校准教員試験検定科目合格（修身，歴史）	
	11		埼玉県・尋常小学校准教員試験検定科目合格（教育）	
1934	6		埼玉県・尋常小学校准教員試験検定科目合格（地理）	
	12		埼玉県・尋常小学校准教員試験検定科目合格（国語）	
1935	8		群馬県・尋常小学校准教員試験検定科目合格（理科，図画，体操）	
	12		群馬県・尋常小学校准教員試験検定科目合格（唱歌）	
1938			清久尋常高等小学校代用教員	同年度在籍
	7	12	第1回専門学校入学者試験検定科目合格（修，地，裁）	
	12	27	第1回専門学校入学者試験検定科目合格（公）	
1939			屈巣尋常高等小学校准訓導	同年度在籍
	1	18	群馬県・小学校専科正教員・試験検定合格	
1940			種足尋常高等小学校専科訓導	同年度在籍
1941			田ヶ谷国民学校訓導	同年度在籍
※ 1942, 1948年度不明				
1949			田ヶ谷中学校	学事職員録の「最終学歴」に「専検　昭一二」と記載。同年度在籍

〔出典〕田口ハル「小学校教員検定検定願」（1936年6月26日付，群馬県立公文書館所蔵文書），『埼玉県学事関係職員録』（各年度，埼玉県立図書館所蔵分），『官報』第3466, 3595号。

定願」，『埼玉県学事関係職員録』，『官報』等，資料により確認できた履歴を記載したものである。下記の記述において参照していただきたい。

　田口は，1915（大正4）年8月17日，埼玉県北埼玉郡田ヶ谷村（現在の加須市）の米穀商の家に4人兄弟の長女として生まれた。1922（大正11）年に田ヶ谷村立田ヶ谷尋常小学校に入学し，1928（昭和3）年3月に同校を卒業すると組合立騎西高等小学校に進学した。田口によれば，「この頃より小さき胸に『教員』

たる二字が深刻に刻みついて居りました」とされ，当初から教員志望であったことが記されている。

しかし，上級学校への進学を希望しながらも，家庭の事情により，進学を断念したとされている。田口は，上級学校への進学を断念した経緯に関して，次のように記している。

> 北埼玉郡の一寒村に米穀商人の長女として生を受け，限り無き父母の恩愛の中に成長した私でした。尋常六ヶ年の課程を経て，五人の学友と共に一町三ヶ村組合立の町の高等小学校に入学。この頃より小さき胸に『教員』たる二字が深刻に刻みついて居りました。学窓を終了せんとするに女学校へは勿論，師範一部への希望者もいないクラスであった。（高女迄は二里もあり，且つ，私の村では，三年，或は五年に一人入学する位だから）燃ゆる向学心を抱きつつも，母の弟妹達の養育，女手一つの母の苦心を想ふ時，内気だった私は上級学校入学の希望は一言も云わなかった。かくて学び舎を巣立つ私は，徒に志望を蹂躙されたかの感を抱きつつも（中略）家事の手伝ひに余念はなかった。

田口の学んだ小学校には師範学校進学者はおらず，高等女学校進学者は3年あるいは5年に1人という状況であったという。田口が尋常小学校を卒業した当時（1928年）の高等女学校進学率は12.2％（全国，埼玉県は8.3％）であり，少数者であった。師範学校一部進学者はさらに少なく0.8％（全国）であった。高等小学校への進学率は47.8％（全国，埼玉県は49.0％）であった。田口も他の多くの同級生とともに高等小学校へ進学することになった。こうして，田口は，上級学校への進学および教員志望を一度は断念していた。

ところが，ある新聞の記事が田口を小学校教員検定受験へと向かわせることになった。田口は新聞に掲載された，尋常小学校卒業で文部省師範学校中学校高等女学校教員検定試験，いわゆる文検に合格した女性の記事を読み，教員志望の実現へと動き出すことになった。この点は，次のように記されていた。

それはえも忘れ得ぬ師走の夕，何気なく見た一事。昭和七年十二月二十九日の東日紙上の奮闘談『尋卒にて文検パス，最後の目標は女博士』何たる努力の天才，勇躍しつつ，未来の小学校教員への憧憬に美しの希望に燃えた私でした。

　田口が読んだという新聞記事は，日付が一日異なっているが，たしかに存在する。1932 (昭和7) 年12月28日付け『東京日日新聞』に「いまの時代から忘れられがちの『勤勉努力』を蘇らせた彼女」「五年の独学で文検にパス／最後の目標は『女博士』」というタイトルで紹介された長谷井満津子の文検合格に関する記事であった。長谷井は小学校卒業後，貯金局証券課に勤務していたが，「学問がなければ駄目」と考え，書籍購入および図書館利用による独学を始め，1929 (昭和4) 年に専門学校入学者検定試験，いわゆる専検に合格し，1931 (昭和6) 年に文検筆記試験に合格し，1932 (昭和7) 年に中等教員の教員免許状を手にしたという[7]。

　こうして，田口は，偶然にも独学により中等教員の教員免許状を取得した女性の新聞記事を読み，教員希望の実現に向けて動き出すことになった。

2　早稲田大学出版部講義録「高等女学講義」による独学

　合格体験記によれば，1933 (昭和8) 年2月に早稲田大学出版部の高等女学講義に入学を申込み，22回生として入学したことが記されている。以下の文中において，「早女講」と記されているのは早稲田大学出版部の高等女学講義であると考えられる。また，この講義録の附録雑誌により，小学校教員検定の存在を知ったとも記されている。

　　昭和七年も去り，更生の春（昭和八年）は眼前に展開した。然し何れにより勉強して好いかに苦心した。従姉がかつては早大校外生なりしを知り，早速二月も半ば早女講二十二回生として入学，茲に勉学のスタートは切っ

て落とされました。講義は本当に親切でした。附録雑誌たる早稲田（新天地の前身）によって始めて小学校教員検定なる物の存在を知り得た喜び，少女時代の憧れは我に還ったのでした。

　早稲田大学出版部の講義録は，組織的な通信教育の起源ともいわれており，大学拡張運動との関係において注目されてきた。早稲田大学および同出版部は，1887（明治20）年10月，講義録発行および校外生制度を開始し（当時は東京専門学校），1909（明治42）年には校外教育部を新設していた。同出版部の講義録は独学者にかなり利用されたとみられる。専検受験雑誌『受験界』に掲載された合格体験記の分析では，早稲田大学出版部の講義録の一つ，中学講義録は専検合格者が最もよく利用した講義録であったとされる。

　高等女学講義は，1922（大正11）年に創刊され，初年度の受講生は17,810人であり，「その後その数は更に増加を見せた」とされ，こちらも相当な数の利用者がいたと考えられる。高等女学講義は，毎年4月と10月の2回受講者を受け入れ，毎月2冊の講義録が発行され，1年半で修了することになっていた。

　講義録利用者の小学校教員検定受験に関しては，1932（昭和7）年から1936（昭和11）年までの『早稲田』・『新天地』誌に掲載された128件の受験体験記を検討すると，専検受験が最も多いが，小学校教員検定受験も20件（15.6％）掲載されていた（**表9-2**参照）。

　これら小学校教員検定受験者は，尋常小学校本科正教員，小学校専科正教員，尋常小学校准教員の試験検定受験者であり，①『新天地』誌（『早稲田』誌の前身誌とみられる。『早稲田』誌の継続後誌とは別に1913（大正2）年頃から1931（昭和6）年まで発行されていた。）あるいは『女学の友』誌に掲載された受験体験記を読み触発された者，②生活・学習環境の都合（「勉強すべき機関も無い草深い田舎に生活」，不作続きにより農業従事以外の進路を検討，頼みにしていた父の急逝により合格していた上級学校への進学を断念など，本人以外の要因）により進学できなかった者，③師範学校受験・専検受験失敗から小学校教員検定受験へと受験対象を変更した者など，いくつかのタイプに分類できる。なかには高等小学

表 9-2 『早稲田』『新天地』誌（1932-36 年）における受験体験記一覧

年	月	巻号	No.	氏名	出身地	テーマ	備考
1932	4	1(1)	1	古川綾子	神戸	三つの検定を経て	専検
			2	土岐兼房	青森	塔へのみち	小検
			3	石黒恵子	高知	失敗の跡を顧みて	小検
			4	片山文太郎	鳥取	尋正合格記	小検
			5	OH生	－	広島高師入学試験突破記	
	5	1(2)	6	稲垣富子	大阪	専検受験感想	
			7	梅田千代	東京	専検に合格して	
			8	榊原清野	大阪	専検受験記	
			9	渋谷周三	神奈川	海軍志願者諸君へ	
			10	菅原徳政	山形	通信講習所入学試験失敗記	
	6	1(3)	11	県博茂	名古屋	二科目の合格証を得て	
			12	芹沢美恵子	－	初陣の一戦	小検
			13	市川はつ	群馬	受験記	小検，専検
	7	1(4)	14	宮出秀雄	－	親愛なる農村校外生諸君へ	
			15	林正春	愛知	商業学力検定試験問題	
			16	吉澤ハツエ	山梨	慶応看護婦養成所入学試験失敗記	
			17	谷村美雪	高知	専検に合格して	専検
			18	澤木一志	長野	海軍兵志願失敗談	
	8	1(5)	19	喜山マチ	鹿児島	過去を顧みて	専検
			20	笹川由治	上田市	商工実務員学力検定試験合格証を得て	
			21	谷口たけ	北海道	努力は遂に	専検
			22	今岡アヤノ	愛媛	専検合格感想記	専検
			23	今井萬里子	東京	専検に合格して	専検
			24	夫岳坊	千葉	受験記	専検
	9	1(6)	25	榊原清野	大阪	過去の姿	専検
			26	山本三之助	函館	専検に合格して	専検
			27	渡邊ミヤコ	島根	特殊有技試験に合格して	
			28	河合眞砂草	愛知	音楽専科検定試験に合格して	小検
			29	青山俊夫	愛知	通信講習所入学試験失敗記	
			30	谷利光	奈良	尋准の初陣	小検
	10	2(1)	31	飯島ふさ子	長野	一家を背負ひて	専検
			32	今橋シズエ	山口	専検に合格して	専検
			33	石井光陽	東京	専検受験日記	専検
			34	石野雅水	愛知	尋准検定合格記	小検
	11	2(2)	35	金化壽	朝鮮	普通文官試験に合格する迄	
			36	樋野春代	島根	姉妹揃って専検に合格して	専検
			37	佐藤敏夫	東京	無資格より高文司法・行政突破へ	

			38	佐野忠従	福井	海軍航空兵失敗談	
	12	2(3)	39	池田繁子	茨城	裁専に合格して	小検
			40	矢代静江	千葉	裁専受験感想記	小検
			41	森薦	徳島	小学校農業専科正教員検定合格記	小検
			42	上原幸四郎	京都	農専新記録獲得受験記	小検
			43	齋藤新七	東京	実検商業科を受験して	実検
1933	1	2(4)	44	田代八重子	東京	専検に合格して	専検
			45	大澤花	千葉	専検受験感想記	専検
			46	岩下三郎	京都	高資に合格する迄	専検，高資
			47	住友敏通	神戸	実務員検定の第一歩	
			48	土江理喜彌	島根	師範二部受験の諸君へ	
			49	近澤済愛	高知	専検合格の通知	専検
	2	2(5)	50	近澤済愛	高知	小さき足跡	専検
			51	渡邊文枝	香川	理想を実現に	
			52	藤本サダエ	山口	専検に合格して	専検
			53	濱野貞益	茨城	陸幼採用試験失敗記	
	3	2(6)	54	小山内喜悦	函館	逓信講習所入学試験失敗記	
			55	大澤實	群馬	群馬県巡査受験失敗記	
	4	3(1)	56	三浦敬太郎	岡山	尋正征服記	小検
	5	3(2)	57	近江宗敏	東京	専検受験日記	専検
			58	森綾子	神戸	赤十字受験記	
			59	藤川幸	旭川	赤十字看護婦となって	
			60	長岡壽子	広島	過去を顧みて	
	7	3(4)	61	池田鈖	東京	専検合格記	専検
			62	田村四利	長野	商検に応試して	
			63	大學榮	宮城	小検尋准失敗記	小検
	8	3(5)	64	田中エイ	－	専検合格記	専検
			65	矢代静江	千葉	小学校教員採用銓衡委員会を経て	
			66	河村重男	北海道	鉄道員を志して	
			67	鈴木松壽	群馬	海軍採用試験失敗記	
			68	馬場ミネ子	東京	専検受験記	専検
	9	3(6)	69	牛山よね	長野県	薬種商試験受験記	
			70	宋道永	－	朝鮮普文受験記	
			71	宮本友一	－	甲種商編入合格記	
			72	宗川久四郎	－	独学と苦学を語る	
	10	4(1)	73	郡治夫	群馬県	専検初陣	専検
	11	4(2)	74	廣瀬満壽江	茨城	鍬を片手に裁専正合格まで	専検，小検
			75	山地哲雄	香川県	勝利は我等に	
			76	荻野秀雄	山梨	海軍少年航空兵受験記	

	12	4(3)	77	姜柄順	朝鮮	普文を経て弁護試験に合格	
			78	金子正哉	山口	広島通信講習所を受験して	
1934	1	4(4)	79	近江宗敏	東京	刻苦一年半専検合格まで	専検
			80	光山富美子	東京	峠を越えて	専検
	2	4(5)	81	宋秉巳	朝鮮	朝鮮普通試験合格記	
			82	寒川米	香川	為せば成る	専検
			83	加藤操	山梨	苦難の道を顧みて	専検
			84	上田長子	東京	専検突破まで	専検
	3	4(6)	85	穴澤定志	福島	三等局員の専検合格記	専検
			86	今岡アヤノ	愛媛	女師二部入学の思出	専検
			87	廣岡良一郎	静岡	速算競技会入賞	
	4	5(1)	88	原田タツコ	山口県	目標は専検へ	専検
			89	田島耕作	－	海軍志願合格談	
			90	栗林清正	新潟	通信講習所入試受験記	
	5	5(2)	91	松永光雄	－	鉄道員を志望して	
			92	永井廣	福島県	尋准合格記	小検
	6	5(3)	93	韓京蒙	－	朝鮮教員第三種試験合格記	
			94	文後信重	－	海軍志願兵試験合格記	
	7	5(4)	95	布目つね	東京	専検にパスして	専検
			96	川村房子	－	専検に合格して	専検
			97	吉岡千秋	廣島	通講受験記	
	8	5(5)	98	黒澤喜三郎	埼玉県	専検に合格する迄	
			99	若山幸子	大阪市	一回で合格体験記	専検
			100	加島美江	名古屋	務めながら専検に	専検
	9	5(6)	101	細谷せき子	大阪	独学礼賛	専検
			102	神野敏雄	徳島県	死線を越えて	専検
			103	大木ふぢ	神奈川	幾度か失敗の後に	専検
			104	林雅聡	千葉県	海軍掌電信兵に採用されて	
	10	6(1)	105	高矢美智枝	岡山	小さき歩み	専検
			106	石柱星	－	校外生より校内生へ	
	11	6(2)	107	宋道永	応南□郡	普通文官試験に合格して	
			108	齋藤喜代	福島	道は開く	専検
	12	6(3)	109	小林とみよ	長野	足跡を顧みて	専検
			110	加瀬俊夫	千葉	陣頭に駒を進むるこころ	専検
			111	喜山マチ	鹿児島	私の歩み	専検，小検
1935	1	6(4)	112	安中益	朝鮮	教員となる迄	
	2	6(5)	113	梅田正美	横浜	初志貫徹が第一	
			114	宮崎外二	石川県	わが辿りたる道	小検
			115	中原輝之	北海道	陸工受験感想記	

		116	久保田桂一	静岡県	英語の勉強法	
	5	7(2)	117	堀江正男	-	中等教員となるまで ―不動の信念と不断の努力―	小検，文検
	8	7(5)	118	原文雄	-	苦闘五ヶ年専検を突破して	専検
	9	7(6)	119	東カツ子	-	専検を越えて	専検
	12	8(3)	120	守屋はる子・渡邊たき	東京	働きながら独学／専検突破の体験を語る	専検
1936	3	8(6)	121	安久津武人	北海道	実検商業科一回合格記	実検
		『新天地』へと改題					
	8	1(5)	122	蜂谷幸恵	東京	逆境と戦ひつつ	専検
			123	栗本誠太郎	東京	努力と忍耐こそ	専検
			124	鴾田像一	東京	専検突破の勉強法	専検
			125	山口敏子	神奈川	講義録を基礎に	専検
	11	2(1)	126	金聖培	朝鮮	普通公学校教諭となる迄	
	12	2(3)	127	田口ハル	埼玉県	苦闘の跡を顧みて／小学校教員合格記	小検
			128	香村芳郎（筆名）	長野県	専検受験体験記／戦すんで	専検

〔出典〕早稲田大学出版部・講義録附録雑誌『早稲田』・『新天地』誌（1932-36 年）より。

校在学時から受験し始めていた者もいた（詳細については機会を改めたい）。

また小学校教員資格をステップとして考えていたか否かに関しては，文検受験者の場合が該当すると思われるが，それらは20件中2件であり，多くない。

なお，上記の受験体験記において，①青森県在住者が山形県の検定も受験，②宮城県在住者が福島県の検定も受験，③福島県在住者が宮城県の検定も受験するなど，複数県の検定を受験していた事例があることがわかる。③の場合は，受験機会を増やすために受験したとのことであるが，②の場合は佳良証明書下附のための基準が宮城県と他県では異なり，宮城県の基準が高いため，福島県を受験したと述べている。したがって，合格しにくい県，合格しやすい県が存在するのではないかと考えられる。

3　埼玉，群馬2県の小学校教員検定を受験して

さて，田口は，こうして小学校教員検定の存在を知ると，まもなく埼玉県の

小学校教員検定試験を受験し始めた。合格体験記には受験開始の時期は明記されていないが，**表9-1**記載のように，群馬県に提出された小学校教員検定願のなかに受験・科目合格の過程が記されていた。小学校教員検定願および合格体験記をもとに，尋常小学校准教員の教員免許状取得までの過程を改めて記せば，以下の通りである。

1933年 6月　埼玉県　尋常小学校准教員・試験検定
　　　　　　　　　　　　　　　　　　　　　修身歴史科合格
　　　　11月　埼玉県　　同上　　　　　　　教育科合格
1934年 6月　埼玉県　　同上　　　　　　　地理科合格
　　　　12月　埼玉県　　同上　　　　　　　国語科合格
1935年 8月　群馬県　　同上　　　　　　　理科図画体操科合格
　　　　12月　群馬県　　同上　　　　　　　唱歌科合格
1936年10月　群馬県　　同上　　　　　　　算術科合格，免許状取得

　これらの試験検定に関しては，いずれも『埼玉県報』および『群馬県報』において実施が告示されていたことを確認することができた[11]。

　田口は，1933（昭和8）年2月に早稲田大学出版部の高等女学講義を受講し始めたとされるので，受講し始めて半年も経たないうちに小学校教員検定を受験していたことになる。受験体験記にも「未来の美はしの境地を夢見つつ，準備もそこそこに尋准に応試，修身，歴史二科目の証明書は私をして試験突破に対する確固たる信念を与えて呉れました」と記されており，準備期間は短かったことがわかる。

　また，埼玉県出身の田口であったが，群馬県でも受験していたことが着目される。教員免許状の申請・取得も群馬県であった（ただし，勤務は埼玉県内であった）。

　この群馬県の小学校教員検定受験に関して，田口は「この頃にして，自県のみにて応試するのをおもしろからぬ様に思った私は，十年八月憧れの地群馬県

236　第2部　小学校教員検定制度利用の実際

表 9-3　尋常小学校准教員：埼玉県－群馬県の比較

年	小学校教員検定人員（単位：人）						小学校教員検定合格者（単位：人）						小学校教員合格率（単位：％）			
	埼玉県			群馬県			埼玉県			群馬県			埼玉県		群馬県	
	男	女	計	男	女	計	男	女	計	男	女	計	男女	女	男女	女
1931	72	12	84	40	5	45	4	0	4	1	0	1	4.76	0.00	2.22	0.00
1932	102	14	116	100	7	107	5	1	6	3	0	3	5.17	7.14	2.80	0.00
1933	141	34	175	104	13	117	11	0	11	12	1	13	6.29	0.00	11.11	7.69
1934	152	44	196	88	12	100	5	1	6	9	1	10	3.06	2.27	10.00	8.33
1935	141	28	169	108	39	147	4	3	7	14	1	15	4.14	10.71	10.20	2.56
1936	149	37	186	142	29	171	4	2	6	4	3	7	3.23	5.41	4.09	10.34

〔出典〕『文部省年報』（各年度）より作成。

へ遠征し」と記し，埼玉県のみの受験を「おもしろからぬ」ものと考えていたことを明らかにしている。

　この複数県受験に関しては，『早稲田』誌の受験体験記でも複数県受験者が存在したし，田口の叔母が群馬県を受験していたともいわれており，先例にならったものであったと考えられる。

　ちなみに，合格者数を比較すると，群馬県のほうが若干多い（表9-3参照）。当時の試験問題を確認し比較することができなかったので，迂闊なことは言えないが，群馬県のほうが合格しやすく，それが群馬県受験へと向かわせていたのかもしれない。

　いずれにしても，小学校教員検定・試験検定の検討に際しては，こうした複数県受験者が含まれていることに留意する必要がある。

　具体的には，田口が1936（昭和11）年に群馬県の尋常小学校准教員・試験検定に合格した際，田口を含め，48名がいずれかの科目に合格しているが，その内訳は群馬県が34名であり，他県は14名であった。他県受験者の内訳は，栃木県・5名，千葉県・4名，埼玉県3名，新潟県・1名，富山県・1名であり，群馬県に隣接する県がほとんどであった。

4 尋正裁縫合格により，上級学校への進学を試みたことも

なお，手記によれば，田口はなかなか検定に合格できず，1936（昭和11）年3月に尋常小学校本科正教員裁縫科目合格により，大妻技芸学校「専門部」（高等技芸科をさすと思われる）へ進学しようと試みたとされる。結果的には，入学が許可されたものの，進学に関して両親の許しが得られず，入学には至らなかった。

5 尋常小学校准教員・試験検定の歴史における位置
：最も受験者が少なかった昭和初期

最後に，尋常小学校准教員の試験検定の歴史における田口の位置づけに関してふれておく。田口が合格した1936（昭和11）年頃には尋准試験検定受験者は

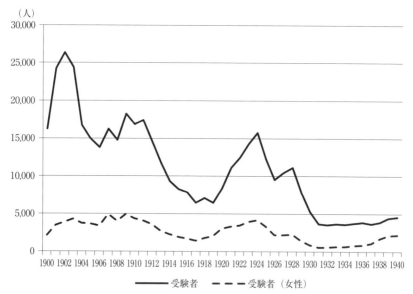

図 9-1　尋常小学校准教員試験検定受験者数（全国，1900-1940年度）

〔出典〕『文部省年報』（各年度）より作成。

かなり少なくなっていた（図9-1参照）。しかし，多いときには一年間に全国に延べ2万5千人を超える受験者が存在し，女性の場合は，男性ほど増減が激しくなく，1900（明治33）年から1940（昭和15）年までを通して一定程度存在した。田口は明治・大正・昭和期を通じて絶えず一定数存在した尋准試験検定受験者の一人であったと考えられる。

おわりに

　田口の足取りを『埼玉県学事職員録』（各年度）で辿ってみると，尋准の試験科目に合格し始めてから2年後に埼玉県内にて代用教員として小学校に勤務するようになり，翌年には准訓導，さらに翌年には専科訓導，その翌年には訓導となっていた。その間，1938（昭和13）年7，12月には専門学校入学者試験検定に科目合格していた。[12] 第二次世界大戦中に関しては定かでないが，戦後は中学校教諭を務めた。その後は，出産に伴い，退職したが，産休代替を務めるなどし，その後も教壇に立ち続けたという。

　以上のように検討してきて，次の点を指摘してまとめにかえたい。

　第一に，田口の合格体験記に書かれていたことは事実であったと考えられることである。合格体験記には小学校教員検定により教員免許状を取得するまでの過程が詳細に記されていたが，これらの過程については当時の資料で確認することができ，合格体験記に書かれたことは事実であったと考えられる。

　第二に，したがって，小学校教員検定，特に試験検定は，田口のように教員志望でありながら，家庭の事情で進学できなかった者が教員志望を実現するための貴重な手段であったということである。また，今回の検討では，他の小学校教員検定受験者についても検討することができ，受験動機については，①雑誌の受験体験記を読んで触発された者，②生活・学習環境の都合により進学できなかった者，③師範学校受験・専検受験失敗から小学校教員検定受験へと受験対象を変更した者など，いくつかのタイプに分類できるように思われた。この点は対象とする雑誌記事の種類を拡大するなどし，今後検討を深めたい。

第三に，小学校教員検定・試験検定受験者のなかには複数の府県を受験していた受験者が少なからず存在したということである。これは，合格の機会を増やす面をもっていたが，より合格しやすい県の試験検定を受験するという場合もあった。全国的動向を検討していく際，ぜひ留意しておきたい。

　最後に，田口の手記によると，小学校専科正教員・試験検定にも合格していたとされる。手記の記述を資料で裏付けることができないので，今回は十分活用できなかったが，参考までに小学校専科正教員合格までの記述を文末に「資料」として掲げておく。

〈注〉
1) 井上惠美子『平成 14-17 年度科学研究費補助金（基盤研究（B））研究成果報告書　戦前日本の初等教員検定に求められた教職教養と教科専門教養に関する歴史的研究』，2006 年．
2) 笠間賢二「地方教育会の教員養成講習会に関する研究」『宮城教育大学』第 44 巻，2009 年，ほか．釜田史「明治 20 年代秋田県における小学校教員検定試験に関する研究」『地方教育史研究』第 30 号，2009 年，ほか．山本朗登「1900 年前後における兵庫県教育会の教員養成事業」『日本教師教育学会年報』第 17 号，2008 年，ほか．遠藤健治「小学校教員養成所卒業生に小学校教員検定受検の特典が付与された根拠——一九〇〇年代初頭を中心として——」『美作大学・美作大学短期大学部紀要』第 48 号，2015 年，ほか．継続的ではないが，本稿で対象化する埼玉県に関しては，古川修「戦前の埼玉県における小学校教員検定」(『東洋大学大学院紀要』第 52 巻，2015 年) もある．
3) 坂口謙一・内田徹「東京府の場合——20 世紀初頭の無試験検定を中心に——」井上・前掲書，2006 年，85-124 頁．内田徹・丸山剛史「旧学制下群馬県における小学校教員検定制度——1900 年 9 月以前——」『東京福祉大学・大学院紀要』第 5 巻第 2 号，2015 年，123-130 頁．同「旧学制下群馬県における小学校・国民学校教員検定制度——1900 年 10 月以降——」『浦和論叢』第 56 号，2017 年，83-96 頁．同「旧学制下埼玉県の小学校教員検定制度——1900 年以前——」『浦和論叢』第 60 号，2019 年，79-96 頁．同「同——1900 年以降——」『浦和論叢』第 62 号，2020 年，1-21 頁．同「旧学制下群馬県における小学校教員検定制度を利用した教員養成講習会・検定準備講習会」丸山（研究代表者）『平成 26 年度～平成 29 年度科学研究費補助金基盤研究（C）研究成果報告書　戦前日本の初等教員養成における初等教員検定の果たした役割に関する府県比較研究』，2018 年，79-84 頁．

4) 笠間賢二「小学校教員検定制度研究の必要性」『日本教育史往来』第165号，2006年，ほか。
5) 井上，前掲書，58-59頁。
6) 田口ハル「苦闘の跡を顧みて　小学校教員合格記」『新天地』第2巻第3号，1936年。
7) 『東京日日新聞』，1932年12月28日。
8) 山嵜雅子「早稲田大学校外教育部による地方講習会活動の実態――大正期の秋田県における講習会を事例として――」『日本社会教育学会紀要』第32号，1996年，46-56頁。
9) 菅原亮芳「第4節　『受験界』――「専検」合格体験記の整理を手がかりとして――」菅原編『受験・進学・学校――近代日本教育雑誌にみる情報の研究――』学文社，2008年，107-138頁。
10) 早稲田大学大学史編集所『早稲田大学百年史　第3巻』早稲田大学，1987年，501頁。
11) 『埼玉県報』第627号，650-654頁，資料番号C771。
　　同上書，第671号，1575-1579頁，資料番号C772。
　　同上書，第730号，545-548頁，資料番号C775。
　　同上書，第779号1456-1458頁，資料番号C777。
　　『群馬県報』第935号，616-620頁，資料番号FP187 2/4。
　　同上書，第989号，1077-1080頁，資料番号FP187 3/4。
　　同上書，第1077号，924-928頁，資料番号FP188 3/4。
12) 『官報』第3466，3595号。この記事は井上惠美子氏にご教示を得た。記して感謝します。

資料 「実話　苦闘　田口ハル」

　本資料は，昭和戦前期に小学校教員検定・試験検定を利用して小学校教員免許状を取得し，その後，小学校教員となった内田（旧姓：田口）ハル（1915～2008年）の手記である。遺族が保管しており，2014年1月に筆者が複写および聞き取り調査の機会を得た。400字詰原稿用紙96枚，冒頭に「39才」と記入されていることから1954年頃に書かれたものと思われる。
　「手記」については，解説を付して，全文を以下の論文集に寄稿した。
・浦和大学・浦和大学短期大学部『浦和論叢』66号，2022年，73-84頁。
・浦和大学『浦和論叢』67号，2022年，37-48頁。
・浦和大学『浦和論叢』68号，2023年，45-62頁。

〔凡例〕
・資料は，原則として，仮名づかい，送り仮名，句読点は原文のままとした。ただし，引用資料中，繰り返し符号が用いられている箇所だけは，繰り返される文言を挿入し記した。
・判読難字は■で示し，空欄は□で示した。空欄にルビが付された字句はその通り記した。
・誤植，誤用あるいは疑義のあるものには「ママ」をつけた。

実話　　苦闘　　埼玉県北埼玉郡騎西町外田ヶ谷町
　　　　　　埼玉県　内田ハル（39才）無職
　● 生ひ立ち
　埼玉県北部の一寒村に米穀商人の長女として生を受け，限り無い父母の慈愛の中に成長した私だった。尋常六ヶ年の課程も経て，四人の学友と共に，隣町の一町三ヶ村組合立の町の高等小学校に入学した。四人と言ってもそれは女子だけで，男子は何人だったか記憶してゐないが，何れにせよ其の頃の女子の高等小学校卒業生は，今の高等学校卒業生よりも少い状態だった。六ヶ年の義務教育を受けると，大抵は

町の製糸工場に住込みの女工として働いてゐるのが普通だった。
　町の高等小学校迄は家から四粁余り有った。徒歩で通ふのと自転車で通ふのと半々位であった。
　小学校時代から，「大きくなったら教員になりたい。」と小さき胸に，いつも「教員」の二文字が刻みついてゐた。学窓も終了せんとするに女学校へは勿論，師範一部への希望者も居ないクラスであった。高女迄は二里もあり，且つ私の村では，三年に一人入学する位，本当に教育に対する熱情に欠けてゐた。燃ゆる向学心を抱きつつも，母の弟妹達の養育は，女手一つの母の苦心を想う時，内気だった私は上級学校入学の希望は一言も言はなかった。かくて学び舎を巣立った私は，徒に志望を蹂□されたかの感を抱きつつも……家事の手伝ひに余念はなかった。
● 勉学の動機
　師走の風が冷たく吹き荒び，年の瀬も迫ってきた。高等小学校を卒業して，□年，向学心に燃ゆ乍らも，只漫然と過ごしてゐるやる瀬なき日常を，どんなに心苦しく思ってゐるかわからなかった。
　それでも忘れ得ぬ師走の夕，昭和□年十二月二十九日，何げなく見てゐた，東京日々新聞の奮闘談，「尋卒にて文検パス，最後の目標は女博士」何たる努力の天才，うら若き二十三才の乙女であった。最初に早稲田大学の女学講義録で学び，専検合格，そして，此の度，文検に合格，しかも昼間は早朝より工場に働く一事務員で有った。私は嬉しかった。「人間は努力あるのみ」もうじっとしては居られなかった。新聞記事によって，早稲田大学の校外生となり得る事を知り，嬉しさに胸は一ぱい，朝食もそこそこに，早稲田大学に見本を請求する手紙を書いた。
　それから五六日して，早稲田大学から，女学講義録の見本と附録雑誌である「早稲田」が届いた。「早稲田」によって，始めて小学校教員になる物の存在を知った喜び，小女時代の憧れは私に還り，勇躍しつつ，未来の女教師への憧憬に美はしき希望に燃えた私だった。
● 勉学時代
　　（一）
　それから数日後，女講第一号を手にし，昼は仕事の余暇に，夜は十一時頃迄机に向った。
　三号を手にした時は既に三月，一ヶ月一冊の講義ではとても容易な事ではない。もう女講なんかに頼ってゐては日が暮れて了ふ。
　女講が終る迄には，准教員の試験だったら何科目か合格するだろう，と思ひ，三月末，県庁学務課（今の教育局）へ照会した。すると「六月初旬，教員検定試験施行す」との事だった。そして出願期日は四月二十日迄とあった。
　目標は「教員検定試験」と私の小さな胸はいやが上にも高鳴るのであった。「ああ，どうして検定試験なるものの存在を早く知らなかったのか」
　と，何度悔いたかわからなかった。何れにせよ，六月の試験に応試して自分の力を試してみたいと思った。試験の問題集を見ると，どうにか解けそうにも思へるが，

入学試験と異なり，検定試験である。

　それから，東京の神田の本屋に師範学校の教科書を注文した。然しいくら待っても来ない。とうとう待ちきれなくなって，親戚で借りたり，知人に中等学校の教科書をかり，やっと「修身，歴史，理科」だけが間に合ふ頃には，四月下旬になって了った。それ迄に，願書に，履歴書，戸籍抄本，写真を添へて，出願して置いた。

　教員の検定試験は，尋准尋正小本正，専科とあった。そして自分の受けたい，例へば，尋正を，一科目でも二科目でも勉強しただけすきに受けられる。そして全教科がパスして初めて免許状が獲得出来る事になってゐる。

　高等小学校で使用した教科書も参考にし，注文した師範の本も漸く届き，借りた本とでは，仲々大変だった。「修身，歴史，理科」の三科目を目標に只本を読んだ。昼間は仕事の余暇に少々やる程度では，一向にはかどらない。夜は一生懸命だった。五月中旬になると受験票が届いた。受験票が届いてみると，恐ろしくなって来た。勉強らしい勉強もしないのに，教員の検定試験を受けるとは，余りにも冒険的で，一種いひ様のない感じであった。

　五月の日は一日一日容赦なく過ぎて行った。

　六月三日，とうとう試験の朝が来た。早朝起き出でて，先日準備してあった参考書，受験票を持ち，父に駅迄送られて，試験場である浦和市の埼玉師範学校に着く。

　青白い顔をして，参考書を手に受験生らしい男女の姿が見える。廊下の片隅で，参考書をひもとく者，椅子にもたれて懸命に鉛筆を走らす者，様々の光景だった。

　午前八時，ジリジリと受験開始のベルが鳴る。さしもに広い講堂も受験生で一ぱいだった。だが女子受験者の少いのには驚いた。尋准，尋正，小本正，専科と別れて所定の位置につく。

　第一時は歴史であった。咳一つしない，皆緊張し切った顔，試験官が五六名問題を配布し始める。問題を見るのが只恐ろしかった。「ああ，神よ，たとへ一科目でもいいから合格の喜びを与へて下さい。」
と只管祈るのみだった。そして父母の顔が浮かび，
「最後迄がんばれ」
といってゐる。自分に配布された試験問題もすぐ見るのができなかった。──恐る恐る問題に目を通す，全部で五問。
「ああよかった」
私は心の中でつぶやいた。歴史は好きな学科であったせいか，一二三四は全部書けそうだ。五問も大たいわかるらしいが，小さい問題が五つも出てゐるので，一寸不安に思ったが，何とか解答出来る自信はあった。時間は二時間だった。八時半になると試験官が，
「出場したい者は，退場してもよし」。
といふと，七八人が，こっそり出て行く。多分解答不能の者が出場するらしい。又，後の参考にと問題をもらって帰ると言ふ事を後になって聞いた。

　二時間を一ぱいに使って，どうやら全部解答したものの，どの程度に書けたら合

格か否やが最初の事とてわからず心配だった。この日は歴史だけで私の受験する科目はなく，翌日は修身が有るだけだった。受験場で知り合った行田から来たといふH子さんと共に，福島館といふ旅館に落付いた。
　翌日の修身も全部書いた。次の日の理科は六問中，一つ不能が有ったのが実に残念だった。こうして第一回の試験は終了して了った。
　三日間の試験に心身共に疲労して家に帰って行った。
　毎日考へまいとしても，試験の事が気になってたまらなかった。万一，一科目でも合格してゐなかったらどうしよう，試験前事は，試験場の空気にふれるだけでもと，こんな軽々しい気分でゐたのだったが，いざ応試して見ると，そんな生やさしいものではない。本当に真けんだった。
　七月も半ばを過ぎた。一日一日がどんなにいやな，重苦しい日だったかわからない。七月もとうとう不安と焦燥の中に過ぎて行った。
　たまり兼ねて行田のH子さんを尋ねたが，やっぱり何んの通知もなく，やり切れない日常である事を知った。全学科合格者は新聞紙上に発表になるわけだったが，八月初旬になっても発表になった様子はなかった。
　「今日は県から合格の通知が来るかな。」
と毎日毎日郵便屋の姿をどんなに待ってゐた事だったらう。たまり兼ねて学務課に問合はせたが，又しても何んの返事も来ない。悲しく諦めて，自分の力をどんなにうたがったかわからなかった。あれだけ書いてパスしないとすると，参考書を又買ひ求める外ない，と同時に検定試験の余りにもむづかしいのにあきれるばかりだった。何れにしても修身歴史は勉強を中止して，来るべき秋の検定に応試すべく他の学科目に全力を注ぐ事にした。
　　　　　　二
　八月十日，待ちに待った県からの通知，そして修身歴史の合格証明書は，私をして試験突破に対する確固たる信念を与へて呉れた。たった二科目の証明書ではあるけれど，こうした喜びにしたる事の出来たのは始めてだった。父母の喜びは格別，弟妹迄が衷心より喜んでくれた。
　未来の美はしの極地を夢見つつ，今度は本格的な準備がはじまった。何を勉強するにしても皆独学である。一科目の勉強でも教科書と参考書とでは皆十冊以上になって了ふ。修身歴史の証明書を得た時は，残る全科目をと思って準備に取りかかつたが，あと三ヶ月足らずで秋の試験が始まる。時間は何としてもぎりぎり一ぱいだった。
　　　　　　三
　八月と言へば田舎は月遅れのお盆だった。若人連は夜昼よく遊ぶ。丁度其の頃は「笠踊りの全盛期」とでも言いたい様な時で，毎夜の如く，つづみやふえの音が聞こえて来る。若い男女が一しよになって，夜の更ける迄よく踊った。
　其の頃，私の家には他所から若い衆が三人来て居た。そしてよく
「ハァちゃん，たまには踊りでも見に行かつせいな，何をそんなに勉強してゐるん

だい」。と言つてゐた。皆からかい半分だ，若い娘が夜遊びもせずちつ居の生活をしてゐては，世間の人々は様々に批判する。
「今頃勉強して何んになる気なんだらう」
「姉ちゃんは毎日勉強してゐるんだつてね。何んになるんだい。」
と弟妹達に迄近所の方が聞く様になった。この様に人々から嘲笑をあびては，是が非でも初志を貫徹せねばならなかった。

其の頃私の家では，三段ばかりの農業をやってゐた。他人から「勉強してゐる。」と言はれるのが，いやでいやでたまらなかった私は，時々一人で，なれない手に鎌を持った。若い衆は家の仕事で畑に出る事はなく，いつも日雇人を頼んだのだったが，自分で出来る事はやってやって見ようと思ひ，よく桑畑の草かき等をやった。父母は
「勉強が有るんだから畑なんかやる必要はない，畑をやる時間だけ余計に勉強しろ。」
と言ったが，やっぱり僅かでも，こうしたきまった仕事をやる方が，生きがいが有る様な気がした。何をするにしても，希望が有ると仕事がどんどんと片づく。畑へ行くにも，必ず参考書持参だった。そして少し疲れると本を読む。疲れて本を読むとは一寸本当の様には聞こえないかも知れないが，私にとっては何よりの慰安であった。

夜になると真□そのものだった。いつもふえの音の聞こえて来る頃は，二階の静かな部屋にたった一人で勉強が始まってゐた。然し暑さと蚊軍の攻撃にはどうする事も出来ず，かやの中へ机を持ち込んでやるより外になかった。若人達が遊んでゐる間に，「どうにかして尋准だけでも免許状を獲得したい。」
と思ふと，酷暑も蚊軍の攻撃も，皆神の試練と思ふのだった。

来る日も，過ぎ行く日も，希望に満ちては居たけれども，楽ではなかった。数学一科目の勉強だって，幾何，代数なんでも解かなければならない，三十分かかっても，どうにも解けない問題がある。何がむづかしいと言っても，独学では，数学程むづかしいものは無いと，思ふのだった。連日連夜の勉強に，つい睡魔が襲ふ，そんな時にはいつもきらいなお茶を呑んでは，ねむけをさまして又初める。数学を初めた為か，他の科目がどうしても進まない。とても十二月の第二回の受験には，この分では，何一つとしてパスしさうもない様な気がした。残りの全学科といふ，余りにも無謀な計画に，とうとう数学を捨てる事に決心した。期間が有るなら，どんなに苦心してもよいと思ったが，もう致し方なかった。

体操の実地には閉口した。家でそっとやるわけには行かず，放課後村の小学校へ行って初めて恩師の御指導を受けた。

遊戯が毎回一つづつ出ると言ふので，学校体操解説によって，小学校一，二年のは全部やって見た。

地理は歴史と同様，好きな学科だけに勉強してゐておもしろい。

国語は，古文，現代文，文法，作文と範囲は広い。作文は其の頃，「小学校教員受験」「処女の友」等に時々投書して，大抵一二番にけい載されてゐたので少しは自信

は有った。文法は数学と同様苦手の一つであった。
　理科は国語以上に広範囲の勉強だ。博物はどうにかやれるが，物理，化学は難関だった。
　教育，四冊ある中，教育学の「陶冶論」等は，読んでゐても仲々わからない。教則を暗誦する丈でも何日もかかつて了ふ。
　　　　四
　深み行く秋と共に，数学を捨てた為か，他の学科は，思ふ様にはかどって行った。受験迄あと十日といふのに，無理の勉強が祟った為か，手足の関節が痛み出し，とうとう病床に呻吟する身となって了った。受験前といへば，之迄の勉強の総仕上げと言ふ大事な時期に，病床に有るとは夢にも思はなかった。下痢か風邪だったら数日中に全快するだらうけど，神経痛では一ヶ月かかるか，半年かかるかはかり知れず，枕辺に参考書を積み重ねて悲歎の涙に暮れてゐた。寝て居て，痛い手にやつと参考書をひもとく位では，どうにもならなかつた。来るべき検定試験は断念せねばならないかと，止め止なく流れる涙をどうする事も出来なかった。医師は
「急に来た神経痛だから，四五本注射を打つたら快くなるでせう。」
と言つてゐたが，三本打っても，何んの効果もなかつた。不安はつのるばかりだつた。あと一週間，総てが運命と諦めねばならぬのか。医師の言葉を信じて見たり，悲しく諦めたり侘しい日が続く。
　こんな事をしてゐる中に，幾分快方に向いて来た。受験三日前になると，漸く起きられる様になった。然し医師からは
「全身が疲労してゐるから，少しの間勉強は中止した方がよい。」
と言はれた。医師から何んと言はれようが，歩けさへすれば応試せずには居られない今の私の心境だつた。
　勉強らしい勉強もせず，明日は試験と言ふ十月三十一日，父母は心配して
「明日からの受験は断念した方がいい」
と言つてきかなかった。然し私は
「きつと無理しないから」
と固く約束して，応試する事を漸く許された。
　十一月一日から四日迄の試験は終了した。病気になる迄は，どんなに秋の検定試験を，期待してゐた私だったらう。数学は後日の参考にと思ひ，問題を戴く心算で受けてみたが，やっと半分位出来たらしかった。他の科目についても，書くだけは書いたが，皆自信が有るとは言へなかった。
　　　　五
　昭和十一年一月一日，暁の社前に佇んだ私は，今年こそ意義あらしむべく必勝を祈るのだった。
　此の間餅つきの時，弟と話したのだったが丁度この年は，
「初詣でをしよう」
と言って，弟と二人，丹前を着て，夜中の三時頃，村の鎮守様へお詣りに行った。其

第9章　昭和初期女性教員の小学校教員検定制度利用の事例研究　　247

の時近所の方で，今六十才に近いおぢいさんを追ひ越し，一番詣りをしたのを想ひ出す。
　今年こそ尋准合格，尋正数科目合格を目標に突進する事を心に誓ふ。
　昨年十一月の試験が発表になって，国語，地理，教育がパスしてゐた。理科のパスしなかったのは以外だつた。
　この頃の私は，尋准だけでは物足りなくなつてゐた。尋准は程度が高いと言っても大した事はない。十一月の試験の科目合格者が県報に発表になった。それによると科目合格者でさへ余りにも合格者の少いのに驚嘆した。その科目合格者といっても一科目の方が多く，三科目以上の方はほんとうに少なかった。まして女子合格者の余りにも少いのには，あきれて了った。尋准全学科合格者はたった五人，その五人だって，何回行ってパスしたかわからなかった。私の受験票が六二番だったから，何人応試したかわからないが，何れにせよ合格は仲々むづかしい。
　今春施行の受験には，尋准，尋正を併願する決心をした。今度の試験には，必ず尋准の免許証を獲得せばならない。
　　　六
　二月は月遅れの正月だった。一里ばかり離れた神社に，だるま市が有って，老若男女を問わず子供迄みんな行く。小学校の生徒は書初めを書くだけで，十時が過ぎると家へ帰り，だるま市に行くので夢中だった。私もこの日はだるま市に行く心算になって，二里ばかり離れてゐる叔母を久しぶりで訪問した。
　道中，同級生や近所の友達数人と逢った。工場へ行った友も，東京へ行った友人も，今日といふ今日は，すっかり見違える様，美衣華粉に色まれて，正に青春の熱情に燃えてゐた。陰ではきっと，白粉一つつけない私を，どんなに笑ってゐた事だったらう。
　叔父も叔母も夫婦揃って，試験検定合格者にて，二人共近隣の小学校に奉職してゐた。久しぶりで訪問したので叔父夫婦は喜んで，
「よく受験する気になったね。一日も早く資格を取るんだね」
と言ふ。私はすぐ
「叔母さん達が早く試験が有る事を教へて呉れたったら，今頃尋准位はパスしてゐたったにね」といふと，
「今の若い者は，仲々勉強する者は少いし，まして教員の試験を受ける者は，幾等尋ねたって，めったに居ないから，まさかお前が受けるとは思はなかった。」
と言ってゐた。
　私が勉強を初めた時母は叔母さんが若い時，上京苦学をして試験にパスした事を，くわしく記して呉れたから，叔母にだけは，試験については常に文通をし激励されてゐたが，勉強を始めてから逢ふのは初めてだった。
　叔母の家にはオルガンが有った。叔母に教はり乍ら，鳩ポッポ，お手々つないで等を引いてみた。随分むづかしいと思ったが，引いてゐる中にどうにか引ける。「ああ，あと何年たったら希望が実現するのだらう。」

□是ない児童の姿を連想し限りない空想にふけるのだった。
　叔母夫婦に引き留められ，今夜は一泊する事になった。そして試験問題集や，参考書を借り，現在の学校教育の在り方や，就職等雑談にふけるのだった。床についてもねむれない，二人の話にすっかり興奮した私だった。尋准だけでも今年中に取れば，来春の教員異動には採用されるかも知れない。現に尋准で教職にある方が県内に何人か居る事を叔母から聞いた。
　　　　　　七
　二月も過ぎて三月になった。道の辺の雑草にも，漸く春のきざしが思はれる様になった。一雨毎に桜の蕾がふくらんで，春はいよいよたけなはにならんとしてゐる。この頃より，大体の予定を立てて勉強をはじめた。
　四月一日，埼玉県全部の教員の異動が新聞紙上に発表になった。昨年十一月の試験にパスした入間郡のK子さんが，自分の村の小学校に奉職した。同攻の友なる故，衷心より祝福せずには居られなかった。と同時に，私の前途にも大いなる光明をもたらされずには居られなかった。早速「祝奉職」の手紙をかく。
　　月日の過ぎ行くは
　「ひのとび行くよりも早し。」
とか。尋准だけでも数多い参考書なのに，尋正と両方応試しようと言ふのだから，並大抵の努力では合格はおぼつかない。試験前半月位といふものは昼夜殆ど仕事らしい事はせず机にかじりついてゐた。他の科目はどこを出されても解答出来る自信はあった。然し難関は数学であった。代数，幾何もどうやら解ける。四五年間の出題傾向は，ピタゴラスの定理の応用が必ず一二題は提出されてゐた。ピタゴラスの定理も，あきずに，毎日毎日よく同じ事を繰返してはやった。
　朝から机に向かい切りでは，夕方になるとすっかり疲労を感じて了ふ。そんな時はいつも，弟妹達を連れて，見沼の清流のほとりを散策した。野も山も新緑に燃え，緑のしとねを敷きつめた堤の，彼方此方には可憐な月見草が雑草にまじって生えてゐる。

（頁欠）

学校教員免許状は，喜びに震へる私の手に渡されたので有った。余りにも小さき理想を実現したばかりではあるけれど，本当に無量の感，満悦の至りであった。之も扁に，先輩諸氏の奮闘談の真摯なる意気に鼓舞せられた事と，恩師や父母の恩愛の限りと感謝あるのみであった。それより数日前，尋正　歴史，地理，裁縫合格の報に接した。
　秋もたけて，啼く虫の音に一入哀れを催ほす十月十四日は，又群馬県より全学期合格の通知が来た。十一月十一日，同じ免許状では有るけれど，群馬県より又獲得した。

● 上京苦学を決意

　免許状は獲得したものの尋准である。正教員の資格を得るには，まだ之からだ，どうしても小学校に奉職してゐなければ，音楽などパスするわけはない，就職難時代に，尋准ではいつ奉職出来るか分からない。余り独学のままならぬに，父母に極秘に上京苦学を決意したのはこの頃だった。以前にも何度上京して苦学しようとしたかわからなかったが，両親が許さなかった。でも入学許可の通知が来て了へば，何とか許して呉れると思ひ，悶々の末，矢も楯も堪らず，三月下旬迄と言ふのに，三月三十日，とうとう東京の大妻技芸学校に願書提出した。尋正裁縫が合格して居た為，専門部入学許可の通知が来た。

　未来の中等教員（今の高等学校教諭）の境地を，如何ばかり讃美した私だったらう。広い校舎，そして厳格そのものの，女校長の姿を連想し，限りない喜びに胸は躍るのであった。そして苦学の決意を両親に話し，入学許可を見せると，
「入学許可になったのは，本当に嬉しいが，入学することは諦めて呉れ。いくらでも家に居て思ふまま勉強させるから。」
と何んと言っても聞き入れてくれなかった。母は女だけに涙を流して，
「一生の御願ひだから，入学だけは，どうしても止めて呉れ。」ときかない。
　私は何が何でもすぐ止める気になれなかった。そして最後に，
「叔父さんと叔母さんによく事情をはなして二人が上京した方がよいと言ったら入学させる。」
と叔母さん達が反対するのを知ってゐて，両親は仕方なしに，私をなだめる心算で言った。
　仕方なく涙を呑んで，気分転㋕の気持ちで，再び叔母を訪問した。その時叔母が
「晴天の日だけはないよ。」
と言った。私は突差に，
「総べてわかりました。私の考へはまだ幼稚で，先見の銘が無かったんですよ。」
と言った。
　嗚呼，あの意気軒高たる希望は終に，断念の二字に清算されて了った。何事も，運命と諦めねばならない，忍従の生活よ。

　　　　就職難時代　一
　教員としては，最底の免許状では有るけれど，獲得してみると，一日も早く就職してみたい。いつもこんな希望で一ぱいだった。叔父から手紙が来て，
「履歴書を二三書いて持って来る様に，欠員でも出来たら，教長先生に頼んで何とか骨を折ってもらふから。」
との事だった。早速履歴書を持参して叔父に御願して居た。
　しばらく経って，叔父からの手紙によると，
「頼むだけは頼んで居いたが，今視学の机上には高女卒業者や，中学校卒業生の履歴書が山積してゐる。然し大部努力してゐる様だから，欠員が出来たら，採用する様努めよう。」

との事だった。
　村の校長先生はもとより，近くの知ってゐる校長先生には，何人もたのんで居いた。欠員なんて，そんなに異動期でもなければ有るものではない。
　かくして就職線上に立ちて空しく敗れ，味気ない毎日を送ってゐた。
　　　　　二
　九月の初旬だった。突然叔父の訪問に接した。隣村の小学校に欠員が出来たので，わざわざ来て呉れたとの事だった。そして叔父の話では，
「村から希望者も有り，他にも何人か希望者が居るが，女子にて，然も検定試験に合格したのだから，大した努力家だ。採用してみたいが，只距離の問題だが，叔父の家があるから，遠くもよかったら，ぜひ御願したい。」
との事だった。
　もう距離の遠近なんか，そんなぜいたくを言っている時ではなかった。一日も早く教壇に立って両親を安心させたい。只，この願ひだけだった。叔父は
「県にて口頭試問が有るから，そのつもりで何を聞かれても即答出来る様にして置きなさい。」
と色々と，自分の体験や注意をしてくれた。
　それから数日たって，
「九月八日午前九時迄に，県庁学務課に出頭すべし。○○視学。」
　との吉報に接した。
　九月八日早朝起き出でて，想出の地，浦和市に向かった。之迄の試験場にのぞむのと異なり，何としても実に晴れやかな気分であった。
　然し，ぼう然として県官の前に立ったのでは，今迄の努力も水泡に帰して了ふ。どんな試問を受けるのかと，内心不安はつのる。
　丁度九時，私は生まれて初めて，県庁学務課のドアを開けた。大きな部屋には，ずらりと並んだ県官が，皆書類を見入ってゐた。給仕に教へられた，○○視学の處に行く。思ったより親切なので，やっと安堵の胸をなぜ下す。
　視学は先に届いてゐた私の履歴書を見乍ら（校長から来ていたといふ）二三の口頭試問をなし，小学校奉職後の注意をして呉れた。そして最後に
「すぐ発令するから，辞令を受領したら，すぐ赴任校へ行く様に。」
と言って呉れた。口頭試問も心配する事なく，聞かれるままを，思ふ随分答へられた。もう辞令を待つばかりであった。
　● 小学校に奉職　一
　昭和十二年九月十五日，待望の辞令は私の手に郵送された。
「埼玉県○○○郡○○尋常高等小学校代用教員ヲ命ズ　月俸○拾円給与」
　嗚呼，想へば三伏の暑さと戦ひ，厳寒の候に堪へ，あらゆる試練と苦悩を克服し，目的達成に奮闘努力したのも，決して無駄ではなかった。そして，苦しい過去の幾年を顧みて，無量の感に打たるるのみだった。
　満足そうな父の顔，包み切れない喜びに，涙を流す母の瞳，今でも脳裡の奥深く

刻まれで永遠に忘れる事は出来ない。

　早速父は近所の自転車屋で婦人車を購入して呉れた。そして父と一しよに，熊谷の八木橋へ靴を買ひに行く。途中，学校帰りの幼い子供達に逢ふと，只嬉しく，自転車もかるい。

二

　翌日私は父に連れられ，早朝叔父の家を訪問した。叔父も叔母も我が事の様に喜び，私の前途を心から祝福して呉れた。そして叔父と，父と三人して赴任校に向かつた。
　赴任校は叔父の家から約四粁，県道から約百米位離れた，其の頃としは，大きい学校の方だつた。校門を入ると，児童達が小声で，
「今度来た先生なんだよ。」
と言ひ乍ら，ていねいに頭を下げる。嬉しさと，恥ずかしさで，一種言い様のない気持になつて来る。
　職員室に入ると，校長先生始め，全職員が朝のあいさつを交してゐるところだつた。校長先生に辞令を見て貰ひ□□すると，
「毎日待つて居ましたよ。体格もいいし，申し分なしです。すぐなれるから，しつかりやつて下さい。」
と激励された。そして全職員に紹介され，○○校の職員として，末席を汚す事が出来た。
　それから数分後朝礼が始まつた。校長先生が朝礼台に上つて，児童一同に，○○先生の病気休職と，その後任として，私が赴任した事を話された。代つて私が新任としての□□だつた。朝礼台に上つて，職員生徒の前で□□するのは，之こそ生れて初めてだつた。高鳴る胸をおさへて，朝礼台の上に立つた。数百の視線が，台上の私に注がれる。すつかり度胸をすえる。そして真摯な状態で黙礼をする，其の時の□□を大体おぼえてゐるが，
「只今，校長先生の御照会にあづかりました○○です。今度この学校の教員として参つた者です。学問浅く，何んにも分らない者ですが，校長先生始め，諸先生の御指導と，御鞭撻とによつて，皆様と共に学び，共に遊び度いと思ひます。どうぞ宜敷しく御願致します。」
と思つたよりすらすら言へてほつとした。

三

　受持は，四年の南組，男女合併のクラスであつた。そして前の先生が，久しく病気だつたので，北組の女の先生が合併して指導してゐた。私はなれる迄，一週間位，両方合併のまま，北組の先生の教へるのを見学しつつ，教へてみたりする事になつた。
　其の日は午前中授業見学，午後は校長先生に連れられて，役場と学務委員の家庭訪問をした。三時間目が終つた時だつた。南組の生徒らしい四五人が，恥かしそうな格好をして
「先生先生」
と私の手を握る。後から後から女の子も，男の子も寄つて来る。力一ぱい抱きしめ

てやりたくなって来る。今日は初日の事とて早くしまひ，四時頃家へ帰る。近所の人達と逢ふのが何となく恥かしい。
　家へ帰ってみると，両親が私の帰りを待ち切ってゐた。そして父は「今朝，朝礼台へ上って□□する時，万一途中で話が出来なくなって了っては……と，どんなに心配したかわからなかったが，すらすら言へたのでほっとしたと言って喜んでゐた。学校の大体の様子を話したので，母も非常に安心した。夜になると，恩師や同攻の友に奉職を知らす手紙を出した。こうして希望に満ちた教員としての第一歩はふみ出されたのだった。
　朝は早く起きる。そして母と共に□事もやれば掃除もやった。急いで仕度して，三里近い道を自転車を走らせるのだった。
　一週間の授業参観中，北組の先生は
「一日に一時間位授業をやって見て下さい。もし思はしくない處が有りましたら，いくらでも一緒になって研究しますから。」
と言って下さる。
赴任して三日目，初めて教壇に立った。国語だった。初めて児童の前に立って，本当に責任の重且大なるを感ぜずには居られない。今でも忘れられないが，北組の先生の前で授業するのが恥かしくて恥ずかしくて堪らなかった。
　自分の力をすっかり見抜かれる様な気がして，一時間が随分長く感じられた。終りのベルが鳴ると，ほっとしたのだった。
　またたく間に一週間は過ぎた。そして南組の生徒と共に，隣の教室に修まった。今夜こそ本当の先生になった様な心地がした。
　休み時間になると子供達が
「先生先生」
とテーブルの周囲によって来る。赤い着物を着た子も，鼻をたらした子もみんな可愛いい。
「先生庭へ出て遊びませう。早く，早く。」
と無理矢理右の手を引っぱるセーラー服の背の大きい子，左の手にぶら下がる目のくりっとした赤毛の子。
「先生は未だ来たばかりで，恥かしいから，もう幾日かたったらみんなと遊ぶからね。」
と言っても，子供達はそんな事など聞かうとはしないで，とうとう廊下迄引きずられ乍ら出て行く。私の手を持ちはぐった二三人の児童は，昇降口へ先まわりをして，きちんとズックを揃へて待ってゐる。
　この学校では共学共遊と言って，休□時間に，先生が格別の用事のない限り，児童と共に庭で遊ぶ事になってゐた。想へばこの子供達は，そうした教師の愛情に長い間欠けてゐたわけだ，だから新任の私を，どんなに母に接する様な気持で待ってゐたかわからないのだ。彼等にとっては，漸く人並みの生活が又初まったわけだから，むりに私の手にぶらさがるのも当然だった。
　四十六名の子供の名前も，四五日で大抵わかって了ふ。

又この学校は実に整然たるものだった。一例を挙げると，次の様だった。
朝礼が終ると全職員，職員室から児童の出席簿を各教室に持参する。そして一時間目の授業が終ると一年から高二迄十四の出席簿がずらりと並ぶ。新旧両校舎がピカピカ光って，之が六百余人の生徒が毎日学んでゐる学校かと思はれる位だった。
　一日増しに学校に慣れて，毎日が希望と喜びに満ち満ちてゐた。音楽室からは，
「勝って来るぞと勇ましく」
の軍歌が毎日の様に聞えて来る。
　九月も下旬になった。放課後になると，皆運動会の準備で懸命だった。行進曲にも何にも軍歌を用ひる様になった。各学級には，一二人づつ，遺族の子供が居た。四南組にも二人居り，一人は両親なく，頼みにしてゐた兄は戦死と聞いて，可哀想でたまらなかった。
　それでも，其の子がよくひねくれもせず，すくすくと伸びてゐると思ふと，ふびんでたまらない。
　夕方の四時になると，毎日職員会，ジリジリとベルの音を聞くと同時に，職員が競走の様に早く集合する。こんな光景は他校ではとうてい見られないと思った。そして今日一日の反省と，明日の予定等，校長中心に語り合ふ。お茶が済むと校長は，毎日同じ時刻に
「○○先生御帰り下さい，遠いんだから，遠りょはいりません。」
と言って下さる。でも毎日の事なので，そうした校長の言葉を毎日甘受する事も容易ではない。遥かなる異国に奮闘する勇士を思ふと時々「今日は叔父さんの家へ泊るんですから大丈夫です」と悪いと思ってもついうそを言って了ふ。そして遠い道を平気で家へ帰る。
　十月十九日は運動会だった。赤とんぼがすいすいとび交ふ校庭で，澄み切った大気を胸一ぱい吸って，楽しい一日を過す。
　運動会も済んで，放課後になると，幾分精神的に楽になった。子供達と掃除を急いですませ，後は自由な時間だ。明日の教案作製，教材研究が済むと，音楽室へ行く。日一日幾分なり共，向上して行くと思ふとうれしい。
　其の頃日支事変はいよいよ激しく，よく○○駅迄児童を引率して出征兵士を見送った
各戸に国旗を掲げ
「勝って来るぞと勇ましく」
と児童達の喚呼の声と，万歳に送られて，兵士達は，家と最愛の妻子や両親を残して，潔く出征して行った。

　　　　　四

　三学期も終りに近づいた。四十六人の生徒の個性も，大体はわかって来た，と同時に各自の家庭の状況も子供を通して大体わかる。約七ヶ月間，自分の可愛いい子として，又母として育んで来た子供達も，もうすぐ五年に進級だ。すっかり私の型にはまって，すくすくと伸びつつある子供達を，他の人の手に渡すのかと思ふと，実

にやり切れなくなって涙が湧いて来る。単なる教師対，生徒ではなくなって来る。
「仰げば尊し我が師の恩。」
高等科の生徒が，卒業をあと数日に控えて音楽の練習をやってゐる。過ぎた過去が偲ばれて懐かしい。

　生徒の一覧表を作った。慎重に考へて八名の優等生を決める。一番から七番迄は，そんなにむづかしいと思はなかったが，八番と九番では，どっちを落すかに，随分あらゆる角度から考へた。そうしたら，去年の優等生が落ちて了った。然し成績によってどうにもならなかった。

　● 教育道に精進
　卒業式の日には，校庭の桜も，やっと二分咲き位だったが，四五日急に温かい日が続いたせいだらうか，入学式の四月六日には満開に近かった。
　母親に手を引かれ，可愛いいランドセルをしょったあどけない一年生，急に姉さん気どりになった二年生，皆希望と歓喜の絶頂だったに違ひない。
　今年は二年生の担任だった。全職員十五人其の中，一西担任の先生は，六十に近いおぢいさんだった。女教師六人，中には若くて未亡人になって了った気の毒な方も居た。校長先生は師範卒業以来，本校に勤務しつつ校長になった，温厚篤実な教育家として有名な方だった。全職員中最年少で，浅学非才なのは私だった。然しかくの如き年令の差と，教育の相異は有っても，全職員校長中心に，実にわきあいあいの中に教育道に精進してゐた。そして今年から二年間に亙って，県の算数指定校として活躍する事になってゐた。
　新学期早々，週一回づつ低学年と言っても二年生から研究授業が始まった。未だかつて経験のない私に，校長先生は，
「○○先生は未だ日が浅いんだから，よく先生方のを見せて貰って最後にやって下さい。」
と言ってくれる。底学年からの一言を聞いた時，「どうしよう。」と思った。
　研究授業と言へば，全職員の目前で一時間の授業をやらねばならぬ。大先輩の前で，然も短い方で三年，長い方では四十年近いこの道の経験者である。奉職してたった半年余りの私には，余りにも重荷で有った。あく迄も校長先生が，影になりひなたになって下さると思ふと，益々この教育道に精進せずにはおられなかった。
　研究授業が行はれると，其の日は授業に対する批評会をやる。いつもは午後四時の職員集合が三時になる。全職員がノートを持って職員室に集合する。すると其の日の授業者が国語をやったとすると，国語の教科書全部を全職員に渡し批評会が始まる。授業者は今日の授業の反省と，今後の御指導を御願ひする。すると各個人個人の発表となるが，それは物凄く，あく迄も真理の追求に，最後は全職員うって一丸となり，火花を散らすとは，この事かと思はれる事もあった。そして終了してお茶を呑んで帰る頃は大抵八時に近かった。
　こうした何か特別の行事のある時は叔母の家へ泊った。
　七月初旬になると私の番が来た。教授法の研究と教材研究とに実際真けんだった。

いくらおそまきであっても，大体人並に近い授業がやって見たかった。
　心配してゐた研究授業も無事に済んで肩の重荷を下ろした様にのんびりする事が出来た。

● 正教員合格

　教壇に立ったとはいへ，最底の免許状である。奉職した直後は，希望を実現した喜びで何も思考する余地はなかったが，日が過ぎ行くにつれて，尋准だけでは任用替になった処で准訓導になるだけだった。この先何年たっても訓導として採用される日は来ない。昨年はとうとう上京苦学を決意したり，就職等で貴重な試験勉強を怠って了った。尋正をやりかけて，科目合格はしてゐたけれど，全学科合格迄には並大抵の努力ではない。
「好きこそ物の上手なれ。」
との諺の如く，やっぱり私の進路は裁縫である事を知った。そして目標は「裁縫専科正教員」へとひたむきに突進するのであった。

　　　　　　二

　奉職して未だ日も浅い冬休みから，こつこつと勉強は始まった。学校に居る間は殆ど試験勉強をする余ゆうはなく，専ら家へ帰ってからやった。尋正の裁縫を受ける時学んだのが大変参考になったが，何としても専科であって程度は遥かに高い。最近埼玉県で専科合格者は各科（裁縫，農業，工作，図画，体操，音楽があった）で一人，多い科で二人位しかなかった。然し検定は頭脳の良否もあらうが，「あく迄も固き信念と耐えざる努力」と信ずる私は何が何でも応試する決心をした。
　六月の埼玉県施行の試験にはとても準備が出来ないので，八月群馬に遠征する予定を立てた。然し予定は立てたものの，一向にはかどらず，尋准，尋正とは打って変ってむづかしい。専科と言っても，教育もあり，又群馬県では，外に国語，数学，修身の三科目が余計になってゐたが，小学校教員免許状所有者は応試する必要なしとなってゐて幸だった。
　裁縫は理論と実地と教授法に区分され，其の中理論は和裁，洋裁になってゐた。今では洋裁と言っても嫁入道具の一つとして，習はぬ者はない位だが，昭和十三年頃は殆ど習ふ人はいない位だった。和裁の理論はどうやらわかった。然し数多い洋裁の製図は，夜だけの短い時間ではどうする事も出来なかった。日曜日には，朝から裁縫の実地をやった。和裁は二三年前，隣町の裁縫所へ少し通ひ，又母が若い時近所の娘に教へてゐたので，少しは好都合だった。だけど和裁と言っても，男の袴の腰板の十□留は，余りにもややこしくて，一番骨を折っただけに，今でも忘れられない。
　洋裁の実地は，和裁以上にむつかしい。ミシンを一度もふんだ事のない私は，ミシンをふむけいこから初めねばならなかった。丁度学校に一台有ったので，裁断して居いては，時々学校迄わざわざ行って，教科書を見ながら縫った。どうにか出来上った時の嬉しさったら，本当に此の上もなかった。

三

　　八月の休み中，こっそりと試験して了ひたい，と心に誓ったものの，思ふ半分も出来ずとうとう諦めて了った。

　十二月五日，学校に病欠届を出して，明日の試験に応試すべく，懐かしい群馬師範に向かふ。上毛の山々は初冬の空にくっきりと屹立し，去る昭和九年十一月十七日，高崎乗附練兵場に於て，女青の一員に加はり，御親閲拝受の光栄に浴した感激も新ただった。

　旅館に着くと，直ちに群馬師範に行き，受験票受領，宿に帰って又すぐ参考書をひもとく。明日は決戦と言ふに，どうしてゆっくり休む事が出来よう。一通り参考書に目を通し，寝についたのが，草木もいとふ二時頃だった。

　翌六日，運命の左右さるる日だった。心身を清めて試験場に向ふ。ああこうして，■かの異郷迄試験に来たのだ。学校へは病欠にして置き，児童達は，私の居ない三日間をいかに過ごしてゐるだらう。職員一同もどんなに心配してゐるだらう。もしパスしない時を考へる。次から次へと湧出る雑念，妄想の支配に困って了った。時は迫り，午前九時試験開始。裁縫理論。九時――十二時迄。教育，午後一時――三時，七日は裁縫実地。午前八時――十二時迄。

　裁縫実地――昨日の裁縫理論も教育も思ふ存分書いたので，今日の実地試験にのぞむはり合ひがあった。

　午前七時，早めに旅館を出て，実地試験場である女子師範に向ふ。凍りつく様な冷たい朝だった。遥かに赤城山がそびえ，何んとも言へない風光だった。

　試験開始のベルが鳴る。続々と集ふ受験生は講堂に入り切れず，次の教室にも一ぱいだった。私は講堂の方だった。問題は，
「与へられたる布にて，図にある様な洋服を作製せよ。」型紙も提出の事。
とあった。七八才位の女子の洋服だった。人絹のひどくつるつるした，水玉の生地だった。時間迄にやっと仕上って提出したのが，私を交じへてたった三人しか居なかった。

　試験は終った。熊谷から来た■子さんと高崎の観音様を見学し，忠霊塔を拝し，帰路につく。神奈川の清流の調も，烏川のせせらぎも只懐かしかった。

四

　昭和十三年も恙（つつが）なく終った。一月十八日，群馬県より裁専正合格の通知に接した。身体検査と口頭試問に出頭せねばならなかった。試験の時は，うそを言って病欠にして了ったが，免許状が来ると極秘にする事は出来ない。

　とうとう私は校長に
「十二月に三日間休んだのは病気ではなく，実は受験に行ったのです。もし受からない時には，恥しい思ひをしなくてはならないと思ひ，悪い事とは知りつつ，うそを言って，誠に申訳有りません。でも御陰様で裁専正が受かりました。」
　と言ふと校長は，
「それはよかった，よく専科が受かったね。まったく貴女の努力には感心しましたよ，

其の意気で今後も児童教育に邁進して下さい。」
と言ひ,
「二十三日に身体検査と口答試問に行くんですが,御暇頂きます。」と言ふと,
「結構です,しっかりやって来て下さい。」
と言って下さった。だまって,然もうそを言って試験に行って,それが結果がよかったから,後になって打ち明ける。こんなひきょうなやり方があるであらうか。校長先生は常に,
「何事も善意に解釈」をモットーとして居り,「寛容」至れる方なので,一言も私をとがめなかった。私はうんと叱ってもらいたかった。
　と同時に偽れる人生のいかに苦しいかを体験した。
　　　　　五
　二月十日,小学校裁縫専科正教員の免許状は下附された。
　嗚呼,想えば長き年月だった。厳冬骨をもとほす深夜の燈下の下に,机にもたれしまま夜を明かしたのも幾夜？或は孤独の寂寥に堪え,宵の明星が幾度も可弱い乙女の涙を誘った事だったらう。若く再び来らざる青春も,恋愛も無ければ結婚もなく,果てしなく続いた茨の道だった。

第10章
静岡県における小学校教員検定制度利用の実際に関する事例研究

丸山　剛史

はじめに

　本章は，旧学制下日本の小学校・国民学校教員養成史における小学校・国民学校教員検定（以下，小学校教員検定と略記）制度利用の実際に関する事例研究として，静岡県において小学校教員検定により小学校教員免許状を取得し小学校教員となった者の手記等を主な資料として，受験動機や教員免許状の上進過程等について若干の特徴を明らかにすることを目的としている[1]。

　筆者は共同研究参加に際し，静岡県を対象化することとした。筆者が試行的に静岡県の場合を検討してみると『静岡県公報』誌には他府県より小学校教員検定関係記事が多く掲載されており，通史的に検討しておくことは無意味でないと考えたからである。また筆者は県内の公立図書館を訪問し，各図書館の地域資料・郷土資料を調査するなかで二人の小学校教員検定出身教員の手記を見つけ出すことができた。一人は明治から大正にかけて小学教員学力検定，小学校教員検定により小学校本科正教員（以下，小本正と略記）となった喜多川平次郎（1879〜1939年）である。喜多川に関しては履歴書および経歴を記した手記を閲覧することができた。二人目は明治末から大正にかけて郡教育会開設の尋常小学校准教員（以下，尋准と略記）養成所，尋常小学校本科正教員（以下，尋本正と略記）養成所，小本正資格取得講習会を経て無試験検定あるいは試験検定により小本正となった池谷（旧姓：青嶋）貫一である。池谷については郡教育会関係冊子のなかに小本正免許状取得に至る経緯や心情を記した自伝的回想の手記が綴じ込まれていた。その他，わが国の代表的な教育学者である石山脩平

259

(1899〜1960年，静岡県出身）も尋准養成所を修了し准教員を務めた経歴をもち，小学校教員検定制度利用者であることが判明した。石山に関しては准教員を務めるに至る経緯等を記した記事も見つけ出すことができた。手記等からは，府県庁文書からでは知ることができない，一連の受験のプロセスや心情などを知ることができ，小学校教員検定制度をよりリアルに把握することができる。

そこで小学校教員検定制度利用の実際に関する事例研究として，喜多川，池谷，石山の手記等を主な資料とし，受験動機や教員免許状上進過程を検討することにより小学校教員検定制度の意義や役割を考察することとした。

静岡県の小学校教員養成史に関しては，『静岡県教育史』[2]，『静岡県史』[3]，『静岡大学五十年史』[4] に詳しい。小学校教員検定に関しては，大正末期の小学校教員不足解消に「検定試験」が利用されたこと（『静岡県教育史』），明治末から大正初期にある特定の小学校に所属した教員の経歴を調べた事例研究において師範学校卒業者が少ないことが記される（『静岡県史』）にとどまっている。小学校教員検定制度についても『静岡県教育史　資料篇上巻』にわずかに「小学校教員免許状授与規則」(1882年)，「小学校教員検定等ニ関スル細則」(1892年) が掲載されているのみである。[5]

そこで，本章では 1872（明治5）年から 1947（昭和22）年3月までの旧学制下の時期を対象とし，静岡県における師範学校[6]，小学校教員検定関係規則の形成から廃止までの過程を略述しつつ，そこに前記の三者の小学校検定受験経験を位置づけて検討することにより目的達成を目指す。

時期区分に関して，本章では以下の4期に分けて検討していく。後述のように，静岡県の場合，1926（大正15）年に無試験検定および試験検定の実施方法が大きく転換する。そこで，1926年で時期を分けることとした。

1) 小学校教員検定細則以前（形成期）1872-1899年
2) 小学校教員検定細則期・無試験検定受験制限前（展開期）1900-1925年
3) 小学校教員検定細則期・無試験検定受験制限後（転換期）1926-1940年
4) 国民学校教員検定細則期（終末期）1941-1947年

1 静岡県における正・准教員・無資格教員の割合

(1) 静岡県における正教員－准教員－代用教員－専科教員の関係

まず静岡県の市町村立小学校教員数における「正教員」－「准教員」－「代用教員」－「専科教員」の割合を確認しておく。「正教員」は本科正教員を，「専科教員」は専科正教員を指す。図10-1は，1897（明治30）年から1940（昭和15）年までの「正教員」，「准教員」，「代用教員」，「専科教員」の割合の推移を示したグラフである（図10-1参照）。

まず着目しておきたいのは正教員の増加傾向である。1897年から1906（明治39）年まで増加し，1909年に52％まで落ち込む。この落ち込みは，義務教育年限の延長に伴うものと思われる。その後は，増加傾向を示し，最高で82.65

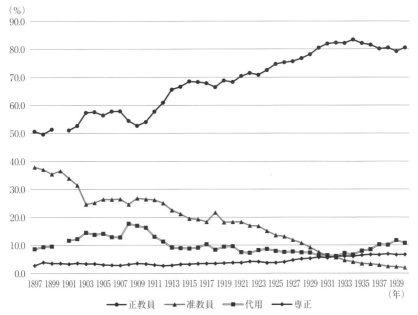

図10-1　静岡県の小学校教員：本科正教員・専科正教員・准教員・代用教員の割合（1897-40年）

〔出典〕『静岡県統計書』（各年度）より作成。

％まで増加した。しかし，1934（昭和9）年をピークに再び減少した。なお，試みに本科正教員数が最も多かった1934年度について『静岡県学事関係職員録』を確認したところ，尋常小学校本科正教員「尋正」の教員数は1,353名であった。本科正教員の約20％は尋本正であり，小学校教員検定により教員免許状を取得していたことになる。

次に着目しておきたいのが准教員の減少傾向である。1897年には38％を占めていた准教員はその後徐々に減少し，1939（昭和14）年には2％まで減少している。年を追うごとに准教員の必要性が薄らいでいったことが窺える。

代用教員は一定の割合を占めていた。1900年から1940年までの間，代用教員が2割を占めることはなかったが，1割程度は必ず存在し1934年以降は増加した。ただし，『静岡県学事関係職員録』掲載の代用教員の名前の上には「尋准」と記入されている者もおり，尋准免許状を取得していたことがわかる。代用教員でも小学校教員検定により教員免許状を取得する者が存在した。

専科教員は代用教員ほどではないが，一定数存在していた。試みに，『静岡県学事関係職員録』を手がかりに専科教員が最も多かった1939年度に関して専科教員の科目の内訳を調べてみると，裁縫が300名以上で最も多く，次いで農業が100名以上，体操が50名以上，手工が30名程度と続く。その他，音楽，商業，図画などもいるが多くはない。

このように，小学校教員検定により小学校教員免許状を取得し，教職に就いていた者は確実に，そして少なからず存在していた。

(2) 本科正教員在職年数の推移

『静岡県統計書』(1911年度以降)には公立小学校正教員在職年数に関する数値が掲載されている。1911（明治44）年以降1932（昭和7）年度までは「5年未満」の本科正教員の割合が最も大きいが，1933（昭和8）年以降勤務年数の長い教員の割合が徐々に大きくなっていく（図10-2参照）。

本科正教員は徐々に増加していき，昭和期になり在職年数が多い教員が増加するようになったことがわかる。このように，静岡県の場合，正教員は増加し

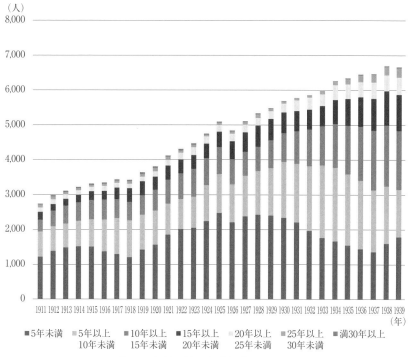

図 10-2　静岡県本科正教員在職年数（1911-1939 年度）

〔出典〕『静岡県統計書』（各年度）より作成。

続け，在職年数の多い正教員が増加していく。この正教員増加に師範学校－小学校教員検定がどのように関係していたかが問われることになる。以下，前記の時期区分にしたがって，正教員供給の方法を確認していく。

2　師範学校と小学校教員資格取得・教員検定

　師範学校に関しては，次のような動きがあったことが知られている。
　1873（明治6）年12月に豆陽学校が開校し，同校中学課程師範課卒業生が小学校教員として就職していた。1874（明治7）年に韮山講習所対岳学校が開業。1875（明治8）年3月には全県的な教員養成機関として静岡に「師範黌」を設置

することが布達され[8]，10月には静岡師範学校が開校した[9]。同年，浜松県に教員養成機関として瞬養学校が開設されたが，翌(1876)年，同校は静岡師範学校に合併された。

　1886(明治19)年9月に「師範学校令」に基づく静岡県尋常師範学校が発足した。1887(明治20)年4月には静岡県尋常師範学校に女子部が設置された[10]。しかし，同校女子部は3回募集を行った後，1893(明治26)年4月に廃止された。卒業生はわずかに54名であったという。なお，女性教員養成に関しては，師範学校女子部廃止論に反対していた矢島錦蔵(静岡県尋常師範学校長)が星野鉄太郎(静岡市長)らとともに1893年に私立静岡高等女学校を設立し，小学校教員若しくは幼稚園保姆志願者に必須の学術を授けることを目的として掲げ，同校に師範学校女子部の延長という性格をもたせたとされる[11]。

　1894(明治27)年1月には，「静岡県尋常小学校教員講習科規程」が制定され，小学校教員講習科において尋准免許状をもつ男性教員に尋常科正教員資格を与えようとした。1896(明治29)年1月には同規程が改められ，准教員養成も行われるようになった。同科卒業生が当時の小学校教育に果たした役割は大きかったといわれている[12]。

　1897(明治30)年には，師範学校に予備科が設置された。予備科を設置したのは全国においてわずかに8府県であり，少数であった[13]。

　同年10月，「師範教育令」公布に基づき，師範学校は静岡県師範学校と改められた。1899(明治32)年3月には，静岡県師範学校に女子部が再設置されることが告示された[14]。再設置された女子部は1906(明治39)年3月に廃止され，同年4月に静岡県女子師範学校が設置された[15]。

　1903(明治36)年には臨時小学校教員第一類講習科が設置された。

　1908(明治41)年には，静岡県師範学校に第二部が設置された。1910(明治43)年には定員が増員されたとされる[16]。1911(明治44)年には女子師範学校にも第二部が設置された。なお，この頃の師範学校卒業生の服務状況，小学校教員に占める師範学校卒業生の割合を花井信が明らかにしている[17]。師範学校卒業生の服務状況に関しては，服務年限内で教職に就かない者は例外的であるが，年

限を過ぎた場合は1907 (明治40) 年で約5分の1，1910 (明治45) 年で約3分の1であるとされる。また小学校教員に占める師範学校卒業生の割合に関しては，1907年で25％，1910年で30％であったとされる。

　1914 (大正3) 年には，浜松師範学校が設置認可された[18]。

　1924 (大正11) 年には，3師範学校に臨時教員養成所が設置された[19]。

　1926 (大正15) 年4月に静岡，浜松，女子の3師範学校に専攻科が設置された[20]。

　1928 (昭和3) 年頃に始まった不況と財政緊縮のため，師範学校生徒定員の削減が行われた。1930 (昭和5) 年にはさらに定員削減が行われたといわれている。1935 (昭和10) 年には浜松師範学校廃止も議論されるほどであった[21]。

　1939 (昭和14) 年には，浜松師範学校に「満支方面日本人小学校教員養成」を目的とする特別学級，いわゆる大陸科が設置された[22]。

　1943 (昭和18) 年3月の「師範教育令」改正により，府県立から官立へと移管され，本科3年，予科2年の専門学校へと組織を改めた。静岡，浜松，女子の3師範学校は，静岡第一師範学校男子部・女子部，静岡第二師範学校へと改編された[23]。

　上記のうち，師範学校本科以外，すなわち小学校教員講習科，予備科，臨時教員養成所は師範学校内に設置されていても乙種検定，試験検定を受験しなければならなかった。小学校教員講習科では尋本正または尋准の乙種検定，予備科では小准もしくは尋准の教員検定，臨時教員養成所では尋本正の臨時試験検定が施行された。

3　小学校教員検定細則以前：形成期

(1) 小学校教員資格取得ないしは小学校教員検定に関する規定

　この時期の小学校教員資格取得ないしは小学校教員検定に関する規定は，次の通りである。

　規定内容が確認できるものとして最古のものは，1876 (明治9) 年3月15日

改定の「浜松県学規」(全32条)であり,第20条および第21条において,訓導および授業生の採用,そのための試験に関して規定していた。[24]

また,「師範学校学則」にも小学校教員資格取得に関する規定が含まれていた。1876(明治9)年10月10日制定の「静岡県師範学校学則」には第14条に「他ノ官公私学校ニ於テ修業セシ者ト雖モ小学訓導タルヘキ證書ヲ得ント欲スル者ハ本校教則全科試験ノ上相当ノ証書ヲ与フヘシ」と記され,静岡師範学校の「教則」で示された科目について試験を受験することが求められた。[25]

浜松県等との合併後は1879(明治12)年4月15日に「静岡県学規」(全10章80条)[26],翌年(1880年)1月10日に「静岡県学事例規」が制定された。

「教育令」以後に関しては,1882(明治15)年1月11日に「小学校教員免許状授与規則」,同年4月6日に「小学教員学力検定法」が制定された。

1890(明治23)年の「小学校令」および1891(明治24)年の「正教員准教員ノ別」「小学校教員検定等ニ関スル規則」への対応に関しては,1892(明治25)年2月24日に県令第21号「小学校教員検定等ニ関スル細則」が制定された。その後,同細則は,1892年および1894(明治27)年の2度にわたり改正された。

当初は願書等を師範学校に提出し,師範学校が毎月実施する所定の試験を受験することになっていたが,「小学教員学力検定法」までには戸長・学務委員の「奥書」を添え,履歴書等教員学力検定受験に必要な書類を,郡役所を通じて県庁に提出し,年1回実施される試験を,県学務課員「監臨」のもとで受験するという教員検定受験システムが形成された。

こうした特徴は「小学校教員検定等ニ関スル細則」にも継承されるが,同細則制定後には,「教育科」の配点が他科目より大きくなるとともに,乙種検定を「臨時」に行う場合があることが明記されるなどの新たな要素が加えられた。

(2) 小学校教員検定制度利用者の例:喜多川平次郎の場合

本項では,この時期の小学校教員検定制度利用者として喜多川平次郎(1870～1939年)を取り上げる。[27] 喜多川は,静岡県西部の磐田郡の出身であり,授業生から小学校教員検定試験検定および無試験検定により小本正となり,郡部の

表 10-1　喜多川平次郎の略歴

年	学歴・職歴
1870（明治 3）年	静岡県豊田郡匂坂中之村郷生まれ
1877（明治 10）年	豊田郡公立小学校平松学校分校加茂学校入学
1978（明治 11）年	下等小学第七級卒業
1979（明治 12）年	尋常小学加茂学校第五級卒業
1880（明治 13）年	第三級卒業
1881（明治 14）年	小学中等科第三学級に編入
1884（明治 17）年	加茂学校中等科卒業
1885（明治 18）年	同小学高等科生徒のまま，同行助手となる
	尋常小学加茂学校高等科卒業
1887（明治 20）年	尋常小学校授業生試験を受験し合格，同免許状下附
1888（明治 21）年	豊田郡第八学区匂坂尋常小学校授業生となる
	授業生を依願退職，上京し東京唱歌会に学ぶ
1889（明治 22）年	東京唱歌会速成科修了
	歴史，地理，唱歌，習字の検定試験を受験したが不合格
	帰京し二俣尋常小学校授業生となる，補修科兼務
	光明村立山東尋常小学校授業生兼任
1890（明治 23）年	二俣尋常小学校授業生を依願退職
	静岡師範学校前川幸作に音楽を学び，検定試験に合格
	地理，唱歌の地方免許（5年期限）下附
	山名郡久努村立刮目小学校訓導となる
	太田有終に文章規範などの指導を受ける，また東京国語伝習所通信講習会に入る
1891（明治 24）年	歴史，農業，修身，読書，習字の検定試験を受験し，農業のみ合格
1892（明治 25）年	刮目尋常小学校訓導を依願退職
	再び静岡師範学校等に学び，検定試験を受験し合格し，倫理，教育，国語，算術，地理，歴史，習字，体操について期限なしの尋常小学校本科正教員免許状下附
1893（明治 26）年	山名尋常小学校訓導但本科正教員となる
1895（明治 28）年	刮目尋常小学校但本科正教員となる
	刮目尋常小学校を依願退職し，東京に遊学
	城井寿草に論語，文章規範を学ぶ，その他，私立数学専修塾で代数，幾何を学び，東京簿記学校で簿記学を学ぶ
1896（明治 29）年	この間に唱歌の地方教員免許を更新，脚気のため帰郷
	静岡市立静岡尋常小学校訓導但本科正教員となる

1897（明治30）年	農業，唱歌の小学校専科正教員に合格 大谷村立大谷尋常小学校長に内定，しかし本家相続のため帰郷 中泉尋常小学校訓導但本科正教員となる
1902（明治35）年	小学校本科正教員となる
1905（明治38）年	磐田郡長野村立長野尋常小学校訓導兼校長但本科正教員となる 長野村学務委員兼任
1911（明治44）年	井通村立井通尋常高等小学校長となる
1921（大正10）年	見付町立見付尋常高等小学校長となる
1922（大正11）年	静岡県立見附高等女学校教諭となる 梅村組合助役となる（1925年まで）
1939（昭和14）年	逝去

〔出典〕喜多川平次郎の履歴書等により作成。

　小学校長を経て，高等女学校教諭，村組合助役を務めた人物である。喜多川に関しては100枚以上に及ぶ履歴書の写しとともに経歴を記した手記が保存されており，明治期の教員検定受験者の受験に至る経緯および小学校教員免許状上進過程を知ることができる。以下，喜多川の経歴を記し，その客観化に努めつつ，この時期の小学校教員検定制度利用の実態に迫りたい。喜多川の経歴は，**表 10-1** の通りである（表10-1参照）。紙幅の都合上，小本正取得以後は簡略に表記した。

　喜多川の教職就職の契機は，1885（明治18）年に小学加茂学校助手を務めたことにある。この経緯は，次のように記録されている。

　　一，明治十八年一月ヨリ学務委員鈴木半三郎水野富蔵両氏ノ勧メニヨリ同
　　　校助手ヲ勤メ月俸金壱圓ヲ給サレ傍ラ小学高等諸科ヲ訓導松井氏ニ就テ修ム

在学のまま，助手に就任したのは，学務委員の勧めであったという。

授業生となったときのことについては，次のように記している。

　　一，明治二十年三月十九日（十八歳）豊田磐田山名郡役所ニ於テ尋常小学

校授業生試験ヲ受ケ合格同免許状下付コレヨリ月俸金貳圓五十銭ヲ給セラル

　静岡県は，1886（明治19）年10月4日に県令第22号により「小学校授業生免許規則」を制定しており，同規則では18歳以上で「小学（尋常／高等）科卒業ノ者又ハ学力検定試験及第ノモノニ之ヲ授与スルモノトス」と定められていた。試験は郡長が行うこととされ，教員免許状は郡役所で発行するものとされた。喜多川が郡役所にて授業生試験を受け，教員免許状下附されたという記述は規則とも符合している。授業生免許状の効力は5年間とされ，喜多川は1892（明治25）年までにその後の進路を考えなければならなかった。そして，喜多川は小学教員学力検定，小学校教員検定の受験へと進んでいった。

　喜多川は，1888（明治21）年11月26日に授業生を辞め，同月30日に東京唱歌会で鳥居忱・小出留吉氏に就いて音楽科を修め，1889（明治22）年3月10日速成科を卒業し，小学教員学力検定を受けるため，静岡に戻り，静岡県庁で地理，歴史，唱歌，習字の教員学力検定を受験したという（結果は不合格）。

　上記の東京唱歌会は確かに存在したようである。嶋田由美によれば，明治10年代から東京には唱歌会が組織されていたが，1888年2月に神田猿楽町に鳥居忱により東京唱歌会が組織されたという[28]。鳥居は東京音楽学校教員兼第一高等中学校軍歌教員であった。東京唱歌会は当初，唱歌教員養成を目的としていなかったが，同年4月より約3か月の速成を行うようになったとされる。喜多川の記録は嶋田の記述とも一致しており事実であったと考えられる。

　喜多川が教員学力検定を受験し始めた1888（明治21）年は「小学教員学力検定法」施行下であり，年1回4月に県学務課員監臨の上，静岡県尋常師範学校教諭が教員学力検定を実施した。喜多川は1890（明治23）年4月21日に静岡県尋常師範学校教諭前川幸作に就いて音楽科を修めたとされるが，こうした学習行動は小学教員学力検定を実施するのが師範学校教諭であったためであろうか。同年4月に地理，歴史，唱歌の検定を受け，地理，唱歌については地方免許状を下附されたとされる。4月の受験も「小学教員学力検定法」の規定と符合する。

1891年の受験の際は,相当な覚悟で試験に臨んだものと思われる。手記には当時のことが次のように記されている。

　予ノ静岡ニ遊バントスルヤ恩師久松氏ハ人ニ向テ小林モ前年失敗シテ本年ハ二回目故若本年失敗セバ生キテハ還ルマジト久松氏ガカク遠回シニ戒メタルモ予ハ本年失敗セバ自殺スルカ北海道ニ走ラント牢固タル決心ヲ定メ一生ノ別レトナルヤモ知レジト前野村ノ授戒ニ行ケル慈母ニ面会セシ帰途涙滂沱トシテ止ムル能ハサリキ

　恩師が二度の失敗は許されないと話したことを人伝に聞き,本人も自殺するか北海道に逃亡するかという決死の覚悟で受験したとのことであった。
　その後も喜多川の教員検定受験のための学習は続けられた。1893（明治25）年4月以降,東京国語伝習所通信講学会や磐田,静岡の各地で文章規範,数学科,体操科を学び,小学校教員検定乙種検定を受け,尋本正免許状を下附されたという。静岡県は1893年2月に「小学校教員検定等ニ関スル細則」を制定しており,喜多川が同年に尋本正免許状を取得したという記述とも符合する。なお,この当時,尋本正試験には教育科は課されていない。喜多川も受験していない。喜多川は教育科を翌（1894）年に夏季講習会で初めて学んでいた。
　尋本正免許状取得後は,転退職と遊学を繰り返しながら学習歴を積み上げ,甲種検定により小学校専科正教員免許状,無試験検定により小本正免許状を取得した。小本正免許状取得は1902（明治35）年であったとされる。たしかに同年5月23日発行の『静岡県公報』（第196号）の「公告」の「無試験検定合格者」「小学校本科正教員」87名のなかに「喜多川平次郎」の氏名を見出すことができる。
　その後も講習会への参加を続け,学習は続けられた。1911（明治44）年3月30日には静岡県から「多年小学校ノ教育ニ従事シ励精其職ニ尽シ管理教授ノ宜キヲ得且青年教育ニ勤労不尠」という事由により表彰された（下賜金25円）。[29]同年には磐田郡井通尋常高等小学校訓導兼校長,1921（大正10）年には磐田郡

見付尋常高等小学校訓導兼校長，1922（大正11）年には静岡県立高等女学校書記兼教諭に就任した。

　喜多川の氏名は『静岡県磐田郡誌』にも登場する。喜多川は，1918（大正7）年には磐田郡教育会の参事員を務めていたことが記されている[30]。当時，磐田郡教育会は会長1名，6名の参事員で参事会を構成していたとされるが，喜多川は6名の参事のうちの1人であった。そして，磐田郡誌の原稿調査委員も務め，郡誌編纂にあたった。

　『静岡県磐田郡誌』編纂後，喜多川は見付尋常高等小学校に校長として勤務するが，1920（大正9）年当時（喜多川が赴任する前年），見付尋常高等小学校は児童数1,028名，校舎542坪であり，いずれも郡内で2番目の規模であった[31]。郡内での喜多川の位置を窺い知ることができよう。

　このように喜多川は，学務委員の勧めにより助手となったことを契機とし，その後授業生試験を受験，合格したことを皮切りに教員検定への道を歩み始めた。当初は受験しても合格せず，決死の覚悟で受験に臨むなど辛苦を味わったが，その後，東京，静岡等で師について学び，講習会への参加を重ね，最終的には無試験検定により小本正免許状を取得した。そして，多年の小学校教育従事を以て静岡県から表彰されるとともに，郡教育会でも要職を務めるなど重要な役割を果たした。師範学校に学べる者は県内でも限られている。能力を認められながらも小学校教員検定の道を歩むことになり，後に郡部の教育界で重要な役割を果たした人物もいた。

4　小学校令施行規則期・無試験検定制限前（展開期）

(1) 小学校教員検定に関する規定

　1900（明治33）年に「小学校令」および「小学校令施行規則」が制定されると，静岡県では，「小学校教員検定細則」と名称を改め，試験検定および無試験検定について規定した。同細則は，当初県令で規定されたが，3度の改正の後，告示で公表されるようになった。

同細則では，無試験検定，試験検定いずれの教員検定受験申請者も，履歴書，戸籍抄本，受験者の品行経歴に関する郡市長の意見書を，検定手数料を添えて現住地の郡役所へ提出することとされた。1905（明治38）年には県内市町村立小学校勤務者は在職地の郡市役所に願書を提出することとされ，その際に履歴書の提出は求められないこととなった。1908（明治41）年には県内小学校在職の受験者は郡市長による品行経歴意見書提出も不要となるなどした。

(2) 小学校教員検定制度の運用に関して
1) 郡・郡教育会の教員養成事業と小学校教員検定

明治30年代後半以降，郡あるいは郡教育会による教員養成事業が始まった。郡レベルの教員養成事業は，准教員養成から始まり，後に正教員養成も行われるようになった。実施形態として教員養成講習会と教員養成所の二種類がある。

これらの教員養成施設の形成に関しては花井信が検討しており[32]，教員養成所に関しては，明治40年代に教員養成所のあり方を規定する県レベルの統一的な規程が制定されていた。准教員養成に関しては1908（明治41）年3月13日制定の「尋常小学校准教員養成所ニ関スル規程」，正教員養成に関しては1909（明治42）年10月8日制定の「尋常小学校正教員養成所ニ関スル規程」がある。これらの規程では小学校教員検定との関係が明記されていた。

尋准養成所規程は1913（大正2）年，1926（大正15）年の2度にわたって改正され，当初「無試験検定」であったものが1926年の改正で「臨時試験検定」に改められた。同規程は1942（昭和17）年7月13日に廃止された。

尋正養成所規程では，入学者を，尋常小学校准教員免許状を有し1ヵ年以上の教職経験を有する者，あるいは中学校・高等女学校の3年課程を修了し，教員志望確実な者と制限しつつ，さらに教員検定に関して「臨時試験検定」を行うことが明記された。同規程は，2度の一部改正を経て1916（大正5）年11月28日に廃止された。

2) 磐田郡教育会開催の小本正資格収得講習会（1923・24年）

　正教員供給を目的とした郡教育会主催の講習会も開催されていた。1923・24年には磐田郡教育会主催により郡内の旧制中学校長・尾崎楠馬を講師として科目を国語漢文，修身に限定し小本正資格収得講習会が開催された[33]。

3) 静岡県が県教育会に委託した小本正検定準備講習

　1917（大正6）年には小本正検定準備を目的として掲げた講習会「静岡県教育会開催冬期講習会」が開催された。静岡県による教員検定準備の講習会は確認した限りではこのときだけであり，しかも小本正養成に関するものであり珍しい[34]。同講習会は，静岡県教育会が静岡「県ヨリ委託」されたものであり，「小学校教員検定試験準備」を目的とすることを明記し，「法制経済」「数学」2科目について，静岡師範学校教諭が担当した。

(3) 小学校教員検定制度利用者の例：池谷貫一，石山脩平の場合

　以下では，小学校教員検定利用者の例として，池谷貫一，石山脩平を取り上げる。特に注目したいのは石山であり，石山はわが国の代表的な教育学者であるが，実は小学校教員検定制度利用者でもあった。

1) 池谷貫一の場合

　池谷（旧姓：青嶋）貫一（1895～没年不明）は，1895（明治28）年生まれであり，明治末から大正期にかけて郡教育会開設の尋准養成所，尋正養成所，小本正資格収得講習会を経て，無試験検定あるいは試験検定により，小本正となった人物である。池谷は自身が小本正となるまでの軌跡と心情を記した手記を，池谷自身が恩恵を受け，池谷自身も書記として務めた磐田郡教育会の教員養成事業に関して記した冊子『磐田郡教育会の教員養成事業について』に残している。同手記は1983年に書かれたものであるが，手記に記されたことを同時代の資料で裏づけながら，小学校教員検定受験の動機および経緯等を明らかにする。
　池谷は静岡県西部の浜松市に隣接する磐田郡（現・磐田市）に生まれ，郡内の

表10-2 池谷貫一の略歴

年　　月	学歴・職歴
1895（明治28）年	静岡県磐田郡向笠村生まれ 磐田郡向笠尋常小学校，今井尋常高等小学校，見付高等小学校に学ぶ
1909（明治42）年4月	磐田郡教育会開設尋常小学校准教員養成所入学
1910（明治43）年3月	同上　卒業 養成所卒業後，磐田郡三川尋常高等小学校勤務
1911（明治44）年8月	磐田郡教育会開設尋常小学校正教員養成所入学 養成所入学に際して休職
1912（大正元）年11月	同上　卒業
1912（大正元）年12月	磐田郡三川尋常高等小学校訓導 三川尋常高等小学校以後，大藤尋常小学校，南御厨尋常小学校，鎌田尋常高等小学校，中泉尋常高等小学校（男子），西浅羽尋常小学校，見付尋常高等小学校に勤務 その他，実業補習学校修身，国語，農業科の教員資格を得て，大藤，南御厨，御厨，中泉，西浅羽の農業補習学校等の教員を兼務
1914（大正3）年	静岡県内各地で開催された県主催の各科講習会を受講（1919年まで）
1922（大正11）年	磐田郡教育会主催小学校本科正教員資格取得講習会受講（1923年まで）
1936（昭和11）年	磐田郡教育会在勤，書記
1947（昭和22）年	磐田郡教育会解散後，磐田地区校長会書記（1968年まで）
1983（昭和58）年1月	88歳

〔出典〕池谷貫一の手記，『磐田市史　通史篇下巻』（1994）等により作成。

尋常小学校，高等小学校に学んだ（表10-2参照）。高等小学校を終える際，叔父に勧められ教員を目指すようになり，磐田郡教育会開設の尋准養成所に学ぶこととなったとされる。同養成所は，県内各郡に設けられた尋准養成所のうちの一つであった。

　尋准養成所に関しては，1908（明治41）年3月13日付静岡県令第30号「尋常小学校准教員養成所ニ関スル規程」第一条において「郡市若クハ私人ニシテ本規程ニ依リ尋常小学校准教員養成所ヲ設立シタルトキハ知事ハ其ノ卒業者ニ対シ無試験検定ノ上尋常小学校准教員免許状ヲ授与ス」とされた。当初，同養成所卒業生は無試験検定により尋准免許状を授与されることになっていた。

同規程は，養成所の講師や養成期間など，養成システムに関して定めている。例えば，講師の数は一学級ごとに二人以上の割合とし，そのうち一人は小本正の資格を有し，他の職務を兼ねざるものとされた。入学資格は，修業年限2ヵ年の高等小学校卒業者あるいは年齢14歳以上にしてこれと同等の学力を有するものとされており，池谷はこの規程に従って入学できたわけである。卒業に際しては，卒業試験が課されることになっており，養成所が卒業試験を実施するときには，その日時割を具し，10日前に知事の認可を受けることとされた。知事は卒業試験に相当官吏を立ち会わせることとし，卒業試験の成績も実施後1週間以内に知事に開申することとされていた。

　磐田郡では上記の規程が制定された1908（明治41）年に郡教育会が尋准養成所を開設した（1941年度まで存続）。磐田郡の尋准養成所卒業生に関しては『磐田郡教育会の教員養成事業について』に学籍簿を書き写したとされる資料が綴じられており，卒業生のなかには不合格者数が記されている。したがって，尋准養成所卒業生とはいえ，フリーパスで尋准免許状を取得できたわけではなかったと考えられる。

　池谷は，尋准免許状取得後，磐田郡内の三川尋常高等小学校に赴任し，その後，本科正教員を目指すこととなった。正教員を志望した理由に関しては，池谷は次のように記している。

　　准教員なる者の真の性格を知るに及んで日夜脳裏を離れ得ない悩みは如何にして正教員の資格を収得すべきかでありましたが，幸運にも磐田郡教育会施設の尋常小学校正教員養成所生徒募集のあることを伝え聞いて，之れこと我が進むべき道と定めて……

　「准教員なる者の真の性格を知るに及んで……」に関しては，池谷は，別の箇所で次のように述べている。

　　明治末期頃の小学校教員資格には，小学校本科正教員，尋常小学校正教員，

教科別による専科正教員と准教員（小准，尋准）及び代用教員等の差別がありまして，内准教員にあたっては，恩給年限十五ヶ年を数えるには其の二倍に当る三十ヶ年間勤続する必要があったのであります。即ち二ヶ年勤めて之を半数の一ヶ年と算定されるワケで，何の事はない半人前の人格しか認められないのであります。代用教員に至っては何十年勤続しても一向に恩給受給対照にはなり得ないと云う，今日に於ては思い及ばぬ，差別的冷遇制度下にあったのでありました。／従って一応教員を志す者の願望は，如何にして正教員資格を短年月の間に収得すべきかに苦悩されておったのでした。

このように，池谷が正教員を目指した理由には「恩給受給」の問題があったとされる。恩給とは，「公務員が一定年限以上勤務した場合，その退職もしくは死亡したときに支給される年金または一時金」をいう。わが国の恩給制度は，1875（明治8）年に軍人に対する恩給として始まり，教員の恩給，特に公立学校教員に関しては，1890（明治23）年に「市町村立小学校教員退隠料及遺族扶助料法」等が設けられていたとされる[35]。池谷が正教員を志望したのは同法施行下であった。同法では，退隠料を受けることが可能な者は，「市町村立小学校ノ正教員」および「職務ノ為傷痍ヲ受ケ若クハ疾病ニ罹」った「准教員」に限定されていた。したがって，通常では准教員は恩給を受給することはできなかったものと考えられる。

いずれにしても，こうして，池谷は正教員を目指して，1911（明治44）年磐田郡教育会開設尋正養成所に学ぶこととなった。

尋正養成所に関しては，1909（明治42）年10月8日付で静岡県令第52号「尋常小学校正教員養成所ニ関スル規程」が制定され，同規程も養成所の講師や養成期間などを定めていた。卒業生には，臨時試験検定が行われ，尋本正免許状が授与されることになっていた。

池谷が尋本正免許状を取得したとされる1912（大正元）年の臨時試験検定に関しては，静岡県告示第129号で臨時試験検定の実施が告示されていた。磐田

郡教育会開設尋正養成所を会場にして，5日間にわたって試験が実施されたものとみられる。池谷が受験した際の試験検定実施の告示は次のとおりであった。[36]

　静岡県告示　第百二十九号
　　明治四十一年静岡県告示第六十四号小学校教員検定細則依リ左ノ通尋常
　　小学校本科正教員臨時試験検定ヲ施行ス
　　　　　　　　　大正元年十一月一日　　静岡県知事　法学博士　松井茂
　一，試験場及日割
　　　磐田郡教育会開設尋常小学校正教員養成所　自十一月十八日
　　　　　　　　　　　　　　　　　　　　　　　至十一月二十二日
　二，受験者ノ制限
　　　尋常小学校正教員養成所修了者ニ限ル
　三，願書差出期日
　　　検定願書ハ試験施行ノ前日迄ニ試験場所在ノ郡役所ニ差出スヘシ

　このときの臨時試験検定では，近隣の高等女学校や旧制中学校等の教員が臨時試験委員を務めていた。[37]この傾向は静岡県内で実施された他の臨時試験検定でもみられた。定期の試験検定の場合は，師範学校関係者で占められていたが，臨時試験検定では試験場近辺の中等学校教員が臨時試験委員を務めていた。
　また，『静岡県公報』には，小学校教員免許状授与者の名前が掲載されている。池谷の養成所同期生に関しては，さきの『磐田郡教育会における教員養成事業について』に在籍者の名簿が書き写されている。二つを照合すると，池谷を含め養成所の同期生は試験検定に全員合格し，教員免許状を授与されていたことがわかる。
　尋正養成所は，浜松師範学校に小学校教員講習科が設置されるに伴い廃止された。
　こうして池谷は尋本正となったが，引き続き小本正となることを目指した。池谷はまず1914（大正3）年から1919（大正8）年にかけて県内各地で開催され

た各科等の講習会に参加したと記している。

「その時代在勤のまま無難に小学校本科正教員になる為めには，少々年月は要するけれども，本県の内規（或は慣例か）に従って，先づ所定の勤務経験年数と，県主催の各科目別所要時数とを積まなくてはならないので私はその方途を選んで大正三年から，同八年までの間に県主催に係る」講習会に参加したとされる。

しかし，こうした講習会への参加を「積み重ねて，今少しと若干安堵したところ，大正九，十年の二ヶ年間には一向に開催の兆しなくて何かしら奈落の底へ突き落された様な失望感を嘗めさせられた思いに沈んでしまいました」と池谷は記している。

このように，講習会受講を積み重ねることを断念しかけたとき，磐田郡教育会主催の小本正資格取得講習会が開催されることを知り，池谷はこれに参加したとされる。

　　処が天の輔けか，神仏の加護か大正十一，十二年の両年に亘って亦も磐田郡教育会施設の小学校本科正教員資格取得講習会を二俣小学校に於て開設される事となって，その受講生の一員に選ばれ，現職勤務の儘にして必須十五科目，延七百十五時間を修了致しまして，林県視学官御臨場のもとに，見付小学校に於て実地授業を行って之にパスして小学校本科正教員を免許され，在勤鎌田尋常高等小学校本科正教員を命ぜられました。／この様にして待望久しかった資格を得て，心静かに日々の職務に専念し得る幸福と感激とは誠に有り難く筆舌に尽くせぬものがあります。

こうして池谷は小本正となった。『静岡県学事関係職員録』でも，池谷の名前を確認することができる。池谷の名前の上には小学校本科正教員であることを示す「小本正」の文字が記されており，池谷が小本正であったことを確認することができる。小学校教員を志して14年，池谷はようやく小本正免許状を取得できたわけである。

2）石山脩平の場合

　石山が静岡県浜松師範学校を経て，東京高等師範学校に学んだことは知られているが，石山は師範学校入学前に准教員養成所に学び，准教員として勤務した経歴ももっていた。准教員養成所に学び，准教員として勤務した者は確実に小学校教員検定を受験しており，石山も小学校教員検定制度利用者ということになる。

　石山という姓もこの経歴に関わりがある。石山脩平は旧姓を小林という。准教員養成所に学んでいた小林は，同養成所指導者であった浜松市立小学校長の石山逸八に抜擢され，同校に准教員として勤務することになった。脩平の兄・小林健吉によれば，「高等科を卒業して，准教員養成所へ入学しましたが，そこでも優秀の成績を挙げた為，其の才能が元城小学校長石山逸八先生に認められ，師範学校卒業生以外は教員として絶対に採用して居ない元城校へ，准教員として破格の採用の栄に浴した」とされる。[38] 石山校長には，浜松師範学校を経て東京高等師範学校に進学する際，石山校長の養子となることを条件に高師進学の学資を支援してもらっており，脩平は後に石山家の養子となった。

　これまで，小学校教員検定制度に関しては，師範学校 VS 小学校教員検定の枠組みで捉えられがちであったが，石山の例は，こうした枠組みに修正を迫るものとなろう。石山は，師範学校進学に准教員免許状所有が求められなくなった時期の師範学校進学者であり，師範学校進学者のなかにも准教員教員検定を受験し，小学校教員検定制度を利用した者が長く存在したことを意味しており，小学校教員検定制度史研究にとっては興味深い。

　石山の浜松師範学校生徒時代以前に関してはあまり知られておらず，わずかに石山自身が『蛍雪時代』誌に記した短文があるのみである。戦後に記された回想文であるが，今回は石山の回想文を手がかりに師範学校進学者の小学校教員検定制度利用を確認してみたい。石山の文章は『蛍雪時代』に掲載された小さな記事であり，ほとんど知られていないと思われるので以下に引用しておく（下線：引用者）。[39]

〈教育界〉　教育学に先行するもの　　　石山脩平

『自叙伝ほど，うそいつわりはない』と皮肉をいったひとがある。名誉や功利のために，自分の過去を偽ったり誇張したりすることもあり，また悪意はなくても，記憶がうすれて事の前後をまちがえたり，別の事件が一つに複合したり想像と事実が混同したりして，善意のあやまちを犯すことも少なくないからである。しかし真実とは必ずしもその当時において自分がその通りに意識し自覚していたという意味に限らない。むしろ自覚しないでも，客観的情勢からそのように動かされていたとか，当時は意識の底に潜んでいたものが後から意識されてくるというような意味での真実がありうるわけである。こうした色々な場合を頭において，つとめて真実を語ろうとする良心があるところでは，自叙伝の信頼性を認めてよいと思う。／ところで，私は，どういう動機から教育の道に入ったか，率直にいって，境遇がそうさせた，その運命を自ら喜んで受けた，というのが真実である。明治三十九年の春村の小学校に入ったが中学にさえ行かれなくて，高等小学二年を終ってから，郡教育会設立の小学校准教員養成所という講習所へ一年通って教師として最下級の地位に就職してしまった。これより先，叔父（陸軍大尉）のすすめにより陸軍幼年学校へ受験準備までしたが，父の意見によって受験を止めた。村役場の助役であった父は，村の壮丁が日露戦役でどんどん戦死したのを見て，子どもを軍人とすることを忌避したのかもしれない。それよりも教員になることが適当と考えて，県立師範学校へ行くための予備課程のつもりで，准教員養成講習に行かせたのである。そこで教育学というものもはじめて教わったが一向に興味はなかった。講習所を出て師範学校へ行く前の一年間を浜松市女子小学校に准教員として就職し，四年生を担当した。教育学には全然無関心であったが教育そのものは大へん面白く，子供がとても可愛いくて，夏休みなど子供の顔をしばらく見ないと神経衰弱になりそうだった。／県立浜松師範学校の開設第二回生として大正五年に入学した。その三年頃からどうしても東京の高等師範に行きたいと決意し，専ら入試準備につとめた。幸に合格したが，父は高師までは学資が出せなかった。それで准教員時代の校長

石山（静岡県下に当時二人しかなかった奏任待遇校長の一人）が私を養子にする含みで，高師の学資を出してくれた。高師では歴史と法制経済が専攻で，倫理学や教育学も共通科目程度には学んだが実際の興味は当時流行した社会科学と哲学とそれから外国語（特に独仏語）にあった。高師を出て母校浜松師範に教諭として一年，高師に助教授（実務は寮で学生主事の補助）を二年つとめた。この三年間に，青年の教育には大いに熱があがり，教育学研究にも多少の関心を抱いて，教育雑誌に筆を執ったりしたが，主に哲学や心理学に力を注いだ。この間の収穫を処女著作『純粋教育学原論』として出版し，心機一転を期して，昭和二年に京都大学に入学した。このとき石山家に入籍し同時に妻を迎えた。京大では主力をギリシャ語とプラトン教育学とに傾け，卒業後母校東京文理科大学の助手となり，それからはじめて本格的に教育学研究にとりかかり，今日に至っている。要するに私は，教育そのものは早くから大好きであったが，学問としての教育学にはずいぶんおくれて着手し，前半生はむしろ哲学と社会科学と語学に没頭した。自叙伝のつねとしてあとから理由づけるのであるが，私はこうした進みかたがよかったと思う。今でも学生にむかっては，教育学に入る前に基礎学と語学に力を入れよとすすめている。若い世代への愛情と基礎学への精進と世界的な視野と，それがおよそ教育学に進むために最も大切な資格である。(筆者は文博・教育大教授)

　石山は旧制中学校に進むことができず，高等小学校へ進学したが，高等小学校卒業後，父の勧めにより，師範学校進学のための「予備課程のつもり」で准教員養成所に進学していた。そして同養成所卒業後は，准教員として市内の小学校に勤務した。その後，浜松師範学校に進学していた。

5　小学校令施行規則期・無試験検定制限後（転換期）

(1) 小学校教員検定に関する規定の改変
　「小学校教員検定細則」は，1926（大正15）年に大幅な改定が行われ，その後，

3度にわたり改正された。

　最も大きな変更は1926年の細則改正であり，無試験検定に関して「無試験検定ハ現ニ県内公立小学校若ハ公立幼稚園ニ在職シ国語及漢文，歴史，地理，数学，博物，物理及化学ニ関スル科目中三科目以上受験資格ニ応シタル証明書ヲ有スル者ニ限リ之ヲ施行ス」と条件が付され，無試験検定受験が県内公立小学校および幼稚園在職者に限定されたことである。

　この時期，小学校教員数と学級数の割合が「権衡」するようになったという。静岡県では長年，小学校教員不足がいわれ続けてきたが，1925（大正14）年度の『静岡県統計書』は，この頃ようやく教員数と学級数が「権衡」するようになったと記していた。上記の細則改正は，その直後であった。

　このときの細則改正では，無試験検定の受験者が県内公立小学校および幼稚園在職者に限定され，しかも試験検定が年1回から年2回に改められた。これは小学校教員検定受験者に対して無試験検定受験を制限し，試験検定を受験しやすくする意図の表れではないか。いずれにしても，無試験検定が制限されることとなった。

　このほか，郡制廃止に伴う措置であろうか願書等の提出先が町村役場に改められるなどした。1935（昭和10）年には県内学校在職者は試験検定受験に際して当該学校長の検印を受けること，在職者の無試験検定に際しては「性行並教授訓練ノ成績等ニ関シ意見」を具すこととされた。

(2) 小学校教員検定制度の運用
1) 実業補習学校・青年学校教員養成所卒業生の小学校教員免許状取得

　実業補習学校教員養成所卒業者に関して，静岡県の場合は，静岡県立青年学校教員養成所が設置されており（1926年に静岡県立農業補習学校教員養成所として設置，2度の学則改正を経て1935年に静岡県立青年学校教員養成所と改称），同養成所卒業者は卒業直後に小本正，尋本正および農専正を取得し，15名から20名が小学校に勤務していた（1926-35年。1936年度の生徒定員は60名[40]）。

2）文部省の師範教育改善の取り組みとしての小本正養成講習会

　1926（大正15）年以降，文部省が師範教育改善に乗りだし，各府県に「尋常小学校本科正教員講習」を実施し，小本正養成を指示していた。宮城県の事例が検討され，群馬県でも同様に実施されていたことが明らかにされている[41]。『静岡県教育史』には1926年に「文部省の補助もうけて講習会を設け，さらに5月には教員検定試験を行い，できる限り有資格者に認定した」ことが記されていた[42]。『静岡県公報』を確認すると，「師範教育改善」を掲げ，尋本正を対象とし，文科系学科目と理科系学科目を隔年で開催し，成績佳良の修了者に小本正免許状を授与する「尋常小学校本科正教員講習」が1926年から1931（昭和6）年まで毎年開催されていた。

3）静岡県，県・県教育会共同主催尋常小学校本科正教員養成講習会

　1931（昭和6）年には静岡県主催の「尋常小学校本科正教員講習会」が師範学校を会場に開催され，講習修了者に臨時試験検定が施行され小本正免許状が下附されることになっていた。1938・1939年には県・教育会共同主催による「尋常小学校本科正教員養成講習会」が，やはり師範学校を会場にして開催され，講習修了者に臨時試験検定が施行され，尋本正免許状が下附されることになっていた[43]。

4）学校指定の教員検定について

　この間の共同研究において，特定の学校を指定して卒業生等に小学校教員検定を実施する府県が存在することがわかってきた。指定される学校は，公立だけでなく私立学校にも及ぶ。こうした学校指定の小学校教員検定の実施方法にふれ，静岡県での取り組みに留意して検討したところ，県立静岡高等女学校補習科（修了生に対し，裁縫専科正教員の試験検定）[44]と私立静岡職業女学校専攻科（卒業生に対し，裁縫等の専科正教員試験）に同様の事例があることがわかった[45]。

6　国民学校令施行規則期（終末期）

　国民学校教員検定に関しては，1941（昭和16）年9月29日に県令第56号により「国民学校教員，国民学校養護訓導及幼稚園保姆検定細則」が制定された。同細則は，全21条から成り，国民学校教員検定等出願の手続き，試験検定の時期および場所，試験科目，不正を行った者への対応に関して規定した[46]。同細則では，再び県令で規定されるようになったこと，無試験検定受験に関して県内在職者に限定するという字句が削除されていること，その他，養護訓導に関する事項が追加されたことは着目されるが，これらの点以外は従来の規定と大きく変わっていない。

　教員検定制度の運用に関しては，1941（昭和16）年以降，静岡県，県教育会等は「国民学校教員修練講習会」「国民学校初等科訓導養成講習会」等の名称で師範学校，高等女学校を会場にして講習会を開催し，講習修了者に臨時試験検定を施行し，国民学校初等科訓導免許状を下附するようになっていた。講習会開催の最後の通牒は1945（昭和20）年2月23日に発出されていたが，講習会がいつまで実施されたかは定かでない[47]。

　長期にわたって実施されてきた小学校教員検定であるが，確認した限りでは，『静岡県公報』第5659号（1946年11月25日，191頁）掲載の通牒が静岡県における小学校教員検定に関する最後の記事であった。1946（昭和21）年1月21日以降停止されていた試験検定が同年11月25日以降に再開され，その試験実施日が県公報に公表されることになっていたが，試験検定実施日が告示されることはなかった。

おわりに

　静岡県の師範学校，小学校教員検定制度を確認しつつ，小学校検定制度利用の事例を検討してきて，次のことは指摘しておきたい。
　第一に，喜多川，池谷，石山，いずれの場合も受験の契機は学務委員，叔父，

父親といった身近な周囲の者の勧めによるものであり，勧めに従い授業生あるいは准教員へ進み，さらに正教員へとむかうことになっていたが，一連のプロセスのなかに小学校教員検定が織り込まれるように設定されていたことである。授業生・准教員と本科正教員との相違を十分に知らないまま，勧められるままに教職に就き，本科正教員を目指して小学校教員免許状上進に励まざるを得なかったかのごとくである。喜多川の時期にはまだ郡・郡教育会による教員養成機関が発達しておらず，喜多川は東京遊学を繰り返してまで学習を積み重ね，小学教員学力検定，小学校教員検定を繰り返し受験していた。途中，専科教員免許状も取得していた。池谷や石山の時期には郡・郡教育会による准教員・正教員養成機関も設けられ，卒業時などに無試験検定および臨時試験検定が設定されていた。小学校教員検定は，尋准検定から設定され受験が可能であり，しかも専科教員検定もあり，受験者の側からすれば，身近であり，教職に就くために利用しやすい手段であったと考えられる。石山の場合のように居住地近くに師範学校が設置されると師範学校進学が選択肢に入ってくるようである。また池谷の回想にあるように，教職に就き，准教員と正教員の職務内容や待遇の違いを知ったときの不安や焦燥感はただならぬものであったようである。

　第二に，小学校教員免許状の上進，特に准教員から正教員への上進の背景に恩給受給の問題があったと考えられることである。池谷の手記には，恩給受給の問題が明記されていた。軍人の恩給問題は検討が行われているが，小学校教員の恩給問題は一部の解説を除けばあまり検討されていないように思われる[48]。今後の検討課題になろうか。

　第三に，石山脩平のように，わが国を代表する教育学者も小学校教員検定制度を利用していたことである。南原繁については寺﨑昌男が准教員養成所に学んでいたことを紹介しているが[49]，今回，南原以外に，石山も小学校教員検定制度利用者であることがわかった。「小学校教員検定等ニ関スル規則」のもとで当初，師範学校卒業者も甲種検定を経なければならなかったことは周知のとおりである。「尋常師範学校生徒募集規則」でも師範学校入学希望者に尋准免許状を有することが求められていた。尋准免許状を有することが求められなくな

るのは「師範学校規程」(1907年)以降であるが，石山の事例は「師範学校規程」以後も准教員教員検定を経て師範学校に入学する者が存在していたことを明らかにしている。小学校教員検定制度は，小学校教員免許状取得のための資格を付与するという役割だけでなく，師範学校制度を下支えする面もあったのではないだろうか。

謝辞：喜多川平次郎のご遺族の喜多川貞男氏には資料を提供していただくとともに原稿執筆を励ましていただいた。記して謝意を表します。

〈注〉
1) 本章は，科研費共同研究報告書『戦前日本の初等教員に求められた教職教養と教科専門教養に関する歴史的研究』(2006年)，同『戦前日本の初等教員養成における初等教員検定の意義と役割に関する通史的事例研究』(2014年)掲載の拙稿を編集し，加筆・修正を加えた。文字数抑制のため，表記を簡素化し，注記も最低限に止めた。わかりにくい箇所があるかもしれない。ご了承願いたい。
2) 静岡県立教育研修所編『静岡県教育史　通史篇上・下巻』静岡県教育史刊行会，1972・73年。
3) 静岡県編集発行『静岡県史　通史編5・6　近現代一・二』，1996・97年。
4) 静岡大学50周年記念誌編集委員会通史編小委員会『静岡大学の五十年　通史』静岡大学，1999年。
5) 静岡県立教育研修所編『静岡県教育史　資料篇上巻』静岡県教育史刊行会，1973年。
6) 白石崇人は釜田史の単著の書評において「師範不在または軽視の教員養成史になっては事実と異なる。師範学校の養成をも総合的に認識できる研究成果を期待したい」と述べ，師範学校をも視野に入れる必要性を指摘している(白石崇人「書評　釜田史著『秋田県小学校教員養成史研究序説─小学校教員検定試験制度を中心に─』」『地方教育史研究』第35号，2014年，24頁)。限られた紙幅ではあるが，本章でも可能な限り言及しておきたい。
7) なお，この頃の小学校教員養成には文部省から小学補助金が交付されたようである。神辺靖光『明治前期中学校形成史　府県別編Ⅱ環瀬戸内海』梓出版社，2013年，7頁を参照されたい。ただし，神辺の記述も『広島市学校教育史』(1990年)に拠っており，詳細は定かでない。
8) 国立教育研究所『日本近代教育百年史　3』，923頁。
9) 静岡県立教育研修所『静岡県教育史　通史篇上巻』，410頁。

10) 同上書，621 頁。
11) 同上書，695 頁。
12) 同上書，628-629 頁。
13) 国立教育研究所『日本近代教育百年史 4』，788 頁。
14) 静岡県立教育研修所『静岡県教育史 通史篇上巻』622-624, 630 頁。
15) 静岡県立教育研修所『静岡県教育史 通史篇下巻』，58 頁。
16) 静岡県立教育研修所『静岡県教育史 通史篇上巻』，633-634 頁。
17) 花井信「日露戦後教員養成史研究の課題――静岡県を事例として――」『静岡大学教育学部研究報告 人文・社会科学篇』第 26 号，1976 年，75 頁。
18) 静岡県立教育研修所『静岡県教育史 通史篇下巻』，56-57 頁。
19) 静岡県立教育研修所『静岡県教育史 通史篇下巻』，201 頁。
20) 静岡県立教育研修所『静岡県教育史 通史篇下巻』，77 頁。
21) 同上書，200 頁。
22) 逸見勝亮『師範学校制度史研究――15 年戦争下の教師教育――』北海道大学図書刊行会，1991 年，130-154 頁。
23) 静岡県立教育研修所『静岡県教育史 通史篇下巻』，394 頁。
24) 「38 濱松縣學規（濱）」『静岡県教育史 資料編上巻』，92-98 頁。
25) 「45 静岡師範學校學則」『静岡県教育史 資料編上巻』，112-118 頁。
26) 「67 静岡県学規」『静岡県教育史 資料編上巻』，153-161 頁。
27) 喜多川平次郎の存在は，喜多川貞男「明治初期における或る検定登用教員の軌跡」(『磐南文化』第 28 号，2008 年，44-52 頁) により知ることができた。
28) 嶋田由美「唱歌会の系譜――明治 20 年前後の東京府下における唱歌教員養成機関としての役割――」『音楽教育史研究』第 3 号，2000 年，19-30 頁。
29) 「一，受賞者一覧表其ノ一（本県ヨリ下賜）」磐田郡教育会『静岡県磐田郡誌 上巻』，1920 年，425 頁。
30) 磐田郡教育会『静岡県磐田郡誌』，1920 年，5 頁。
31) 『静岡県磐田郡誌』，328-427 頁。
32) 花井信，前掲論文，1976 年，69-81 頁。
33) 「小本正資格取得講習会開催ノ件」(磐田郡教育会副会長，乙第一三号，1923 年 10 月 6 日付)『自大正拾年四月／至大正拾参年三月 雑件 磐田郡井通尋常高等小学校』(静岡大学附属図書館「井通学校文書」)。「井通学校文書」に関しては，花井信「井通学校文書目録ならびに略解」(『静岡大学教育学部研究報告 人文・社会科学篇』第 36 号，1985 年，141-156 頁) を参照されたい。
34) 「広告 静岡県教育会開催冬期講習会」『静岡県教育』第 609 号，1917 年，1302-1303 頁。
35) 内藤誉三郎編『教員の資格・給与・恩給詳解』金子書房，1956 年，194-195 頁。
36) 『静岡県公報』第 14 号，1912 年，259 頁。
37) 拙稿「5. 静岡県の場合――小学校教員検定受検者の免許状上進過程と受験動

機──」(『戦前日本の初等教員に求められた教職教養と教科専門教養に関する歴史的研究』, 2006 年) の文末に掲載した「表 5-5　静岡県における検定委員・書記一覧」(144-153 頁) を参照されたい。
38) 小林健吉「『『石山先生を偲ぶ』の記」石山先生をたたえる会編『石山先生を偲ぶ』, 1960 年, 19 頁。
39) 石山脩平「教育学に先行するもの」『蛍雪時代』第 24 巻第 3 号, 1954 年, 80 頁。
40) 『静岡県立青年学校教員養成所学則並一覧表　昭和十一年度』掲載の「卒業後ノ服務学校調 (四月現在)」より。
41) 笠間賢二「近代日本における『もう一つ』の教員養成」梶山雅史編『続・近代日本教育会史研究』学術出版会, 2010 年, 251-281 頁。
42) 『静岡県教育史　通史編　下巻』, 77 頁。
43) 丸山剛史「初等教員養成の歴史的研究 (3)──第二次大戦中の静岡県における小学校教員検定──」日本教育学会第 65 回大会 (2006 年) 自由研究発表配付資料。
44) 創立八十周年記念事業委員会編『県立高女／静岡城北高　創立八十周年記念誌』静岡県立静岡城北高等学校, 1983 年, 417, 423 頁。
45) 「静岡職業女学校設置」『自大 14 年 3 月至昭 21 年 4 月　職業学校設置廃止認可　静岡県　第 1 冊』
46) 「国民学校教員, 養護訓導及幼稚園保姆検定細則」(県令第 56 号)『静岡県公報』第 4352 号, 1941 年, 3031-3035 頁。
47) 丸山・前掲資料。
48) 教員の恩給関係諸法制に関しては, 岡村達雄編『日本近代公教育の支配装置──教員処分体制の形成と展開をめぐって──』(社会評論社, 2002 年) が参考になろう (第 2 部第 3 章, 執筆者：住友剛)。ここでは, 城丸章夫による次のような示唆に富む指摘に注目しておきたい。「教員を官僚に忠実とするには, かれ自身を官僚とするに越したことはない。そこで教員は始終官吏または官吏待遇者としてあつかわれてきた。さらに小学校教員は文部省に直属するのではなく, 内務省の出先である府県知事に隷属し, 免許状から任免, 教授法に至るまでその掌握下にはいっていた。判任官, つまり下士官待遇者である訓導を基幹として, その下に準訓導, 助教, 代用教員, 授業生などと呼ばれる膨大な数の教育労働者が並んでいた。さらにかれらの低賃金に対して, 画竜点睛でもなすかのように恩給制度があり, 一生をつとめあげた者のうちから若干の者がもらう勲八等の勲章や高等官待遇があった。かれらは, その全人格, 全生命を上級者に捧げ, その勤務は当・不当や理・不理を論じないことに, 世界でも珍しい特質を発揮したのである」(下線, 引用者,『城丸章夫著作集　第 1 巻』青木書店, 1993 年, 60-61 頁)。
49) 寺﨑昌男「日本における教師像の展開と今日における教師教育の課題」, 筆者は船寄俊雄編『論集現代日本の教育史　2　教員養成・教師論』(日本図書センター, 2014 年, 497 頁) 収録の文章を参照した。

補　論
長野県小学校教員検定制度に関する資料と制度利用者の事例

丸山　剛史

はじめに

　本章は旧学制下日本の小学校教員養成史研究としての小学校教員検定制度史研究の一環をなすものであり、小学校教員検定制度の道府県（以下、府県と略記）比較研究として長野県を取り上げ、先行研究等の記述を手がかりに小学校教員検定受験者の記録を集めて、諸種の資料により裏づけるなどし、小学校教員検定制度利用の実際に関して若干の特徴を明らかにすることを目的としている。

　日本教員養成史において小学校教員養成史、特に小学校教員検定制度史に関して、「小学校教員養成史は師範学校史と同一ではなく、検定試験制度史を合わせて明らかにしなければその研究は完結しない」、「小学校教員養成史研究を完結させるためには、必ず取り組まなければならない課題である」（船寄俊雄）といわれていることは周知のとおりである[1]。こうした指摘に応え、井上惠美子、笠間賢二、釜田史、山本朗登、坂口謙一・内田徹らが中央政策動向を踏まえつつ、宮城県、秋田県、兵庫県、東京府等に関する事例研究に継続的に取り組み、各府県等の事例研究が蓄積されてきた[2]。遠藤健治の私立の教員養成機関に関する研究も小学校教員検定制度を視野に入れており、看過できない[3]。

　筆者も児童数の増加傾向（1900-1940年度）、小学校教員検定合格者数（試験検定・無試験検定、1900-1940年度）の多寡に留意し、対象とする府県を選定しつつ、静岡、栃木、東京、大阪、北海道、京都の各府県の小学校教員検定関係規則の形成から廃止までの過程を主に検討してきた。直近では、長野県の小学校教員検定制度を検討した[4]。長野県の小学校教員検定制度に関しては、二種の小学校

289

教員検定試験(試験検定,無試験検定)のうち,試験検定において三種の合格者数が全国最多であるなど,特徴を有する県の一つであると考えられる。また,長野県学務課が小学校教員検定試験問題集を編集しており[5],同県学務課自体が積極的に小学校教員検定制度を利用した節があり,その点でも興味深い対象である。史資料の点でも長野県は「明治以降戦前までの間の都道府県庁の教育関係文書をかなり大量に保存している」都道府県の一つであり,「とくに豊富な」県のうちの一つであるといわれている[6]。そこで,筆者は,長野県を検討対象に据え,1) 出願方法,2) 試験実施時期・回数,試験場,3) 試験科目,4) 検定方法,合否判定基準,5) 検定手数料に注目し,同県の小学校教員検定関係規則の形成から廃止までの過程を,先行研究より詳細に明らかにすることに取り組んだ。

また,これまでの小学校教員検定関係規則の検討の際には可能な限り,教員検定制度利用の事例を拾い上げるよう努めてきた[7]。なぜなら「受験生の側から見たこの制度の意味が解明されなければならない」と指摘されているからである[8]。

長野県の場合,『長野県史』等は小学校教員検定受験者に言及していたが,受験の経緯や動機等には言及していなかった。しかし,先行研究の記述の典拠となる資料を求めてみると,受験に至る過程や動機に関する記述があることがわかった。

本来ならば,残存する県庁文書を駆使しつつ,小学校教員検定制度利用者の事例研究に取り組み,師範学校制度も視野に入れつつ長野県小学校・国民学校教員検定試験制度史の全容解明に進みたかったが,筆者の力量不足のため限られた期間のなかでは基礎的検討に追われた。そこで,本章では,長野県庁文書の構成について若干の解説を加えた上で,小学校教員検定により教員となった者たちの教員検定受験の動機や経緯について若干の特徴を指摘し,今後のための予備的検討としたい。

1　長野県庁文書における小学校教員検定関係文書

　長野県庁文書の構成については，長野県立歴史館編集・発行『長野県行政文書目録　行政簿冊2』（長野県立歴史館閲覧室所蔵）を参照されたい。同目録には，請求記号と簿冊名が記されている。例えば，「明35　2C-11-1　小学校教員検定（6冊ノ内1）」のように，年度，簿冊名，構成がわかるようになっている。ただし，すべての年度において，すべての簿冊が残存しているわけではなく，簿冊が欠けている年度が少なくないことに注意する必要がある。

　筆者が確認した限りでいえば，「教員検定」と名付けられた簿冊は1902（明治35）年度から1927（昭和2）年度までで118冊存在した（後掲の資料参照）。小学校教員検定に関しては大正期の簿冊は少なくないが，明治期および昭和期の簿冊は大正期ほど多くない。また「試験検定書」「試験検定書類」と名付けられた書類には試験検定の試験問題，採点表などが綴じ込まれており特に注意を要する。

　また簿冊に記入された年度は簿冊が作成された年度を意味すると考えられ，前年からの文書が綴じ込まれている場合もあり，検討の際には前後の年度の簿冊も確認する必要がある。

2　小学校教員検定制度利用者の事例

　『長野県史』には高等小学校卒業から代用教員となり，小学校教員検定を受験した，三澤勝衛，小原福治という二人の教員が取り上げられていた[9]。二人については同書に先立ち，『長野県政史』において，小松伝七郎とともに「なみなみならぬ苦労を重ねた」小学校教員検定受験者の事例として紹介されていた[10]。

　小松は，「第一種講習科」に学んだ後，小学校本科正教員（以下，小本正と略記）試験検定受験を志すが，「指定された参考書が百冊余，肉を買って七輪にかけて参考書を読みながら眠ってしまい，鍋の裏側まで燃えて部屋中煙となり，火事の夢で起きるような受験生活」であったという。三澤は「代用教員をふり

だしに，尋准・農業科専科正教員・本正・中等学校教員検定に合格した」が，「幾日も帯もとかずに着たきりで勉強した」という。小原は「刻苦して専門学校入学検定・本正に合格した」とされる。

(1) 小松伝七郎の場合

『長野県政史』には，小松伝七郎（生没年不詳）が小学校教員検定受験者であることが記されていた。[11] 小松は明治後期に「第三種講習科」に学び尋常小学校准教員（以下，尋准と略記）免許状，続けて「第一種講習科」に学び，尋常小学校本科正教員（以下，尋本正と略記）および小学校准教員（以下，小准と略記）免許状を取得した後，小学校教員として勤務しつつ，小本正検定に合格したとされる。小松『辿り来し七十五年をかへり見て』（1960年，3-6頁）には受験の経緯および免許状上進の過程が記されていた。

> 小学校本科正教員検定試験受験記／自分が教員志望を起したのは少し遅く十八才の秋であった。当時は師範学校に入学の予備教育を兼ねて尋常科の准教員の免許状を与える半年の講習があった。第三種講習科といって県内各地を巡回して行われた。明治三十六年秋から伊那町の小学校で開設されたのでそれへ入った。……同講習を修了して直に同窓生久保田一応君と共に長野師範学校内の第一講習科へ入学した。同講習科は二ヶ年で，修了のときには尋常科正教員と本科准教員の免状とをくれて，尚成績優秀な者には物理，化学，博物，図画，算術，体操の六科目につきては本科正教員の検定試験を受ける際に受験しないでもよいという証明書をくれた。……講習生は皆よく勉強した。殊に目的は本科正教員の検定を受けるにあるので所謂証明科目については一層努力した。……其頃二人共本科正教員の検定を受けようと考えていたが其方法については意見を異にしていた。自分は正面から全科目を受けようと考え窪田（□米：引用者，□は判読不能）は第一に中学卒業（専検）の試験を受けてそれから教員の試験を受けようと考えていた。（中学卒業生は教育一科目が合格すれば本科正教員の免状を貰った）然し窪田君は自分の考えに従って全

科を受けることにきめて其準備を始めた。明治三十九年二月（二十一才）尋常科正教員と本科准教員の免許状と外に証明書六科（窪田君も同様）を貰つて自分は伊那男子小学校の先生になった。」

　ここでいう「第三種講習科」は，小学校教員講習科の一種であり，修業期間5か月，「尋常小学校准教員タルニ必須ノ学科ヲ講習スルモノ」（「小学校教員講習科規程」第2条）とされ，長野県師範学校に設けられるものとされたが，実際には各郡に分置された（第1条，第3条）。人員は1ヵ所約40名とされ（第4条），年2回，毎回6ヵ所に開設されることとされた（第6条）。対象は，男子の場合15歳以上，女子の場合14歳以上であり，「身体健全，品行方正」であり，高等小学校（修業年限4年）卒業ないしはこれと同等の学力を有する者とされた。第三種といえども適宜選抜を行うこととされ，郡市長の「薦挙」を必要とした（第8条）。

　「第一種講習科」は，同じく小学校教員講習科の一種であり，修業年限2年，「尋常小学校本科正教員及小学校准教員タルニ必須ノ学科ヲ講習スルモノ」とされ，師範学校内に設置された。人員は約40名とされた。対象は，男子の場合16歳以上，女子の場合15歳以上であり，「身体健全，品行方正」であり，尋准免許状所有あるいはそれと同等の学力を有する者とされた。第一種の場合も郡市長の「薦挙」を必要とした。

　いずれの場合も講習修了の際には「学業及性行ヲ査定シ合格スルモノ」には証書を授与することとされたが，第一種に関しては「博物，物理化学，図画，体操，及数学ノ内算術ノ一科目若クハ数科目ニ就キ在学中ノ成績ニ依リ」「証明書」が授与されることとされた。

　したがって，小松の場合，上記の，尋准養成，尋本正および小准養成を目的とした小学校教員講習科に学び，良好な成績で講習を終えることができたため，規程にそって6科目の成績佳良証明書が発行されたものと考えられる。

　『文部省年報』により当時の小学校教員講習科設置状況を確認すると，長野県師範学校に設置された小学校教員講習科は8学級計268名（1903年度）であり，

これは全国的にみて最大規模であった。小学校教員講習科を設置していない県（奈良，広島，熊本，宮崎，鹿児島），同科を設置していても生徒を収容していない師範学校もあった（京都府，大阪府女子，兵庫県御影，宮城県，徳島県）なかで，長野県は小学校教員講習科制度を積極的に活用して小学校教員養成を行っていた府県の代表であったと考えられる。

　小学校教員講習科に関して検討した先行研究では，長野県の規程が取り上げられ検討されていたが[13]，上記の成績佳良証明書については言及されていなかった。

　小松の事例では，成績佳良証明書が教員免許状上進の動因になっていたと考えられ，他県の小学校教員講習科の場合も同様であったか否かは論点となる。

　また，同級生の「窪田」との考え方の違いに言及した記述から，この頃すでに受験者の間に専門学校入学者検定（以下，専検と略記）合格を経由して小本正免許状取得を目指すルートと，「正面から全科目を受け」るルートが小学校教員検定受験者の間に形成されていたことも窺える。

　いずれにしても，小松は，小学校教員講習科に学び，小学校教員検定受験に移行していったが，師範学校本科で学ぶことは考えていなかったようである。

　なお，小学校教員講習科との関連で付言しておきたいことがある。長野県では1905（明治38）年に上伊那農学校に「農業教員講習科」が附設されていた[14]。この「農業教員講習科」は「小学校，農業補習学校及乙種程度農業学校ニ於ケル農業科教員ヲ養成スル」ことを目的としていた（1915年に修了生を輩出し廃止）。『文部省年報』で確認すると，当時，長野県以外に「講習科」を農学校に設置していた府県はなく，農学校附設農業教員講習科は長野県特有の農業教員養成機関であったと考えられる[15]。

(2) 三澤勝衛の場合

　三澤勝衛（1885〜1937年）は郷土地理学の開拓者として知られる人物である。三澤も小学校教員検定により小学校教員免許状を取得していた。『長野県史』によれば「猛勉強」で小学校専科正教員（以下，専正と略記）（農業），尋准，尋

本正，小本正免許状を取得していった。その後，友人から文部省師範学校中学校高等女学校教員検定（以下，文検と略記）受験を強く勧められ受験し，合格。旧制中学校からの就職の勧誘もあったが，一度は断り小学校教員の職にとどまった。その後，松本商業学校へ転じた。

　三澤に関しては，みすず書房から『三澤勝衛著作集』（全3巻）が刊行されている。著作集の解説には経歴等に関する記述はないが，月報に「著者年譜」等が掲載されており，小学校教員検定に関しても記載されている。

1885（明治18）年	出生
1899（明治32）年	入内尋常高等小学校卒業，農事の傍ら勉学に励む
1902（明治35）年	農業と教員の両立を条件に父を説得。更府尋常小学校補助代用教員となる。同年，農業専科正教員検定試験合格
1903（明治36）年	尋常科准教員検定試験合格
1904（明治37）年	本科准教員検定試験合格
1905（明治38）年	尋常科正教員検定試験合格
1907（明治40）年	本科正教員検定試験合格
1911（明治44）年	松本尋常高等小学校訓導本科正教員
1915（大正 4 ）年	師範学校中学校高等女学校教員検定試験・地理科合格
1918（大正 7 ）年	松本商業学校教諭

　三澤は，専正受験を入り口に，小学校教員検定により尋准，尋本正，小本正へと免許状を上進させていった。文検も受験しているが，これは友人から勧められて受験したものであり，合格しても小学校教員の職に止まった。「立身出世」を目的とした教員検定受験だったとは言えないように思われる。

(3) 小原福治の場合

　小原福治（1883～1965年）は「信州教育者の典型」であり，「純福音的信仰の

戦士」ともいわれるキリスト教徒の小学校教師であった[18]。小原は，高等科卒業後，当初，家業の染物屋を継ぐことを考えていたが，父，姉の死を経験し，学問で身を立てることを考えるようになり，松本戊戌商業学会に入った。ここで東京遊学の機会を与えられ，早稲田実業中学校本科に学ぶことになったが，学資が続かず帰郷することになった。その後，代用教員として採用され，小学校教員となった。そして専検を知り，受験するようになり，数度の受験を経て合格し，小本正免許状を取得していた[19]。小原が小学校教員を生涯の仕事を決意するまでの過程は以下のとおり[20]。

1883（明治16）年　　出生
1898（明治31）年　　松本開智学校高等科卒業
1901（明治34）年　　松本戊戌商業学会入学
1902（明治35）年　　松本戊戌商業学校（甲種認定）本科2年生となる
　　　　　　　　　　上京後，早稲田実業中学校本科2年中途入学，退学，
　　　　　　　　　　帰郷
1903（明治36）年　　下伊那郡竜江小学校代用教員
　　　　　　　　　　中野税務署勤務等を経て，再び代用教員となる
1911（明治44）年　　専門学校入学者検定試験を3回受け，合格
　　　　　　　　　　同年，小学校本科正教員試験を受験し合格
1912（大正元）年　　東筑摩郡山形小学校訓導
1917（大正6）年　　長野県師範学校附属小学校訓導
1918（大正7）年　　文検受験志望を断念し小学校教員として一生を捧げる
　　　　　　　　　　決意をなす

『小原福治遺稿集　下』の「回想録（自伝）」には，小学校教員検定受験の経緯が次のように述べられている[21]。「年譜」によれば1911年のこととされる。

　（専検合格後：引用者）岡村先生（校長・岡村千馬太：引用者）が「本正」の資

格を貰ってはどうかという。余は未だ未だ青雲の志も消えやらずで、間がよくば東京へ出て行こうという野心を持っておったので、おいそれと本正の資格などを欲しがらない。然し「君は中卒と同資格者であるから多分無試験同様で貰えると思う。たとえば上京して修学するにしても本正の資格を得ておけば非常に有利ではないかと思う。」と親切にすすめてくれるので、それではというので、県に問い合わせてみると、その回答が癪にさわる。「本県に於ては何等の特典を与えず。」というのである。こうなると意地が出てくる。糞よし、それでは皆受けてやろう。人を馬鹿にするにも程がある、という様な一種空意地が出て、全科受けるべく、六月の初頃から勉強し出した。

小原の場合は、「立身出世」を求めていたと思われるが、小学校教員検定受験に関しては「空意地」による力試しとでもいうようなものであった。

(4) 務台理作の場合

務台理作 (1890〜1974 年) も小学校教員検定受験のために学習を積み、小准となっていた。務台は哲学者であり、第二次世界大戦後、東京文理科大学学長の立場で日本側教育家委員会や教育刷新委員会の委員を務め、教育基本法立案に参画するなど、「戦後教育改革に深くかかわった」人物である。[22]

務台は 1890 (明治 23) 年、長野県生まれ。温村立長尾尋常小学校、明盛組合立高等小学校、農業補習学校を経て、私立松本郁文中学に入学した (1906年入学、翌年卒業)。その後、代用教員を経て、東京高等師範学校へ進学していた。高師卒業後、京都帝国大学へ進学、京都帝大卒業後は台北帝国大学教授、東京文理科大学教授等を歴任し、1945 (昭和 20) 年に東京文理科大学学長に就任した。代用教員時代に小学校教員検定受験準備をしていたことを次のように回想している。[23]

小学校代用教員時代／月給は六円であった。はじめて月給袋を手にしたとき松本へ出て縮刷の『言海』を買った。……私は先生をするなら何か資格をほ

しいと思って小学校准教員の受験の準備をした。同僚の髙山君は松中出で小学校正教員受験を準備して居り，両人で心理学や教育学の勉強をした。私は後で哲学をやるようになったがその動機は梓の補習学校時代，郁文学校時代から哲学書を読みかじったことに関係あるのだが，この検定で心理学と教育学の書物を読んだことも関係しているにちがいない。その当時参考に読んだ心理学や教育学，倫理学の書物は相当高級なものであったように思う。……夏休みは大方和田小学校の宿直室で，検定試験の準備と好きな書物を読むことにした。

代用教員として教壇に立つことになった務台は「先生をするなら何か資格をほしいと思って小学校准教員の受験の準備をした」という。受験し，合格したか否かは明記されていないが，1908（明治41）年度の（長野県学事関係）「職員録」の南安曇郡温明盛（小学校）欄に掲載された務台の氏名の上には「本准」と記されており，小准であったことがわかる[24]。務台は回想の記述のとおり小准試験検定を受験し，合格していたものと考えられる。

務台の教員検定受験は「先生をするなら何か資格をほしい」という，教員社会における不安感・不安定感から出発したものであったと考えられる。

おわりに

以上のようにみてきて，次のことは指摘しておきたい。

（1）長野県の小学校教員講習科は全国的にみて規模が大きかったことは先行研究でも指摘されていたが，同科修了時に，成績佳良証明書が下附され，それが教員免許状上進への動因になっていたことが明らかになった。これまで，小学校教員講習科修了に際し，成績佳良証明書が発行されたという事例は確認されておらず，これが特異な例か検討する必要がある。

（2）教育刷新委員会等に参加していた務台理作も小学校教員検定制度利用者であった。これまで南原繁が准教員養成所に学んでいたこと（＝小学校教員検

定制度を利用）が知られており，本書で石山脩平も同様の事例であったことを指摘したが，務台も小学校教員検定制度利用者であることが判明した。

（3）今回みてきた事例のほとんどは，必ずしも「立身出世」を志向していたわけでなく，そうかといって師範学校本科進学を希望しつつも師範学校本科に学ぶことができなかったというわけでもなかった。師範学校本科への進学は考えていなかったが，小学校教員の職に就くことを考えていた者もおり，小学校教員検定は，こうした師範学校本科進学を考えない，小学校教員希望者の身近で唯一の教員免許状取得方法であったと思われる。

〈注〉

1) 船寄俊雄「教員養成史研究の課題と展望」『日本教育史研究』第13号，1994年，83-84頁，ほか。
2) ここでは代表的な論考を掲げておく。井上惠美子「『小学校教員無試験検定認定校』認定に関する研究——京都府における審査過程を中心に——」『紀要』（フェリス女学院大学文学部）第55号，2020年，1-25頁。笠間賢二「『小学校教員検定内規』の研究——小学校教員検定における免許状授与基準——」『宮城教育大学紀要』第52巻，2018年，265-285頁。釜田史『秋田県小学校教員養成史研究序説——小学校教員検定試験制度を中心に——』学文社，2012年。山本朗登「明治30年代兵庫県における小学校教員検定試験『教育科』の分析」『山口芸術短期大学研究紀要』第51巻，2019年，169-182頁。坂口謙一・内田徹「4. 東京府の場合——20世紀初頭の無試験検定を中心に——」科研費共同研究報告書『戦前日本の初等教員に求められた教職教養と教科専門教養に関する歴史的研究』，2006年，85-124頁。白石崇人「1886〜1929年鳥取県の小学校教員検定制度——細則・規程，試験検定，師範学校教員講習科，農学校教員養成科について——」科研費共同研究報告書『戦前日本の初等教員養成における初等教員検定の果たした役割に関する歴史的研究』，2021年，69-82頁），大谷奨「北海道の高等女学校における小学校教員養成——補習科と無試験検定を中心に——」（同，83-101頁），亀澤朋恵「京都府教育会の夏期学校・冬期学校」（同，131-148頁）も鳥取県，北海道，京都府を対象化した小学校教員検定制度史研究であり，必読すべき論考である。
3) 遠藤健治「戦前京都府において，私立学校卒業生は，小学校教員無試験検定合格者中にどれほどの位置を占めたのか——1930年代以降を中心として——」『地方教育史研究』第40号，2019年，25-44頁。
4) 丸山剛史「旧学制下長野県の小学校教員検定制度」『宇都宮大学共同教育学部

研究紀要』第 72 号，2022 年，539-566 頁。
5) 長野県学務課検定試験研究会編『小学校正教員／准教員／専科正教員検定試験問題集　最近五ヶ年間　受験者心得　大正十五年』信濃図書刊行会，1926 年。
6) 佐藤秀夫「都道府県の教育の歴史　その見方ととらえ方」『教育と情報』第 374 号，1989 年，10 頁。
7) 丸山剛史「5. 静岡県の場合――小学校教員検定受験者の免許状上進過程と受験動機――」『戦前日本の初等教員に求められた教職教養と教科専門教養に関する歴史的研究』，2006 年，125-153 頁。同「旧学制下栃木県の小学校教員検定制度（三）――1941-46 年――」『宇都宮大学教育学部研究紀要』第 68 号，2018 年，303-327 頁，ほか。内田徹「昭和戦前期の女教員の小学校教員検定利用に関する事例研究」（『戦前日本の初等教員養成における初等教員検定の果たした役割に関する歴史的研究』，2021 年，149-158 頁）も検定利用の事例研究である。
8) 船寄俊雄「2. 兵庫県の場合」『戦前日本の初等教員に求められた教職教養と教科専門教養に関する歴史的研究』，2006 年，58 頁。
9) 長野県編『長野県史　通史編　第 8 巻　近代 2』長野県史刊行会，1989 年，601 頁。
10)長野県編集・発行『長野県政史　第 1 巻』，1971 年，582-583 頁。
11)『長野県政史　第 1 巻』，583 頁。
12)「403　小学校教員講習科規程」『長野県教育史　第 12 巻　史料編 6』長野県教育史刊行会，1977 年，823-830 頁。
13)佐藤幹男『近代日本現職研修史研究』風間書房，1999 年，250-255 頁。
14)「長野県告示第七十三号」（「上伊那郡甲種農業学校附設農業教員講習科規程」）『長野県報』第 1243 号，1910 年 3 月 1 日，198-202 頁。同規程は，1905 年 3 月告示の規程を改正したものであることが記されている。『長野県教育史　第 2 巻　総説編 2』（長野県教育史刊行会，1983 年，705 頁）に同講習科に関する記述がある。
15)同種の施設として，1918 年には「鳥取県立農学校農業教員養成科規程」が設けられていたことが明らかにされている（白石，前掲論文，77-80 頁）
16)『長野県史　第 8 巻』，601 頁。
17)「著者年譜」『三沢勝衛著作集・月報　第三回配本・第三巻「風土論」2 付録』，1979 年，12 頁。
18)「序」松岡弘編『小原福治遺稿集　上』長野教会，1966 年，4 頁。長野県教育界とキリスト教徒の関係に関しては，塩入隆『信州教育とキリスト教』（キリスト新聞社，1982 年）を参照されたい。
19)『長野県政史　第 1 巻』，583 頁。
20)「小原福治年譜」松岡弘編『小原福治遺稿集　下』長野教会，1967 年，494-509 頁。
21)『小原福治遺稿集　下』，476 頁。

22)「務台理作」『現代教育史事典』東京書籍，2001年，513頁。執筆者は高橋陽一。
23)『務台理作と信州』南安曇教育会，1991年，241頁。
24)「職員録」『信濃教育』第260号，1908年，54頁。
25) 寺﨑昌男「日本における教師像の展開と今日における教師教育の課題」(筆者は船寄俊雄編著『論集現代日本の教育史2　教員養成・教師論』(日本図書センター，2014年，497-498頁) 収録を参照した)。
26) 小学校教員検定受験者というわけではなかったが，1925年に旧制中学校を卒業し，静岡師範学校第二部に入学した戸塚廉は，師範学校を嫌っていた。「私は大正一五年に静岡師範学校の二部を卒業しました。一年間の師範の生活は，全くおもしろくなかった。あんなおもしろくない生活はあったもんじゃないと思いました。当時静岡には師範学校の隣に刑務所があり，その向かいには，塀をへだてて軍隊（連隊）がありました。私は，そのどれにも入りました。が，いちばんいやだったのが師範学校でした。」と回想している（日本生活教育連盟編『生活教育への発言』民衆社，1973年，13頁）。戸塚は國学院大学等への進学を希望していたが，祖父の勧めに従い，師範学校へ進学した。戸塚の場合，教育実習生として「子どもに接してみて，たまらなく子どもが好きになってしまいまして，『これが俺の仕事だ』というように教師の事を思いきわめた」という（14頁）。

資料 「長野県庁文書　小学校教員検定関係簿冊」

年	No.	請求記号		簿冊名	
1902 (明治35)	1	明35	2C-11-1	小学校教員検定	6冊ノ内1
	2	明35	2C-11-2	小学校教員検定	6冊ノ内2
	3	明35	2C-11-3	小学校教員検定	6冊ノ内3
	4	明35	2C-11-4	小学校教員検定	6冊ノ内4
	5	明35	2C-11-5	小学校教員検定	6冊ノ内5
	6	明35	2C-11-6	小学校教員検定	6冊ノ内6
1904 (明治37)	7	明37	2C-13-1	小学校教員検定	2冊ノ内1
1906 (明治39)	8	明39	3-14	小学校教員進退・同検定・同懲戒・県立学校職員進退ほか	全
1911 (明治44)	9	明44	2C-15-1	小学校教員検定	4冊ノ内1
	10	明44	2C-15-2	小学校教員検定	4冊ノ内2
1913 (大正2)	11	大2	2C-15	小学校教員検定（無試験）	全
1915 (大正4)	12	大4	2C-3-1	学校教員検定（無試験）	3冊ノ内1
	13	大4	2C-3-2	学校教員検定（無試験）	3冊ノ内2
	14	大4	2C-3-3	学校教員検定（無試験）	3冊ノ内3
	15	大4	2C-4	小学校教員検定（採点表）（大正2～4年）	
	16	大4	2C-5-1	小学校教員検定（上伊那・下伊那・小県郡）	5冊ノ内1
	17	大4	2C-5-2	小学校教員検定（南佐久・北佐久・諏訪・東筑摩・西筑摩郡）	5冊ノ内2
	18	大4	2C-5-3	小学校教員検定（埴科・更級・北安曇・南安曇郡）	5冊ノ内3
	19	大4	2C-5-4	小学校教員検定（上水内郡）	5冊ノ内4
	20	大4	2C-5-5	小学校教員検定（上高井郡・下高井郡・長師希望・松本女師希望・下水内郡）	5冊ノ内5
	21	大4	2C-6-1	臨時小学校教員検定　中野塾ほか	2冊ノ内1
	22	大4	2C-8	試験検定書（小学校教員）（大正2～4年）	全
1916 (大正5)	23	大5	2C-3-1	小学校教員検定（無試験）	3冊ノ内1
	24	大5	2C-3-2	小学校教員検定（無試験）	3冊ノ内2
	25	大5	2C-3-3	小学校教員検定（無試験）	3冊ノ内3
	26	大5	2C-4-1	臨時小学校教員検定	2冊ノ内1
	27	大5	2C-4-2	臨時小学校教員検定	2冊ノ内2
	28	大5	2C-5	小学校教員臨時検定（明治42年～大正5年）	全
1917 (大正6)	29	大6	2C-7-1	小学校教員検定（上伊那・下伊那・西筑摩郡）	4冊ノ内1

302　第2部　小学校教員検定制度利用の実際

	30	大6	2C-7-2	小学校教員検定(南佐久・北佐久・諏訪・小県・東筑摩郡)	4冊ノ内2
	31	大6	2C-7-3	小学校教員検定(松本市・北安曇・埴科・更級・長野市・南安曇郡)	4冊ノ内3
	32	大6	2C-7-4	小学校教員検定(上水内・上高井・下水内郡)	4冊ノ内4
	33	大6	2C-8-1	臨時小学校教員検定(南佐久養成所・松本実業教育学校ほか)	3冊ノ内1
	34	大6	2C-8-2	臨時小学校教員検定(上田養成所・中野塾)	3冊ノ内2
	35	大6	2C-8-3	臨時小学校教員検定	3冊ノ内3
	36	大6	2C-9	試験検定書類(小学校教員)(大正5~6年)	全
1918 (大正7)	37	大7	2C-6-1	小学校教員検定(下伊那・小県・北佐久・諏訪・南佐久郡)	4冊ノ内1
	38	大7	2C-6-2	小学校教員検定(北安曇・上水内①・上伊那郡)	4冊ノ内2
	39	大7	2C-6-3	小学校教員検定(上水内②・更級・東筑摩郡)	4冊ノ内3
	40	大7	2C-6-4	小学校教員検定(下水内郡他府県願・長野市・松本市・上高井・埴科・下高井・西筑摩・南佐久郡)	4冊ノ内4
	41	大7	2C-7-1	小学校教員無試験検定	5冊ノ内1
	42	大7	2C-7-2	小学校教員無試験検定	5冊ノ内2
	43	大7	2C-7-3	小学校教員無試験検定	5冊ノ内3
	44	大7	2C-7-4	小学校教員無試験検定	5冊ノ内4
	45	大7	2C-7-5	小学校教員無試験検定	5冊ノ内5
1919 (大正8)	46	大8	2C-5-1	小学校教員検定(西筑摩・諏訪・上伊那郡)	14冊ノ内1
	47	大8	2C-5-2	小学校教員検定(下伊那・埴科・更級・上水内郡ほか)	14冊ノ内2
	48	大8	2C-5-3	小学校教員検定	14冊ノ内3
	49	大8	2C-5-4	小学校教員検定	14冊ノ内4
	50	大8	2C-5-5	小学校教員検定	14冊ノ内5
	51	大8	2C-5-6	小学校教員検定(上水内郡)	14冊ノ内6
	52	大8	2C-5-7	小学校教員検定	14冊ノ内7
	53	大8	2C-5-8	小学校教員検定	14冊ノ内8
	54	大8	2C-5-9	小学校教員検定	14冊ノ内9
	55	大8	2C-5-10	小学校教員検定	14冊ノ内10
	56	大8	2C-5-11	小学校教員検定	14冊ノ内11
	57	大8	2C-5-12	小学校教員検定	14冊ノ内12

	58	大8	2C-5-13	小学校教員検定	14冊ノ内13
	59	大8	2C-5-14	小学校教員検定	14冊ノ内14
	60	大8	2C-6	検定試験書類（小学校教員）（大正7～8年）	全
	61	大8	2C-7-1	小学校教員無試験検定	3冊ノ内1
	62	大8	2C-7-2	小学校教員無試験検定	3冊ノ内2
	63	大8	2C-7-3	小学校教員無試験検定	3冊ノ内3
1920 (大正9)	64	大9	2C-4-1	小学校教員検定	12冊ノ内1
	65	大9	2C-4-2	小学校教員検定	12冊ノ内2
	66	大9	2C-4-3	小学校教員検定	12冊ノ内3
	67	大9	2C-4-4	小学校教員検定	12冊ノ内4
	68	大9	2C-4-5	小学校教員検定	12冊ノ内5
	69	大9	2C-4-6	小学校教員検定	12冊ノ内6
	70	大9	2C-4-7	小学校教員検定	12冊ノ内7
	71	大9	2C-4-8	小学校教員検定	12冊ノ内8
	72	大9	2C-4-9	小学校教員検定	12冊ノ内9
	73	大9	2C-4-10	小学校教員検定	12冊ノ内10
	74	大9	2C-4-11	小学校教員検定	12冊ノ内11
	75	大9	2C-4-12	小学校教員検定	12冊ノ内12
	76	大9	2C-5	小学校教員検定	全
	77	大9	2C-6	定期検定試験書類	
	78	大9	2C-7	小学校教員検定出願者受付簿（大正3.12～9.2）	全
	79	大9	2C-8	検定願書受付簿（定期試験ノ部）	
1921 (大正10)	80	大10	2C-4-1	小学校教員検定願書（大正九年無試験検定）	13冊ノ内1
	81	大10	2C-4-2	小学校教員検定願書（大正九年無試験検定）	13冊ノ内2
	82	大10	2C-4-3	小学校教員検定（准教員・専科正教員・正教員・無試験検定）	13冊ノ内3
	83	大10	2C-4-4	小学校教員検定（中野塾・上伊那・下伊那・西筑摩・南佐久・養成所）	13冊ノ内4
	84	大10	2C-4-5	小学校教員検定（松本女子職業・信濃裁縫・飯田実科ほか）	13冊ノ内5
	85	大10	2C-4-6	小学校教員検定（農業専科）	13冊ノ内6
	86	大10	2C-4-7	小学校教員検定（専科正教員）	13冊ノ内7
	87	大10	2C-4-8	小学校教員検定（尋正）	13冊ノ内8
	88	大10	2C-4-9	小学校教員検定（小学校正教員）	13冊ノ内9
	89	大10	2C-4-10	小学校教員検定（小学校准教員）	13冊ノ内10

	90	大10	2C-4-11	小学校教員検定（尋正・専正・小准・無試験）	13冊ノ内11
	91	大10	2C-4-12	小学校教員検定願書（小学校准教員）	13冊ノ内12
	92	大10	2C-4-13	小学校教員検定願書（小学校准教員）	13冊ノ内13
	93	大10	2C-18	定期試験検定書類	
	94	大10	2C-19	定期試験検定願書受付簿	
	95	大10	2C-20	臨時試験検定願書受付簿	
	96	大10	2C-21	臨時試験検定書類（大正6年～10年）	全
	97	大10	2C-29	教員検定（講習ニ関スル成績佳良証明台帳）（大正9年～10年）	
1922 (大正11)	98	大11	2E-5-1	小学校教員検定　長野実科高等女学校ほか	3冊ノ内1
	99	大11	2E-5-2	小学校教員検定　南佐久教員養成所ほか	3冊ノ内2
	100	大11	2E-5-3	小学校教員検定　中野塾ほか	3冊ノ内3
	101	大11	2E-6	小学校教員検定　出願者受付簿（無試験ノ部）（大正9年2月～11年6月）	
	102	大11	2E-7-1	試験検定書類　定期	
	103	大11	2E-7-2	試験検定書類　臨時	
	104	大11	2E-8	教員養成所報告綴・臨時検定試験綴	
1923 (大正12)	105	大12	2E-4	定期試験検定書類	
	106	大12	2E-5	教員養成所生徒報告綴・臨時検定試験綴	
	107	大12	2E-6	小学校教員臨時検定試験ニ関スル成績書類	
1924 (大正13)	108	大13	2E-8	小学校教員検定・科目省略関係書類（臨時検定認定）	全
	109	大13	2E-10	小学校教員検定・御真影直後謄本・教育資金・郡視学学務委員	全
	110	大13	2E-12	文部省教員検定・小学校学級編成	
	111	大13	2E-31	定期検定試験書類	
	112	大13	2E-32	臨時検定一件	
1925 (大正14)	113	大14	2E-23	定期検定試験一見書類	
	114	大14	2E-24	臨時検定	
1926 (大正15)	115	大15	3A-12	定期検定試験書類	
	116	大15	3A-50	教員検定ほか（大正12年～15年）	全
	117	大15	3A-51	無試験検定書類（南佐久郡役所）（大正4～15年）	全
1927 (昭和2)	118	昭2	C-27	教員検定　文部省教員検定一件（大15～昭2）全	

資料　小学校・国民学校教員検定関係文献目録（稿）

〔凡例〕
- 国立国会図書館 NLD-OPAC，国立情報学研究所 CiNii 等により小学校・国民学校教員検定に関する論考を収集し，発行年ごと，著者別（五十音順）に列挙した。単行本，論文等の順で掲げた。
- 都道府県教育史，都道府県史は内容を詳細に検討する必要があるため，ここでは『長野県教育史』を掲げるにとどめた。都道府県教育史に関しては，橋本昭彦『地方教育通史一覧　2018年版』(国立教育政策研究所）を参照されたい。
- 末尾に「備考」として海外の初等教員検定に関する和文論文を掲げた。いずれ国際的な検討が必要になろう。

1961年
- 中島太郎編『教員養成の研究』第一法規出版
  同書には小学校教員検定に関する以下の論考が含まれている。
  対村恵祐（第一章第二節）「初等教員の資格制度」109-119頁

1965年
- 横須賀薫「教員養成制度の歴史的検討」『国民教育研究所年報　1965年度』59-62頁

1971年
- 牧昌見『日本教員資格制度史研究』風間書房，全485頁
- 横須賀薫「小学校教員検定等ニ関スル規則」日本近代教育史事典編集委員会編『日本近代教育史事典』平凡社，206頁

1974年
- 国立教育研究所編集・発行『日本近代教育百年史　第3巻　学校教育(1)』
  同書には小学校教員検定に関する以下の論考が含まれている。
  　第三編第四章第一節「四　教員資格の法制化と師範学校」1306-1316頁
- 国立教育研究所編集・発行『日本近代教育百年史　第4巻　学校教育(2)』
  　第四編第四章第一節「三　教員資格法制の整備とその運用」755-777頁
- 国立教育研究所編集・発行『日本近代教育百年史　第5巻　学校教育(3)』
  　第六編第四章第二節「三　小学校教員検定と講習」727-739頁
  　第七編第四章第一節「一　4　初等教員の検定」1384-1389頁
- 中内敏夫・川合章編『日本の教師　6　教員養成の歴史と構造』明治図書
  同書には小学校教員検定に関して重要な記述が含まれている。
  　Ⅱ-五「1　師範教育令　正格教員への需要」143-144頁（執筆者：山田昇）

1978年
- 長野県教育史刊行会編集・発行『長野県教育史　第1巻　総説編』
  同書には小学校教員検定に関する記述が含まれている。
  　第二章第五節「二　教員の任用と資格待遇」860-880頁

　　　　同　　　「四　教員の管理統制の強化」902-907頁
1981年
・長野県教育史刊行会編集・発行『長野県教育史　第2巻　総説編』
　同書には小学校教員検定に関する記述が含まれている。
　　第三章第一節「三　諸学校令改正と教育整備施策」78-126頁
　　　　同　第五節「二　小学校正教員・准教員と検定制度」723-735頁
1983年
・長野県教育史刊行会編集・発行『長野県教育史　第3巻　総説編』
　同書には小学校教員検定に関する記述が含まれている。
　　第四章第五節「二　検定・講習と教員に対する時代的要請」569-587頁
　　第五章第五節「二　教員の任務・検定と待遇・勤務条件」1125-1154頁
1985年
・宮川秀一「明治前期の小学教員――とくに補助員・授業生について――」『大手前女子大学論集』第19号，137-156頁
1988年
・佐竹道盛「森文政期における小学校教員学力検定試験の実態」『北海道教育大学紀要　第一部　C』第39巻第1号，33-46頁
1990年
・梶山雅史「京都府教育会の教員養成事業」本山幸彦編『京都府会と教育政策』日本図書センター
・佐竹道盛「森文政期における小学簡易科教員検定の実態」北海道教育大学函館人文学会編『人文論究』第50号，55-68頁
1991年
・佐竹道盛「第一次小学校令下の小学校教員学力検定試験の内容と教師像」『北海道教育大学紀要　第一部　C』第41巻第2号，1-16頁
1994年
・船寄俊雄「教員養成史研究の課題と展望」『日本教育史研究』第13号，76-98頁
1998年
・遠藤健治「『無資格教員』研究試論――その意義と課題――」『学術研究　教育・社会教育・体育学編』第46号，55-69頁
1999年
・遠藤健治「補助教員の研究――中央法制上における補助教員規定制定までの経緯――」『学術研究　教育・社会教育・体育学編』第47号，15-34頁
2000年
・遠藤健治「小学校補助教員の研究――第一次小学校令期，地方諸令規における授業生免許状の授与権者と有効区域の関係――」『早稲田大学大学院教育学研究科紀要』第10号，1-17頁
・遠藤健治「小学校補助教員の研究――第一次小学校令期，地方令規により定められた授業生免許状の書式――」『学術研究　教育・社会教育・体育学編』第48号，15-36頁

2001 年

- 野村新・佐藤尚子・神崎英紀編『教員養成史の二重構造的特質に関する実証的研究――戦前日本における地方実践例の解明――』渓水社，全 386 頁
- 遠藤健治「地方補助教員資格制度史研究――第一次小学校令期，府県により定められた小学校授業生免許状と小学簡易科教員免許状との互換措置――」『早稲田大学大学院教育学研究科紀要　別冊』9-1 号，13-20 頁
- 遠藤健治「地方補助教員資格制度史研究――第一次小学校令期，地方諸令規により定められた授業生免許状の取得年齢，有効年限――」『学術研究　教育・社会教育・体育学編』第 49 号，1-17 頁
- 遠藤健治「小学校補助教員の研究――第二次小学校令期，府県により定められた小学校教員講習科規程の検討――」『地方教育史研究』第 22 号，1-23 頁

2002 年

- 遠藤健治「地方補助教員資格制度史研究――第一次小学校令期，府県（郡区を含む）での認定方式による授業生免許状の授与――」『学術研究　教育・社会教育学編』第 50 号，1-12 頁

2003 年

- 梶山雅史「変則的小学校教員養成ルート――教育会の教員養成事業――」『日本教育史往来』第 144 号，5-6 頁
- 梶山雅史「もう一つの教員養成システム――地方教育会教員講習が投げかけるもの――」『日本教育史往来』第 146 号，4-7 頁

2005 年

- 遠藤健治「地方補助教員資格制度史研究――第一次小学校令期，授業生に課せられた修身（倫理）科の学力程度――」『美作大学・美作大学短期大学部紀要』第 38 号（通巻第 50 号），1-11 頁
- 笠間賢二「小学校教員検定に関する基礎的研究――宮城県を事例として――」『宮城教育大学紀要』第 40 巻，229-243 頁

2006 年

- 井上惠美子（研究代表者）『平成 14 年度～平成 17 年度科学研究費補助金（基盤研究（B）研究成果報告書）　戦前日本の初等教員に求められた教職教養と教科専門教養に関する歴史的研究――教員試験検定の主要教科とその受験者たちの様態の分析――』
  同報告書には下記の論考が収録されている。井上惠美子「小学校教員検定をめぐる中央政策と全国的動向」／笠間賢二「小学校教員検定制度の運用と実際　宮城県の場合――運用と実際の基本的検討――」／船寄俊雄「　同　　兵庫県の場合」／疋田祥人「　同　　新潟県　――小学校教員検定に関する基礎的資料――」／坂口謙一・内田徹「　同　　東京府の場合――20 世紀初頭の無試験検定を中心に――」／丸山剛史「　同　　静岡県の場合――小学校教員検定受験者の免許状上進過程と受験動機――」
- 遠藤健治「地方補助教員資格制度史研究――第一次小学校令期，授業生に課せられた地理科，歴史科の学力程度――」『美作大学・美作大学短期大学部紀要』第 39 号（通巻第 51 号），1-12 頁
- 笠間賢二「小学校教員検定制度研究の必要性」『日本教育史往来』第 165 号，8-10 頁

2007年

- 遠藤健治「地方補助教員資格制度史研究――第一次小学校令期，授業生に課せられた理科の学力程度――」『美作大学・美作大学短期大学部紀要』第40号（通巻第52号），1-10頁
- 笠間賢二「宮城県教育会の教員養成事業」梶山雅史編『近代日本教育会史研究』学術出版会，143-166頁
- 大迫章史「広島県私立教育会による教員養成事業」同上書，167-195頁
- 釜田史「明治前期秋田県における小学校教員検定試験制度に関する研究」『神戸大学大学院人間発達環境学研究科紀要』第1巻第1号，65-77頁
- 船寄俊雄「日本の教員史研究」教育史学会編『教育史研究の最前線』日本図書センター，131-138頁
- 山本朗登「戦前兵庫県における乙種講習科に関する研究」『神戸大学発達科学部研究紀要』第14巻第2号，79-88頁
- 山本朗登「明治期兵庫県における小学校教員検定試験制度の成立過程に関する研究」『神戸大学大学院人間発達環境学研究科研究紀要』第1巻第1号，79-90頁

2008年

- 遠藤健治「地方補助教員資格制度史研究――第二次小学校令期，府県により創設された准教員資格制度の構造――」『美作大学・美作大学短期大学部紀要』第41号（通巻第53号），1-15頁
- 笠間賢二「小学校教員無試験検定に関する研究」『宮城教育大学紀要』第42巻，173-191頁
- 釜田史「明治後期秋田県における小学校教員検定試験制度に関する研究」『神戸大学大学院人間発達環境学研究科紀要』第1巻第2号，49-60頁
- 釜田史「大正期秋田県における小学校教員検定試験制度に関する研究」『神戸大学大学院人間発達環境学研究科紀要』第2巻第1号，53-65頁
- 釜田史「小学校教員講習科における教員養成に関する研究――明治後期から大正期における秋田県を事例として――」『日本教師教育学会年報』第17号，115-124頁
- 山下達也「植民地朝鮮における初等学校教員の確保形態――教員試験を中心に――」『飛梅論集』第8巻，117-130頁
- 山本朗登「兵庫県における小学校教員検定試験制度の展開過程に関する研究」『神戸大学大学院人間発達環境学研究科研究紀要』第1巻第2号，61-72頁
- 山本朗登「小学校教員検定制度の教員供給における位置づけに関する一考察――明治期の兵庫県を事例として――」『神戸大学大学院人間発達環境学研究科研究紀要』第2巻第1号，81-90頁
- 山本朗登「1900年前後における兵庫県教育会の教員養成事業」『日本教師教育学会年報』第17号，126-135頁

2009年

- 釜田史「秋田県小学校教員養成史研究序説――小学校教員検定試験制度を中心に――」博士論文，神戸大学
- 山本朗登「小学校教員検定試験制度の成立過程に関する研究――明治期兵庫県を事例として――」博士論文，神戸大学
- 遠藤健治「私立有漢教員養成所学則（その一）」『美作大学・美作大学短期大学部紀要』第42号（通巻第54号），1-9頁

- 遠藤健治「戦前期，岡山県における小学校教員養成所の研究——高等小学校政策の展開に伴う専科正教員養成所の変遷——」『教育学研究紀要』第 55 巻第 1 号，302-307 頁
- 笠間賢二「地方教育会の教員養成講習会に関する研究——講習会による教員養成——」『宮城教育大学紀要』第 44 巻，183-197 頁
- 釜田史「戦時下の秋田県における小学校教員検定試験制度に関する研究」『研究論叢』第 16 号，1-18 頁
- 釜田史「明治二〇年代秋田県における小学校教員検定試験に関する研究」『地方教育史研究』第 30 号，55-73 頁
- 釜田史「小学校教員検定試験制度から『教育職員免許法』への移行」『教育科学論集』第 12 号，9-17 頁

2010 年
- 遠藤健治「私立有漢教員養成所学則（その二）」『美作大学・美作大学短期大学部紀要』第 43 号（通巻第 55 号），1-7 頁
- 笠間賢二「近代日本における『もう一つ』の教員養成——地方教育会による教員養成講習会の研究——」梶山雅史編『続・近代日本教育会史研究』学術出版会，251-281 頁
- 釜田史「小学校教員検定試験制度史研究の課題と展望」『中九州短期大学論叢』第 32 巻第 1 号，41-50 頁
- 浜野兼一「学制期における小学校教員検定試験の制度化と教員の資格に関する史的考察——岐阜県師範学校の検討を中心に——」『アジア文化研究』第 17 巻第 17 号，91-103 頁

2011 年
- 遠藤健治「私立有漢教員養成所学則（その三）」『美作大学・美作大学短期大学部紀要』第 44 号（通巻第 56 号），1-7 頁
- 加島大輔「明治 30 年代における小学校教員養成制度構想」『愛知大学教職課程研究年報』創刊号，63-78 頁
- 釜田史・山本朗登「『教員受験生』目次（1）1930（昭和 5）年 10 月号〜1932（昭和 7）年 2 月号」『研究論叢』（神戸大学教育学会）第 18 号，25-49 頁
- 丸山剛史「戦前日本の小学校教員検定合格者数の道府県比較（Ⅰ）——試験検定・1900-40 年——」『宇都宮大学教育学部紀要　第 1 部』第 61 号，1-23 頁
- 山本朗登・釜田史「『教員受験生』目次（2）1932（昭和 7）年 5 月号〜1934（昭和 9）年 7 月号」『研究論叢』（神戸大学教育学会）第 18 号，51-76 頁

2012 年
- 釜田史『秋田県小学校教員養成史研究序説——小学校教員検定試験制度を中心に——』学文社
- 笠間賢二「書評　釜田史著『秋田県小学校教員養成史研究序説——小学校教員検定制度を中心に——』」『教育学研究』第 79 巻第 4 号，386-388 頁
- 丸山剛史「戦前日本の小学校教員検定合格者数の道府県比較（Ⅱ）——無試験検定・1900-40 年——」『宇都宮大学教育学部紀要　第 1 部』第 62 号，47-68 頁
- 山本朗登・釜田史「『教員受験生』目次（3）1934（昭和 9）年 9 月号〜1935（昭和 10）年 5 月号」『研究論叢』（神戸大学教育学会）第 19 号，33-40 頁
- 山本朗登「書評　釜田史著『秋田県小学校教員養成史研究序説——小学校教員検定制度を中心に——』」『研究論叢』第 19 号，41-43 頁

2013 年

- 井上惠美子（図書紹介）「釜田史著『秋田県小学校教員養成史研究序説——小学校教員検定制度を中心に——』」『日本の教育史学』第 56 集，174-175 頁
- 釜田史「愛媛県小学校教員養成史研究——愛媛教育協会における教員養成事業を中心に——」『愛媛大学教育学部紀要』第 60 巻，59-71 頁
- 杉森知也「書評　釜田史著『秋田県小学校教員養成史研究序説——小学校教員検定制度を中心に——』」『日本教師教育学会年報』第 22 号，112-114 頁
- 丸山剛史「第二次大戦中・戦後の国民学校教員検定」『宇都宮大学教育学部紀要　第 1 部』第 63 巻，21-42 頁

2014 年

- 船寄俊雄編『論集　現代日本の教育史　2　教員養成・教師論』日本図書センター，全 601 頁
- 丸山剛史（研究代表）『平成 23 年度～平成 25 年度科学研究補助金基盤研究（C）研究成果報告書　戦前日本の初等教員養成における初等教員検定の意義と役割に関する通史的事例研究』
　　同報告書には，以下の論考が収録されている。／山本朗登「兵庫県における小学校教員検定制度に関する一考察」／遠藤健治「岡山県私設小学校教員養成所の研究に関する覚書——小学校教員養成史研究上の位置づけと非師範系諸学校に関する先行研究の整理——」／井上惠美子「小学校教員免許状制度における無試験検定校の一ルート」／釜田史「小学校教員無試験検定認定校に関する事例研究——秋田県の場合——」／丸山剛史「静岡県の初等教員養成と初等教員検定——研究ノート——」
- 笠間賢二「1920 年代半ば以降の小学校教員検定——無試験検定の拡充——」『宮城教育大学紀要』第 49 号，221-236 頁
- 釜田史「小学校教員無試験検定制度に関する研究——秋田県を事例として——」『日本教育史学会紀要』第 4 巻，1-19 頁
- 白石崇人「書評　釜田史著『秋田県小学校教員養成史研究序説——小学校教員検定制度を中心に——』」『地方教育史研究』第 35 号，21-25 頁
- 山本朗登・釜田史「『教員受験生』目次（4）1937（昭和 12）年 5 月号～1941（昭和 16）年 11 月号」『研究論叢』（神戸大学教育学会）第 20 号，55-82 頁

2015 年

- 白石崇人『鳥取県教育会と教師：学び続ける明治期の教師たち』鳥取県，全 113 頁
- 内田徹・丸山剛史「旧学制下群馬県における小学校教員検定制度——1900 年 9 月以前——」『東京福祉大学・大学院紀要』第 5 巻第 2 号，123-130 頁
- 遠藤健治「四年制義務教育制度成立時の岡山県における私設小学校教員養成所——私立学校による小学校教員養成事業のはじまり——」『地方教育史研究』第 36 号，21-45 頁
- 遠藤健治「小学校教員養成所卒業生に小学校教員検定受検の特典が付与された根拠——一九〇〇年代初頭を中心として——」『美作大学・美作短期大学部紀要』第 60 号，1-11 頁
- 遠藤健治「日露戦争時の岡山県における私設小学校教員養成所——国民党と私立学校を焦点として——」『日本教育史学会紀要』第 5 巻，1-23 頁
- 笠間賢二「教員養成　地方教育会の講習と教員検定試験」『日本教育史研究』第 34 号，80-83 頁
- 加島大輔「明治後期における小学校教員養成所をめぐる法令構想と運用実態」『愛知大学文学論叢』第 152 集，69-88 頁

- 古川修「戦前の埼玉県における小学校教員検定」『東洋大学大学院紀要』第 52 巻，417-432 頁
- 山本朗登・釜田史「『教員と文検』目次　1942（昭和 17）年 2 月号～1944（昭和 19）年 4 月号」『研究論叢』（神戸大学教育学会）第 21 号，55-89 頁

2016 年

- 遠藤健治「岡山県私設小学校教員養成所の研究――戦前日本における私立学校による小学校教員養成事業――」，博士論文，神戸大学
- 笠間賢二「小学校教員無試験検定研究の課題」『宮城教育大学紀要』第 51 巻，149-158 頁
- 遠藤健治「大正前期の岡山県における私設小学校教員養成所――師範学校予備科の休止を補完した私設小学校教員養成所――」『美作大学・美作大学短期大学部紀要』第 49 号（通巻第 61 号），1-6 頁
- 丸山剛史「旧学制下栃木県の小学校教員検定制度（一）――一九〇〇年七月以前――」『宇都宮大学教育学部研究紀要　第 1 部』第 66 号，1-19 頁

2017 年

- 内田徹・丸山剛史「旧学制下群馬県における小学校・国民学校教員検定制度――1900 年 10 月以後――」『浦和論叢』第 56 号，83-96 頁
- 遠藤健治「大正末期から昭和初期の岡山県における私設小学校教員養成所――教員充足率の地域間格差の解決をめざした私設小学校教員養成所とその終焉――」『美作大学・美作大学短期大学部紀要』第 50 号（通巻第 62 号），1-13 頁
- 遠藤健治「第一次大戦終結後の岡山県における私設小学校教員養成所――中等教員試験検定受検資格認定学校として回避した存続の危機――」『教育学研究ジャーナル』第 20 号，11-19 頁
- 遠藤健治「岡山県私設小学校教員養成所への入学者層と卒業後の進路――戦前，私立学校により小学校教員養成事業が果たした女子小学校卒業生への学習機会の提供というもう一つの役割――」『地方教育史研究』第 38 号，79-95 頁
- 遠藤健治「『師範学校規程』制定後，明治末期の岡山県における私設小学校教員養成所――女子師範学校裁縫講習科の欠を補完した私設小学校教員養成所――」『岡山地方史研究』第 142 号，1-14 頁
- 丸山剛史「旧学制下栃木県の小学校教員検定制度（二）――一九〇〇年八月以降――」『宇都宮大学教育学部研究紀要　第 1 部』第 67 号，17-48 頁
- 山本朗登「明治期兵庫県における小学校教員検定『教育科』試験に関する一考察――標準図書からみる出題分野――」『山口芸術短期大学研究紀要』第 49 巻，79-87 頁

2018 年

- 丸山剛史（研究代表）『平成 26 年度～平成 29 年度科学研究補助金基盤研究（C）研究成果報告書　戦前日本の初等教員養成における初等教員検定の果たした役割に関する府県比較研究』　同報告書には，以下の論考が収録されている。笠間賢二「『小学校教員検定内規』の研究――小学校教員検定における免許状授与基準」／井上惠美子「『小学校教員無試験検定認定校』の全国的動向」／釜田史「小学校教員無試験検定内規の研究――東京府の場合――」／丸山剛史「東京府の小学校教員検定制度及び東京府・東京市の小学校教員確保策」／井上惠美子「愛知県における『小学校教員無試験検定認定校』制度」／丸山剛史「大阪府の小学校教員検定制度における無試験検定資格附与・取扱・認定校」／内田徹・丸山剛史「旧

学制下群馬県における小学校教員検定制度を利用した教員養成講習会・検定準備講習会」／丸山剛史「岡山県の小学校・国民学校教員検定制度の概要」
- 遠藤健治「戦前日本において，私立学校は小学校教員養成の埒外にあったのか——京都府小学校教員無試験検定内規の復刻をとおして——」『美作大学・美作大学短期大学部紀要』第 51 号（通巻第 63 号），1-8 頁
- 笠間賢二「『小学校教員検定内規』の研究——小学校教員検定における免許状授与基準——」『宮城教育大学紀要』第 52 巻，265-285 頁
- 丸山剛史「旧学制下栃木県の小学校教員検定制度（三）——1941-46 年——」『宇都宮大学教育学部研究紀要　第 1 部』第 68 号，303-327 頁

2019 年
- 内田徹・丸山剛史「旧学制下埼玉県の小学校教員検定制度——1900 年以前——」『浦和論叢』第 60 号，79-96 頁
- 遠藤健治「戦前において，私立学校は小学校教員養成の埒外にあったのか（二）——京都府小学校教員無試験検定内規の復刻をとおして——」『美作大学・美作大学短期大学部紀要』第 52 号（通巻第 64 号），1-8 頁
- 遠藤健治「戦前京都府において，私立学校卒業生は，小学校教員無試験検定合格者中にどれほどの位置を占めたのか——一九三〇年代以降を中心として——」『地方教育史研究』第 40 号，25-44 頁
- 遠藤健治「尋常小学校本科正教員臨時試験検定教育科試験問題の分析——1920 年代末期から 1930 年代初期における京都府を事例として——」『教育学研究紀要』第 65 巻第 2 号，534-539 頁
- 遠藤健治「戦前京都府における『小学校教員臨時試験検定認定校』の存在と意義」『日本教育史学会紀要』第 9 巻，64-75 頁
- 山本朗登「明治 30 年代兵庫県における小学校教員検定試験『教育科』の分析」『山口芸術短期大学研究紀要』第 51 巻，169-182 頁

2020 年
- 井上恵美子「『小学校教員無試験検定認定校』認定に関する研究——京都府における審査過程を中心に——」『フェリス女学院大学文学部紀要』第 55 号，1-25 頁
- 内田徹・丸山剛史「旧学制下埼玉県の小学校教員検定制度——1900 年以降——」『浦和論叢』第 62 号，1-21 頁
- 遠藤健治「戦前日本において，私立学校は小学校教員養成の埒外にあったのか（三）——京都府国民学校教員幼稚園保母無試験検定内規案の復刻をとおして——」『美作大学・美作大学短期大学部紀要』第 53 号（通巻第 65 号），1-16 頁
- 遠藤健治「戦前京都府における臨時試験検定の実施過程と『実地授業』の位置づけ——尋常小学校本科正教員免許状の場合——」『関西教育学会年報』第 44 号，46-50 頁
- 遠藤健治「小学校裁縫専科正教員臨時試験検定教育科試験問題の分析——1930 年代における京都府を事例として——」『教育学研究紀要』第 66 巻第 1 号，251-256 頁

2021 年
- 丸山剛史（研究代表）『平成 29 年度～令和 3 年度科学研究補助金基盤研究（B）研究成果報告書（中間報告書）　戦前日本の初等教員養成における初等教員検定の果たした役割に関する歴史的研究』

同報告書には，以下の論考が収録されている。笠間賢二「小学校教員無試験検定の研究——宮城県を事例として——」／井上惠美子「「小学校教員無試験検定認定校」認定に関する研究——京都府における審査過程を中心に——」／釜田史「小学校教員無試験検定に関する研究——東京府の場合——」／白石崇人「1886～1929 年鳥取県の小学校教員検定制度——細則・規程，試験検定，師範学校教員講習科，農学校教員養成科について——」／大谷奨「北海道の高等女学校における小学校教員養成——補習科と無試験検定を中心に——」／丸山剛史「北海道の小学校教員検定——関係規則の変遷と本科正教員供給のための臨時試験検定——」／丸山剛史「京都府の小学校教員検定——関係規則の変遷と京都府の教員養成講習——」／亀澤朋恵「京都府教育会の夏期学校・冬期学校」／内田徹「昭和戦前期の女教員の小学校教員検定利用に関する事例研究」

- 遠藤健治「小学校裁縫専科正教員無試験検定（一部試験）教育科試験問題の分析——1930 年代における京都府を事例として——」『関西教育学会年報』第 45 号，31-35 頁
- 遠藤健治「戦前期 1930 年代，京都府における『小学校教員臨時試験検定認定校』の許可をめぐる審査過程——戦前日本における私立学校はいかにして小学校教員養成への道が開かれようとしたのか——」『教育学研究紀要』第 67 巻第 1 号，19-24 頁
- 丸山剛史「旧学制下静岡県における准教員養成と臨時試験検定実施過程」『地方教育史研究』第 42 号，21-41 頁

2022 年

- 内田徹「受験体験記からみた小学校教員検定合格者のライフヒストリー (1)」『浦和論叢』第 66 号，73-84 頁
- 内田徹「受験体験記からみた小学校教員検定合格者のライフヒストリー (2)」『浦和論叢』第 67 号，37-48 頁
- 遠藤健治「1930 年代以降，京都府における小学校教員無試験検定の実施過程——戦前日本における私立学校女子卒業生の小学校教員免許状取得ルート——」『関西教育学会研究紀要』第 22 号，1-14 頁
- 丸山剛史「旧学制下長野県の小学校教員検定制度」『宇都宮大学共同教育学部研究紀要 第 1 部』第 72 号，539-566 頁

2023 年

- 内田徹「受験体験記からみた小学校教員検定合格者のライフヒストリー (3)」『浦和論叢』第 68 号，45-62 頁
- 遠藤健治「京都市立絵画専門学校本科卒業生に対する小学校教員無試験検定による小学校図画専科正教員免許状の授与に関する史料」『美作大学・美作大学短期大学部紀要』第 56 号（通巻第 68 号），1-6 頁
- 遠藤健治「1930 年代以降，京都府における小学校教員臨時試験検定の運用手続き——戦前日本における私立学校女子卒業生の修学歴に応じた小学校教員界への参入経路——」『教育学研究ジャーナル』第 28 号，43-52 頁

備考

- 伊藤敏雄「ニューヨーク州の初等教員検定制度」『皇学館論叢』第 21 巻第 2 号，1988 年，1-16 頁

あとがき

　小学校教員検定制度史研究，特に都道府県（以下，府県と略記）小学校教員検定制度史研究を進めるためには，府県庁文書（特に小学校教員検定合否判定基準を記した検定内規），府県統計書，府県公報，府県教育会雑誌，府県教育史（『○○県教育史』，『○○県教育・・年史』等）の充実度が研究の成否を大きく左右する。しかし，そもそも文書館が設置されていなかったり，府県庁文書の残存状況がよくなかったり，府県公報の目録が整備されていなかったり，など，上記の史資料が明治から昭和期にかけて偏りなく残存している場合はほとんどなかったと言ってよい。それぞれの地域を熟知していないと史資料を得られないことも少なくなかった。小学校教員検定制度史研究はこうした地方教育史研究の難しさに直面した（醍醐味を味わった）。こうした状況に直面し，戸惑いながらも（新たな発見に驚き，喜び合いながら）ここまで進めてきたというのが実状である。

　本書には結章あるいは終章が設けられていないが，それは本書がまだ中間報告的なものであることを意味している。大阪府など，私家版の報告書には覚書を記したが，深め切れなかったこと，未だ活字にすることができていないこともある。事例研究，通史的事例研究，府県比較研究，総合的研究と進めてきて，これまでの検討を総括し，次を展望するための一応のまとめとして本書出版を決意するに至った。結論が記されておらず，物足りなさを感じるかもしれないが，一人では到底到達不可能であり，共同研究だからこそなし得た成果と受け取っていただけたら望外の幸いである。

　それにしても研究を取り巻く状況は厳しかった。教育改革，大学改革が進み，改革や改革の準備のために時間を費やされ，研究環境が悪化するなかでの共同研究であり，研究会開催日程を調整すること自体が困難であった。年1，2回の研究会が唯一，心のオアシスであり，研究会で知的な刺激を得て，活力を取

り戻し，再び日常の多忙な業務に立ち戻ることができた。COVID-19 の感染拡大防止の影響により調査自体ができない時期もあり，何をすべきか考えさせられたこともあった。

本研究は，下記のように計 4 回の科研費の交付を受けた。

1) 2002-2005 年度　基盤研究（B）「戦前日本の初等教員に求められた教職教養と教科専門教養に関する歴史的研究」（井上惠美子（代表），研究課題／領域番号 14310137）
2) 2011-2013 年度　基盤研究（C）「戦前日本の初等教員養成における初等教員検定の意義と役割に関する通史的事例研究」（丸山剛史（代表），研究課題／領域番号 23530984）
3) 2014-2017 年度　基盤研究（C）「戦前日本の初等教員養成における初等教員検定の果たした役割に関する府県比較研究」（丸山剛史（代表），研究課題／領域番号 26381011）
4) 2017-2020 年度　基盤研究（B）「戦前日本の初等教員養成における初等教員検定の果たした役割に関する歴史的研究」（丸山剛史（代表），研究課題／領域番号 17H02660）

出版に際しても，2024 年度科研費研究成果公開促進費（学術図書，JSPS 科研費 JP24HP5142）の交付を受けた。

研究を進める過程では，数多くの機関と専門職員にお世話になった。特に東京都立公文書館，群馬県立文書館，鳥取県立公文書館，静岡県立中央図書館，長野県立歴史館，京都府立京都学・歴彩館，筑波大学附属図書館中央図書館，宇都宮大学附属図書館等々の諸機関および専門職員の方々には深く感謝したい。ときに一緒になって史資料を探してくださり，助けていただいた。

なお，本書編集にあたり，釜田史氏が用語や表記を点検するとともに索引を整理してくれたことを付記しておく。ご尽力に感謝したい。

最後に，本書の刊行を快く引き受けてくださった学文社と編集を担当してくださった落合絵理氏には厚くお礼を申し上げる。そして，共同研究に参加し，出版に至る道筋をつけ，終始，激励してくださった船寄俊雄氏（神戸大学名誉教授）にもお礼を述べ，本書をお届けしたい。

2025 年 1 月

執筆者を代表して　丸山剛史

索　引

人名索引

あ行
天野郁夫　2
池谷（青嶋）貫一　259, 273
石山脩平　259, 279, 285
岩谷英太郎　183, 200
遠藤健治　10, 11, 13, 226, 289
大迫章史　205
大瀬甚太郎　87, 89, 90, 97
大友清子　105
岡本洋三　6
小原福治　291, 295

か行
笠間賢二　2, 6-8, 11, 13-15, 35, 108, 110, 159, 160, 205, 218, 226, 289
梶山雅史　204
神戸文三郎　41, 48
喜多川平次郎　259, 266
小泉信吉　27
小泉又一　87
小平高明　87-90, 92-95, 97
小松伝七郎　291, 292

さ行
坂口謙一　6, 8, 11, 13, 289

た行
田口（内田）ハル　15, 226-230, 242
立柄教俊　87
棚橋源太郎　87
対村恵祐　3

寺﨑昌男　285
鳥居忱　269

な行
中島太郎　3, 45
南原繁　285

は行
長谷井満津子　230
波多野貞之助　89
花井信　264, 272
疋田祥人　6
船寄俊雄　2, 6, 7, 11, 13, 14, 111, 160, 227, 289
星野鉄太郎　264
本荘太一郎　89

ま行
前川幸作　269
牧昌見　4
三澤勝衛　291, 294
水野真知子　145, 182
箕作麟祥　27
務台理作　297

や行
矢島錦蔵　264
山本朗登　8, 9, 11, 14, 78, 226, 289
横須賀薫　3
四屋純三郎　27

317

事項索引

あ行

愛知県師範学校規則　25
愛知県小学校教員免許状授与規則　26
秋田県女子師範学校　164
秋田県立秋田高等女学校　116, 163, 165, 167, 175
秋田県立能代高等女学校　118, 163, 165
秋田県立本荘高等女学校　116, 163
秋田女子技芸学校　164, 167, 168, 171-175
安城女子職業学校　110
遺愛女学校　190
岩内高等女学校　198
岩見沢高等女学校　187, 195
江差高等女学校　188, 193
大阪府立大手前高等女学校　114
大妻技芸学校　137
小樽高等女学校　186
乙種検定　29, 52, 265
音楽（学科目）　209
恩給　276

か行

開放制　6, 201
課外活動　72
夏期学校　13, 204-208, 212-217
夏期講習会　206
学業試験　24
各種学校　110-112
学校管理法　80, 85, 96
学校種単位（無試験検定）　112, 116, 126-129
学校単位（試験検定，無試験検定）　101, 102, 107, 108, 112, 116, 122, 124, 126-129
活動写真映写会　210
簡易科　30, 51
漢文（学科目）　209
帰納的研究　96
義務教育年限（の）延長　5, 206, 261
義務教育年限延長準備講習会　207, 215
教育（学）（学科目）　119, 122, 123, 206, 209
教育科　9, 11, 14, 67, 79, 91, 266, 270
教育学的教養　155, 176
教育学的知識　78, 85, 95, 96
教育学の科学化　97
教育原理　80, 83
教育史　80, 83, 96
教育実習　122
教育職員免許法　1
教育令　5, 24, 27, 266
教員検定受験準備学力講習会　207, 215
教員検定ニ関スル規程　102, 103, 111
教員検定部　206-208, 210, 216
教員検定用参考図書　7, 9, 87
『教員受験生』　40-42
教員養成講習会　7-9, 11
教科教授法　122
教授法　80, 84
教職経験　112, 126-128, 148-150, 155, 175, 176
『京都教育』　205, 208, 211, 212, 217
京都高等手芸女学校　107, 118, 119, 127
京都高等女学校　118, 123
京都裁縫女学校　107, 115, 117-119, 123
京都女子高等専門学校　116, 117, 122
京都市立美術工芸学校　109
京都市立堀川高等女学校　125
京都成安女子学院　115, 116, 122, 127
京都府教育会　13, 204-206, 215-217
『京都府教育会五十年史』　205, 208
京都府教育会附属教員養成講習会（養成所）　205, 206
京都府師範学校　212
京都府女子師範学校　212
京都府立（京都）第二高等女学校　116, 118
京都府立青年学校教員養成所　125
京都府立第一高等女学校　118
共立女子職業学校　153
釧路高等女学校　186, 187

318

『蛍雪時代』　279
佳良証　　30, 36, 217, 235, 293, 294
合格体験記　216, 226, 227, 236, 239
甲種検定　29, 30, 143
高等学校高等科教員免許状　38, 120
高等女学講義　216, 227, 230
高等女学校　39, 55, 102
高等女学校技芸専修科　34, 66
高等女学校高等科　38, 114, 126
高等女学校専攻科　111, 126, 193, 198
高等女学校補習科　13, 56, 112, 118, 180, 183, 184, 191, 193-196, 200, 201
公立小学教員学力証明試験法（愛知県）　25
公立小学校教員学力証明規則（鳥取県）　50
公立小学校正教員在職年数　262
公立私立学校, 外国大学卒業生教員免許ニ関スル規程　114
公立私立学校認定ニ関スル規則ニ依リ認定セラレタル学校　110
国語（学科目）　209
国民学校教員, 国民学校養護訓導及幼稚園保姆検定細則（静岡県）　284
国民学校訓導免許状　43
国民学校准訓導免許状　43
国民学校初等科訓導免許状　43
国民学校初等科准訓導免許状　43
国民学校専科訓導免許状　43
国民学校令　43
国民学校令施行規則　4, 43
個人単位（無試験検定）　108, 112

さ行

裁縫科（学科目）　52
札幌高等女学校（補習科）　180, 181, 183, 186, 187, 193
札幌女子高等学校専攻科　197
試験検定　1, 9, 11, 14, 20, 32, 36, 56, 101, 179, 180, 191, 206, 265, 282, 290
試験検定特別取扱　107, 127
静岡（県）師範学校　264, 266
　　──第二部　264

静岡県女子師範学校　264
静岡県尋常師範学校　264
　　──女子部　264
静岡県尋常小学校教員講習科規程　264
静岡県浜松師範学校　265, 279
静岡県立青年学校教員養成所　282
静岡高等女学校（補習科）　264, 283
静岡職業女学校専攻科　283
静岡第一師範学校男子部・女子部　265
静岡第二師範学校　265
実科高等女学校　38, 110, 164, 189
実業学校　66, 110
実地試験　59, 107
実地視察　117, 120, 122, 123, 126-128
実地授業　11, 36, 50
師範学校　7, 37, 39, 101, 166, 196, 206
師範学校, 中学校, 高等女学校教員無試験検定許可規程　114-115
師範学校教則大綱　5
師範学校令　264
師範教育改善費補助ニ関スル件　207
師範教育令　264, 265
師範囊　263
社会的教育学　84
修身（科）　67, 85, 119
授業参観　122
受験体験記　216, 231, 235
瞬養学校　264
傷痍軍人国民学校訓導京都府養成所　125
小学簡易科教員及小学校授業生免許規則　28, 51
小学校教員学力検定法（静岡県）　266
小学校教員学力検定試験細則（愛知県, 鳥取県）　28, 51
小学校教員及幼稚園保姆検定内規（北海道）　179, 180, 189
小学校教員検定委員会　5, 15, 29, 32, 36, 42, 89, 107, 117-119, 126, 153
小学校教員検定及免許状ニ関スル細則（京都府）　111, 209
小学校教員検定細則（静岡県）　271, 281
小学校教員検定試験問題　78, 79
小学校教員検定等ニ関スル規則　2, 4, 5,

事項索引　319

29, 52, 54, 55, 266
小学校教員検定ニ関スル規程（鳥取県）　56
小学校教員講習科　9, 30, 31, 34, 55, 64, 264, 265, 293, 294
小学校教員（小本正）検定受験部　210, 216
小学校教員無試験検定認定校　8, 10, 11, 14, 15, 69, 101, 107, 108, 110, 112-115, 117, 118, 121, 122, 124-129, 137, 161, 163-165, 167, 169, 173, 175, 176
小学校教員免許規則　4, 28, 51
小学校教員免許状授与方心得　4, 5, 25, 50
小学校教員免許状授与規則（鳥取県，静岡県）　50, 266
小学校教員幼稚園保姆検定標準（山口県）　114, 124
小学校教員予備伝習所　64
小学校授業生免許規則（静岡県）　269
小学校専科准教員　29, 63
小学校専科正教員　2, 29, 63-64, 190
小学校本科准教員　2, 29
小学校本科正教員　29, 84, 112, 180, 190, 191, 193, 196, 197
小学校令　5, 28, 31, 36, 143, 266, 271
小学校令施行規則　4, 5, 11, 31, 33-35, 38, 39, 56, 65, 109, 111, 142, 143, 148, 165, 209, 216, 271
尚絅女学校　114, 125
常任委員　32, 117
小本正資格収得講習会　273, 278
『女学の友』　231
女子高等師範学校　101
女子師範学校　101, 183, 192, 194, 198, 199
尋常小学校准教員養成所ニ関スル規程（静岡県）　272, 274
尋常小学校正教員養成所ニ関スル規程（静岡県）　272
尋常小学校専科准教員　29
尋常小学校専科正教員　29
尋常小学校本科准教員　2, 29, 52
尋常小学校本科教員準備場（秋田県）　163

尋常小学校本科正教員　2, 29, 112-113, 180, 186, 189, 190, 193, 195, 206, 262, 283
『新天地』　227, 231
心理（学）　80, 83, 96, 209
正教員准教員ノ別　266
性行調査　36
生理学　90
聖霊（高等）女学校（院）　117, 163, 167, 168, 170-175
専検（専門学校入学者検定）　38, 102, 110, 114, 127, 128, 230, 231
曹洞宗第二中学林　114, 125
曹洞宗第四中学林　114
卒業証請求試験　25, 26

た行

大明堂書店　40, 42
代用教員　5, 86, 261, 262
大陸科　265
鷹巣町立実科高等女学校　163, 167, 172-175
滝川高等女学校　188, 199
地方教育会　34, 204, 205, 217
地方免許状　28
中京高等女学校　114
中京裁縫女学校　107
中等学校令　188, 200
（中等教員）許可学校　101, 111, 117, 120, 121, 123, 129, 152, 160
中等教員検定受験資格認定学校　102, 103, 110, 128
中等教員試験検定受験資格　105, 152
中等教員試験検定受験者資格指定学校　102, 104, 106
（中等教員）指定学校　101, 111, 129, 160
通牒（小学校教員免許状授与及調査標準及報告方）　39, 119
帝都教育会附属教員保姆伝習所　137
手工（学科目）　209
冬期学校　13, 204-209, 212-217
冬季講習会　206
東京音楽学校　34, 101-102
東京裁縫女学校　153
東京高等師範学校　89, 101, 279

東京唱歌会　269
東京美術学校　102
東京府女子師範学校　146
東京府立高等女学校(師範科)　145, 182, 183
東京府立第二高等女学校(補習科)　146, 147, 154
同志社女子専門学校　125
東北学院中学部　114
東北女子職業学校　112, 114, 125
豆陽学校　263
特別検定試験(東京府)　107, 137, 152, 153
鳥取県教育会(附属講習所)　58, 67, 71, 79, 86
『鳥取県教育雑誌』　67, 68
鳥取県師範学校　49
鳥取県師範学校小学校教員講習科規則　65
鳥取県尋常師範学校　55
鳥取高等女学校補習科　55
富山県高等女学校　114

な行

内務省　36
新潟県立新潟高等女学校　114
日本体育会体操学校　109
韮山講習所対岳学校　263
認定校　→　小学校教員無試験検定認定校
農業教員講習科　294

は行

博物学(学科目)　206
函館高等女学校　187
非師範系　3, 101, 204, 205
兵庫県教育会　35
標準時数　118, 119
広島県私立教育会　205
府県免許状　2, 8, 31
普通免許状　2, 8, 28, 31
フエリス和英女学校　105
文検→文部省師範学校中学校高等女学校教員検定試験

平安女学院　115-118, 122
北星女学校　190
北海道会　180, 190, 194, 195, 197-199
『北海道教育雑誌』『北海道教育』　184, 189, 190
北海道教育会　180, 183
北海道師範学校　200
北海道庁立高等女学校学則　185

ま行

宮城県教育会　35
宮城県師範学校　35
宮城女学校　114
無試験検定　1, 7-9, 14, 32, 37-39, 44, 56, 101, 137, 143, 158, 166, 167, 180, 183, 190, 191, 193, 196, 201, 272, 282
無試験検定内規(内規)　33, 39, 108, 112, 118, 124-127, 142, 148-150, 154, 155, 165, 166, 172, 190, 196
文部省師範学校中学校高等女学校教員検定試験(文検)　1, 20, 229, 230, 295
『文部省例規類纂』　7, 11, 34, 37, 39, 109

や行

予備科　264, 265

ら行

市町村立小学校教員退隠料及遺族扶助料法　276
臨時委員　32
臨時教員養成所　101, 119, 265
臨時試験検定　5-6, 7, 11, 13, 56, 107, 204, 205, 212-214, 216-218, 265, 272, 283
臨時小学校教員第一類講習科　264
論理学(学科目)　80, 83, 96

わ行

『早稲田』　227, 231, 237
渡邊女学校　137
和洋裁縫女学校(院)　137, 151-154
和洋女子学院　154

事項索引　321

執筆者紹介
(執筆順)

丸山　剛史(まるやま　つよし)〔序章，第10章，補論〕
1971年静岡県生　東京学芸大学大学院連合学校教育学研究科(博士後期課程)修了　博士(教育学)
宇都宮大学教授
〔主著〕『技術教育・職業教育の諸相』(共著，大空社，1996年)，『戦後教育改革資料19 鹿内瑞子旧蔵資料目録』(共編著，国立教育政策研究所，2006年)，『技術教育の諸相』(共著，学文社，2016年)，『近現代日本教員史研究』(共著，風間書房，2021年)

釜田　史(かまた　ふみと)〔第1章，第5章，第6章〕
1981年秋田県生　神戸大学大学院総合人間科学研究科修了　博士(学術)
愛知教育大学准教授
〔主著〕『秋田県小学校教員養成史研究序説―小学校教員検定試験制度を中心に―』(単著，学文社，2012年)，『続・近代日本教育会史研究』(共著，学術出版会，2010年)，『近現代日本教員史研究』(共著，風間書房，2021年)

白石　崇人(しらいし　たかと)〔第2章，第3章〕
1979年愛媛県生　広島大学大学院教育学研究科(博士後期課程)修了　博士(教育学)
広島大学大学院准教授
〔主著〕『鳥取県教育会と教師―学び続ける明治期の教師たち―』(単著，鳥取県，2015年)，『明治期大日本教育会・帝国教育会の教員改良―資質向上への指導的教員の動員―』(単著，溪水社，2017年)，『教育の理論① 教育の思想と歴史―教育とは何かを求めて―』(単著，kindle，2022年)，'The Role of Pedagogy in Secondary Teacher Training in Early Twentieth-Century Japan: Theory of Pedagogical Research in College by Kumaji Yoshida of Tokyo Imperial University' (Single Author, *History of Education*, 53 (3), Taylor & Francis, 2024).

井上　惠美子(いのうえ　えみこ)〔第4章〕
1957年愛知県生　名古屋大学大学院教育学研究科(博士後期課程)修了　教育学修士
フェリス女学院大学特任教授
〔主著〕『技術教育・職業教育の諸相』(共著，大空社，1996年)，『「文検」試験問題の研究―戦前中等教員に期待された専門・教職教養と学習―』(共著，学文社，2003年)，『ジェンダーと教育の歴史』(共著，川島書店，2003年)，『近代日本中等教員養成に果たした私学の役割に関する歴史的研究』(共著，学文社，2005年)

大谷　奨(おおたに　すすむ)〔第7章〕
1963年北海道生　筑波大学大学院博士課程教育学研究科中退　博士(教育学)
筑波大学教授
〔主著〕『戦前北海道における中等教育制度整備政策の研究』(単著，学文社，2014年)，『近代日本中等教員養成に果たした私学の役割に関する歴史的研究』(共著，学文社，2005年)，『「大学における教員養成」の歴史的研究』(共著，学文社，2001年)

亀澤　朋恵（かめざわ　ともえ）〔第 8 章〕
1978 年大阪府生　神戸大学大学院人間発達環境学研究科（博士後期課程）修了　博士（教育学）
高田短期大学講師
〔主著・論文〕「「文検図画科」教員のライフヒストリー──武藤完一の場合──」（単著，『日本教育史研究』第 32 号，2013 年），「「文検図画科」試験問題の研究──「用器画」の場合──」（単著，『日本の教育史学』第 57 集，2014 年），「「文検図画科」試験問題の研究──「図案」の場合──」（単著，『美術教育学研究』第 51 巻，2019 年），『近現代日本教員史研究』（共著，風間書房，2021 年）

内田　徹（うちだ　とおる）〔第 9 章〕
1980 年埼玉県生　東京学芸大学大学院連合学校教育学研究科（博士後期課程）修了　博士（教育学）
浦和大学准教授
〔主要論文〕「東京高等工業学校附設工業教員養成所による工業学校教員の養成と供給に関する量的分析」（単著，『産業教育学研究』第 34 巻第 2 号，2004 年），「大阪高等工業学校附設工業教員養成所における工業教員養成の制度的特徴とその実態」（単著，『産業教育学研究』第 40 巻第 1 号，2010 年），「旧学制下埼玉県の小学校教員検定制度：1900 年以前」（共著，『浦和論叢』第 60 号，2019 年），「旧学制下埼玉県の小学校教員検定制度：1900 年以降」（共著，『浦和論叢』第 62 号，2020 年）

近代日本小学校教員検定制度史研究
──地方における試験検定・無試験検定制度運用と受験の実際──

2025年2月14日　第1版第1刷発行

著者	丸山剛史・井上惠美子・釜田史 白石崇人・大谷奨・亀澤朋恵・内田徹
発行者	田中　千津子
発行所	株式会社 学文社

〒153-0064　東京都目黒区下目黒3-6-1
電話　03（3715）1501（代）
FAX　03（3715）2012
https://www.gakubunsha.com

©T. Maruyama, E. Inoue, F. Kamata, T. Shiraishi, S. Otani, T. Kamezawa, and T. Uchida 2025
乱丁・落丁の場合は本社でお取替えします。
定価はカバーに表示。　　　　　　　　　　　　　　　　　印刷　新灯印刷㈱

ISBN978-4-7620-3402-2